KB089025

송응창의 《경략복국요편》 역주

명나라의 임진전쟁

3

강화 논의

송응창의 《경략복국요편》 역주

명나라의 임진전쟁

3

강화 논의

구범진 · 김슬기 · 김창수 · 박민수 · 서은혜 · 이재경 · 정동훈 · 薛戈 역주

일러두기 및 범례

　『명나라의 임진전쟁』(송응창의 『경략복국요편』 역주)은 임진왜란 당시 명군의 최고 지휘관이었던 송응창(宋應昌)의 『경략복국요편』에 대한 번역과 주석이다. 역주의 저본으로는 1929년 남경(南京) 국학도서관(國學圖書館) 영인본의 1968년 대만 화문서국(華文書局) 재영인본[중화문사총서(中華文史叢書) 19]을 사용하였다. 그리고 같은 영인본을 1990년 북경(北京) 전국도서관문헌축미복제중심(全國圖書館文獻縮微復制中心)에서 재영인한 판본[『임진지역사료회집(壬辰之役史料匯輯)』상(上)]과 대조하여 중화문사총서본의 빠진 부분을 보완하였다.

　『경략복국요편』은 송응창이 만력 23년(1595) 전후에 간행하였으나 청대에 금서(禁書)가 된 이후 전해지는 실물이 극히 드물었다. 1929년 국학도서관장 유이징(柳詒徵: 1880-1956)은 『경략복국요편』의 가치를 알아보고 그 전본(傳本)이 드문 것을 애석하게 여겨 국학도서관에 소장되어 있던 팔천권루본(八千卷樓本) 『경략복국요편』을 영인하도록 하였다. 이때 무봉림(繆鳳林, 1898-1959)이 『경략복국요편』의 제요(提要)를 작성하고 『우림집(寓林集)』에 실린 송응창의 행장(行狀)과 그 부인 숙인(淑人) 고씨(顧氏)의 묘지명(墓誌銘)을 발굴하여 영인본의 부록으로 실었다.

○ 원문의 오류

- 원문의 오류는 원문 교감에서 각주를 통해 밝히고, 번역본에서는 오류를 정정하여 번역한다.

○ 문서 번호

- 문서 제목 위에 각 권(卷)과 문서 순서를 기준으로 문서 번호를 표기한다.
- 勅, 華夷沿海圖, 附는 통합하여 권0으로 간주하고 문서 번호를 부여한다.
- 後附, 行狀, 墓誌銘, 跋은 통합하여 권15로 간주하고 문서 번호를 부여한다.
  예) 15-1-2 문서방에서 내각에 전한 상유
  文書房傳諭內閣 | 後附, 8b

○ 문서 해설

- 문서 제목 다음에 해당 문서에 대한 해설을 삽입한다.
- 문서 해설은 날짜, 발신자, 수신자, 내용, 관련자료로 구성한다.
- 날짜는 왕력과 서력을 병기한다.
  예) 만력 20년 5월 10일(1592. 6. 19.)
- 수신자는 관직과 성명을 풀어쓴다.
  예) 石大司馬 → 병부상서(兵部尙書) 석성(石星)

○ 문서의 인용 표기

- 제1인용 = " ", 제2인용= ' ', 제3인용=「 」으로 표기한다.
- 인용된 문서의 분량이 긴 경우에는 문단 좌측에 여백을 주어

구분한다.

○ 한자 표기
- 한자가 필요한 경우 한글과 한자를 병기한다.
  예) 송응창(宋應昌)
- 한자 병기는 각 권을 기준으로 첫 번째 등장할 때만 표기한다.
- 번역문과 원문이 다를 경우 [ ]로 표기한다.
  예) 순안어사[按院]

○ 일본 인명 표기
- 일본어 인명과 한자 표기가 일치하는 경우에는 ( ) 안에 한자를 병기한다.
  예) 고니시 유키나가(小西行長), 유키나가(行長)
- 일본어 인명과 한자 표기가 다른 경우에는 [ ] 안에 한자를 병기한다.
  예) 고니시 유키나가[平行長]

○ 숫자 표기
- 만 단위를 기준으로 나누되 우리말 "만"을 표시해주고, 나머지 숫자는 붙여 쓰도록 한다.
  예) 4만 5500석

○ 문장의 주어
- 주어가 축약되었거나 3인칭인 경우 정확한 대상으로 번역한다.
  예) 李提督→ 제독 이여송 / 該部 → 병부 또는 송응창

○ 문서의 투식

- 문서의 행이(行移) 과정을 보여주는 어구(語句)는 인용부호로 대체하며 번역하지 않는다.

  예) 等因, 等情, 欽此, 備咨到臣, 備咨前來, 送司, 到部, 案呈到部

○ 종결형의 번역

- 동일한 수신자에게 보낸 문서라도, 그 서식에 따라 문장의 종결형은 달리한다. 관문서는 관직의 상하관계에 따라 종결형을 달리하며, 사문서는 모두 경어체를 사용한다.

  예1) 송응창이 이여송에게 보낸 관문서는 송응창이 상사이므로 평어체로 번역한다.

  예2) 송응창이 이여송에게 보낸 사문서는 경어체로 번역한다.

  예3) 송응창이 석성에게 보낸 관문서는 석성이 상사이므로 경어체로 번역한다.

  예4) 송응창이 석성에게 보낸 사문서는 경어체로 번역한다.

○ 공식 문서의 종류와 번역

- 상주문: 신료가 황제에게 올리는 문서로 제본(題本), 주본(奏本) 등이 있다. 종결어는 경어체로 처리하였다.
- 상행문: 관부문서로 하급기관에서 상급기관에 보내는 문서이다. 정문(呈文), 품(稟) 등이 있다. 종결어는 경어체로 처리하였다.
- 평행문: 관부문서로 발신자와 수신자가 통속관계가 없을 때 보내는 문서이다. 자문(咨文)이 있다. 종결어는 경어체로 처리하였다.
- 하행문: 관부문서로 상급기관에서 하급기관에 보내는 문서이

다. 표문(票文), 패문(牌文), 차문(箚文), 차부(箚付) 등이 있다. 종결어는 평어체로 처리하였다.

○ 서간문의 번역
- 서간문은 관품과 관계없이 경어체로 처리하였다.
- 서간문에서 대하(臺下), 합하(閤下), 문하(門下), 존대(尊臺) 등은 상대방을 가리키는 존칭이다.

○ 각주 형식
- 각주의 표제어가 문장인 경우 …… 말줄임표로 표기한다.
  예) 강한 쇠뇌가 …… 뚫지 못할까
- 명 실록은 '명+왕호+실록' 조선 실록은 '왕호+실록'으로 표기한다.
  예)『명태조실록』,『선조실록』

經略復國要編
권9

經略復國要編
권10

經略復國要編
권11

經略復國要編

권8

8-1

주사 애유신에게 보내는 서신

與艾主事書 | 권8, 1a

날짜 만력(萬曆) 21년 4월 1일(1593. 5. 1.)

발신 송응창(宋應昌)[1]

수신 경리양향(經理糧餉) 호부주사(戶部主事) 애유신(艾維新)[2]

내용 조선국왕을 중국에 깊이 들어오지 못하게 한 조치를 칭찬하고, 일본군이 화의를 요청한 것을 반기는 서신이다.

서신을 받았습니다. 조선국왕의 서행(西行)을 저지한 것은 잘한 일이었습니다. 최근 조정에서 논의하기를 모두 국왕이 깊이 들어와

....

1 송응창(宋應昌): 1536~1606. 명나라 사람으로 항주(杭州) 인화현(仁和縣) 출신이다. 호는 동강(桐岡)이다. 가정(嘉靖) 44년(1565)에 진사(進士)가 되었다. 임진왜란 때 1차로 파병된 조승훈(祖承訓)이 평양성 전투에서 패배하고 요동으로 돌아가자, 명나라 조정은 병부시랑(兵部侍郎) 송응창을 경략군문(經略軍門)으로, 도독동지(都督同知) 이여송(李如松)을 제독군무(提督軍務)로 삼아 4만 3000명의 명군을 인솔하게 하여 조선으로 출병시켰다. 그는 조선에 군사를 파견하거나 부상병을 돌려보내거나 군수 물자를 수송하는 등의 지원을 하였다. 송응창은 벽제관(碧蹄館) 전투 후 도요토미 히데요시(豊臣秀吉)를 일본 국왕으로 책봉하고 영파(寧波)를 통해 조공하도록 하는 봉공안(封貢案)을 주도하였다.

2 애유신(艾維新): 1563~?. 명나라 사람으로 하남 개봉부(開封府) 난양현(蘭陽縣) 출신이다. 호는 시우(時宇)이다. 만력 21년(1593) 정월부터 임진왜란에 참전한 군대의 군량과 봉급을 관리하였다.

서는 안 된다고 하였습니다. 앞서 평양(平壤)의 여러 차례 전투에서 이미 위력을 충분히 보여주었습니다. 이제 왜노(倭奴)가 비굴한 말로 애걸하니, 진위를 꼭 따지지 않더라도 우리는 이를 빌어 돌아갈 수 있습니다. 조선의 옛 땅은 조금도 잃지 않았고, 중국[天朝]의 병마(兵馬)는 속히 돌아갈 수 있으며, 경비[錢糧]도 절약할 수 있게 되었습니다. 지금 저 국왕은 그저 원한을 갚으려고만 하지 반성하지는 않고, 중국의 군대를 번거롭게 하려고만 하지 전쟁으로 인해 피해가 계속되면 도리어 그 나라에 손해가 된다는 것을 모르고 있습니다. 급히 이렇게만 글을 지어 답합니다. 이만 줄입니다.

8-2

제독 이여송에게 보내는 서신

與李提督書 | 권8, 1a-1b

> **날짜** 만력 21년 4월 2일(1593. 5. 2.)
>
> **발신** 송응창
>
> **수신** 제독(提督) 이여송(李如松)[3]
>
> **내용** 가토 기요마사(加藤淸正)[4]가 고니시 유키나가(小西行長)[5]와 달리 행동할 가능성을 제기하고, 그의 돌발행동을 사전에 차단하여 토벌할 계책을 논의해야 한다는 서신이다.

....

3 이여송(李如松): 1549~1598. 명나라 사람으로 요동 철령위(鐵嶺衛) 출신이다. 자는 자무(子茂), 호는 앙성(仰城)이다. 철령위 지휘동지(指揮同知)를 세습하였다. 만력 20년(1592) 감숙 영하(寧夏)에서 보바이(哱拜)의 난이 일어나자 반란 진압에 큰 공을 세워 도독(都督)으로 승진하였다. 임진왜란이 발발하자 흠차제독(欽差提督)으로 조선에 파병되었다. 평양성을 함락하였으나 벽제관에서 패배하여 퇴각하고 일본과의 화의 교섭에 주력하다가 명으로 철군하였다.

4 가토 기요마사(加藤淸正): 1562~1611. 일본 사람으로 어려서부터 도요토미 히데요시를 섬기다 히고(肥後)국의 영주가 되었다. 임진왜란 때 1만 명의 병사를 이끌고 함경도로 진격하여 조선의 두 왕자를 사로잡았으나 일본과 명의 강화 교섭이 벌어지자 강화를 방해한다고 하여 문책을 받아 일본으로 돌아갔다.

5 고니시 유키나가(小西行長): 1555~1600. 일본 상인 출신으로 도요토미 히데요시의 수하로 들어간 후 신임을 얻어 히고 우토(宇土) 성의 성주가 되었다. 임진왜란 때에 선봉장이 되어 소 요시토시(宗義智)와 함께 부산진성을 공격하고 곧바로 진격하여 평양성을 함락하였다.

8일에 가토 기요마사가 고니시 유키나가와 동행한다면 그가 이미 우리의 위력을 두려워하는 것이니, 우리는 은혜로 대하면 또한 그만입니다. 혹시 그가 무지하여 홀로 이곳에 남는다면 그가 저지를 교만함과 흉포함을 분명 받아들이기 힘들 터이므로, 즉시 전라도에 몰래 알려 그의 귀로를 차단해야 합니다. 아군은 임진강(臨津江)을 굳게 지키면서 한편으로 급히 보고하고, 저는 즉시 유정(劉綎)[6]의 새로운 부대를 거느리고 곧바로 개성(開城)에 이르러 문하(門下: 이여송)와 직접 만나 진군하여 토벌할 계책을 논의하겠습니다. 완전한 승리의 공적을 거두는 계책은 이미 손안에 있습니다. 절대 창졸간에 소홀함이 있어서는 안 될 것입니다.

....

6 유정(劉綎): 1553~1619. 명나라 사람으로 강서 남창부(南昌府) 홍도현(洪都縣) 출신이다. 자는 자신(子紳), 호는 성오(省吾)이다. 도독 유현(劉顯)의 아들로, 음서로 지휘사(指揮使)의 관직을 받았다. 임진왜란 때 어왜총병관(禦倭總兵官)으로서 참전하였으며 나중에 후금(後金)과의 전쟁에서 사망하였다.

8-3

제독 이여송에게 보내는 서신

又 | 권8, 1b-2a

날짜 만력 21년 4월 2일(1593. 5. 2.)

발신 송응창

수신 제독 이여송

내용 조선국왕이 송응창과 이여송의 억울함을 변호하는 상주문을 올렸음을 알리고, 요동순안(遼東巡按)도 이미 수급(首級)을 검사하는 과정에서 모두 일본인의 수급임을 확인하여 그간의 의혹이 무고였음이 증명되었으니 크게 걱정하지 말라는 서신이다.

앞서 조선국왕이 감사의 게첩(揭帖)과 함께 군사를 통수하는 우리가 받은 억울함을 해명하는 상소의 원고를 보냈습니다. 이는 폐부에서 나온 것으로 우리가 억지로 꾸밀 수 있는 것이 아닙니다.

29일에 요동분수도(遼東分守道) 한취선(韓取善)⁷이 의주(義州)에 이르러 직접 만나 진술하기를, 요동순안 주유한(周維翰)⁸이 수급을

....

7 한취선(韓取善): 1546~?. 명나라 사람으로 산동 제남부(濟南府) 치천현(淄川縣) 출신이다. 자는 성암(惺菴)이다. 만력 5년(1577)에 진사가 되었다. 만력 21년(1593) 2월에 흠차분수요해동령도겸이둔전 산서포정사우포정(欽差分守遼海東寧道兼理屯田山西布政司右布政)으로 조선에 와서 감군(監軍)하였다.

8 주유한(周維翰): ?~?. 명나라 사람으로 직례(直隸) 하간부(河間府) 부성현(阜城縣) 출신

검사할 때 사람들에게 일본인과 조선인을 어떻게 구별할 수 있는지 물었다고 합니다. 어떤 사람이 아뢰기를, "조선인은 망건 자국이 있는데, 일본인은 망건 자국이 없고 또한 머리카락이 없습니다."라고 하였습니다. 요동순안 주유한이 화공(畵工)으로 하여금 그 형상을 그리게 하고, 수급 10개씩 한 줄로 세워 하나하나 대조해나갔습니다. 그중에서 수급 하나를 꺼내 사로잡은 왜인에게 어느 나라 사람인지 구별하게 하였는데, 그는 '일본' 두 글자를 썼습니다. 또한 100개의 수급 중에서 하나를 꺼내 사로잡은 왜인에게 구별하게 하자, 또 '일본' 두 글자를 썼습니다. 어사가 크게 기뻐하며 말하기를, "다른 이들의 거짓말이 이렇게 심하구나."라고 하였습니다. 만약 그가 상소를 올리기만 한다면 우리가 보고한 공적의 허실은 굳이 변명하지 않아도 자연히 명백해질 것입니다.

조선의 상소문을 지닌 사람이 이미 길에 올랐습니다. 문하(이여송)께서 걱정하실까 봐 제가 먼저 조선의 상소 원고 세 통을 보내드리니 살펴보십시오. 부디 비밀로 해주십시오.

....

이다. 호는 도우(韜宇)이다. 만력 21년(1593) 2월에 흠차순안요동겸관해방군무 감찰어사(欽差巡按遼東兼管海防軍務監察御史)로 조선으로 와서 감군하며 평양에 도착하였고 6월에 돌아갔다. 파견 목적은 평양성 전투에서 명군의 사상자를 파악하고 이여송이 승전을 보고할 때 죽은 조선인을 일본인으로 속였다고 하는 탄핵 내용을 현지에서 조사하는 것이었다. 『선조실록』 권34, 선조 26년 정월 11일(병인); 「6-49 報遼東周按院書 권6, 38b-39a」 참고.

8-4

제독 이여송에게 보내는 서신

又 | 권8, 2a-3a

날짜 만력 21년 4월 3일(1593. 5. 3.)

발신 송응창

수신 제독 이여송

내용 가토 기요마사가 고니시 유키나가와 달리 계속 왕자와 배신(陪臣)[9]을 억류하면서 혼자 서울에 남는 등 따로 돌발행동을 취할 것을 염려하고, 이에 대한 여러 대책을 강구하는 서신이다.

앞서 보내온 서신을 보니 가토 기요마사가 고니시 유키나가와 사이가 좋지 않다고 썼는데, 응당 그러할 것입니다. 두 왕자와 세 배신[10]은 가토 기요마사가 데리고 있습니다. 또한 그는 평양성 전투에서 패배한 후 직접 나서지 않고 있습니다. 자신의 공적을 믿고 고니시 유키나가가 전횡하는 것을 미워하니 사이가 좋지 않은 것은 당연합니다. 다만 고니시 유키나가가 가버리면 가토 기요마사는 결코

....

9　배신(陪臣): 제후국의 신하를 가리킨다.

10　두 왕자와 세 배신: 임해군(臨海君), 순화군(順和君) 두 왕자와 김귀영(金貴榮), 황정욱(黃廷彧), 황혁(黃赫)을 가리킨다. 이들은 선조 25년(1592) 7월 22일에 함경도 회령(會寧)에서 국경인(鞠景仁)이 이끄는 반란군 세력에게 사로잡혔다. 국경인은 곧장 가토 기요마사에게 항복하고 두 왕자 일행을 넘겨주었다.

감히 남으려 하지 않을 것입니다. 예전에는 모두 모여 세력이 많았지만, 지금은 일부가 돌아가 고립되었습니다. 예전에는 서로 지원하고 의지하여 멀리 함경(咸鏡)까지 빠져나갔으나 지금은 고립되고 힘이 쇠하니, 어찌 감히 홀로 남겠습니까. 설사 가토 기요마사가 남으려 해도 부하 왜인들이 꼭 따르지는 않을 것입니다. 가토 기요마사도 분명 갈 거라고 제가 말한 것은 바로 이 때문입니다.

걱정스러운 점은 우리 사신과 기패(旗牌)[11]를 이미 보냈으나 그들이 데리고 있는 왕자와 배신은 기꺼이 되돌려 보내려 하지 않을까 하는 것입니다. 왜장(倭將)이 얼마 남아 있지 않으니, 문하(이여송)께서 심유경(沈惟敬)[12] 등 여러 사람에게 단단히 일러 세 가지 사안 중 하나라도 따르지 않는다면, 즉시 왜의 진영에 있는 여러 사람을 우리 진영으로 돌아오도록 하고 속히 전라도에 알려 힘을 다해 왜의 귀로(歸路)를 막게 하십시오. 아군이 임진강을 굳게 지키면서 긴급히 저에게 보고하여 알리면 즉시 유정의 새로운 부대를 보내 협조하게 하고, 저 또한 친히 개성에 이르러 함께 나아가 공격할 것을 논의하겠습니다. 절대로 급작스레 대응하지 마십시오.

만약 고니시 유키나가가 기꺼이 왕자와 배신을 돌려보내고 포로가 될 왜장을 남겨두려 해도 가토 기요마사가 여전히 고집을 부리면, 우리는 조속히 지모가 뛰어난 인물을 보내 그들 가운데 간첩을

....

11 기패(旗牌): 기패관(旗牌官)을 뜻한다. 군중(軍中)의 명령을 전달하는 책임을 맡은 군리(軍吏)를 가리킨다.

12 심유경(沈惟敬): ?~1597. 명나라 사람으로 절강성 가흥현(嘉興縣) 출신이다. 상인으로 활동하다가 임진왜란 때 조승훈이 이끄는 명나라 군대를 따라 조선에 들어왔다. 평양성 전투 이후 일본과 평화 교섭을 추진하는 임무를 맡았다. 훗날 일본과의 평화 교섭이 실패한 뒤 일본으로 망명을 꾀하다가 붙잡혀 처형되었다.

심어 상황을 살피다가 서로 도와 손을 쓰는 것도 하나의 방책입니다. 만약 고니시 유키나가가 진심으로 기꺼이 왜장을 남겨두었는데도 가토 기요마사가 독단적으로 두 왕자와 배신을 억류하고서 감히 홀로 왕경(王京)에 남는다면, 고니시 유키나가 등 여러 왜만 귀국하게 내버려 두고 우리는 예전대로 포위하여 지키는 전법을 쓰면 되니, 가볍게 움직이지 말고 제가 오는 것을 기다리십시오. 솥 안에 갇힌 물고기가 어찌 요행히 빠져나갈 수 있겠습니까. 여러 일에 부디 유의하십시오.

8-5

조선국왕에게 보내는 자문

移朝鮮國王咨 | 권8, 3a-6a

날짜 만력 21년 4월 4일(1593. 5. 4.)

발신 송응창

수신 조선국왕[선조(宣祖)]

내용 명군은 현재 전투를 계속하기 좋지 않은 상황에서 어쩔 수 없이 일본군이 조공을 바치고자 하는 요청을 받아들이려 하나 조선의 군신이 반발하자, 다양한 현실 제약과 명분 문제를 제기한다. 그러면서 지금 조선의 결정이 얼마나 무모하고 무책임한 것인지를 조목조목 비판하고, 끝내 받아들이지 않을 경우 앞으로 토벌에 협조하지 않겠다고 통보하는 자문이다.

관련자료 『선조실록(宣祖實錄)』 권37, 선조 26년 4월 5일(기축) 기사에는 선조가 송응창이 보내온 자문에 대해 논평하면서 본문의 "昔鄭伯肉袒牽羊而存國"에 대해 비판하는 구절이 있으므로, 해당 자문은 이 문서를 지칭하는 것으로 보인다.

　　군기(軍機)에 관한 일.

　　위관(委官)[13] 통판(通判)[14] 왕군영(王君榮)[15]의 보고를 받았는데, 그

....

13　위관(委官): 특별한 임무를 임시로 맡은 관원을 뜻한다.

내용은 다음과 같았습니다. "저는 임무를 받들고 안흥(安興)에 이르기 전에 조선국왕을 길에서 만나 말 위에서 오래 이야기를 나누었습니다.[16] 왕이 안흥으로 돌아가자 배신들을 모아 함께 만났습니다. 저는 종이와 붓을 입과 혀로 삼아 간절하게 타일러 권하였는데, 미시(未時)부터 유시(酉時)까지 수천 마디에 달하였습니다. 왕의 뜻이 조금 움직이자 여러 신하 100여 명이 갑자기 서로 모여 계단 밑에 무릎을 꿇더니 일제히 큰 소리로 울면서 말하기를, '맹세코 적을 살려둘 수 없습니다.'라고 하였습니다. 이에 왕이 고집하여 기어이 서쪽으로 가서 직접 뵙고 출병할 것을 간청하려는 데 이르렀습니다."[17]

이를 받고 살펴보건대, 철인(哲人)은 때를 기다려 움직이고 병가(兵家)는 기회를 보고 행합니다. 제가 황명(皇命)을 받들어 동쪽에서 왕국을 돕는 것은 오로지 적을 소멸시키기 위해서가 아니라 책략을 내고 만전을 기하여 완전한 승리를 도모하기 위해서입니다. 이로써 왕국을 위험으로부터 다시 평안하게 하고 일본은 두려움으로부터 덕을 품게 하여, 천지의 만물을 죽이고 살리는 마음을 본받고 성왕

....

14 통판(通判): 명대 각 부(府)의 장관인 지부(知府)를 보좌하는 정6품 관직이다. 정원은 정해져 있지 않았다.

15 왕군영(王君榮): ?~?. 명나라 사람으로 산동 청주부(靑州府) 익도현(益都縣) 출신이다. 호는 혜천(惠泉)이다. 원임(原任) 통판(通判)으로 송응창을 따라 나와서 관향은(管餉銀)을 전담하다가 만력 21년(1593) 9월에 명나라로 돌아갔다.

16 저는 …… 나누었습니다: 왕군영은 3월 29일에 선조(宣祖)와 만나 대화를 나누었다. 『선조실록』 권36, 선조 26년 3월 29일(갑신).

17 이에 …… 이르렀습니다: 선조는 송응창을 직접 만나러 가고자 하는 뜻을 밝혔다. 이때 송응창은 의주(義州)에 머물고 있었다. 선조는 4월 3일 정주(定州)에서 출발하여 4일에 임반관(林畔館)을 거쳐 거련관(車輦館)에 도착하고 6일에 운흥관(雲興館)에 이르렀으나, 송응창은 선조를 만나지 않겠으니 돌아가라는 말을 전하였다. 선조는 송응창을 만날 수 있을까 하면서 잠시 전전하며 기다렸으나 결국 만나지 못하고 돌아갔다.

(聖王)이 보인 인의(仁義)의 도를 행하려 하는 것입니다.

앞서 심유경이 왜의 진영으로부터 와서 조공을 바치기를 원한다고 말했는데, 그 당시에는 그것을 허락할 생각이 없지는 않았습니다. 하지만 수만의 무리로 하여금 한겨울에 원정을 와서 피부가 찢기고 손가락이 떨어지면서도 1000여 리를 달려 기필코 왜와 일전을 벌이게 한 것은 무엇 때문이겠습니까. 왜노가 도리에 어긋나고 걷잡을 수 없는데 이를 크게 징벌하지 않으면 중국의 위엄을 밝힐 수 없고 왕국의 치욕을 씻을 수 없기 때문입니다. 이 때문에 결단코 조공을 바치는 것을 허락하지 않고 뜻을 세워 진격하는 것이야말로 마땅히 해야 하는 일이었습니다. 이미 첫 번째 전투로 평양을 함락하였고 두 번째 전투로 개성을 함락하였으며 세 번째 전투로 벽제(碧蹄)에서 또다시 적의 수급을 베었습니다. 이같이 세찬 기세를 타고 석권을 도모하여 추악한 무리를 모조리 멸하고 왕에게 옛 도읍을 돌려주어야 하지 않겠습니까. 북악산[岳山]에 적의 시체를 산처럼 쌓아놓고 한강[漢水]에 방패와 창을 씻는 것이야말로 유쾌한 일이 아니겠습니까.

마침 하늘에서 비가 연이어 내려 논밭이 진창이 되어 잠시 개성을 지키면서 차후를 도모하고 있는데, 왜의 우두머리 고니시 유키나가와 가토 기요마사 등이 최근 다시 백기를 들고 구슬픈 말로 간곡히 조공을 바치기를 청하며 왕자를 돌려보내고 왕경을 떠나 즉시 일본으로 돌아가겠다고 합니다. 우리가 승리하고 그들이 패한 이때를 노려 그들을 절멸하려 하지 않는 것은 아니지만, 이렇게 꼬리를 흔드니 끝내 가여운 감정이 이는 것을 어쩌겠습니까.

왕국이 피폐해진 이래 사람들이 농사를 지을 수 없고 백골이 길옆에 나뒹굴며 백성이 생업을 잃으니, 음산한 바람은 귀신도 울리고 대낮에는 사람이 배고파 울부짖습니다. 왕국은 물론이고 중국의 병사들도 분투하여 몸을 돌보지 않고 왕을 위해 전투하니, 죽은 자는 혼이 아득히 떠돌며 피로 물들어 돌아갈 곳을 찾지 못합니다. 이렇게 말하고 나니 흐르는 눈물을 멈출 수가 없습니다.

저와 제독이 잠시 그들이 조공을 바치는 것을 허락하고자 하는 이유는 힘으로 제압하는 것이 마음을 공격하는 것보다 못하고 위엄으로 겁주는 것이 덕으로 품는 것보다 못하기 때문입니다. 또한 이로써 그들 마음의 참과 거짓을 살피고, 이로써 그들 상황의 허실을 엿보며, 이로써 그들 양식의 유무를 탐색하고, 이로써 진퇴에 대한 그들 무리의 마음과 관백[關白: 도요토미 히데요시(豐臣秀吉)][18]이 구원하러 올 것인지 아닌지 등을 헤아릴 수 있을 것입니다. 이야말로 쓰면서도 쓰지 않음을 보이고, 할 수 있지만 할 수 없음을 보이는 것이며, 지키고 공격하지 않다가 공격하면 반드시 구하고, 깊은 땅끝에 숨어 있다가 높은 하늘 꼭대기까지 움직이는 것입니다.[19]

....

18 관백(關白): 일본의 관명(官名)을 말한다. 헤이안(平安) 시대 이후 천황(天皇)을 대신하여 정무를 총괄한 일본의 관직이다. 율령에 규정되지 않은 영외관(令外官)으로, 메이지(明治) 유신까지 조정 대신들 중에서는 최고위 관직이었다. 9세기 중엽 이후 대대로 후지와라(藤原) 가문에서 관백을 독차지하였는데, 유일한 예외 기간이 바로 도요토미 히데요시와 그 조카 히데쓰구(秀次)가 관백에 취임한 시기이다. 히데요시는 고노에 사키히사(近衛前久)의 양자가 되어 최초의 무가(武家) 관백이 되었는데, 이후 도요토미 성을 받음으로써 후지와라 가문 외부에서 관백에 취임한 최초의 사례가 되었다. 도쿠가와(德川) 시기에는 다시 후지와라 가문에서 관백에 취임하였지만, 사실상 막부의 통제하에 놓이게 되었다. 도요토미 히데요시는 이때 이미 관백에서 물러나 태합(太閤)을 칭하고 있었지만, 명과 조선의 사료에서는 여전히 그를 관백으로 칭하였다.

19 이야말로 …… 것입니다: 『손자병법(孫子兵法)』 「계(計)」 편에 나오는 용병의 원칙을 인용한 것이다. 손자병법에 따르면, "용병은 적을 속이는 도에 있다. 능력이 있으면서 없는 것처럼 보이고, 쓸 수 있으면서도 쓸 수 없는 것처럼 보이며, 가까운 곳을 노리면서 먼

왕께서 한번 생각해 보십시오. 만약에 그대로 조공을 바치는 것
을 허락하고 병력을 해산해버린다면 이는 왕을 위한 좋은 마무리
방책이 아닙니다. 즉, 사천(四川)의 군사는 어떻게 나중에 오게 하고,
해상 운송은 어떻게 엄히 감독하며, 어떻게 그대 나라의 굶주린 백
성을 구제하고, 어떻게 그대 나라의 성과 해자를 보수하며, 제독 이
여송이 어떻게 다시 개성에 이르고, 중군(中軍)·좌군·우군은 어떻
게 널리 배치하겠습니까.

이야말로 음부(陰符)의 비결[20]로 귀신도 알지 못할 것이니, 왕께
서 살피지 못할까 봐 특별히 통판 왕군영으로 하여금 가서 설명해
드리게 하였습니다. 하지만 왕국의 군신은 먼 계획은 잊고 가까운
공만 급급하며 큰 걱정은 남기고 작은 분노에만 매달리고 있습니다.
계속 이렇게 하느라 1명의 왕자도 돌아오지 못하고 왕경도 수복하
지 못하며 병기와 갑옷·투구도 완전하지 않고 중과부적임을 생각
하지 못합니다. 오로지 화만 잔뜩 내면서 중국의 병사들이 그대의
나라를 위해 적을 도살하기만을 바라고 있습니다.

왜는 당연히 주살해야 하지만 시기도 마땅히 살펴야 합니다. 지
금 하늘에서 내리는 비가 정상이 아니어서 진창이 깊어 무릎까지
빠지고 수레는 나란히 갈 수 없으며 말을 타도 열을 지을 수가 없습
니다. 또한 습한 기운에 찌는 듯이 무더워 많은 사람이 돌림병을 앓
고 있습니다.

곳을 노리는 것처럼 보이고, 먼 곳을 노리면서도 가까운 곳을 노리는 것처럼 보여야 한
다.[兵者, 詭道也. 故能而示之不能, 用而示之不用, 近而示之遠, 遠而示之近.]"라고 하였다.
20 음부(陰符)의 비결: 『육도(六韜)』 제3편 24장 「음부」에 따르면, 군주와 출정 나간 장수는
음부, 즉 병부(兵符)를 은밀하게 사용하여 교신해서 군수물자를 공급하고 전황을 보고
해야 한다.

왕께서 한번 생각해보십시오. 지금이 진군하기에 유리한지 불리한지, 모조리 전멸시켜 한 사람도 살려 보내지 않을 수 있는지 없는지, 이번 한 번의 전투로 과연 왕경을 수복하고 왕자를 돌아오게 할 수 있는지 없는지를 말입니다.

또한 궁지에 몰린 도적은 쫓지 말라 하였고 곤궁에 빠진 짐승은 오히려 싸우려 덤빈다고 하였습니다. 그들 무리는 여전히 우리보다 몇 배나 많습니다. 만약 조공을 바치기를 청한 것이 성사되지 않고 살아날 방도가 없어진 것을 알게 되면, 정예를 뽑아 교대로 휴식하며 번갈아 치는 법을 사용하여 동쪽으로는 한강(漢江)의 남쪽을 치고 서쪽으로는 벽제의 북쪽을 차단할 것입니다. 그리고 인근의 다른 도(道)를 약탈하면서 오로지 왕경을 굳게 지키고 다시 관백에게 구원을 요청하면 도우러 올 터이니 전쟁이 어느 때에나 그치겠습니까. 제 생각에는 왕국의 지방[封疆]이 멸망에 이르지 않고서는 그치지 않을 것입니다.

왕께서 한번 생각해보십시오. 올해 경작을 하지 못하였는데 다음 해에 족히 먹을 수 있을지 없을지, 힘세고 건장한 이들이 지금 이미 죽었는데 곧바로 군사를 강화할 수 있을지 없을지, 예전에는 조선 팔도로도 왜를 대적할 수 없었는데 지금 겨우 한구석만 차지한 채로 적과 겨룰 여지가 있을지 없을지, 병법에 이르기를 "병력이 적보다 열 배면 포위하고 다섯 배면 공격하며 그렇지 않으면 마땅히 피해야 한다."[21]라고 하였는데 왕국의 군신은 이를 아는지 모르는지

21 병력이 …… 한다: 『손자병법』「모공(謀攻)」 편을 인용한 것이다. 『손자병법』에 따르면, "용병의 법에 아군의 병력이 적의 열 배일 때는 포위하고, 다섯 배일 때는 공격하고, 두 배일 때는 나누고, 비슷하면 싸워야 하고, 적으면 지켜야 하며, 미치지 못하면 피해야 한

를 말입니다.

옛날에 정백(鄭伯)은 윗옷 한쪽을 벗고 양을 끌고 가서 나라를 보존하였고,[22] 월(越)나라 사람은 섶에 눕고 쓸개를 맛보며 복수하였습니다.[23] 정백이 어찌 성을 등지고 최후의 일전을 하지 못해서 그랬겠으며, 월나라 사람이 회계(會稽)의 산에 반드시 들어가지 않으려고 해서 그랬겠습니까. 실로 중과부적이라면 피해야 손해가 없습니다. 그런데 수수방관하면서 조급해하며 경솔하게 중국의 사졸(士卒)을 사지로 몰면서도 아까워할 줄 모르고, 본국의 백성이 죽고 토지가 황폐해져도 가엾게 여길 줄 모르며, 인륜을 버리고 천리(天理)를 거슬러 두 아들과 배신을 적진에 빠뜨려놓고도 되찾을 줄 모르고, 선왕의 강산과 사직(社稷)을 들어 두세 명의 소인이 조종하고 멸망으로 이끌어도 깨닫지 못하고 있습니다. 남의 도움에 의지하여 적을 몰아내면서도 도움을 주는 이의 곤궁함을 가엾게 여길 줄 모르고, 묵은 것을 버리고 혁신한다면서도 불공대천의 원수라는 말만 주절대면서 눈앞의 보복만 꾀하고 있습니다. 왕국의 모신(謀臣)과 책

....

다.[故用兵之法, 十則圍之, 五則攻之, 倍則分之, 敵則能戰之, 少則能逃之, 不若則能避之.]" 라고 하였다.

22 옛날 …… 보존하였고: 『춘추(春秋)』에 나오는 고사이다. 초왕(楚王)이 정(鄭)나라를 침범하여 수도를 함락시키자 정나라의 군주인 정백(鄭伯)은 옷을 벗어 윗몸을 드러낸 채 양을 끌고 가서 맞이하여 신복(臣服)함으로써 나라를 보존하였다.

23 월(越)나라 …… 복수하였습니다: "와신상담(臥薪嘗膽)"은 『사기(史記)』에 나오는 고사이다. 오(吳)나라와 월나라는 앙숙지간으로 오왕(吳王) 합려(闔閭)가 월왕(越王) 구천(勾踐)과의 전투에서 패배하고 화살을 맞아 죽게 되자 아들 부차(夫差)에게 원수를 갚아달라고 유언을 남겼다. 부차는 섶에 누워 자며 복수를 다짐하였고 결국 월나라에 크게 승리하였다. 구천은 부차에게 항복하여 목숨을 건지고는 항상 쓸개를 곁에 매달아두고 맛보며 복수를 다짐하였다. 결국 구천은 다시 군사를 일으켜 오나라를 정벌하고 부차가 자결함으로써 최후의 승자가 되었다.

사(策士)가 바로 이렇습니다. 지금 배신들이 일제히 큰 소리로 울 수 있으니, 분명히 한마음으로 계책도 낼 수 있을 것입니다. 맹세코 적을 살려둘 수 없다고 하였으니, 반드시 적을 목 졸라 죽일 수 있을 것입니다.

저는 황명을 받들어 동쪽으로 와 해상에서 군대를 시찰하면서 죽이고 살리는 권한을 제 마음대로 할 수 있습니다. 바야흐로 왕을 위하여 100년이 지나도 흔들리지 않는 기반을 세우고자 하는데 이렇게 저지하고 방해하니, 이제 응당 왕과 진퇴를 달리해야 하겠습니다. 왕께서 예전처럼 고집을 부리고 제 말을 옳다 여기지 않는다면, 저와 제독은 삼군(三軍)을 호령하여 임진강의 서쪽을 지킬 테니, 왕국의 군신은 마음대로 그대의 병사에게 명령하고 그대의 사졸을 정돈하여 왜와 서로 싸우십시오. 저는 개성의 산봉우리에 올라 왕국의 군용(軍容)을 멀리서 바라보겠습니다. 이에 자문을 보내 청하니 살펴 처리하고 속히 회신해주기 바랍니다.[24]

....

24 이에 …… 바랍니다: 이 자문에 대한 선조의 답변은 『선조실록』 권37, 선조 26년 4월 5일(기축) 기사에 수록되어 있다.

8-6

조선국왕에게 보내는 자문

移朝鮮國王咨 | 권8, 6a-7a

날짜 만력 21년 4월 4일(1593. 5. 4.)

발신 송응창

수신 조선국왕

내용 조선의 신하 중에 용감히 나서 일본군과 대적하는 인물이 거의 없는 가운데 전라도관찰사 권율(權慄)[25]은 어려운 상황에서도 뛰어난 충성과 용기를 보여주었기 때문에, 그에게 큰 상을 내리고 표창하여 본보기로 삼자는 자문이다.

관련자료 『사대문궤(事大文軌)』 권3, 「經略宋(應昌)咨朝鮮國王(經略獎賞權慄以勸忠勇)」, 만력 21년 3월 13일, 84b-85a(1책 170~171쪽)와 동일 문서로 약간의 자구 차이가 있다. 『사대문궤』 권3, 「朝鮮國王咨經略宋(應昌)[回咨]」, 만력 21년 3월 22일, 85b-86a(1책 172~173쪽)은 이에 대한 조선의 회답 자문이다. 또한 『선조실록』 권36, 선조 26년 3월 22일(정축) 기사에도 본문과 조선의 회답 자문이 『사대문궤』보다는 간략히 실려 있으며, 『선조실록』 권35, 선조 26년 2월 24일(기유) 기사에도 행주대첩과 관련하여 본문의 일부가 인용되어 있다.

....

25 권율(權慄): 1537~1599. 조선 사람으로 본관은 안동(安東)이다. 자는 언신(彦愼), 호는 만취당(晩翠堂), 모악(暮嶽)이다. 임진왜란이 발발하자 전라도 관찰사 겸 순찰사로 발탁되었다. 고바야카와 다카카게(小早川隆景)의 군대와 접전을 벌인 끝에 일본군의 전라도

충성스럽고 용감한 자를 후하게 표창하는 일.

왜노가 조선을 격파하여 함락한 이래 왕국의 삼도(三都)와 여러 군현(郡縣)에서는 모두 소문만 듣고 흩어져 달아나 버려, 의로운 군대를 이끌거나 큰 재난을 물리치거나 영토를 지켜 회복을 도모한 영웅과 뛰어난 인물이 1명도 없었습니다. 더욱이 듣자니 술에 취해 유람을 다니고 시부(詩賦)를 읊으며 기녀를 안은 채 난리를 다스릴 줄 모르고 존망을 헤아리지도 못한다고 합니다. 이런 말이 돌고 있으니 왕국에 가히 사람이 없다고 할 만합니다.

다만 전라도관찰사 권율은 요충지를 지키며 고립되었어도 여러 무리를 불러 모아 누차 기묘한 계책을 내어 때때로 큰 적과 맞서 싸웠습니다. 최근에는 모래주머니를 양식으로 위장하여 왜를 꾀어내 약탈하러 오게 한 뒤 급습하여 죽였습니다. 이야말로 왕국에 난세의 충신이요 중흥의 명장입니다. 저는 매우 가상하게 여겨 응당 먼저 크게 표창하여 힘쓴 공로에 후한 상을 내리고자 합니다.

따로 제본(題本)을 갖추어 보내는 외에, 지금 비단 8단(端)과 백은(白銀) 50냥을 보내 상으로 내립니다. 충성스럽고 용감한 자를 장려하는 측면에서 왕께서 그에게 작록(爵祿)을 더해주어 본국의 관료들이 감화되게 하십시오. 또한 모든 문무의 대소 배신에게 단단히 경계시켜 통렬히 자신의 과실을 반성하게 하고 흉악한 적을 없애 치욕을 씻기를 모두 권율처럼 하여, 다시는 안일하게 태만하고 해이하지 말고 성률(聲律)만 탐하다 무비(武備)를 잊는 일이 없게 하십시오.

....

침입을 저지하였고 행주산성에서 대승을 거두었다. 삼도도원수(三道都元帥)로 임명되어 영남지방에 주둔하여 일본군과 싸웠다.

이에 자문을 보내니, 번거롭겠지만 잘 살펴서 적당한 관역(官役)을 보내 전라도의 권율이 있는 곳으로 가지고 가서 제가 보내는 후한 표창의 지극한 마음을 보이게 하십시오. 그의 답문을 가져와서 나중에 검토할 수 있도록 하십시오.

8-7

조선 배신 윤근수에게 보내는 명령

檄朝鮮陪臣尹根壽 | 권8, 7a

> **날짜** 만력 21년 4월 10일(1593. 5. 10.)
> **발신** 송응창
> **수신** 조선 배신 윤근수(尹根壽)[26]
> **내용** 조선의 아름다운 풍경과 봄철의 감상에 젖어 써놓은 문장들을 보내는 문서이다.

동쪽으로 정벌하러 온 감정을 기록하는 일.

조선은 동방의 군자 나라이다. 내가 군대를 시찰하며 국경 안에 들어와 강산의 지세와 경치를 보니, 풍속이 순박하고 즐거워 확실히 노래하고 읊을 만함을 알겠다. 하물며 봄 끝자락의 꾀꼬리와 꽃, 소나무 숲 사이의 정자는 또 어떠한가. 동쪽으로 정벌하러 온 감정이 어찌 다만 버드나무가 한들거리는 것으로 그치겠는가. 짧은 문장을 가득 적고 목석에 새겨 지금의 일을 기록해놓는다. 내가 군대를 돌려 귀환하는 날에 응당 기자(箕子)의 묘[27]를 알현하고 모란봉에 올라

----

26 윤근수(尹根壽): 1537~1616. 조선 사람으로 본관은 해평(海平)이고 서울에 거주하였다. 자는 자고(子固), 호는 월정(月汀)이다. 임진왜란 때 명나라에 구원병 5만 명을 청하고 전쟁 물자를 얻는 데 결정적 역할을 한 외교관이다.

별도로 기록할 바가 있을 것이니 따로 발송하기를 기다리라.

....

27　기자(箕子)의 묘: 기자묘는 고려 숙종(肅宗) 대에 평양에 설치되었다. 조선은 기자에 대한 제사를 중사(中祀)로 삼아 시제(時祭)하였다.

8-8

동양정에게 보내는 명령

檄佟養正 | 권8, 7a-7b

날짜 만력 21년 4월 15일(1593. 5. 15.)

발신 송응창

수신 동양정(佟養正)[28]

내용 대오를 이탈하여 마음대로 국경을 오가는 자들을 막기 위해 압록강(鴨綠江)에 관리를 보내 철저히 단속하되, 상인이 무역을 위해 왕래하는 경우에는 절대 이들을 가로막거나 재물을 요구하지 말라고 지시하는 문서이다.

단속에 관한 일.

최근 조사해보니 동쪽에서 정벌 중인 장령(將領)[29]의 가정(家丁)[30]

....

28 동양정(佟養正): ?~1621. 명나라 사람으로 요동 무순소(撫順所) 출신이다. 임진왜란 때 관전부총병(寬奠副總兵)의 관직을 가지고 있었다. 이후 천명(天命) 3년(1618)에 일족을 이끌고 후금에 투항하였다. 훗날 손녀가 순치제(順治帝)의 비(妃)가 되고 그 아들이 강희제(康熙帝)로 즉위하여 효강장황후(孝康章皇后)로 추존되었다.

29 장령(將領): 장관(將官)이라고도 하며, 명대 각 지역을 진수(鎭戍)하는 병력을 지휘하는 무관을 총칭한다. 총병(總兵)·부총병(副總兵)·참장(參將)·유격(遊擊)·수비(守備) 등이 있다. 『명사(明史)』 「직관지(職官志)」에 따르면 이들에게는 정해진 품급(品級)이나 정원(定員)이 없었으며, 이들 중 한 방면을 총괄하는 자를 진수(鎭守=總兵), 일로(一路)만을 담당하는 자를 분수(分守), 한 성이나 보(堡)를 각각 지키는 자를 수비, 주장(主將)과 함께 한 성을 지키는 자를 협수(協守)라고 칭하였다. 숭정(崇禎) 10년(1637)에 이르러 병

및 군병 등이 대오를 지키지 않고 멋대로 도망쳐 돌아가고 있다고 한다. 혹자는 경비를 받기 위해 군전(軍前)에 이르러 수령을 마치고는 그대로 몰래 돌아가기도 하고, 혹자는 각 관원이 마음대로 집으로 돌아가게 해서 군역을 면해주다가 일이 있으면 비로소 불러내어 오기도 한다. 이는 법령을 어기고 죄를 범하는 것이기 때문에 응당 엄히 금지해야 한다.

패문(牌文)을 보내니, 바라건대 그대는 즉시 적당한 관리를 골라 보내 압록강의 나루터를 파수하고 경계하여 공무로 오가는 각 관리 외에 나머지 가정과 군병은 이전처럼 몰래 마음대로 왕래하지 못하게 하라. 오는 이는 즉시 막아 돌아가게 하고, 도망쳐 돌아가는 이는 즉시 잡아다 압송하고 관용을 베풀지 말라.

각 상인이 무역하러 조선에 오는 경우에는 확실히 조사하여 통행하게 하고 일절 가로막지 못하게 하라. 만약 강을 지키는 각 관리가 상인의 재물을 강제로 요구하거나 이로 인해 문제가 발생하는 경우, 내가 조사하여 사실이면 분명히 군법으로써 결박하여 100대를 때리고 그 후에 처벌하겠다. 그대는 즉시 패문 안의 내용을 포고

....

> 부상서(兵部尙書) 양사창(楊嗣昌)이 이들의 관계(官階)를 정리하였고, 이는 청대 녹영(綠營)의 품급(品級)으로 계승되었다. 曹循,「明代鎭戍將官的官階與待遇」,『歷史檔案』, 2016-3 참고.
>
> 30 가정(家丁): 원래는 관원이 집에서 부리는 사람을 지칭하지만, 이 시기에는 장령들이 직속으로 거느린 병력을 지칭한다. 명대의 군제였던 위소제(衛所制)가 점점 해체되면서 일선 지휘관들은 항복한 비(非) 한족(漢族)이나 변경의 민간인, 위소에 속해 있던 군호(軍戶) 등을 자기 수하에 거두어 가정으로 삼았다. 명 후기의 장령들은 많은 수의 가정을 거느리고 있었으며, 이들은 실제 전투에도 참전하여 장령의 수족처럼 활동하였다. 대표적으로 명 후기 요동의 실력자이자 이여송의 부친인 이성량(李成梁)이 거느린 가정은 일족을 합하여 수천 명에 이르렀다고 한다.

하고 타이르라. 처리한 사유를 보고하라.

호부주사 애유신에게 보내는 명령

檄艾主政 | 권8, 7b-8a

날짜 만력 21년 4월 15일(1593. 5. 15.)

발신 송응창

수신 호부주사 애유신

내용 군량과 사료의 구매와 운송을 담당한 관원에게 정확한 수량과 명세를 다시 자세히 조사하여 보고하라는 명령이다.

긴급한 왜정(倭情)에 관한 일.

관량주사(管糧主事) 애유신의 정문(呈文)을 받았는데, 그 내용은 다음과 같았다.

봉황성(鳳凰城) 등 지역의 군량과 사료는 수레를 독촉하고 감독하여 의주로 운송하였습니다. 그리고 나서 조선의 사람과 가축을 독촉하여 제조한 포대(布袋)를 사용하도록 하고 배들을 동원시켜 물과 육지로 같이 운송하였습니다. 의주로부터 평양에 이르기까지 조사하여 군전에서 지출하여 쓰는 데 부족함이 없도록 하였으니, 바라건대 호부(戶部)에 자문을 보내 알려주십시오.

살펴보건대 그대가 올린 정문에는 다만 "지출하여 쓰는 데 부족함이 없도록"이라고만 말하고 운반해온 실제 수량이 적혀 있지 않아 자문으로 답하기가 어려우니 응당 그 수량을 조사해야 할 것이다.

패문을 보내니, 바라건대 그대는 즉시 스스로 구매한 군량과 사료가 각각 얼마인지, 운반해온 분순도(分巡道)·분수도(分守道)·해개도(海蓋道)의 군량과 사료 중에 어떤 도의 군량이 각각 얼마이고 급료는 얼마이며 사료는 얼마이고 모두 합쳐 얼마인지, 이미 지출한 것은 얼마이고 4월 15일 기준으로 남아 있는 것은 얼마인지 정확한 숫자를 열거하여 갖추어 보내서 이를 근거로 자문으로 답할 수 있게 하라.

제독 이여송 등에게 보내는 서신

與李提督等書 | 권8, 8a-8b

> **날짜** 만력 21년 4월 15일(1593. 5. 15.)
> **발신** 송응창
> **수신** 제독 이여송 등
> **내용** 화의를 요청한 일본군의 동태를 잘 살펴 철저하게 대비해야 한다는
> 서신이다.

왜노가 누차 싸움에 패하고 창고에 쌓아놓은 양식이 모두 불타
버리자 1000리의 땅을 점령해놓고도 구슬픈 말로 책봉을 요청하니,
이는 모두 대장군과 두 집사(執事)의 놀라운 위엄과 절묘한 운용 덕
분입니다. 제가 무슨 면목으로 보내온 서신의 칭찬한 바를 감당하겠
습니까. 부끄러울 따름입니다.

지금 상황에서는 반드시 고니시 유키나가가 먼저 왕자와 배신,
그리고 왜장을 보낸 연후에 사신을 보내야 합니다. 만약 명령을 따
르지 않는다면 결코 가볍게 놓아줄 수 없습니다. 많은 군사로 임진
강을 굳게 지키고 전라도에 알려 병사를 정돈하고 방어하기만 하면
그들이 약탈해도 얻을 게 없고 구원을 바랄 수도 없어 오랫동안 곤
경에 처할 테니, 그 피폐함을 노려 공격하면 분명 완전한 승리를 거

둘 것입니다.

다만 왜의 세력이 아직 무성하여 그들이 살길을 찾지 못하면 혹여 발톱과 이빨을 드러내 분연히 사방으로 도주하리라는 점도 염려하지 않을 수 없으니, 대장군께서 잘 대비해야겠습니다. 만약 이전의 약속이 모두 지켜져서 그들을 놓아주어 귀국하게 한다면, 우리의 은혜와 위엄을 모두 드러내는 것이니 안 될 것이 없습니다. 간절히 바랍니다.

48-11

제독 이여송에게 보내는 서신

與李提督書 | 권8, 8b-9a

날짜 만력 21년 4월 16일(1593. 5. 16.)

발신 송응창

수신 제독 이여송

내용 일본군이 귀국하려는 뜻은 분명해 보이지만 조선의 왕자와 배신을 아직 송환하지 않는 등 수상한 모습을 보이니 이에 대해 방비할 것을 당부하는 서신이다.

16일에 보내온 서신을 받았습니다. 건강이 회복되었다니 사직의 큰 행운이고, 제 마음도 매우 기쁘고 위안이 됩니다. 이는 하늘이 황실을 돕는 것입니다.

왜노가 조선 백성을 돌려보내고 그들이 가진 날카로운 칼을 대대적으로 팔아넘기니, 그들이 귀국하려는 뜻은 진실로 의심할 바가 없습니다. 다만 심유경이 왜의 진영에 머문 지 사흘째인데 왕자와 배신을 송환하고 왜장을 남기는 등의 일이 아직 결실을 보지 못하고 있으니, 혹여 중간에 거짓으로 속이는 것은 아닌지요. 게다가 참군(參軍)이 일찍이 보고해온 바에 따르면, "2명의 진왜(眞倭)가 투항해왔습니다."라고 하였습니다. 귀국할 날을 앞두고 어찌 또한 이러한 일이 있겠습니까. 이는 거짓 투항일 것이니 부디 주의하여 방비하기를 바랍니다. 설사 조선 백성을 내보낸다고 하더라도 반드시 병기가 없는지 수색해야 하고, 본국의 지방관에게 문서를 보내 나누어 안착시켜야 하겠습니다.

서신에서 이른 "일이 없어도 일이 있을 때를 대비해야 한다."라는 말씀은 실로 절묘한 의견입니다. 만약 정확한 소식이 있다면 바라건대 신속히 사람을 보내 빨리 알려주시기를 바랍니다.

병부상서 석성에게 보고하는 서신

報石司馬書 | 권8, 9a-9b

날짜 만력 21년 4월 18일(1593. 5. 18.)

발신 송응창

수신 병부상서(兵部尙書) 석성(石星)[31]

내용 병사들을 포상하는 일과 일본군을 추격하는 일에 대해 상황을 보고하는 서신이다.

공적을 포상하는 일은 앞서 보내주신 자문의 내용에 따라 먼저 20냥을 지급하고 나중에 보충하여 채우겠습니다. 이제 동쪽의 일이 이미 끝나 군사들이 상을 바라는 마음이 밤낮으로 간절합니다. 또한 안군(按君: 순안어사)이 이미 명확히 조사한 바에 따라 감히 자문으로 아뢰고 보내온 은이 일제히 도착하기를 기다렸다가 즉시 모두 지급하면, 병사의 마음이 가히 위로가 되고 황은(皇恩)이 널리 베풀어져 훗날 목숨을 바쳐 일할 수 있을 것입니다.

....

31 석성(石星): 1538~1599. 명나라 사람으로 대명부(大名府) 동명현(東明縣) 출신이다. 자는 공진(拱辰), 호는 동천(東泉)이다. 가정 38년(1559)에 진사가 되어 출사하였고 만력 연간 병부상서(兵部尙書)에 올랐다. 임진왜란이 발발하여 조선이 명에 원조를 요청하자 파병을 강력히 주장하였다. 이후 일본과 강화를 추진하다 일본이 정유재란을 일으키자 강화 실패의 책임을 지고 옥사하였다.

이 밖에 왜노가 밤을 틈타 도망쳐[32] 마음은 두렵고 힘은 피로해
졌을 터이니, 뒤쫓아가서 습격할 만합니다. 이미 제독 이여송에게
격문을 보내 병사를 이끌고 몰래 뒤쫓게 하였고, 그 후 또한 찬획(贊
畫)[33] 유황상(劉黃裳)[34]을 보내 유정의 병사를 독촉하여 뒤를 잇게 하
였습니다. 중도에 혹 부산진(釜山鎭) 같은 적당한 곳에 이르면 즉시
전라도 등 여러 도가 병사를 합쳐 함께 공격하게 하였습니다. 비록
병법에는 "돌아가는 군사를 가로막지 말라."라고 하였지만, 굳이 얽
매일 필요는 없겠습니다.

저를 사랑하시는 대하(臺下: 석성)이기에 듣고 싶어 하실 내용을
헤아려 감히 이렇게 몰래 보고드립니다. 비밀로 해주시기를 바랍
니다.

....

32 왜노가 …… 도망쳐: 선조가 들은 보고에 따르면 18일에 왜가 서울에서 도망쳤다고 한
    다. 『선조실록』 권37, 선조 26년 4월 21일(을사).

33 찬획(贊畫): 관명이다. 명대 제독(提督)과 순무(巡撫)의 막하(幕下)에서 보좌 역할을 담
    당하였는데, 구체적인 직책이나 품급은 정해져 있지 않았다.

34 유황상(劉黃裳): 1529~1595. 명나라 사람으로 하남(河南) 광주(光州) 출신이다. 자는
    현자(玄子)이다. 만력 14년(1586) 진사에 올랐고, 문장으로 유명하였다고 한다. 병부원
    외랑(兵部員外郎) 찬획경략(贊畫經略)으로 임진왜란 때 송응창의 군무를 보조하는 임무
    를 맡았다.

8-13

조선국왕에게 보내는 자문

移朝鮮國咨 | 권8, 9b-10b

날짜 만력 21년 4월 19일(1593. 5. 19.)

발신 송응창

수신 조선국왕

내용 선왕의 묘를 파헤친 일본군의 잔혹함에 분노하고 거짓 항복을 의심하는 조선 측의 우려를 공감하면서도, 잠시 숨을 고르며 일본군의 반응을 지켜보고 이에 대한 대비를 충분히 하고 있으니 잠시 기다려보기를 당부하는 자문이다.

관련자료 이 문서에 인용된 능침의 변고를 송응창에게 보고하는 조선국왕의 자문이 『선조실록』 권37, 선조 26년 4월 16일(경자) 기사에 수록되어 있다.

흉악한 적의 정황을 탐색하여 보고하는 일.

국왕으로부터 위 내용의 자문을 받았는데, 그 내용은 다음과 같았습니다.

강정왕(康靖王: 성종)과 공희왕(恭僖王: 중종)의 두 무덤을 왜적이 모두 파헤치고 달아나버렸습니다. 석회와 관까지 참혹하게 파헤쳐졌으니 온 나라가 황황하여 차마 말로 할 수 없습니다.[35]

이 도적은 차마 잊을 수 없고 이 원수를 반드시 갚아야 합니다. 하물며 근래 적의 정황을 얼핏 보니 허튼 말과 교묘한 말로 애걸하고 있습니다. 비록 온갖 거짓으로 속이더라도 끝내 순종하지 않을 것이니, 흉악하고 악질인 이들은 분명 거리낌이 없을 것입니다.

이를 받고 살펴보건대, 왜노가 패역무도하여 해독이 선왕의 능묘에까지 미쳤으니 이는 실로 막대한 원수입니다. 선왕이 구천(九泉)에서 원한을 품는 것은 물론이고 왕국의 비탄한 마음은 100대(代)에 걸쳐 이를 것입니다. 저와 제독 및 여러 장령은 즉시 칼끝으로 왜의 배를 찔러 창자를 발라내고 살을 헤치며 뼈를 발라내고 심장을 부수어 왕국의 분노를 풀어드리지 않을 수 없습니다.

하지만 마침 시기가 불리하고 형세가 갑자기 어려워지자 또한 그들이 죄를 뉘우치고 애걸하며 본국으로 돌아가길 바라면서, 왕의 옛 수도를 반환하고 왕의 두 아들을 돌려보내고자 하고 있습니다. 이에 잠시 분노를 풀고 분쟁을 피하는 지혜로써 왕께서 백성을 길러 군사를 강화하고 훈련하는 계획을 세우시길 바랍니다. 무릇 맹금의 공격에는 반드시 폈던 날개를 오므림이 있고, 맹수의 덮침에는 반드시 웅크림이 있습니다. 단지 눈앞의 공적에만 급급하다가 멀리 앞일을 잊어서는 안 됩니다. 하물며 아군은 이미 개성과 임진강 일대에 포진하면서 예전보다 신중을 기하고 있고, 유정의 새로운 부대

....

35 강정왕과 …… 없습니다: 4월 13일에 경기좌도관찰사가 성종의 선릉(宣陵)과 중종의 정릉(靖陵)이 파헤쳐졌다는 변고를 전하였다. 이에 조정은 즉시 거애(擧哀)하는 한편 송응창에게 사람을 보내 복수할 것을 청하는 일을 의논하였다.

도 이미 평양에 이르러 모두 정돈하여 전투를 기다리고 있습니다.

만약 왜노가 약속을 지켜 머리를 숙이고 돌아간다면, 우리는 잠시 기다려 희생을 덜고 연후에 왕을 위해 좋은 마무리 방책을 세워 원수를 갚는 기회로 삼을 것입니다. 만약 그들이 거짓으로 속이려 한다면, 지금 대군이 있으니 우리는 그들의 죄를 성토하고 징벌하는 군대를 이끌 것이고 그들은 하늘과 도리를 저버린 오명을 지게 될 것입니다. 우리가 칭한 명분이 도리에 따르는데 그들이 또한 어찌 사양하겠습니까. 상황을 보아하니 수일 내로 결정이 날 것 같습니다. 왕께서는 조금만 더 기다려보십시오. 이에 마땅히 자문을 보내니, 번거롭겠지만 살펴보십시오.

권8

제독 이여송에게 보내는 명령

檄李提督 | 권8, 10b-11b

날짜 만력 21년 4월 20일(1593. 5. 20.)

발신 송응창

수신 제독 이여송

내용 약속대로 왕경을 떠나 귀국길에 오르는 고니시 유키나가가 성안에 남겨둔 병든 일본군을 죽이지 말고 나중에 병이 나은 후에 돌려보내 달라고 요청하자 이를 받아들이고, 현재 상황에 대해 명확하게 조사하고 엄히 단속하라는 명령이다.

왜의 우두머리가 죄를 두려워하여 귀국을 애걸하는 일.

위관 호택(胡澤)[36] 등의 품보(稟報)를 받았는데, 그 내용은 다음과 같았다.

　약속에 따라 떠나는 왜노가 길 위에 끊이지 않으니 약 만여 명입니다. 19·20일에 대영(大營)의 왜 무리가 인마(人馬)를 모두 출발시키고 왕경을 양도하였습니다. 고니시 유키나가가 왕경에

......

36　호택(胡澤): ?~?. 명나라 사람이다. 원임관(原任官)으로 일본 진영에 왕래하였다. 심유경과 함께 일본과의 강화를 위해 노력했기 때문에 조선의 군신과는 수많은 외교적 갈등을 초래했다.

서 나오면서 하는 말이 병에 걸린 왜인이 많이 남아 있으니 장관 (將官) 1명에게 관리를 맡겨 그들의 병이 나은 후에 호송하여 돌려보내주는 은덕을 베풀어주기를 간절히 바랐습니다.

이를 받고 살펴보건대, 왜의 우두머리가 기왕 죄를 뉘우치고 바삐 돌아가면서 또한 병든 왜의 생명을 보전해줄 것을 간청하고 있다. 그들이 꼬리를 흔드는 꼴을 보니 최근 정황이 사실인 것 같다. 내가 깊이 생각해보건대, 마땅히 대의를 밝혀야 한다. 하물며 이들을 살육하는 것은 공적으로 삼을 수도 없다. 그들을 살려 보내 덕을 보인다면 그들이 귀화하려는 진심을 더욱 굳힐 것이니, 마땅히 윤허해야겠다.

패문을 보내니, 바라건대 평왜제독(平倭提督)은 만약 고니시 유키나가가 이미 왕경을 떠나 병든 왜를 성에 남기고 갔다면 즉시 위관으로 하여금 병든 자가 얼마나 있는지, 진짜 병든 것이 맞는지, 잠복하여 거짓으로 속이는 것은 아닌지를 명확히 조사하게 하라. 만약 정황이 진짜라면 앞서 말한 대로 몸조리하게 하거나 음식을 헤아려 지급하고, 회복한 후에 돌려보낼 것을 따로 논의하라. 우리 중국의 은덕은 지지해 일으켜주지 않음이 없고 베풀어 보호해주지 않음이 없음을 알게 하라. 모든 장수와 병사 및 조선인 등이 멋대로 그들을 살육하지 못하게 단속하고 금지하라. 어긴 자는 군법으로 무겁게 처벌하라. 또한 사람을 뽑아 감시하게 하고 뜻밖의 사고를 방지하라. 한편으로 고니시 유키나가에게 알려 그들을 안심시키고, "경략(經略)과 제독은 너희가 잘못을 뉘우치고 애걸함을 헤아려서 이제 너희의 청을 윤허하여 병든 왜를 주살(誅殺)에 이르지 않게 하겠다."라고 말하라. 처리한 사유를 갖추어 보고하라.

8-15

제독 이여송에게 보내는 서신

與李提督書 | 권8, 11b-12a

> **날짜** 만력 21년 4월 21일(1593. 5. 21.)
>
> **발신** 송응창
>
> **수신** 제독 이여송
>
> **내용** 서울에서 빠져나온 일본군이 약속대로 왕자와 배신, 일본 장수를 송환하지 않는 것에 대해 향후 적절한 조치가 필요함을 강조하는 서신이다.

보내온 서신을 보았습니다. 왜노가 19일에 모두 경성(京城)에서 나왔다고 하니 매우 기쁩니다.[37] 이게 모두 대장군의 위력 덕분입니다. 다만 왕자와 배신, 그리고 왜장은 아직 보내오지 않고 있습니다. 만약 죽산(竹山)·충주(忠州)에 이르렀는데도 약속을 지키지 않는다면 국왕이 우리에게 말을 꺼낼 것입니다. 만약 가토 기요마사가 고집을 부려 그 부하가 아직 행하지 않은 것이라면, 대장군께서 확실히 왕자와 배신, 왜장 등을 송환하게 한 연후에 그들을 놓아줘 돌아

....

37 왜노가 …… 기쁩니다: 조선이 전달 받은 내용에 따르면 일본군은 4월 18일에 모두 서울에서 나갔고 제독 이여송이 입성하였다고 하였다. 『선조실록』 권37, 선조 26년 4월 21일 (을사).

가게 하는 것이 좋은 책략이겠습니다. 다만 마땅히 신중해야 합니다. 혹은 전라도에 단단히 경계시켜 가토 기요마사를 가로막는 것도 좋은 방책입니다. 먼 곳에서 헤아리기 어려운 사안이니 반드시 상황에 맞추어 시행하십시오. 기필코 그들을 송환시켜야 비로소 완전한 공적이 됩니다.

당보(塘報)[38]에 쓰인 병부(兵部)의 자문은 매우 좋습니다. 저 또한 마땅히 논의한 바와 같이 행하겠습니다. 문하(이여송)의 보고가 이르는 것을 기다려 함께 보내겠습니다.

....

38 당보(塘報): 군사정보 보고서 또는 긴급한 군사정보를 알리는 사람을 가리킨다.

8-16

제독 이여송에게 보내는 서신

與李提督書 | 권8, 12a-12b

날짜 만력 21년 4월 21일(1593. 5. 21.)

발신 송응창

수신 제독 이여송

내용 일본군을 물러나게 만든 이여송의 공적을 칭찬하고, 병든 일본군을 잠시 보살피다가 나중에 돌려보낼 것을 당부하는 서신이다.

보내온 서신을 읽었습니다. 주홍모(周弘謨)[39]는 과감하게 일을 처리하니 즉시 중재에 이를 것입니다. 왜의 무리가 떠난 지 며칠 되었는데, 대장군의 신과 같은 위엄과 절묘한 책략이 아니었으면 어찌 이런 일이 있었겠습니까. 미친 맹수 같은 그들을 교화하여 우리의 울타리를 단단하게 하였으니 사직이 이에 의지할 것입니다. 매우 기쁘고 기쁩니다.

병든 왜로서 떠나지 않은 자들에 대해서는 부디 은혜로이 양육

....

39 주홍모(周弘謨): ?~1594. 명나라 사람이다. 만력 20년(1592) 흠차통령선부영병유격장군(欽差統領宣府營兵遊擊將軍)으로 마병(馬兵) 1000명을 이끌고 조선에 왔다가 만력 21년(1593) 명나라로 돌아갔다. 만력 22년(1594)에 적들을 선유(宣諭)하기 위해 재차 와서 서울에 머물렀는데, 얼마 되지 않아 말에서 떨어져 병으로 죽었다.

하여 다 낫기를 기다렸다가 돌려보내 그들이 진심으로 모두 은혜를 느끼게 하십시오. 훗날 조선[海隅]이 편안해지는 것은 대장군의 공이니, 무력으로 토벌하는 것에만 공이 있지 않습니다. 붉은 봉투에 도장이 찍히지 않은 경우에는 심사현(沈思賢)[40]에게 아직 도장이 있으니 잠시 그곳에서 가져다 급한 용도에 쓰십시오. 도장을 다 찍으면 즉시 군전(軍前)으로 빨리 보내주십시오. 이만 줄입니다.

---

40 심사현(沈思賢): ?~?. 명나라 사람으로 절강 소흥부(紹興府) 여요현(餘姚縣) 출신이다. 자는 방달(邦達), 호는 사천(沙川)이다. 원임 통판(通判)으로 송응창을 따라 나와서 심유경과 함께 일본군의 진영에 들어갔다. 만력 25년(1597)에 어사 진효(陳效)의 표하관으로 따라와 군량 조달을 맡았다.

권8

제독 이여송에게 보내는 서신

與李提督書 | 권8, 12b-13a

날짜 만력 21년 4월 25일(1593. 5. 25.)

발신 송응창

수신 제독 이여송

내용 서울을 떠난 일본군은 처부수기 용이하니 기회를 보아 그들을 공격할 만반의 준비를 할 것을 당부하는 서신이다.

보내온 서신을 보았습니다. 왕경은 형세가 험준하고 왜노가 설비해놓은 것이 엄밀하여 마치 호랑이가 산모퉁이를 의지한 것과 같아 쉽게 대적할 수 없었습니다. 제가 간곡히 타일러 가볍게 나아가지 말라고 한 것도 바로 이 때문이었습니다. 지금 적들이 소굴을 떠나 의지할 험준한 곳이 없어 밤낮으로 수고롭게 애써도 용맹함을 펼칠 수 없고 병사들 또한 사방으로 흩어지니, 예전에 한데 모였던 것과 달리 이 기회를 틈타 무찌르지 못할 것이 없어 보입니다.

부산진에는 조선이 갖춘 거북선이 매우 견고하고 많습니다. 저는 일찍이 이미 조선에 패문을 보내 황급히 유능한 장수를 임명하고 보내 병사와 함대를 거느리고 바다의 어귀를 차단하도록 하였습니다. 대장군 또한 반드시 병사를 보내 뒤를 이어야 합니다. 가토 기요마사와 같이 악랄한 자는 이번 기회에 반드시 일거에 없애버려야 할 것입니다. 다만 심유경의 사신과 왕자·배신이 아직 그 안에 있으니 마땅히 수를 내어 빼내야 하겠습니다. 만약 고니시 유키나가가 따르지 않는다면 즉시 모조리 섬멸해야 하니 또한 망설일 필요가 없습니다. 기회는 아주 짧은 순간에 있으니 마땅히 변통하여 대처해야 합니다. 대장군께서는 신묘한 계책이 있을 터이니 덧붙일 필요가 없을 것입니다.

8-18

제독 이여송에게 보내는 명령

檄李提督 | 권8, 13a-14a

날짜 만력 21년 4월 25일(1593. 5. 25.)

발신 송응창

수신 제독 이여송

내용 서울을 떠난 일본군이 아직도 왕자와 배신을 송환하지 않는 것은 일본군 진영 중에 가토 기요마사가 고집을 피워서일 터이고 계속 이렇게 지켜만 본다면 나중에 손쓸 방법이 없을 것이니, 그들의 뒤를 추격하는 한편 송환을 촉구하고 가토 기요마사를 성토하고 공격할 준비를 하라고 지시하는 명령이다.

왜의 우두머리가 죄를 뉘우치고 귀국을 애걸하는 일.

보고를 받았는데, 그 내용을 요약하면 다음과 같다. "왜의 무리가 이미 황주(黃州) 등의 지역을 지났는데, 고니시 유키나가가 앞에 있고 가토 기요마사는 왕자·배신과 함께 뒤에 있습니다. 중국의 병사가 보름 동안 추격해오지 않으면 먼저 왕자를 송환한다고 합니다."

이를 받고 살펴보건대, 왜노는 이미 왕경을 떠났으니 즉시 왕자 등을 보내야만 한다. 지금 이미 며칠이 지났는데도 오히려 얼버무리며 보내지 않고 있다. 또한 가토 기요마사가 뒤를 잇고 있다고 하니, 이는 가토 기요마사가 확실히 왕자와 배신을 끼고 협박하는 것이다. 고니시 유키나가와 우키타 히데이에(宇喜多秀家)⁴¹ 등이 공손한 것과 비교하면 서로 매우 다르다. 만약 부산진에 이르고도 고집을 부려 왕자를 배에 태워 바다로 나간다면 그때는 기다려도 오지 않을 것이고 추격해도 미치지 못할 것이니, 이는 그들의 술수에 빠지는 것이다. 응당 병사를 보내 전진시켜 상황을 주시해야 한다.

　패문을 보내니, 바라건대 평왜제독은 요약해 보낸 문서의 내용에 따라 한편으로 먼저 보낸 이여백(李如栢)⁴²과 장세작(張世爵)⁴³ 등에게 단단히 경계시켜 그들의 후미(後尾)를 쫓아 전진하게 하고, 다른 한편으로 경상도 등에 문서를 보내 병마를 정돈하게 하며, 또 한편으로 유정이 거느린 사천 군사의 이동을 독촉하여 전진하게 하라. 또한 장세작 등으로 하여금 고니시 유키나가·우키타 히데이에·가토 기요마사 등을 타일러 속히 왕자와 배신, 인질로 삼을 왜장들을 보내오게 하고 다시는 지연하지 말게 하라. 만약 또다시 얼버무린다면 이는 확실히 가토 기요마사가 고집을 부리는 것이다. 그러므

41　우키타 히데이에(宇喜多秀家): 1573~1655. 일본 사람이다. 도요토미 히데요시의 신임을 얻어 유시(猶子: 양자)의 연을 맺게 되었으며, 히데요시의 양녀를 정실로 맞이하고 '오대로(五大老)'가 되었다. 임진왜란 때는 일본군의 감군(監軍)으로 조선에 침입해왔다.
42　이여백(李如栢): 1553~1620. 명나라 사람으로 요동 철령위 출신이다. 이성량의 둘째 아들이자 이여송의 동생이다. 임진왜란 당시 형과 함께 참전하여 평양성을 탈환하는 데 공을 세웠다.
43　장세작(張世爵): ?~?. 명나라 사람으로 광동우위(廣東右衛) 출신이다. 호는 진산(鎭山)이다. 만력 20년(1592) 이여송 휘하에서 평양성 전투에 참전하였다. 평양성 전투에서 크게 활약해서 평양 수복에 주도적인 역할을 하였다. 만력 21년(1593)에 이여송과 함께 명나라로 돌아갔다.

로 응당 순역(順逆)을 구별하여 고니시 유키나가와 우키타 히데이에 등은 전진하게 내버려두고, 즉시 가토 기요마사의 죄를 성토하고 아군과 경상도 등지의 병사를 합쳐 앞뒤로 협공하여 가토 기요마사를 크게 꺾어놓을 수 있게 하라. 대군이 전진하면서 가는 도중에 또한 마땅히 매복에 방비해야 한다. 만약 군량과 급여가 이어지지 않으면 혹은 상황을 보아 말린 양식을 자루에 휴대하고 반드시 다방면으로 계획을 세워 만전을 기해야 할 것이다. 왜노에게 속지 말라.

8-19

예조판서 윤근수에게 보내는 명령

檄禮曹判書尹根壽 | 권8. 14a-15a

날짜 만력 21년 4월 25일(1593. 5. 25.)

발신 송응창

수신 예조판서 윤근수

내용 일본군이 모두 서울을 빠져나왔는데도 아직 왕자와 배신을 송환하지 않았기 때문에, 이들을 추격하고 압박하는 앞으로의 작전에 조선 측도 적극적으로 협조할 것을 지시하는 명령이다.

관련자료 이 문서는 『선조실록』 권37, 선조 26년 4월 26일(경술) 기사와 동일 문서로 추정된다. 단 『선조실록』에는 이 문서를 자문이라고 한 데 반해 본문은 윤근수에게 발급한 패문으로 되어 있다. 본문에 실린 문서가 좀 더 길고 내용도 약간 다르다. 다만 다음의 「8-27 移朝鮮國王咨 권8, 19b-20a」에 송응창이 조선에 자문을 보냈다고 한 점을 고려하면, 윤근수를 수신자로 한 패문과 조선국왕을 수신자로 한 자문이 동시에 발급되었던 것으로 추정할 수 있다.

　　왜의 우두머리가 죄를 뉘우치고 귀국을 애걸하는 일.

　　보고를 받았는데, 그 내용을 요약하면 다음과 같다. "왜의 무리는 19일에 전부 출발하였고 제독은 대군을 이끌고 20일 사시(巳時)에 왕경성으로 들어와 백성을 위로한 외에, 왕자와 배신은 죽산과 충주 등의 지역에 이르면 송환하기로 약속하였습니다. 우리 병마가 뒤쫓아 습격할까 봐 고니시 유키나가와 우키타 히데이에 등은 앞에서 가고, 가토 기요마사는 왕자와 배신을 데리고 뒤를 따르고 있습니다."

이를 받고 살펴보건대, 나는 동쪽으로 정벌에 나서 왕국에서 군대를 감독하면서 왜노를 전멸시켜 왕의 큰 원한을 갚고자 하지 않음이 없었다. 때가 유리하지 않아 잠시 쉬고 있을 때, 마침 고니시 유키나가 등이 천자의 위엄을 두려워하여 귀국을 애걸하였다. 가을에는 죽이고 봄에는 살리는 의지와 거스르는 자는 토벌하고 순종하는 자는 위로하는 책략을 생각하여 병부에 게첩(揭帖)으로 보고하고 황상(皇上)께 제본을 올려 성지(聖旨: 황제의 명령)를 받들었는데, 그들을 용서하고 끝까지 쫓지 말라고 하셨기에 이를 받들어 그들이 살아 돌아가게 둔 것이다. 또한 개를 때릴 때는 문을 닫아놓아서는 안 되고 양을 끌 때는 스스로 그 뒤를 따라야 하는 것처럼, 왕국의 옛 강산을 새롭게 하고 왕국을 정돈하며 백성을 길러 사졸을 강화하면서 이를 보복의 기회로 삼아야 한다. 이는 황상께서 왕국을 보전해주고자 하는 큰 은혜이고, 나와 제독이 왕국을 위해 깊이 오래 생각한 지극한 뜻이다.

다만 지금 왜의 무리는 비록 떠났고 왕경은 비록 수복되었지만, 왕자와 배신은 아직 송환되지 않았다. 이는 왜노 고니시 유키나가는 비록 공손하게 애걸하지만 가토 기요마사가 여전히 고집을 피우며 굽히지 않기 때문이다. 이에 응당 그를 징벌하는 우리의 위엄을 보임으로써 명령을 어긴 죄를 책망해야 할 것이다. 나는 이미 제독에게 문서를 보내 먼저 좌·우영의 부장(副將) 이여백과 장세작 등을 보내 대군을 이끌고 후미를 쫓게 하고, 또한 찬획 원외랑(員外郎) 유황상에게 문서를 보내 유정이 거느린 사천의 군사를 독촉하여 계속 나아가게 하였다.[44]

한편으로 사람을 보내 가토 기요마사 등을 타일러 속히 왕자와 배신을 보내오게 하고 다시는 지연하지 못하게 한 외에 패문을 보내니, 바라건대 그대는 즉시 위 내용을 왕에게 보고하여 알리고 속히 병부(兵符)를 보내 경상도와 전라도 등에 호령하여 수륙 군병을 정돈하게 하라. 육로의 군대는 병조(兵曹)의 배신에게 알려 통솔하게 하고, 수로의 배와 병사는 황급히 독촉하여 내가 최근에 보낸 명화비전(明火飛箭) 등 총 일곱 수레를 각 수군의 배에서 쓸 만큼 나누어 배치하고 모두 바다로부터 부산진을 에워싸고 물가에 정박하게 하라. 배는 최대한 많이 동원할수록 좋고 또한 병조의 배신에게 알려 통솔하게 하되, 모두 제독 및 찬획의 이동과 진퇴 지시를 따르게 하라. 왕자가 귀환할 수 있도록 힘쓰고, 그 이후에 비로소 군사를 물려라. 다만 각 배신이 통제를 따르지 않고 멋대로 도발하고 살육하였다가 그들이 대비할 것을 깨달아 우리 사용재(謝用梓)[45]와 서일관(徐一貫)[46] 두 사신을 구류하여 우리가 진군할 큰 기회를 놓치

....

44 나는 …… 하였다: 관련 문서는 다음과 같다. 「8-18 檄李提督 권8, 13a-14a」.

45 사용재(謝用梓): ?~?. 명나라 사람으로 절강 출신이다. 만력 21년(1593) 심유경이 고니시 유키나가와 강화 협상을 진행할 때, 서일관(徐一貫)과 함께 일본에 사신으로 파견되었다. 나고야(名護屋)에서 도요토미 히데요시에게 융숭한 대접을 받고 일본에 잠혀 있던 임해군(臨海君), 순화군(順和君)과 함께 조선에 들어왔다. 후에 강화 협상에서 공문을 위조한 사실이 발각되어 서일관과 함께 유배되었다.

46 서일관(徐一貫): ?~?. 명나라 사람이다. 만력 20년(1592) 황응양(黃應陽), 하시(夏時)와 함께 조선에 사신으로 파견되었다. 윤근수를 만나 조선과 일본이 서로 짜고 명나라를 침략하려 한다는 의심을 풀었다. 이듬해(1593) 일본과 강화 협상이 진행될 때 사용재와

는 일이 없도록 하라. 문서가 도착하면 처리한 사유를 갖추어 회신하라.

....

함께 일본에 사신으로 파견되었다.

제독 이여송, 찬획 유황상에게 보내는 명령

檄李提督劉贊畫 | 권8, 15a-16b

날짜 만력 21년 4월 26일(1593. 5. 26.)

발신 송응창

수신 제독 이여송, 찬획 유황상

내용 서울을 떠나 귀국길에 나선 일본군이 아직도 왕자와 배신을 송환하는 약속을 지키지 않았기 때문에, 조선군과 협력하여 이들을 추격하고 가로막아 토벌하는 작전을 지시하는 명령이다.

관련자료 송응창이 서울을 떠난 일본군을 초토하라고 조선국왕에게 보낸 자문은 『선조실록』 권37, 선조 26년 4월 26일(경술) 기사에 수록되어 있다.

왜의 무리가 위엄을 두려워하고 죄를 뉘우쳐 귀국을 애걸하는 일.

살펴보건대, 나는 가토 기요마사, 고니시 유키나가, 우키타 히데이에 등이 위엄을 두려워하고 죄를 뉘우쳐 귀국을 애걸하기에, 봄에는 살리고 가을에는 죽이는 의지와 거스르는 자는 토벌하고 순종하는 자는 위로하는 책략을 생각하여 그들을 살려 보내되 왕자와 배신을 송환하고 왜장을 남겨 인질로 삼게 하였다. 보고에 따르면 왜의 무리는 이미 19일에 출발하였고, "앞으로 가는 도중에 보내겠다."라고 말하였다고 한다. 지금 며칠이 지났는데도 아직 그들이 왕자와 배신을 보내거나 왜장을 남겨놓지 않는 것으로 보아, 확실히 출병을 늦추어 부산진에 이르기까지 지연시켜 그들을 모두 배에 싣고 가버리려는 것이다. 이처럼 교활하고 간사한 이들에게 천자의 토벌이 마땅히 가해져야 하므로, 응당 기회를 보아 나아가 토벌해야 한다.

국왕에게 문서를 보내 속히 병부를 내어 경상도와 전라도 등에 호령하여 수륙 군병을 정돈하게 하라. 육로의 군병은 병조의 배신에게 알려 통솔하여 제독의 표하(標下)[47]로 가게 하라. 수로의 배와 병사는 황급히 독촉하여 내가 최근에 보낸 명화비전·독화비전(毒火飛箭) 등 총 일곱 수레를 각 배에 나누어 배치하는데, 배는 최대한 많을수록 좋으며 모두 바다로부터 각각 부산진과 양산진(梁山鎭)을 에워싸고 물가에 정박하게 하라. 또한 수군 장령으로 하여금 왜의 무리를 정탐하게 하고, 바다 어귀로부터 약 하루 이틀 노정에 이르면 불을 놓아 그들의 배를 불태우게 하라. 나머지 진퇴와 중요한 결정은 모두 제독 및 찬획의 지시에 따라 왜노에게 큰 피해를 주도록 힘쓰게 하라. 각 배신을 모두 단속하여 함부로 그 예봉을 시험한다고 멋대로 도발하고 살육하여 그들이 알아채고 사전에 대비하여 우리가 진군하는 큰 기회를 그르치지 못하게 하라.

이 밖에 패문을 보내니 바라건대 제독은 즉시 사천의 군사를 통솔하여 보내 대군을 돕고, 찬획 유황상은 대군과 사천의 군사를 통솔하고 전진하여 서로 적당한 기회를 헤아리며, 경상도와 전라도 등의 수륙 군병을 불러들여 황급히 추격하여 부산진과 양산진 등 손

....

47 표하(標下): 지휘관이 관할하는 직할부대를 말한다.

쓸 수 있는 곳에 이르면 즉시 크게 섬멸하는 데 나서게 하라.

그들은 돌아가고자 하는 무리이고 수풀을 잃은 새들과 같아서 대군으로 진압하면 분명히 쳐부수어 없앨 수 있지만, 왕자와 배신이 살아 돌아와야만 조선의 군신이 유감이 없을 것이다. 다만 가는 도중에 마땅히 매복에 방비하고, 추격할 때에는 반드시 퇴로가 끊기는 것을 방지하라. 보병(步兵)과 기병(騎兵)은 말린 양식을 휴대하고 앞뒤로 파발을 보내 정탐하되, 모두 임기응변에 따라 만전을 기하여 일을 성사시키도록 하라.

8-21

유정, 전라도·경상도·충청도 등에 내리는 명령

檄劉綎全羅慶尚忠清等道 | 권8, 16b-17a

날짜 만력 21년 4월 27일(1593. 5. 27.)

발신 송응창

수신 유정, 전라도·경상도·충청도

내용 일본군을 추격하라는 명령을 제대로 수행하지 못하고 있음을 꾸짖고, 앞으로 조선 관병(官兵)과 함께 적극적으로 추격에 나설 것을 지시하는 명령이다.

왜정에 관한 일.

살펴보건대, 왜노가 평양과 개성 등의 지역에서 누차 패배하여 왕경으로 모여들어 천자의 위엄과 토벌을 두려워하여 거짓으로 조공을 바칠 것을 애걸하며 귀국을 도모하니, 이는 진심으로 항복을 청한 것이 아니었다. 나는 그들의 속임수를 간파하고 이를 역이용하여 왕경에서 떠나도록 유도하고 험한 지형에 의지하지 못하게 하여 나아가 토벌하기 편하게 하였다. 하지만 지금 또한 고집을 부려 왕자와 배신, 왜장을 보내지 않고 남겨두니 그 교활함이 더욱 드러났다.

이에 21일 등에 평왜제독에게 패문을 보내 병사를 통솔하여 추격하게 하고, 경상도·전라도로 하여금 앞길을 가로막고 병사를 합쳐 추격하게 하였다. 그런데 그 후에 각 장수가 이러한 뜻을 이해하지 못하고 지금 왜가 지방을 떠나는데 능장을 부리고 일을 그르치고 있으니, 응당 다시금 엄히 재촉해야겠다.

패문을 보내니, 바라건대 그대는 즉시 관병을 통솔하여 조선 관병과 함께 군화(軍火)와 장비, 말린 양식을 휴대하고 황급하게 추격하여 적이 머무른 곳에 이르면 크게 섬멸하라. 반드시 왕자와 배신을 귀환시켜야만 비로소 군대 철수를 허락할 것이다. 절대 그르치지 말라. 먼저 출발한 날짜를 갖추어 보고하라.

8-22

제독 이여송에게 보내는 서신

與李提督書 | 권8, 17a

날짜 만력 21년 4월 28일(1593. 5. 28.)

발신 송응창

수신 제독 이여송

내용 추격에 나서는 이여송에게 신속한 행군을 당부하고 공적을 포상하는 계획을 알리는 서신이다.

대장군이 병사를 통솔하여 멀리 가서 습격함에는 속행(速行)이 관건입니다. 하지만 1000리를 수송하여 물자를 대기는 어려울 것 같습니다. 모든 군대는 반드시 보름치의 말린 양식을 휴대하게 하십시오. 필요한 물자를 따로 수레로 운반하는 것은 토벌이 끝난 후에 시행하겠습니다. 이는 가장 긴요한 일이므로 유의하시기 바랍니다.

공적을 포상하는 일은 예전 병부의 자문에 따라 먼저 수급 하나당은 20냥을 지급하여 격려함을 보이고, 나머지는 이후 공적을 명확히 조사하여 계속 보충하겠습니다. 이번 서신을 받아보고 곧바로 가르침대로 병부에 자문을 보내는 외에 다시 공문서를 갖추어 보내니, 받들어 보시고 부디 검토하신 뒤에 세 협(協)의 장사들에게 전하여 보게 하십시오.

8-23

제독 이여송에게 보내는 서신

與李提督書 | 권8, 17b

날짜 만력 21년 4월 28일(1593. 5. 28.)

발신 송응창

수신 제독 이여송

내용 고니시 유키나가 등이 궁지에 몰려 교섭하기 위해 일본 측 장수들을 보내면, 일부를 구금하여 심유경 등의 송환 및 관백과의 교섭에 이용하자고 제안하는 서신이다.

왜노가 이참에 연이어 참살(斬殺)되어 극도로 곤궁해지면 고니시 유키나가 등의 장수는 분명히 심유경 및 두 사신에게 간청하고 투항을 애걸하여 구차한 삶을 도모할 것입니다. 대장군께서는 오직 그 마음이 진짜인지를 잘 판단하시고 기회를 틈타 허락하는 것처럼 가장하여, 몇몇 왜를 데려다가 갑옷을 벗기고 창을 버리게 하여 붙잡아 구금하고 가둔 뒤에 죽이지 말고 나머지는 모조리 죽여 관용을 베풀지 마십시오. 이러한 기회가 생겨 순조롭게 진행되면 심유경과 두 사신이 살아서 돌아올 수 있을 뿐만 아니라 여러 장수를 손안에 넣고 천천히 관백을 도모할 수 있으니, 꼭 좋은 계책이 아니라고 할 수는 없을 것입니다. 고명한 식견으로 결정하십시오.

8-24

산동순안어사 부호례에게 보내는 서신

與山東傅方伯書 | 권8, 17b-18a

날짜 만력 21년 4월 28일(1593. 5. 28.)

발신 송응창

수신 산동순안어사(山東巡按御史) 부호례(傅好禮)[48]

내용 은을 보내준 산동순안어사에게 감사함을 표하고 현재 일본군의 상황과 앞으로의 작전 계획을 알리는 서신이다.

막하(幕下)의 관원을 통해 늠은(廩銀: 수당)을 보내주시니 매우 감사합니다. 요사이 왜노의 상황을 보면, 양식이 다 떨어지고 간담이 서늘해져 구슬픈 말로 돌아가기를 애걸하면서 4월 19일에 군영(軍營)을 철수해 남쪽으로 갔습니다. 적이 기왕 소굴을 떠나 험한 지형에 의지할 수 없으니 뒤쫓아가서 습격해도 될 것 같습니다. 이미 제독 이여송에게 격문을 보내 병사를 이끌고 몰래 그 뒤를 밟아 조선의 여러 도의 병사들과 회합하여 해상의 길을 가로막고 양쪽에서 협공하게 하였으니 결국 어떻게 되겠습니까. 문하(부호례)께서도 들

......

---

48 부호례(傅好禮): ?~1613. 명나라 사람으로 산동순안어사를 지냈다. 만력 26년(1598) 조선으로 출병한 이래 나라가 가난해졌다는 내용의 상소를 올려 만력제에게 노여움을 사 펴직되었다.

고 싶어 하실 거라 생각해서 덧붙여 보고합니다. 쓸 말은 많지만 다 쓰지 못합니다.

8-25

왕경을 회복한 일에 대해 조선국왕이 감사하는 자문

朝鮮國謝恢復王京咨 | 권8, 18a-18b

날짜 만력 21년 4월 28일(1593. 5. 28.)

발신 조선국왕

수신 송응창

내용 일본군이 서울에서 빠져나갔다는 소식을 듣고 조선국왕이 감격하면서 경략 송응창의 공적을 치하하고 깊은 감사를 표하는 자문이다.

왜구가 이미 물러나 경성이 회복되었기에 큰 은혜에 삼가 감사하는 일.

이달 23일 접반배신(接伴陪臣) 공조판서(工曹判書) 한응인(韓應寅)[49] 등이 급히 장계(狀啓)를 올렸는데, 그 내용은 다음과 같았습니다.

　　신 등은 제독 이여송과 함께 나아가 동파참(東坡站)[50]에 이르

......

49　한응인(韓應寅): 1554~1614. 조선 사람으로 본관은 청주(淸州)이다. 자는 춘경(春卿), 호는 백졸재(百拙齋)·유촌(柳村)이다. 선조 24년(1591) 진주사(陳奏使)로 명나라에 가서 도요토미 히데요시가 명나라를 공격하기 위해 조선에 길을 빌려달라고 한 사실을 고해 조선에 대한 명나라의 의심을 풀었다. 중국어에 능하여 이여송의 접반관(接伴官)을 맡기도 하였다.

50　동파참(東坡站): 영서도(迎曙道)에 속한 역참(驛站) 중 하나로 장단부(長湍府) 동쪽 10

러 노상에서 경성의 왜적이 이미 모두 빠져나갔다는 이야기를 들었습니다. 그들은 왕자와 배신, 그리고 천자의 사신인 유격(遊擊) 심유경도 데리고 갔습니다. 제독이 분부하기를, "먼저 도독(都督) 이여백을 뽑아 좌영의 군마를 통솔하여 경성으로 달려가게 하라. 새벽에도 급히 말을 달려 적들을 따라잡아라. 만약 거스르는 불순한 무리가 있으면 근처에서 바로 소탕하라."라고 하였습니다.

위 내용을 받고 제가 살펴보건대, 우리나라는 하늘의 도움을 받지 못해 바다의 도적이 세력을 믿고 침범하여, 종묘와 사직은 함락되고 백성은 재난에 빠졌으며 군신은 뿔뿔이 흩어져 호소할 곳이 없었습니다. 다행히 인자한 황은을 입어 천자께서 불같이 화내시며 장수들로 하여금 군대를 이끌고 나가 멀리 와서 구원하게 하셨습니다. 엎드려 생각건대, 경략병부(經略兵部: 송응창)의 신묘한 계책은 무궁하고 절묘한 운용은 예측할 수 없으니, 전략은 비바람보다 빠르고 호령은 천둥소리처럼 엄숙하였습니다. 평양은 견고한 성인데 북소리 한 번에 평정하니, 개성 이서(以西) 지역에서 풍문을 듣고 먼저 달아났습니다.

지금 듣건대, 적들이 약속을 받아들이고 떠나 이미 왕경을 빠져나갔습니다. 이는 천둥과 벼락이 진동하니 흉악한 잔당이 혼이 빠져서 감히 함께 모여 버티면서 천자의 군대에 저항하지 못하게 된 것입니다. 우리나라를 전화(戰禍) 속에서 구해주시고 백성이 정착할 곳을 찾아주시어, 의로움이 존망을 가르고 은혜가 민심에 두루 미쳐

....

리 지점에 위치했다.

군신과 상하가 감격하여 이를 데 없습니다. 목숨을 바쳐도 보답하기가 어려우니, 위나라 사람의 모과(木瓜)[51]와 노나라의 미담(美談)[52]으로도 그 뜻을 보이기가 부족합니다. 이에 마땅히 자문을 보내 청하니 잘 살펴 시행해주시기 바랍니다.

....

51　위나라 사람의 모과(木瓜):『시경(詩經)』「국풍(國風)」위(衛)의 모과에 얽힌 고사를 뜻한다. 위나라가 적[狄]의 침입으로 위태로운 상황에 처하자, 제환공(齊桓公)이 군대를 보내 적을 공격하고 위문공(衛文公)을 즉위시킨 후에 수레, 말, 의복 등의 선물을 보냈다. 후에 위나라 사람이 제환공에게 은혜를 갚고자 하였으나 제환공은 다만 모과를 던져 준 것뿐이며 보답은 바라지 않는다고 답하였다.

52　노나라의 미담(美談):『사기(史記)』「자객열전(刺客列傳)」중 조말(曹沫)의 고사를 뜻하는 것으로 추정된다. 노나라가 제나라와의 전쟁에서 패배하자 노장공(魯莊公)은 제환공(齊桓公)에게 땅을 바치고 화친을 청하여 두 나라 사이에 회맹(會盟)이 이루어졌다. 이때 노나라의 장수 조말이 비수로 제환공을 위협하며 노나라의 땅을 돌려 달라고 요구하였다. 제환공은 위기를 모면하기 위해 일단 허락하였으나 곧 이 약속을 어기려 하였다. 그러나 관중(管仲)의 조언을 듣고 노나라의 땅을 모두 돌려주었다.

8-26

제독 이여송에게 보내는 명령

檄李提督 | 권8, 19a-19b

날짜 만력 21년 4월 28일(1593. 5. 28.)

발신 송응창

수신 제독 이여송

내용 지난 전투들에서 명군이 획득한 일본군의 수급에 대해 포상이 제대로 이루어지지 않은 이유를 설명하고, 이제 곧 포상이 전부 지급될 것이며 또한 향후 추격 과정에서 획득할 수급에 대해서도 모두 합쳐 포상하겠다는 명령이다.

공적을 포상하는 일.

살피건대, 평양·개성·벽제 등에서 승리를 거두고 각 관군이 적의 수급을 베어 얻은 것에 대해 승진을 원하는 자는 승진시키는 외에, 상을 원하는 자에게는 이미 제본을 받들어 올려 사례에 따라 우두머리를 벤 경우와 흩어진 왜를 벤 경우의 등급을 나누어 각각 포상의 규정을 정한 바 있다. 이어서 병부의 자문을 받았는데, 각 공적의 등급이 아직 검토되지 않았으나 또한 각 관군이 상을 바라는 마음이 절실하기 때문에, 먼저 수급 하나당 상은(賞銀) 20냥을 지급하기로 논의하고 나머지는 검토가 끝난 후에 보충하여 지급하기로 하였다.

지금 살펴보니, 공적의 등급에 대해 이미 순안어사의 검토를 받았고 왕경의 왜노가 이미 달아나 공적을 포상하는 은이 또한 곧 도착할 것이므로, 응당 상을 전부 지급할 것이라고 미리 타일러 뭇사람들의 바람을 위로해야겠다.

패문을 보내니, 바라건대 평왜제독은 즉시 세 협의 각 장령에게 문서를 보내 공적을 세운 각 관군에게 전달하여 모두 알게 하라. 지금 왜의 우두머리가 약속을 어기고 왕자와 배신을 송환하지 않아 대군을 보내 추격하여 소탕하게 하였으니, 너희들은 최선을 다해 용기를 떨치고 진력하여 온전한 공적을 거두어야 한다. 저번에 응당 포상받았어야 할 수급 은량은 왜의 추격을 마치고 돌아와 마가은(馬價銀)[53]이 도착하는 날에 예에 따라 나누어 전부 지급할 것이다. 만약 왜를 추격하면서 다시 수급을 베어 얻는다면 모두 예에 따라 합쳐서 지급할 것이다. 절대 약속을 어기지 않겠다.

....

53 마가은(馬價銀): 말 값으로 지출하기 위해 책정된 비용이다. 명 초에는 각지에서 말을 길러 변경에서 사용하도록 하였으나, 남방에서는 말이 나지 않기 때문에 성화(成化) 연간부터 은을 거두어 태복시(太僕寺)에 저장하고 유사시 이를 지출하여 말을 마련하도록 하였다.

조선국왕에게 보내는 자문

移朝鮮國王咨 | 권8, 19b-20a

날짜 만력 21년 4월 28일(1593. 5. 28.)

발신 송응창

수신 조선국왕

내용 서울로 향할 송응창이 도중에 직접 자신의 눈으로 조선의 상황을 살펴보겠으며, 완전한 승리를 거둔 뒤에 조선국왕과 만나 그간의 회포를 풀되 일절 대접을 받지 않겠다는 자문이다.

왜에 관한 업무를 경략하는 일.

살피건대, 저는 황명을 받들어 동쪽으로 정벌하러 와서 왕국에서 군대를 시찰하며 성스러운 천자의 위엄에 의지하고 여러 장사의 지모에 힘입었기에 삼도(三都)가 이미 돌아왔고 팔도가 모두 수복되었습니다. 비록 왕의 두 아들은 아직 피난 중이지만 우리 대군이 현재 추격 중입니다. 귀국하려고 밤을 틈타 달아나는 무리를 쳐부수고 우리 명나라의 왕성한 기세를 보여주고자 합니다.

저는 5월 2일에 신안관(新安館)⁵⁴으로부터 동쪽으로 출발하여 평

......

---

54 신안관(新安館): 대동도(大同道) 소속의 역참으로 평안도 정주(定州)에 위치했다. 서쪽으로는 곽산(郭山)·선천(宣川) 방면, 동쪽으로는 안주(安州) 방면으로 연결되었다.

양을 거쳐 왕경에 이를 것입니다. 맥수(麥秀)의 노래[55]를 읊으며 기자(箕子)의 묘를 알현하고자 하고, 초로(草露)의 눈물[56]을 슬퍼하며 전장의 혼을 애통해하고자 합니다. 떠도는 백성을 구제하고 사졸을 어루만지며, 그 광경을 직접 눈으로 보면서 그간 귀로 들은 것이 사실임을 확인하고, 민간의 상황을 보면서 마음속으로 하였던 약속이 현실과 부합하는지 생각해보겠습니다. 저는 좋은 마무리 방책을 도모하고 혁신의 기반에 협조하여, 천자께서 만드신 동쪽 번병(藩屛: 조선)으로 하여금 지금부터 호랑이가 웅거하는 듯 방어를 튼튼히 하고 달이 밝게 빛나는 넓은 바다에 영원히 큰 파도가 없게 하고자 합니다. 그런 연후에 군사를 거두어 개선(凱旋)하면서 비로소 감히 왕과 상봉하여 왕의 풍채를 삼가 뵙고 그동안 쌓인 회포를 풀고자 합니다. 다만 잠깐 나누는 담화만으로도 이 마음이 채워질 것입니다. 감히 술 한 잔의 대접도 받을 수 없으니 부디 양해해주시기 바랍니다. 이에 응당 자문을 보내니, 살펴주시기를 바랍니다.

....

55 맥수(麥秀)의 노래: 『사기』 「송미자세가(宋微子世家)」에서 유래하였다. 보리가 무성하게 자란 것을 탄식한다는 내용으로, 나라가 무너져 예전과 같지 않음을 슬퍼하고 나라가 멸망한 것을 탄식한다는 뜻이다.
56 초로(草露)의 눈물: 『한서(漢書)』 「소무전(蘇武傳)」의 고사에서 유래한 말로, 덧없는 인생이 풀에 맺힌 이슬과 같다는 뜻이다.

찬획 유황상, 제독 이여송에게 보내는 명령

檄劉贊畫李提督 | 권8, 20a-20b

날짜 만력 21년 5월 3일(1593. 6. 1.)

발신 송응창

수신 찬획 유황상, 제독 이여송

내용 명군의 정예병과 조선의 관병을 급히 보내 일본군을 추격하고, 절대 사정을 봐주지 말고 완전히 토벌하도록 지시하는 명령이다.

왜노를 추격하여 소탕하는 일.

표문(票文)을 보내니, 바라건대 그대와 제독은 즉시 전에 보낸 패찰(牌札)의 내용에 따라 보병 중에 정예 만여 명을 선발하고 며칠 치의 말린 양식을 미리 준비하라. 아울러 조선의 수륙 관병을 재촉하여 왜노를 바짝 뒤따르고 기회를 보아 습격하여 한뜻으로 토벌하여 죽이도록 독려하라. 설사 왕자와 배신 등을 송환하더라도 또한 절대 적을 놓아주지 말고 완전히 토벌하여 절멸시켜라. 만약 또다시 주저하면서 중요한 기회를 놓친다면 후회막급이니 속히 보내 지연하지 말라. 먼저 출발한 날짜를 갖추어 회신하라.

조선국왕에게 보내는 자문

移朝鮮國王咨 | 권8, 20b-22a

날짜 만력 21년 5월 3일(1593. 6. 1.)

발신 송응창

수신 조선국왕

내용 조선국왕에게 일본군을 추격할 때 유의할 사항을 당부하면서, 특히 수군과 육군을 운영하고 요충지를 지키는 전략의 핵심을 알리는 자문이다.

관련자료 『선조실록』권38, 선조 26년 5월 1일(갑인) 기사 및 『이문등록(吏文謄錄)』2책, 3b-5a, 만력 21년 5월 2일, 「欽差經略薊遼保定山東等處防海禦倭軍務兵部右侍郎宋(應昌)咨朝鮮國王」과 동일 문서로 약간의 자구 차이가 있으며, 전자는 "略曰"이라 하여 대략임을 명기하고 있다. 『이문등록』2책, 5a-7a, 만력 21년 5월 3일, 「朝鮮國王咨經略兵部」는 본문에 대한 조선의 회답 자문이다. 또한 서두에서 보냈다고 언급한 자문은 「8-19 檄禮曹判書尹根壽 권8, 14a-15a」및 『선조실록』권37, 선조 26년 4월 26일(경술) 기사를 지칭한다.

왜정에 관한 일.

최근 저는 자문을 보내 왕에게 속히 병부(兵符)를 발급해 전라도·경상도·충청도의 수륙 군병을 불러 모아 중국의 병사를 도와 왜적을 협공하라고 청하였습니다. 그 후 지금 가장 중요한 일은 왜의 배를 불태우는 것입니다. 하지만 배가 불타고 나면 그들이 배수의 진을 치지 않으리라고 어찌 보장하겠습니까. 대군이 그들의 뒤를 쫓고 있는 것은 맞지만, 그들이 가면 우리도 가고 그들이 곤궁에 빠지면 아군도 부득불 곤궁해질 수밖에 없습니다. 만약 그들이 앞길을 가로막고 숨어 있다가 몸을 돌려 갑자기 돌격해오면, 궁지에 빠진 도적은 뒤쫓지 말라는 경계를 범하는 것이 아니겠습니까. 또한 혹여 그들이 우리가 앞뒤로 협공하려는 것을 보고 험한 지형을 택하여 이를 등지고 굳게 지키고선 각 도의 군읍에서 취식할 곳을 발견하고 돌연 그곳을 습격하여 취하고서 자신들이 머물 곳으로 삼는다면, 이 또한 우려하지 않을 수 없는 일입니다.

왕께서는 속히 명령을 내려 수군으로 하여금 황급히 양산(梁山)·동래(東萊)·부산(釜山) 및 낙동강(洛東江) 하류 등의 지역으로 달려가 정박하게 하고, 왜선(倭船)을 만나면 모조리 불태우게 하십시오. 하지만 왜병이 분명 왜선을 굳게 지키고 있을 테니 또한 수군으로 하여금 신중하게 공격하여 만전을 기하도록 하십시오. 배를 불태운 후 즉시 수군으로 하여금 바다 어귀를 나누어 점거하고선 기치(旗幟)를 많이 늘어놓고 깃발을 흔들며 함성을 지르게 하십시오. 그들이 도전해오면 우리는 병사를 배 안으로 거두고 그들과 싸워서는 안 됩니다. 그들이 만약 돌아서면 우리는 그들을 추격하고 수군은 해안에 올라 뒤를 쫓아 협공하게 하십시오. 그들이 만약 주둔하면 솥을 걸고 밥을 지을 때나 야밤에 휴식할 때를 기다려 즉시 조를 나누어 교대로 쉬는 법을 사용하여 바다 어귀에서 총포를 발사하십시오. 이는 그들을 공격하는 척하면서 실제로는 교란하는 것으로, 그들이 먹으려 해도 목구멍으로 넘기지 못하고 자려고 해도 눈을 감지 못하게 하십시오. 수군을 운영하는 핵심은 이와 같습니다.

육군은 적의 뒤를 쫓아 추격할 때 또한 반드시 시시각각 적을 방비해야 합니다. 추격하는 한 부대 중에 10분의 2는 기마 유격병으로 삼고, 나머지 큰 무리는 가운데 두고 좌우에 각각 양익(兩翼)을 두어야 합니다. 만약 왜노가 돌아와 대적하면, 기마 유격병은 먼저 그 예봉을 꺾고 그다음에 대군이 뒤를 이어 전진해야 합니다. 만약 왜가 둘로 나누어 동서로 쳐들어오면, 우리는 좌우로 먼저 버티다가 대군이 뒤이어 맞이해야 합니다. 만약 그들이 험한 지형에 의지하여 주둔하면, 아군도 험한 지형에 의지하여 기다려야 합니다. 그들이 와서 도전하면 우리는 꼭 맞서 싸울 필요가 없습니다. 그들의 양식이 자연히 다 떨어지면 분명 달아날 것이니, 아군은 또한 이전대로 배치하여 연락하며 나아가되 그들이 호랑이를 산으로부터 떼어내는 계책을 쓰는 것에 방비해야 합니다. 육군을 운영하는 핵심은 이와 같습니다.

만약 각 도의 각 군읍에 지름길이 있어 왜가 습격하여 취할 수 있는 경우라면, 속히 편벽한 각 읍의 군병을 동원하여 긴요한 곳에 배치하고 깊은 구덩이와 높은 진지를 만들어 오로지 막아 지키기만 하고 절대 왜와 교전해서는 안 됩니다. 왜의 양식이 다 떨어지면 반드시 계속 공격할 수 없을 테니 분명 여기저기로 도망칠 것입니다. 연후에 대군이 기회를 보아 토벌하여 단 1명도 살려 보내지 않도록 하겠습니다. 싸우고 지키는 핵심은 또한 이와 같습니다.

그사이에 한없이 변할 전장의 상황은 먼 곳에서 미루어 헤아리기 힘듭니다. 적절한 통제는 병사를 거느린 각 관원에게 달려 있으니, 거동을 계획할 때 만전을 기해야 합니다. 이에 자문을 보내 왕께 청하니, 황급히 각 도의 수륙 군병에게 알려 기회를 잘 살펴 적을 토벌하게 하십시오.

8-30

내각대학사 조지고·장위, 병부상서 석성에게 보내는 서신

報趙張二政府幷石司馬書 | 권8, 22a-24a

날짜 만력 21년 5월 6일(1593. 6. 4.)

발신 송응창

수신 내각대학사(內閣大學士) 조지고(趙志皐)[57]·장위(張位),[58] 병부상서 석성

내용 그간 조선에서의 전황을 알리면서 자신이 행한 전략이 최선의 선택이었음을 변호하는 서신이다.

5월 6일에 서신을 받았는데, 작금의 일에 개탄하고 외로운 자취를 북돋아주시어 정성스럽게 사람의 마음과 뼈를 울렸습니다. 저는 오직 이번 임무에 온 힘을 다해 위로 황상께 보답하겠습니다. 복명(復命)한 후에는 곧바로 사직을 요청할 것이니, 시류에 영합해 명성

....

57 조지고(趙志皐): 1524~1601. 명나라 사람이다. 절강 금화부(金華府) 난계현(蘭溪縣) 출신으로 자는 여매(汝邁), 호는 곡양(濲陽)이다. 융경(隆慶) 2년(1568)에 높은 성적으로 급제하여 출사하였다. 만력 19년(1591)에는 동각대학사(東閣大學士)로 임명되었고 곧 수보대학사(首輔大學士)가 되었다.

58 장위(張位): 1534~1610. 명나라 사람이다. 강서 남창(南昌) 신건(新建) 출신이다. 자는 명성(明成), 호는 홍양(洪陽)이다. 융경 2년(1568)에 급제하여 출사하였고 만력 19년(1591)에 이부좌시랑 겸 동각대학사를 제수받았고, 곧 예부상서에 올랐다.

과 이익만 좇는 이들이 뭐라 하든 개의치 않겠습니다.

앞서 왕경의 형세는 매우 어려웠습니다. 10만의 무리가 견고한 성을 점거하여 지키니 공격할 수도 없고, 오로지 가만히 앉아 곤궁해지기만을 기다릴 수밖에 없었습니다. 수개월을 기다려야 일을 마칠 수 있었을 것입니다. 또한 그들이 사방으로 흩어져 떠돌며 약탈을 할지, 사력으로 결전을 할지도 걱정이었습니다. 그런데 시류에 영합한 이들은 군사가 피로하고 재물이 다하고 있으니 오래 지나도 성공할 리가 없다는 논의만 계속하였습니다. 조충국(趙充國)이 선령(先零)[59]의 곤궁을 기다린 것처럼[60] 하고자 하였으나, 지금 상황에서는 할 수 없는 것이었습니다.

다행히 그들의 기세가 꺾여 돌아갈 것을 구하며 조공을 바칠 것이라는 말을 꺼냈습니다. 이야말로 호랑이를 산으로부터 떼어놓는 계책으로 삼을 수 있다고 여겼습니다. 특별히 당보를 갖추어 올려 성지로 결정해 달라고 청하였지만, 진짜 그들이 조공 바치는 것을 허락해 달라는 마음은 아니었습니다. 평양·개성·벽제에서의 공적을 서훈(敍勳)하는 상소를 올린 것도 아직 왕경을 함락하지 못한 상황에서 이를 빌려 장사들을 격려하고자 한 것에 불과하였습니다. 두 가지 일이 막 행해진 것은 모두 깊은 뜻이 있는데, 다양한 논의가 벌

....

59 선령(先零): 한나라 때의 강족을 말한다. 지금의 감숙성(甘肅省) 도하현(導河縣) 서쪽의 청해(青海)에 거주하였던 티베트계 유목민이다.

60 조충국(趙充國)이 …… 것처럼: 한(漢)나라 선제(宣帝) 때 선령(先零), 즉 서북지방의 강족(羌族)이 반란을 일으켰다. 이에 선제는 무제(武帝) 때 흉노족과 싸워 공적이 많은 조충국에게 토벌을 명하고는 반란군 토벌 전략에 관해 물었다. 조충국은 백문이 불여일견이니 현지에 가서 살펴보고 전략을 세우겠다고 답하였다. 현지를 시찰한 후 둔전(屯田)을 일구며 장기전을 펼치기로 하고 1년 만에 반란을 진압하였다.

떼처럼 일어나니 실로 가소롭습니다.

저는 오늘날 오로지 적을 멸하고 주군에게 보답할 것만을 생각하지 나머지는 감히 돌아보지도 않습니다. 다행히 큰 보살핌에 의지하여 이미 왕경을 얻었고 병사를 이동해 앞뒤로 적을 참살하였습니다. 다시 성과를 거두려는데 뭐하러 조공 바치는 일을 말하겠습니까.

최근에 적은 19일에 왕경을 모두 떠나 하루에 겨우 30~40리밖에 가지 못해 29일에야 겨우 상주(尙州)에 도착해서 절반도 미치지 못하였습니다. 또한 머무르면서 5월 3일까지도 여전히 출발하지 않다가 강을 건너고 나서 곧바로 배와 다리를 전부 불태워버렸으니, 이는 아군이 추격할까 봐 두려웠기 때문입니다. 만약 아군이 또한 서둘러 전진하지 않고 느릿느릿 적의 뒤만 쫓게 한다면, 이는 그들을 호송하면서 안심시켜주는 꼴입니다. 이렇게 보내는 날이 많아지면 훗날 돌이킬 수 없을 것입니다. 또한 그들의 양식이 장차 다 떨어질 것이니 곤경에 빠진 뒤에 공격해야 합니다. 해상의 수군과 배가 오랫동안 이미 엿보고 있으니, 틀림없이 그르치지 않을 것입니다.

최근 배신 윤근수가 보고한 바에 따르면, 한응인 등이 국왕에게 장계를 올리기를, "전라좌수사(全羅左水使)와 경상우수사(慶尙右水使)의 관할구역에서 올해 3월 21일 삼도수군통제사[三水使] 이순신(李舜臣)[61]이 수군을 통솔하여 일제히 사량(蛇梁) 어귀 등의 지역에

....

61　이순신(李舜臣): 1545~1598. 조선 사람으로 본관은 덕수(德水)이다. 자는 여해(汝諧), 시호는 충무(忠武)이다. 선조 9년(1576) 식년 무과에 급제하였고 선조 24년(1591)에는 전라좌도수군절도사(全羅左道水軍節度使)에 임명되었다. 이듬해 임진왜란이 발발하자 경상도 해역으로 출동하여 한산도대첩 등에서 여러 차례 승리를 거두었다. 명과 일본의 강화교섭 중 일본의 간계로 파직되었으나 정유재란이 발발하자 다시 삼도수군통제사(三道水軍統制使)로 임명되어 제해권을 장악하였다. 노량해전에서 철수하는 일본군을

정박하고, 왜적이 내려오는 것을 엿보다가 수군을 이동시켜 부산 바다 어귀에 이르러 적들을 참살하였다고 합니다. 사량에서 부산진까지는 멀지 않고 부산의 항구는 가운데가 매우 넓고 바깥은 험하고 좁으니, 왜적이 모든 배를 항구 가운데 숨겨두었습니다. 아군은 또한 항구의 입구가 좁기에 감히 들어가지 못하고 왜적이 도망쳐 나오는 것을 지켜보다가 좌우 수군이 한꺼번에 기습하여 왜적을 참살하였습니다."라고 하였습니다.

이것이 곧 조선 임금과 신하의 본심입니다. 하물며 제가 여러 차례 독촉해두었으니 행하지 않음이 없을 것입니다. 또한 조선의 발공(發槓)[62]이나 과자포(瓜子砲) 같은 화기(火器)는 중국제보다 훨씬 정교합니다. 그리고 수군이 배 안에서 전문으로 쓰는 무기는 화살 안에 나무 몸체[木檞]·철 촉[鐵頭]·철 깃[鐵翅]·철 깃대[鐵쪽]가 있어서 화약을 붙이면 600~700보까지 날아가니, 왜선이 이를 맞으면 부서지지 않을 수가 없습니다.

지금 이것들을 써서 공격하고 또한 불로 태워버려 만약 모조리 끊어낼 수 있다면 상책(上策)입니다. 그렇지 못하고 절반만 끊어내는 것도 중책(中策)일 것입니다. 또한 그렇지 못해 그들을 섬으로 돌아가게 하여 조선의 토지를 그들로부터 모두 회복시키는 것도 아마 하책(下策)에는 이르지 않을 것입니다.

일을 행하는 자는 마음을 다하여 애쓰는데 공로를 질투하는 자는 당쟁을 부채질하니, 제가 기필코 천하의 일을 처리하려면 어떻게

....

추격하여 큰 승리를 거두었으나 유탄에 맞아 사망하였다.

62 발공(發槓): 화포로 발사하는 대형 화살로 추측된다.

해야 하겠습니까. 만약 대하께서 황상께 저의 의견을 주장해 주시지 않는다면, 제가 어찌 스스로 부하들 앞에 설 수 있겠습니까. 대하(조지고·장위·석성)의 은혜는 마치 천지와도 같습니다. 염려하실까 봐 걱정되어 감히 이렇게 미리 보고드립니다. 그 대략은 당보에도 감히 갖추어 보고하지 않았습니다. 부산에서 소식이 들어오는 날에 마땅히 급히 보고하겠습니다. 서신을 쓰면서도 황송한 마음에 어떻게 말씀드려야 할지 모르겠습니다.

제독 이여송에게 보내는 명령

檄李提督 | 권8, 24a-24b

날짜 만력 21년 5월 7일(1593. 6. 5.)

발신 송응창

수신 제독 이여송

내용 관군을 포상하기 위해 보낸 은·소·소금 등을 즉각 나누어 지급하라는 명령이다.

관군을 위로하여 포상하는 일.

살피건대 세 협의 관군은 멀리 이역(異域)에 나와 조선을 구원하고 평양과 개성에서 여러 차례 전공을 세웠다. 지금 왜노가 모두 소굴로 돌아가고 왕경 등의 지역이 이미 모두 회복되어 바야흐로 추격하여 섬멸하고 있으니, 마땅히 다시 위로하여 포상해야겠다.

이에 찬획 원외랑 유황상을 보내 상을 지급하는 외에 패문을 보내니, 바라건대 제독은 즉시 보낸 은 2400냥을 앞서 보낸 술로 환산한 수량과 항목에 맞추어 지급하고, 아울러 하간부동지(河間府同知) 정문빈(鄭文彬)[63]이 사람을 파견하여 보낸 소 120마리, 분수도가 관

....

63 정문빈(鄭文彬): ?~?. 명나라 사람이다. 원임 하간부동지(河間府同知)로 군량을 관리

원을 파견하여 보낸 소 80마리, 동양정이 사람을 파견하여 보낸 소 69마리 등 총 269마리와, 전에 동양정이 쌍산(雙山)에서 배로 운송한 식염 17만 근을 사람 수에 맞추어 세 협의 병사들과 유정의 관군과 각 장수에게 나누어 상으로 지급하라. 지급하여 수령한 수량과 항목은 나에게 바로 보고하여 검토하게 하라. 나머지 남은 은량은 거두어 다른 용도를 기다려라. 관군의 공적 등급에 맞추어 지급할 은량은 이미 해주(海州)로 보냈으니, 각 관군이 그곳에 도착하는 대로 병부의 문서에 따라 나누어 지급하여 오가며 보내는 수고와 어려움을 면하게 하라. 그르치지 말라.

....

하였는데, 만력 20년(1592)에 조선에 왔다가 만력 21년(1593)에 돌아갔다. 만력 25년(1597)에 다시 조선에 왔다.

양원, 척금, 왕승은 등 장수들에게 보내는 명령

檄楊元戚金王承恩等將 | 권8, 24b-25a

날짜 만력 21년 5월 7일(1593. 6. 5.)

발신 송응창

수신 양원(楊元),[64] 척금(戚金),[65] 왕승은(王承恩)[66] 등 장수들

내용 표하의 관군과 가정에게 지급하였던 태복시(太僕寺) 말의 현황을 조사하고, 앞으로 잘 보살피게 하되 말이 손상된 경우에는 엄하게 처벌하라는 명령이다.

왜정이 변덕스럽게 속이는 것이 날로 심해지는 등의 일.

살펴보건대, 앞서 병부가 위 내용으로 보낸 자문을 받고서 이미 각 관원에게 패문을 보내 계주(薊州)·밀운도(密雲道) 등으로 가서 태

------

64 양원(楊元): ?~1598. 명나라 사람으로 정요좌위(定遼左衛) 출신이다. 호는 국애(菊厓)이다. 임진왜란이 발발하자 좌협대장(左協大將)으로 임명되어 여러 명의 부총병과 참장, 유격 등을 인솔하였다. 정유재란 당시 남원성 전투에서 패배하여 탄핵된 후 명나라로 송환되었고, 이후 참형에 처해졌다.

65 척금(戚金): 1556~1621. 명나라 사람으로 산동 등주위(登州衛) 출신이다. 임진왜란이 발발하자 유격장군(遊擊將軍)으로 조선에 들어와 평양성 전투에 참전하였다. 척계광(戚繼光)의 인척으로 알려져 조선인의 관심을 받았다.

66 왕승은(王承恩): ?~?. 명나라 사람으로 대녕전위(大寧前衛) 출신이다. 중군(中軍) 소속으로 송응창을 따라 조선에 왔다.

복시의 말을 검사하여, 표하의 관군과 가정에게 지급하여 말을 태우고, 일이 끝난 다음에 태복시의 말을 다시 원래 장소로 돌려보내게 하였다.

그 후 지금 살펴보건대, 왜노가 도망쳐 돌아가니 개선을 앞두고 있다. 그런데 조사해보니 각 해당 군정(軍丁) 중에 말에게 사료를 적게 주거나 주의하여 기르지 않거나 말꼬리를 잘라 취해서 몰래 파는 자가 있어 그 결과 말이 허약해져 견디지 못하게 된다고 하니, 응당 엄히 금해야겠다.

패문을 보내니, 바라건대 그대들은 즉시 원래 태복시의 말을 수령한 관군·책사·가정에게 명령을 전하여 각자 타거나 부리는 말을 주의하여 기르게 하라. 만약 여위거나 말꼬리를 잘라내서 나중에 바꿀 수 없는 경우에는 반드시 죄를 묻고 추징하여 배상하게 하고, 해당 관할 장관도 연좌하여 절대 조금도 용서하지 말라. 먼저 원래 바꾼 태복시의 말이 얼마인지, 전투 중에 부상당한 것은 얼마이고 죽은 것은 얼마인지, 가죽과 고기 내장 값은 어디에서 거두고 현재 얼마나 있는지 조속히 열거하여 보고하라. 만약 날조한다면 조사해내어 반드시 처벌하겠다. 지연하지 말라.

조선국왕에게 보내는 자문

移朝鮮國王咨 | 권8, 25a-26a

날짜 만력 21년 5월 7일(1593. 6. 5.)

발신 송응창

수신 조선국왕

내용 일본군을 추격하는 명군이 휴대한 식량이 많지 않으므로 조선에서 명군의 진격로에 군량을 쌓아놓아 돌아올 때 보급할 수 있게 하고, 한강 등에는 배를 마련하고 부교(浮橋)를 설치하여 명군이 신속히 돌아올 수 있도록 지원하라는 자문이다.

관련자료 이 문서의 일부는 『이문등록』 2책, 19b-21a, 만력 21년 5월 15일, 「朝鮮國王咨經略兵部」에 송응창의 자문으로 인용되어 있으며(20a), 수령 날짜는 5월 8일로 되어 있다. 또한 『이문등록』 2책, 21a-22a, 만력 21년 5월 15일, 「朝鮮國王咨遼東都司軍政僉書管屯都指揮使」에도 같은 부분이 송응창의 자문으로 인용되어 있으며(21b), 수령 날짜 역시 같다.

왜의 무리를 추격하는 일.

살펴보건대, 저는 이미 제독 이여송과 찬획 유황상에게 문서를 보내 남북의 기병과 보병 대군을 통솔하고 동쪽으로 한강을 건너 왜노를 추격하게 하였습니다. 그 후 군량과 급여는 삼군(三軍)의 생명을 좌우하게 되었고, 배와 노는 왕래하는 데 필수가 되었습니다.

지금 모두 양식을 싸서 나아가는데 휴대한 양식이 많지도 않고, 가는 길은 모두 왜노가 약탈한 후라 창고가 하나같이 비어 있습니다. 대군이 가다가 혹여 휴대하였던 양식을 모두 써버리면 돌아올 때 반드시 부족해질 터이니 사안이 매우 긴급합니다. 저는 이미 관량관(管糧官)에게 문서를 보내 평양에 쌓아놓은 군량과 사료를 개성과 왕경으로 옮기게 하고, 의주에 쌓아놓은 군량과 사료를 평양 등의 지역으로 운반하여 지출을 돕게 하였습니다.

이 밖에 국왕 또한 조속히 적당한 배신을 왕경 동남 일대의 병마가 지나가는 곳으로 보내 왜로 인한 환란을 겪지 않은 인근 각 군읍에 쌓아놓은 군량과 사료 혹은 부유한 자들이 쌓아놓은 곡식을 빌려서 모두 가는 길에 운반하여 쌓아놓고, 대군이 왜를 추격하고 돌아오는 날을 기다려 지급하는 것에 보태 그들이 굶주리는 것을 면하게 하십시오. 한강 등의 지역의 경우에는 반드시 배를 뽑아 이동시키거나 혹은 부교를 놓고 배신을 보내 경계하고 지키게 하여, 대군이 돌아올 때 빠르게 가도록 하고 정체됨이 없게 하십시오. 이는 모두 눈앞의 긴급하고 중요한 군무(軍務)이니, 지연하거나 그르쳐서는 안 됩니다. 이에 자문을 보내니, 번거롭겠지만 살펴보고 시행해 주시기 바랍니다.

8-34

제독 이여송에게 보내는 서신

與李提督書 | 권8, 26a

날짜 만력 21년 5월 8일(1593. 6. 6.)
발신 송응창
수신 제독 이여송
내용 추격 중인 명군에 군량을 보급하는 일을 걱정하고, 퇴각 중인 일본
군을 무리해서 공격하지 말라는 내용의 서신이다.

문하(이여송)께서 대군을 이끌고 전진하니 뜻이 매우 아름답습니다. 그런데 병사가 많으면 군량이 많아야 하고 군량이 많으면 이어지기가 어렵습니다. 국왕이 비록 각 도에 격문을 보내 양식을 운반하게 하였으나 과연 도움이 될지 모르겠습니다. 이 문제는 휘하에서 논의해보는 것이 어떻겠습니까. 또한 들건대 왕경의 동쪽 길은 산이 깊고 험하다고 하니 복병을 더욱 방비해야 하겠습니다. 바다 어귀에 이르는 즉시 조선이 다행히 왜선을 불태운다면 그들은 돌아갈 방도가 없을 것입니다. 게다가 양식이 다 떨어졌다고 하는데 30만의 무리가 목숨을 내걸고 흩어져 달아나 궁지에 처할 터이니, 괜히 힘을 들여 상대하지 마십시오. 부디 양해해주시면 감사하겠습니다. 거듭 심려를 끼칩니다.

8-35

부총병[67] 유정에게 보내는 서신

與總兵劉綎書 | 권8, 26b-27a

날짜 만력 21년 5월 8일(1593. 6. 6.)

발신 송응창

수신 부총병(副總兵)[68] 유정

내용 잘못을 저지른 부하를 관대히 처벌하라 권하고, 바다와 육지 양방향에서 일본군을 포위하였으니 서두르지 말고 일본군이 힘이 다 빠진 후에 공격하자는 전략을 알리는 서신이다.

왜노가 야밤에 달아나자 그때 번거롭게도 집사(執事: 유정)께서 멀리까지 추격하여 보병이 분주히 달려가 어려움과 노고가 더욱 심하였을 것이니, 제가 어찌 마음에 두지 않을 수 있겠습니까. 오직 만리 밖에서 근왕(勤王)하여 황상의 은혜를 갚고자 진력하고 뛰어난

....

67 부총병: 원문은 총병(總兵)이지만 유정의 당시 지위에 근거하여 부총병(副總兵)으로 수정하였다. 유정은 만력 22년(1594) 9월 조선에서 철군한 이후 잠시 총병이 되었다가 곧 부총병으로 강등되고, 만력 23년(1595) 8월 임조총병관(臨洮總兵官)에, 만력 25년(1597) 어왜총병관(御倭總兵官)에 제수되었다(『明史』卷247, 列傳 135, 「劉綎 喬一琦」, 6392쪽).

68 부총병(副總兵): 관명이다. 명대 각 지역을 진수(鎭戍)하는 병력을 지휘하는 무관 중 하나로 총병(總兵) 다음의 지위이다. 『명사(明史)』「직관지(職官志)」에 따르면 정해진 품급(品級)이나 정원(定員)은 없다.

인재들이 오랫동안 임무가 없다가 또한 기회를 얻어 스스로 드러내고자 하였기 때문에, 평양만 고수하다가 남들에게 뒤처지는 일이 없게 하였습니다. 하지만 중간에 있는 사람들의 마음은 중재하기 어려우니, 저 또한 집사를 위해 매우 걱정하였습니다.

앞서 찬획 유황상의 서신이 도착하였는데, 집사께서 그간 억울함을 당하였다고 하니 매우 공교로웠습니다. 대장부는 천백 세에 이르는 공적을 세우기를 바라며 구구하고 작은 일은 마음에 담아두지 않는다고 하였습니다. 부하의 한 병졸을 귀를 뚫어 처벌한 것은 엄한 군령을 보이기에 충분합니다. 하지만 그 죄가 사료를 태운 것에 불과하니, 그가 멀리서 온 것을 헤아리면 또한 응당 관대히 용서해 주어야 하겠습니다.

대군이 전진할 때는 또한 서둘러서는 안 됩니다. 혹시 매복이 있을까 다방으로 탐색해야 하고, 혹시 양식이 부족하지 않을까 다방으로 계획해놓아야 합니다. 국왕이 본래 이미 한강 동쪽의 각 길에 독촉하여 군량과 사료를 운반하게 하여 아군을 돕고자 하였습니다. 그러나 황폐한 나머지 과연 다 모을 수 있을지 여부는 알 수 없으니 크게 걱정하지 않을 수 없습니다. 조선의 거북선은 매우 쓸 만하고, 또한 발공과 과자포는 중국에서 제작한 것에 비해 더욱 뛰어납니다. 이미 3월에 배 1000여 척을 미리 마련해두고 수군 만여 명을 모두 바다 어귀에 집결시켜 왜가 돌아와 출항하기만을 기다리면서, 그 배를 만나면 부딪쳐 부수거나 불태워서 그들이 앞으로는 바다를 건너지 못하게 하고 뒤돌아서는 왕경으로 돌아오지 못하게 해야 합니다.

아군이 모름지기 왜의 양식이 다 떨어지고 힘이 빠질 때를 기다린다면, 북소리 한 번에 그들을 멸하는 것도 아마 어려움이 없을 것입니다. 아군은 너무 더뎌도 안 되고 또한 너무 급하게 나아가도 안 됩니다. 단지 그 왜들과 하루 이틀 노정의 간격을 두고 후미를 쫓되 절대 그들을 따라잡아서 급하게 교전하면 안 되겠습니다. 그들이 이동할 때에는 백방으로 방비하여 그들의 사정거리 안에 들어서는 안 되겠습니다. 나머지는 덧붙이지 않겠습니다.

8-36

분수도, 제독 이여송, 병부원외랑 유황상에게 보내는 명령

檄分守道李提督劉員外 | 권8, 27a-28a

날짜 만력 21년 5월 9일(1593. 6. 7.)

발신 송응창

수신 분수도, 제독 이여송, 병부원외랑(兵部員外郎) 유황상

내용 조선국왕의 요청에 따라 조선에 남겨 방어할 포수(砲手) 부대를 선발하고, 이들에게 지급할 급여와 물품 등의 소요를 조사하라는 명령이다.

정예 병력을 남겨두어 후환(後患)을 방지하기를 바라는 일.

조선국왕의 자문을 받았는데, 그 내용은 다음과 같았다.

의정부의 장계를 받았는데, 그 내용은 다음과 같았습니다. "경성의 왜적은 비록 이미 물러났다고는 하나 곰곰이 실제 사정을 살펴보면 진심으로 항복하여 순종하는 뜻에서 나온 것이 아닙니다. 갑자기 대군이 돌아가는 것을 본다면 우리나라가 연약한 것을 업신여기고 무리를 보태어 바다를 건너 다시금 흉악한 해악을 뿜낼 것이니 그 화가 매우 심할 것입니다. 바라건대 포

수 5000명을 남겨두고 또한 용맹한 장수 한두 명을 골라 임명하여 남쪽 연해의 관문 어귀에 몇 개월간 주둔시키고 나누어 배치해주시기 바랍니다. 한편으로는 병사의 무예를 훈련시키고 다른 한편으로는 방어의 소홀함을 막게 해주십시오."

이를 받고 마땅히 조사해서 의논해야겠다.

패문을 보내니, 바라건대 제독과 분수도, 찬획은 즉시 조선국왕의 자문에 따라 포수 5000명을 남길 때 어느 영(營)에서 골라 선발해야 할지, 각 군 중에 원하는 자가 있는지, 어느 관원이 통솔할지, 어느 지방에 주둔할지를 조사하라. 만약 남겨두어 지킨다면 분명 몇 개월이 소요될 테니, 관군에게 매일 지급할 급여와 행량(行糧)[69]은 각각 얼마로 할지, 염채(鹽菜: 식비)는 얼마나 지급할지도 따져야 한다. 방어해온 지가 이미 오래되었으니, 의복과 신발 및 군장은 각각 얼마나 지급할지, 화기와 화약은 얼마나 지급하고 포상은 얼마나 해주어야 할지 따져야 한다. 실물로 지급하는 것은 어디서 동원해야 하고 환산하여 지급할 것은 어느 항목을 옮겨 지급할 것인지, 정확히 몇 월에 철수시킬 것인지 등을 하나하나 그 타당함을 조사하여 논의하고 연유를 갖추어 상세히 보고하여, 이를 근거로 삼아 헤아려 처리할 수 있도록 하라.

....

69 행량(行糧): 병정이 출정할 때 진영에 지급되는 양식(糧食)이다.

제독 이여송, 병부원외랑 유황상에게 보내는 명령

檄李提督劉員外 | 권8, 28a-28b

날짜 만력 21년 5월 9일(1593. 6. 7.)

발신 송응창

수신 제독 이여송, 병부원외랑 유황상

내용 조선의 배신을 독촉하여 일본군을 추격 중인 명군을 위해 양식을 원활히 공급하게 하고, 저항하거나 그르치는 경우에는 엄히 처벌하라는 명령이다. 아울러 각 나루에 부교를 설치하라는 명령도 내렸다.

긴급한 왜정에 관한 일.

찬획 유황상이 올린 품문(稟文)을 받았는데, 그 내용은 다음과 같았다.

제독 이여송이 통솔하는 대군 3만여 기(騎)는 5월 2일에 강을 건넜고, 유정이 통솔하는 병사 5000명은 6일에 강을 건너 충주 등의 지역으로 나아가 왜노를 추격하여 소탕하고 있습니다. 그런데 충주 일대에는 양식이 없고 왕경에도 쌀과 콩이 전혀 없어 수레로 운반되지 못하고 있습니다. 저는 이미 관원을 보내 나누어 독촉하게 하였으나 명령을 따르지 않을까 걱정입니다. 조선의 군신은 다만 진격하기만을 바랄 뿐 양식이 부족해도 태연하게 움직이지 않고 있습니다. 바라건대 속히 보내주기를 재촉하여 배신을 많이 보내 양식을 모아 운반하게 해주십시오.

즉시 조선의 해당 관할 관원에게 문서를 보내 왕경의 쌀과 콩을 충주 이서 지역으로 운반하고 충청과 전라의 쌀과 콩은 충주 이동 지역으로 운반하도록 서둘러 재촉하는 외에, 마땅히 이를 알려 독촉하게 해야 하겠다.

패문을 보내니, 바라건대 제독과 찬획은 즉시 조선의 배신을 독촉하여 사람과 가축을 많이 동원하여 조속히 운반하게 하라. 만약 저항하거나 군령을 어기고 운반하지 않아 군사들의 양식이 부족해지고 일을 그르치게 하는 경우에는 죄가 가벼우면 바로 묶어서 때리고 무거우면 영기(令旗) 및 영패(令牌) 앞으로 잡아와서 즉시 참수한 후 군중에게 보이도록 하라.[70] 응당 탄핵해야 할 관리는 지명하여 탄핵 내용을 올려 후에 탄핵 상주의 근거로 삼게 하라.

개성과 벽제 일대의 군마가 오갈 때는 해당 관할 배신으로 하여금 예전에 지급받은 양식의 수량대로 지급하게 하라. 각 강의 나루에는 곧바로 해당 군영의 관원에게 문서를 보내 배를 끌어모아 부교를 만들어 신속히 이동하기 편하게 하라. 태만하여 군기를 그르쳐 불편한 일이 생기는 것을 절대 허용하지 않는다.

....

70 만약 …… 하라: 윤근수는 군량이 이어지지 않고 조선의 군사가 도망쳤다는 이유로 송응창이 통역관 세 명을 참하고 자신에게 곤장을 치려 했다는 내용의 장계를 보냈다. 『선조실록』 권38, 선조 26년 5월 10일(계해).

장령과 군병에게 보내는 명령

檄衆將領軍兵 | 권8, 28b-30a

날짜 만력 21년 5월 10일(1593. 6. 8.)

발신 송응창

수신 장령과 군병

내용 지금 가토 기요마사가 험한 지형에 성을 수축하여 방어하고 있으니, 앞장서서 진격하여 군공(軍功)을 세우는 사람을 크게 포상해주겠다고 격려하는 명령이다. 그리고 베어 얻은 수급에 대한 포상을 공정히 하기 위해 전투가 끝난 뒤 수급을 균등하게 나누어 공적을 결정할 것이라고 공지하였다.

진격하여 왜의 무리를 토벌하는 일.

지금 나와 평왜제독 이여송, 찬획 원외랑 유황상이 함께 논의한 후에 조항을 열거해놓으니, 바라건대 동쪽을 정벌하는 장령과 군정 등은 이에 따라 용감하게 전진하여 함께 큰 공을 세우라. 어기거나 그르치지 말라.

첨부

하나. 보고에 따르면, 가토 기요마사는 험한 지세에 의지하여 석성(石城)을 수축하고 굳게 지킬 계책으로 삼고 있다고 한다. 만약 진공할 때 장령과 군병 중에 무리를 이끌고 앞장서서 그 성에 오르거나 출진하여 맨 먼저 적진으로 돌격하여 적을 베어 죽인 자는 즉시 그 이름을 제독과 찬획에게 보고하면 이름을 기록하여 병부에 보고하겠다. 제본을 올려 파격적으로 포상하는 외에, 내가 또한 군전의 마가은 1만 냥을 동원하여 성을 오르고 돌격하여 적을 죽인 사람들에게 나누어 지급하겠다. 다만 관할하는 장령과 진영을 감독하는 기패관(旗牌官)은 명백하고 공정하게 조사하고 검토해야 하며 사적인 정에 치우쳐서는 안 된다. 어긴 자는 군법으로 논죄한다. 만약 용감하게 성을 오른 사람이 많아서 앞서 말한 은이 나누어주기에 많지 않다면, 내가 따로 포상을 더 해줄 것이니 절대 거짓말하지 않겠다.

하나. 나는 원래 군병에게 왜의 무리를 베어 죽이기만 하고 수급을 베어 취하지 못하게 하였으니, 이것이 가장 좋은 법이다. 하지만 전투를 치르는 어수선한 가운데 인심이 정돈되지 못해 장령이 자세히 조사하고 단속하기 어렵기 때문에, 적을 베어 죽인 자가 꼭 수급을 취할 수 있는 게 아니고 수급을 베어 얻은 자가 꼭 모두 나가 돌격한 자가 아닐 수 있다. 법령이 공정하지 못하면 어찌 여러 사람을 북돋을 수 있겠는가. 지금 논의하여 왜노를 베어 죽인 경우, 그 자리에서 한 사람의 군인도 적의 수급을 베어 취하지 못하게 하고 전투가 모두 끝난 뒤에 공동으로 검토하고 베어내어 균등하게 나누도록 한다.[71] 다만 선후로 몰래 벤 자가 있으면 절대 공적으로 인정하지 않고, 또한 해당 군인은 군령을 어긴 것으로 처벌하겠다.

이상 적을 베어 죽이는 외에, 장령과 군정 중에 적의 성을 맨 먼저 오르거나 맨 먼저 돌격하여 베어 죽여서 왜노의 기세를 크게 꺾거나 토벌하여 모두 죽이는 데 일조한 경우, 즉시 이 사실을 고시하여 명백히 알리고 앞서 말한 대로 포상한다. 하지만 공적이 없는 자가 감히 섞여 들어가려 하는 것은 허락하지 않는다. 어기는 자는 군법으로 처벌한다.

....

71 지금 …… 한다: 명군이 처음 출병할 때 송응창이 선포한 군령 30조에 따르면, 베어 얻은 왜의 수급은 한꺼번에 상을 받아 공평하게 나누는데, 상의 10분의 6은 적진으로 돌격한 군정(軍丁)에게 주고, 나머지 10분의 4는 차병(車兵)·보병(步兵)에게 준다고 하였다. 구범진 외 역주, 「3-46 軍令三十條 권3, 37b-41b」, 『명나라의 임진전쟁: 출정전야』, 사회평론아카데미, 2020, p.419.

권8

제독 이여송에게 보내는 명령

檄李提督 | 권8, 30a-31a

날짜 만력 21년 5월 11일(1593. 6. 9.)

발신 송응창

수신 제독 이여송

내용 가토 기요마사가 상주에 주둔하고 있으니 가볍게 교전하지 말고 군대를 몰래 이동시켜 이들이 빠져나오지 못하게 하고, 조선의 수군에게 연락하여 적들이 바다로도 빠져나가지 못하게 하라는 명령이다.

왜정에 관한 일.

이미 4월 27일에 평왜제독에게 패문을 보내,[72] 근래 왜노가 거짓으로 조공을 바쳐 항복을 청한 것은 진심에서 나온 것이 아니니, 내가 그 속임수를 명백히 알고 기회를 보아 계책을 써서 그들이 왕경을 떠나도록 유인하여 기댈 험지가 없게 하며, 경상도와 전라도의 관군이 앞길을 가로막고 아군이 뒤에서 추격하여 앞뒤로 협공하여 크게 토벌을 가하도록 하였다.

....

72 이미 …… 보내: 해당 문서는 4월 26일 자로 수록되었다. 「8-20 檄李提督劉贊畫 권8, 15a-16b」 참고.

또한 28일에 제독에게 패문을 보내[73] 즉시 관병을 통솔하여 적이 주둔하고 있는 곳으로 전진하여 포위 작전을 써서 그들을 사로잡게 하였다. 며칠 사이에 그들의 양식이 바닥날 것이니 지금의 절묘한 계책은 오로지 험지에 의지해 굳게 지키는 것이며 절대 서두르지 말라고 하였다. 서로 싸우게 되면 그들은 반드시 죽음을 무릅쓰고 힘써 전투할 것이니 득실이 반반일 것이다. 하지만 그저 지키고만 있으면 우리는 그들이 피로하고 굶주리기를 기다려 분명 완전한 승리를 거둘 수 있을 것이다. 반드시 그들의 양식이 다하고 힘이 떨어지기를 기다려 조선의 관군을 함께 통솔하여 기회를 보아 힘을 합쳐 토벌하여 왜노에게 큰 피해를 주어서 갑옷 하나도 돌아가지 못하도록 힘쓰게 하였다. 각 장관에게 서로 적당한 기회를 살피면서 지킬 수 있으면 지키고 싸울 수 있으면 싸우되 일을 그르치지 말라고 하였다.

그 후 최근 보고에 따르면, 가토 기요마사 등이 현재 상주에 주둔해 있다고 한다. 그들이 오히려 험지에 의지하여 버티고 있고 또한 중과부적이니, 지금은 절대 가볍게 교전해서 그들의 간사한 계책에 빠지면 안 되니 마땅히 문서를 보내 알린다.

패문을 보내니, 바라건대 그대는 내가 27일과 28일에 보낸 문서와 지금의 형편을 잘 살펴 곧바로 잠시 영서(嶺西) 지역에 주둔하여 그들을 속이며 낙강(洛江)을 건너 대군을 상주로 옮겨 주둔하게 하라. 동강(東江)의 험한 지형에 의지하여 지키면서 왜노가 서쪽으로 향해 약탈하지 못하게 하라. 신속히 몰래 조선 관군에게 알려 부산

....

73 28일에 …… 보내: 이 문서는 해당 날짜 전후에 수록되어 있지 않다.

과 양산 등의 항구에 병력을 뽑아 보내 배를 가로막고 불태워버려서 왜노의 빈 배가 오지 못하게 하고 적의 배가 나가지도 못하게 하라. 그들의 양식이 다하여 스스로 죽게 하는 것이야말로 완전한 계책일 것이다. 혹은 주둔해 있는 곳에서 왜노의 병마가 달아나는 것을 탐지하다 보면 좋은 기회가 생길 것이다. 혹은 그들이 이동하여 강을 건너거나 반쯤 건넜을 때 아군에게 과연 승산이 있다면 일격을 날려 승리를 거두되 매우 신속해야 한다.

이에 적당한 관원을 선발하여 보내 여러 방면으로 정탐하여 왜노가 중간에 왕경 등의 지역을 습격하거나 대군의 후미를 저지하는 것을 막는 것은 매우 중요한 일이다. 만약 조선의 수군이 적들의 앞을 가로막지 못한다면 아군도 가볍게 적들의 뒤를 추격해서는 안 된다. 차라리 그들을 가게 하는 것이 나을 수 있으니 토벌하여 없애는 것에만 구애될 필요가 없다. 하지만 그들이 왕자와 배신, 왜장을 돌려보내게 해야만 서로 평안하고 무사할 것이다. 또한 조선의 배신을 독촉하여 조속히 양식을 운반하게 하라. 나도 누차 국왕에게 자문을 보내고 주사 애유신에게 문서를 보낼 것이니, 바다로 양식을 운반하여 보내고 감독함에 그르침이 있어서는 안 될 것이다.

제독 이여송, 조여매·정문빈에게 보내는 명령

檄李提督幷趙汝梅鄭文彬 | 권8, 31a-31b

날짜 만력 21년 5월 11일(1593. 6. 9.)

발신 송응창

수신 제독 이여송, 조여매(趙汝梅)[74]·정문빈

내용 상주에 주둔하고 있는 일본군이 한강 상류의 물이 얕은 곳을 통해 몰래 서울을 습격할 수 있으니, 관군을 보내 정탐하게 하고 조선의 관병과 함께 지키게 하라는 명령이다.

왜정에 관한 일.

제독 이여송이 올린 품문의 내용은 다음과 같았다. "8일에 왜노가 상주의 새로운 성채에 머무르면서 옛 성과 서로 연결하고 조령(鳥嶺)의 험준한 곳에 주둔하여 사람 1명 말 1마리밖에 지나갈 수 없으니, 아군이 포진하기에 어렵습니다. 다시금 다른 도로를 찾아보고 기회를 노려 진격하는 외에……."

....

74 조여매(趙汝梅): ?~?. 명나라 사람으로 요동 철령위 출신이다. 호는 초암(肖菴)이다. 산서 노안부(潞安府) 호관현(壺關縣)의 지현(知縣)으로 만력 20년(1592) 12월에 나와서 군량을 관리하였다. 일본군이 물러가자 이여송을 따라 서울에 들어왔다가 얼마 뒤에 송응창의 탄핵을 받고 만력 21년(1593) 9월에 돌아갔다.

살펴보건대, 왜의 무리는 높고 험준한 지형에 의지하고 서로 연결하여 주둔하고 있으니 그 간교함을 헤아릴 수가 없다. 만약 우리의 대군이 모조리 추격에 나서 왕경이 비어 있음을 알게 된다면 한강 이북의 상류는 물이 얕아 건널 수 있어 그들이 몰래 왕경을 습격할 수 있으니, 반드시 여기에 대비하여 깊이 헤아려야 한다. 반드시 대비가 있어야 하니 마땅히 단단히 타일러 경계한다.

패문을 보내니, 바라건대 평왜제독 이여송은 즉시 적당한 인역(人役)을 보내 안보(安保) 이북 지역에서 정탐하게 하라. 만약 왕경으로 통할 수 있는 도로가 있다면 속히 관군을 보내 그들의 움직임을 차단하라. 또한 다시 관병 1000명을 떼어 보내 양심(梁心)[75]과 함께 왕경과 한강을 수비하게 하고, 조선의 배신에게 문서를 발송하여 관병을 보내 두 장수의 관병과 함께 지키게 하며, 한강에서 물이 얕은 곳은 불시에 사람을 보내 정탐하게 하라. 제독은 계속 신중하게 상황을 보아가면서 나아가고 멈춤으로써 만전을 기하고 그르침이 없도록 하라.

....

75　양심(梁心): ?~?. 명나라 사람이다. 만력 20년(1592) 마병 1000명을 이끌고 조선에 왔다가 만력 21년(1593)에 명나라로 돌아갔다.

제독 이여송에게 보내는 명령

檄李提督 | 권8, 31b-32b

날짜 만력 21년 5월 16일(1593. 6. 14.)

발신 송응창

수신 제독 이여송

내용 군량 공급을 엄격히 관리하라는 내용을 다시 한번 강조하는 한편, 평양 및 개성에서의 승리에 도취하지 말고 완전한 승리를 거두기 위해 장령과 군사들을 경계시키라는 명령이다.

긴급한 왜정에 관한 일.

살펴보건대 앞서 원외랑 유황상이 보고하기를, "대군이 5월 2일 강을 건넜으나 쌀과 콩이 운송되지 않고 있으니, 신속히 조선의 배신을 독촉해서 양식을 모아 운반하게 해주십시오."라고 하였다. 이미 제독에게 패문을 보내 조선의 배신으로 하여금 사람과 가축을 많이 동원하여 조속히 운반하게 하였다. 만약 군령을 어기거나 태만한 경우에 가벼우면 바로 묶어서 때리고 무거우면 영기 및 영패 앞으로 잡아 와서 즉시 참수한 후 군중에게 보이도록 하였다.[76]

....

76 앞서 …… 하였다: 유황상이 올린 품문(稟文)과 이여송에게 보낸 패문은 다음 문서에 인

이후 살펴보건대, 각 영의 관군이 동원된 이래 급여와 안가은(安家銀),[77] 흠상(欽賞)[78]과 호상(犒賞)[79]이 후하지 않음이 없었다. 나라가 병사를 기르고 정예를 키우니 장사가 전투에 임하여 목숨을 바쳐야 할 때가 바로 지금이다. 그런데 관군이 평양과 개성에서 승리를 거두었다고 이미 공적을 이룬 것으로 여기며 태만하고 지연시켜 일을 그르칠까 실로 걱정이니, 마땅히 재차 타일러 경계해야 하겠다.

패문을 보내니, 바라건대 평왜제독은 즉시 대소(大小) 장령에게 문서를 보내 군사들에게 전달하게 하여 전투에 임해서 용기를 떨쳐 적을 공격하는 데 힘을 다하고 완전한 공적을 거두도록 하라. 몇 개월간의 공로가 전부 오늘에 달려 있다. 만일 태만하고 지연시켜 일을 그르치는 경우에는 관군을 막론하고 즉시 영기와 영패 앞으로 끌고 와서 참수한 후 군중에 보이도록 하라. 대충 처리하지 말라. 문서를 받은 사유를 갖추어 회보하라.

용되어 있다. 「8-37 檄李提督劉員外 권8, 28a-28b」.

77 안가은(安家銀): 규정된 급여 이외에 추가로 지급하는 비용으로 액수가 정해져 있지 않았던 것으로 보인다.
78 흠상(欽賞): 황제가 상으로 지급하는 하사품을 말한다.
79 호상(犒賞): 장사(將士)들에게 상으로 지급하는 물품을 말한다.

병부상서 석성에게 보고하는 서신

報石司馬書 | 권8, 32b-33a

> **날짜** 만력 21년 5월 17일(1593. 6. 15.)
>
> **발신** 송응창
>
> **수신** 병부상서 석성
>
> **내용** 일본군이 현재 상주에 머물며 방어를 공고히 하고 있다는 이여송의 보고를 중앙 조정에 전달하는 서신이다. 아울러 바다를 통해 공격하고 싶지만 조선의 병력이 미약하여 실행하기 어렵다는 내용도 서술하였다.

비록 왜노가 이미 몰래 왕경을 나가기는 하였지만,[80] 현재 상주에 머물면서 앞으로 나아가려 하지 않고 있습니다. 앞서 제독을 독촉하여 병사를 거느리고 뒤를 쫓게 해서[81] 11일에 이미 출발하여 점차 앞길로 나아가고 있다고 들었지만, 아직 낙동강을 건너지는 않았습니다. 제독이 품문을 올려 보고하기를, "이 두목(가토 기요마사)은 한 줄기 외길에 진지와 참호를 건설하여 공고하지 않은 곳이 없고

·······

80　왜노가 …… 하였지만: 일본군은 만력 21년(1593) 4월 19일에 서울에서 철수하였다.

81　앞서 …… 해서: 송응창은 4월 25일에서 27일에 걸쳐 이여송과 유정, 그리고 조선의 전라도와 경상도에 후퇴하는 일본군을 협공하라는 명령을 내린 바 있다. 「8-18 檄李提督 권8, 13a-14a」; 「8-21 檄劉綎全羅慶尙忠等道 권8, 16b-17a」 참고.

주도면밀하지 않음이 없습니다. 또한 5만의 정예병을 뽑아서 후방을 방비하고 길을 따라 매복을 두어 아군의 추격을 막게 하였습니다."라고 하였습니다.

제독이 또한 이렇듯 혀를 내두르며 가볍게 움직이려 하지 않으니, 적이 강고하다는 것을 알 만합니다. 우리나라는 깊이 방비하고 염려하지 않을 수 없습니다. 대군이 적의 후미를 쫓아 진격하는 일은 기회를 보다가 노릴 만하면 즉시 손을 써야 할 것입니다. 지금 시행할 계책은 다만 바다 어귀에서 힘을 쓰는 것뿐입니다. 하지만 조선의 병마 중에 쓸 만한 것이 없다는 게 한스러울 따름입니다. 어찌해야 하겠습니까.

요동순안어사 주유한에게 보고하는 서신

報周按院書 | 권8, 33a

날짜 만력 21년 5월 19일(1593. 6. 17.)
발신 송응창
수신 요동순안어사 주유한
내용 평양성 전투의 사상자를 확인하러 온 주유한에게 보내는 안부 서신이다. 전황 때문에 직접 영접하지 못하고 대신 관원을 보내 문안한다는 내용이다.

　　문하(주유한)께서 조선의 일 때문에 멀리 수고롭게도 수레를 몰고 곧장 의주에 임하셔서, 행차가 국경에 들어왔기에 서둘러 맞이하고자 하였습니다.[82] 왜노가 비록 왕경을 나왔다고는 하지만 여전히 상주를 점거하고는 험지를 막아 목책을 세우고 돌을 쌓아 성을 지었으니 그 뜻을 헤아리기가 어렵습니다. 이 때문에 제가 감히 가볍게 움직이지 못하였습니다. 삼가 알현할 길이 없어 죄스러움과 미안함이 그지없습니다. 관원을 보내 대신 문후를 여쭈니, 바라건대 양해해주시기 바랍니다.

·······

82　송응창은 만력 21년(1593) 3월부터 안주(安州) 일대에 머물고 있었다.

제독 이여송, 병부원외랑 유황상에게 보내는 명령

檄李提督劉員外 | 권8, 33a-34a

날짜 만력 21년 5월 17일(1593. 6. 15.)

발신 송응창

수신 제독 이여송, 병부원외랑 유황상

내용 항복해오는 일본군의 수용 절차를 알려주고 이들을 활용하라는 명령이다. 첫째, 항복한 일본군은 그대로 받아들이지 말고 우선 투항의 진위 및 무기 소지를 확인한 후 개별적으로 안치하고, 둘째, 항복 인원이 10명이 넘어 의도가 의심스러운 경우 다른 일본군을 죽여서 수급을 가져와야만 항복을 인정해준다고 전달함으로써 이들을 활용하라는 내용이다.

왜정에 관한 일.

다음과 같은 보고를 받았다. "계속해서 투항해온 왜가 모두 90여 명입니다." 내가 살펴보건대, 왜노가 애원하며 달아난 때에 또한 사악한 길을 버리고 바른길로 돌아온 무리가 있는데, 이들의 진위는 깊이 알 수 없다. 만에 하나 그들이 간첩이라면 실로 우려스럽다. 이에 응당 적의 간첩을 통해 반간계(反間計)를 쓰고 귀순자를 활용하는 계책을 써야겠다. 만약 진심으로 항복한 것이라면 저들 무리가 더욱 많이 배반할 것이고, 거짓으로 항복한 것이라면 우리가 미리 방비해야만 좋은 계책으로 만전을 기할 수 있을 것이다.

패문을 보내니, 바라건대 제독과 그대는 이미 전에 항복한 자들을 관전(寬奠)[83] 등의 지역으로 보내는 외에 이후에 항복하러 오는 자들이 있으면 즉시 그 많고 적음을 보고 그 말과 행동을 살피며 그 투항해온 뜻을 자세히 살핀 뒤, 먼저 영문(營門) 밖으로 관원을 보내 철저히 수색하여 몸에 작은 무기도 없으면 안으로 들어오게 하라. 분산시켜 따로 떼어놓아 무리를 이루지 못하게 하고, 종전과 마찬가지로 요양(遼陽) 등의 지역으로 압송해서 안치하라.

만약 그들이 10명 이상 와서 정황이 의심스러운 경우 즉시 일본어 역관으로 하여금 전하기를, "너희의 투항은 믿기 어렵다. 만약 돌아가서 진왜(眞倭)를 죽여서 수급 1과(顆)를 가지고 투항해온다면 그제야 너희의 투항을 허락하고 또한 너희에게 상을 내릴 것이다. 만일 두목을 죽여서 수급 1과를 가지고 오면 큰 상을 내릴 것이다. 만약 가토 기요마사 등을 죽여서 수급을 가지고 오는 경우 너희에게 만금의 상을 주고 또한 관직도 줄 것이다. 다만 망령되이 조선인을 죽여서 가지고 와서는 안 된다. 검토하여 발각되는 경우 즉시 목숨으로 보상하도록 하겠다. 수급이 없다면 투항해오는 것을 허락하지 않겠다."라고 하라. 또한 간첩으로 하여금 위의 내용을 크게 써서 앞쪽 요새의 벽에 걸거나 왜적의 군영에 화살로 쏘아 넣게 하면, 저들이 분명 자연스레 서로 의심해서 변고를 일으킬 것이다. 이것이

....

83 관전(寬奠): 명 만력 연간에 요새를 설치하였기 때문에 관전보(寬奠堡)라고도 한다. 오늘날 요령성(遼寧省) 관전(寬甸) 만족(滿族) 자치현에 있다.

오늘날 항복을 처리하는 계책이니, 제독과 그대는 논의해서 거행하
도록 하라. 그르치지 말라.

제독 이여송, 찬획 유황상, 유정, 세 협의 장수들에게 보내는 명령

檄李提督劉贊畫劉綎三協將 | 권8, 34a-35b

날짜 만력 21년 5월 18일(1593. 6. 16.)

발신 송응창

수신 제독 이여송, 찬획 유황상, 유정, 세 협의 장수들

내용 일본군을 크게 공격할 때가 왔으니 관망하지 말고 최선을 다해 소탕하라는 명령이다. 육지에서는 명군이 일본군이 낙동강을 건너는 틈을 타서 공격하고 바다에서는 조선의 수군이 요격하여 양면으로 협공한다면 승리할 수 있을 것으로 보고 있다.

왜정에 관한 일.

제독 이여송이 당보를 올렸는데, 그 내용은 다음과 같았다.

통역하여 심문해보니 투항해온 왜의 무리는 다음과 같이 말하였습니다. "관백은 먼저 병사 46만을 보냈고 나중에 원병 10만을 보내어 실로 조선을 병탄한 뒤에 나누어 중국 내지를 침범하려 하였습니다. 중국 병사의 위력이 대단하고 신화(神火)와 장비가 무적인 것을 두려워하여 어쩔 수 없이 이미 퇴각하는 것입니

다." 한편으로 먼저 이여백 등을 보내 정예병 1만 5000명을 이끌고 가서 불시에 습격하게 하였습니다.

또한 참군 정문빈 등이 품문을 올렸는데, 그 내용은 다음과 같았다.

관백의 처음 뜻은 조선에 도읍을 세워 요동(遼東)과 계주를 엿보고 30만으로 절강(浙江)과 남직례[南直隷: 남경(南京) 부근]를, 30만으로는 복건(福建)과 광동(廣東)을 침범하여 중원을 노리고자 하는 것이었습니다. 지금 평양에서 패배하자 비로소 두려운 마음을 갖게 되었습니다.

조사해보니 앞서 제독과 각 관원이 올린 품문에 따르면, 왜노가 죄를 뉘우치며 왕자와 배신을 남겨두고자 하고 사신을 보내줄 것과 귀국하여 조공을 바치게 해달라고 애걸하고 있다. 이미 제독 등에게 문서를 보내 만약 진짜로 왕자와 배신, 인질이 될 장수를 남겨둔다면 비로소 두 사신을 보내 송환하게 하였다. 그 후 계속 보고하기를, 심유경이 통제를 따르지 않고 마음대로 왜의 진영에 들어갔다고 한다. 주홍모도 홀로 가서 왜와 이야기를 나누자, 호택 등이 왜가 주홍모를 억류할 것을 걱정해서 두 사신을 왜의 진영으로 보냈다고 한다.

살펴보건대 투항한 왜가 공술(供述)한 바에 따르면, 관백이 꾀한 바는 다만 조선을 취하는 것에 그치지 않고 실로 왕경에 도읍을 세우고 내지를 엿보아 침범하려는 데 있다. 고니시 유키나가 등이 평양에서 패한 이유로 귀국을 애걸하고 있으나, 이는 본심에서 나온 것이 아니고 바로 몸을 빼내려는 계책이다. 또한 낙동강을 건너려 하지만 배가 하나도 없고 양식 또한 다 떨어져 기회를 노려볼 만하니, 분명 크게 살육을 가하면 비로소 그 진짜 뜻을 보일 것이다. 만약 빠져나가게 하였다가 만일 중국을 침범해 들어오고 다시 조선을 약탈한다면 모두 우리가 호랑이를 끌어들인 꼴이니 스스로 그 우환(憂患)을 입을 것이다. 각 해당 장관이 평양의 전공에만 만족하고 머무르면서 관망하다가 기회를 날려버릴까 봐 진실로 걱정되니, 마땅히 다시 문서를 보내 단단히 타일러 경계한다.

패문을 보내니, 바라건대 제독과 그대들은 즉시 세 협 및 유정의 대소 장령에게 문서를 보내 각자 나라에 보답하는 충심을 발휘하여 왜노를 추격하라. 따라잡거든 반드시 먼저 왕자와 배신을 돌려보내지 않은 것을 책망하고 또한 조선의 인민을 살해하고 맹약을 위반하였다는 것을 내세운다면 그들도 분명 변명할 거리가 없을 것이다. 게다가 지금 왜노에게 배가 모자라고 양식이 부족한 궁박한 이 때를 이용하여 크게 기회를 노려볼 만하다. 군사를 통솔하고 각자 지략과 용기를 발휘하여 적이 낙동강을 반쯤 건널 때를 엿보다가 기회를 노려 군사를 내어 그들을 공격한다면, 이는 하나의 좋은 계책이 될 것이다. 또한 전라도·경상도·충청도로 하여금 수군과 거북선을 신속하게 정돈하여 바다 어귀를 요격하게 하고 아군은 강을 건너 추격하여 양국의 병력을 합쳐 토벌하면, 또한 하나의 좋은 계책이 될 것이다. 지금 상황에서는 반드시 이 두 가지 계책을 시행해야만 비로소 완벽한 승리를 거둘 수 있을 것이다.

그렇지 않고 아직도 그들이 왕자와 왜장을 남겨두고 돌려보내지 않으면서 또한 두 사신을 돌려보내지도 않고 있으니, 혹시 나중에 계략에 빠지게 된다면 우리가 어찌 스스로 빠져나올 수 있겠는가. 제독과 그대들은 지금 보낸 패문 안에 열거된 두 가지 계책을 힘써 그대로 행하여 나아가 적을 토멸하는 데 뜻을 모아야지, 아직 정해지지 않은 말에 구애되거나 여러 장수가 고집을 부리거나 위축되어 내뱉는 말을 그대로 믿어서는 절대 안 된다. 중간에 최선을 다하지 않고 분발하지 않으려는 자가 있다면, 즉시 체포하여 나에게 보내 기패 앞으로 끌고 가서 군법에 따라 처벌하라. 나는 황제의 명을 받은 몸이니 장수를 비호하지 않을 것이고, 비록 다른 사람이 탄핵하지 않더라도 내가 나서서 탄핵할 것이다. 각 장수는 신중하고 또 신중히 하여 나중에 후회할 일이 없도록 하라.

내각대학사 왕석작·조지고·장위, 병부상서 석성에게 보고하는 서신

報三相公幷石司馬書 | 권8, 35b-38a

날짜 만력 21년 5월 19일(1593. 6. 17.)

발신 송응창

수신 내각대학사 왕석작(王錫爵)[84]·조지고·장위, 병부상서 석성

내용 중국을 보전하기 위해서 먼저 조선을 지켜내야 한다는 당위성을 강조하면서, 현재 일본군이 상주 지역 등에서 강고하게 방어를 펼쳐 전선이 교착된 상황에서 병사들의 사기를 올리기 위해 공적 서훈을 신속히 시행하고 혹시라도 일본에서 병력을 추가로 보낼 경우를 대비해야 한다는 서신이다.

관련자료 이 문서는 『선조실록』 권39, 선조 26년 6월 29일(임자) 기사에 윤근수가 입수한 송응창의 게첩과 동일 문서로 보이나 일부를 제외한 내용이 크게 다르다. 당시 사은사(謝恩使)로 파견된 정철(鄭澈) 역시 송응창의 게첩을 입수하였는데, 이는 정철, 『백세보중(百世葆重)』[김대현·김동수·최한선 엮음, 『百世葆重·燕行日記』, 담양군(한국가사문학관), 2004,[85] 4-13 「經略揭帖草」 만력 21년 6월 26일, 348~352쪽]에 수록되어 있고, 그 내용도 실록 수록본과 거의 같다.

....

84 왕석작(王錫爵): 1534~1611. 명나라 사람이다. 남직례 태창주(太倉州) 출신으로 자는 원어(元馭), 호는 형석(荊石)이다. 태원(太原) 왕씨 가문으로 가정 41년(1562)에 높은

제가 아직 조선에 들어가지 않았을 때 산천(山川)의 지형을 아직 제대로 알지 못하였기 때문에 감히 멋대로 진술하지 못하였습니다. 이제 제가 몸소 경계를 넘어 도첩(圖帖)을 상세히 따져보고 통역하여 자세히 물어보니, 비로소 그 나라 땅의 넓이가 동서로 2000리, 남북으로 4000리인 것을 알았습니다. 정북(正北)의 장백산(長白山) 으로부터 산맥이 갈라져 뻗기 때문에 남북으로 깁니다. 부산진은 동남쪽 모퉁이에 치우쳐 있고 대마도(對馬島)와 정면으로 마주하기 때문에, 일본의 병마가 조선으로 침범해 들어오기 쉽습니다. 만약 전라도에서 정남(正南)으로 쭉 뻗으면 중국의 소주(蘇州)·상주(常州)와 마주 보게 됩니다. 만약 일본이 등주(登州)·내주(萊州)와 천진(天津)을 침범하고자 한다면, 반드시 동북풍을 타서 이 돌출된 곳까지 바닷길을 돌아와서 다시 동남풍을 기다린 후에야 비로소 도달할 수 있습니다. 바다가 거대하고 파도가 험악하니 어찌 뜻대로 할 수 있겠습니까. 만약 그들이 조선에 이르지 못하면 실로 등주·내주와 천진을 쉽게 침범할 수가 없습니다. 따라서 하늘이 신성한 북경(北京)을 호위하기 위해 이 나라를 동남에서 서북 사이로 뻗게 하여 일본의 흉악한 오랑캐로 하여금 중화로 뜻을 펴지 못하게 한 것이니, 하늘이 내린 험난한 지형으로 제한한 것입니다. 관백은 간웅(奸雄)으로 이러한 사실을 익히 알기 때문에, 절강과 남직례, 복건과 광동을 내버려두고 끝내 조선을 도모한 것입니다.

....

성적으로 급제하여 출사하였다. 만력 12년(1584)에 예부상서 겸 문연각대학사(禮部尙書兼文淵閣大學士)에 제수되었다. 만력 21년(1593)에는 수보대학사(首輔大學士)가 되었다.

85 4책 부분은 국사편찬위원회에 사진 자료(SJ0000014652~SJ0000014779)로도 소장되어 있다.

조선은 계주와 보정(保定), 산동(山東) 등에서 서남쪽으로 바다를 사이에 두고 있을 뿐이고 육로로는 결코 이어져 있지 않습니다. 그중에 남에서 북으로, 동에서 서로는 예컨대 상주의 낙동강, 왕경의 한수, 개성의 임진강, 안주(安州)의 청천강(淸川江), 정주(定州)의 대정강(大定江), 평양의 대동강(大同江), 의주의 압록강 등 여러 강이 모두 큰 하천으로 모두 서북쪽의 바다로 통하고 있습니다. 육지로 가면 요동의 한길로만 산해관(山海關)에 이를 수 있으나, 물로 가면 이 7개의 길로 천진과 산동 등의 지역에 도달할 수 있습니다. 만약 순풍을 얻으면 사흘에서 닷새면 도달할 수 있고 그다지 어려움도 없습니다. 따라서 이들 왜노가 조선을 한번 차지하여 점거하고 근거지로 삼기만 한다면 군사를 나누어 중국으로 들어가 침범하는 것이 매우 쉬워집니다. 우리가 육로에서 방어하면 수로를 지켜내기 어렵고, 우리가 수로에서 방어하면 육로를 지키기가 어렵습니다. 세 방면이 동요되면 북경 인근까지 흔들릴 것이니, 그 우환은 이루 다 말할 수 없을 것입니다.

따라서 관백이 조선을 도모하는 것은 사실 중국을 도모하기 위함이고 아군이 조선을 구제하는 것은 사실 중국을 보호하기 위함이니, 다른 이웃의 싸움을 구제하는 것에 비할 바가 아닙니다. 투항한 왜가 보고하여 이르기를, "처음 뜻은 조선에 도읍을 세우고 요동과 계주를 엿보며, 30만으로 절강과 남직례를, 30만으로는 복건과 광동을 침범하여 중원을 노리고자 한 것입니다."[86]라고 한 것이 허황

......

86 투항한 …… 것입니다: 투항한 일본군의 진술은 다음 문서에 실려 있다. 「8-45 檄李提督劉贊畫劉綎三協將 권8, 34a-35b」.

한 말이 아닙니다.

다행히 사직과 위령(威靈)의 보살핌과 묘당(廟堂)의 계획에 의지하여 계속되는 전투에서 세 번을 승리하고 지금은 또한 적이 왕경에서 빠져나가니, 또한 일에 두서가 잡혀가고 있습니다. 하지만 왜노가 한데 모여 아직 상주와 선산(善山) 등의 지역에 주둔하면서 즉시 동쪽으로 가고 있지 않습니다. 지금 그들이 살해한 조선 군민이 수천 명이고, 깃대에 매단 벤 머리가 1000여 개에 이릅니다. 또한 울타리를 늘어놓은 것이 셀 수 없고 수십 리에 이르도록 이어져 끊김이 없으며, 호뢰(虎牢)·목책(木柵)·석성(石城)·보루가 매우 견고합니다. 통하는 유일한 길은 험준하고 곳곳에 매복을 두어서 보초병 송호한(宋好漢)도 거의 사로잡힐 뻔하였습니다.

저는 누차 제독에게 격문을 보내 진격하게 하였지만, 장병이 나태함에 빠져 기꺼이 앞으로 나아가려 하지 않고 군중이 흉흉하여 모두가 말하기를, "우리는 구사일생의 상황에서 겨우 3~4만의 병마로 수십 만의 강한 왜를 상대하면서 몇 개월 만에 조선의 토지를 이미 거의 모두 수복하였다. 하지만 밤낮으로 몸은 눈과 얼음 속에 있고 염채는 하나도 먹지 못하였다. 공로가 적지 않은데도 오히려 언관(言官)들은 도리어 승전보가 모두 거짓이라고 말한다. 수급에 대한 상으로 먼저 20냥을 주겠다고 하였는데, 이는 영하(寧夏)의 사례보다도 못한 것이다. 경략이 서훈 내용을 제본으로 올렸는데, 또한 조정에서는 답하려고 하지 않는다."라고 합니다.

지금은 날씨가 찌는 듯이 덥고 질병이 도는 데다 멀리 추격에 나서고 있는데, 또한 왜의 군세가 매우 많고 군영과 보루가 견고하고 완벽하며 조총은 강력하고 도로는 가파르고 험하니, 만약 소홀하여 잘못이 있으면 장차 어떻게 되겠습니까. 저와 제독이 비록 백방으로 독촉하고 만방으로 독려하고 있으나, 병사들의 마음에 변고가 있을까 봐 두려워 감히 과하게 책망할 수도 없습니다. 병사 중에 병에 걸린 자가 많아 훗날 이를 제대로 살피지 않으면 혹시나 벽제 전투와 같은 일을 당하지 않을까 또한 심히 걱정스럽습니다. 일을 맡은 사람으로서 머리와 꼬리를 모두 두려워하여 돌봄이 이와 같으니, 어찌 요행히 일을 마칠 수 있겠습니까.

하지만 왜가 진실로 두려워하여 점차 달아나고 있으니, 마땅히 조선을 위해 좋은 마무리 방책에 최선을 다하고 만전을 기해야 합니다. 적들이 다시 오더라도 반드시 작년처럼 평양으로 곧바로 이르게 하여 무인지경을 내닫는 것처럼 해서는 안 될 것입니다. 요충지에 병력을 배치하는 것 또한 마땅히 지도를 그려 설명을 덧붙여야 하니, 네 진(鎭)의 그림과 설명을 함께 올립니다.

조선을 지키는 것이 곧 중국을 보전하는 것이라 여기고 결코 경솔하게 일을 마쳐서는 안 됩니다. 만약 고니시 유키나가 등이 멋대로 왕경에서 나온 것을 관백이 미워하여 병사와 군량을 더하고 여러 왜를 감히 돌아오지 못하게 한다면, 아군은 즉시 돌아오기 어려우니 반드시 존대(尊臺: 왕석작·조지고·장위·석성)께서 즉시 진린(陳璘)[87]과 심무(沈茂)의 병마를 보내와서 협조하게 하도록 주장하셔야 합니다. 또한 칙문(勅文)을 빌려 장사를 위로하고 수급에 대한 상을

....

87　진린(陳璘): 1532~1607. 명나라 사람으로 광동 소주부(韶州府) 옹원현(翁源縣) 출신이다. 자는 조작(朝爵), 호는 용애(龍厓)이다. 무장으로 광동(廣東)의 군사를 이끌고 부총병으로 임진왜란에 참전하였으며, 정유재란 때 다시 파견되어 어왜총병관(禦倭總兵官)으로서 조선의 이순신과 함께 노량해전에서 전과를 올렸다.

반드시 전체 수에 맞게 지급하면 황은이 퍼져 군심이 격려될 것이고 아군의 군세가 펼쳐져 왜의 간담이 서늘해질 것이니, 그제야 완전한 공적을 거둘 수 있을 것입니다.

일이 매우 중대하니 감히 어리석은 의견이나마 모두 보이지 않을 수가 없습니다. 이는 절대적으로 사실이며 감히 속이는 바가 없습니다. 비밀리에 조사해보신다면 그 정황이 자연히 드러날 것입니다. 태자(台慈: 왕석작·조지고·장위·석성)께서 살펴봐주신다면 사직에 큰 행운일 것입니다.

8-47

찬획 유황상에게 보내는 명령

檄劉贊畵 | 권8, 38a-40a

날짜 만력 21년 5월 19일(1593. 6. 17.)

발신 송응창

수신 찬획 유황상

내용 병사를 남기는 것만으로는 충분한 방어책이 되지 않으므로 일본군의 이동로를 중심으로 방어시설을 설치하고 일본군의 장기인 속공(速攻)을 방어하도록 하라는 명령이다.

요충지에 방어시설을 설치하여 나라를 지키고 왜로 인한 환란을 막는 일.

살펴보건대, 조선 땅의 넓이는 6000리로, 그 형승을 보자면 깊은 산으로 안이 막혀 있고 큰 바다로 밖이 둘러싸여 있으며 팔도가 서로 의지하고 세 도읍이 연달아 의지하고 있다. 만약 밀물이 강을 따라 올라오면 반드시 배와 노가 있어야 비로소 사람이 건널 수 있다. 또한 샘물이 땅 위로 흘러나와 농경지를 만나 고이면 모두 무릎이 빠질 정도로 깊다. 진실로 사방이 요새이니 아주 평안함을 보장할 수 있다. 하지만 이 나라가 문묵(文墨)만 탐하고 병융(兵戎)은 다스리지 않으며 하늘이 내린 험난한 지형은 버리고 삼가 지키는 것을 알지 못하니, 결국 왜노가 깔보면서 마구 날뛰게 되었다.

잘 살펴보니, 지난해 4월 중에 왜가 부산을 침범한 후 열흘이 안 되어 낙동강을 날듯이 건너고 조령(鳥嶺)을 바로 뛰어넘어 동래·밀양(密陽)·개성·김해(金海) 등의 성을 연이어 함락하고 경상도·충청도·경기도·함경도 등으로 곧바로 쇄도하여 종횡무진해도 전혀 막힘이 없었으니, 나라가 끊어질 줄처럼 위태로웠다.

지금 다행히 천자의 토벌이 넓게 펼쳐져 옛 땅을 모두 수복하였다. 보고에 따르면, 왜노는 비록 한 발 한 발 퇴주하고 있지만 오히려 중간중간 요충지를 막아서고 있다. 아, 한탄스럽다. 조선이 지난날 포진(布陣)하기를 지금의 왜와 같이 하였다면 왜가 어찌 이처럼 기탄없이 날뛸 수 있겠는가. 지나간 일은 추궁하기 어려우니 더 논하지 않겠다.

다만 왜노는 멀리 일본에 거하기 때문에 내지를 범하려 한다면 반드시 조선을 먼저 점거하고 나서 그 후에 남으로 등주와 내주를 범하고 북으로는 요동과 계주를 범할 것이다. 이러한 정황이 투항한 왜의 보고와 일치하니 관백의 교활한 꾀가 잘 드러난다. 따라서 지금은 왜노가 비록 밤을 틈타 도망치고 있지만 다시 오지 않을 거라 보장하기 어렵고, 대군이 비록 개선하고 돌아가지만 일이 다시 생기지 않을 거라 보장하기 어렵다. 조선은 상처가 심하고 황폐해져서 왜가 다시 침범해온다면 분명 멸망에 이를 것이다.

지금 병사를 남겨 함께 지키는 것을 논의함은 또한 적당히 헤아려 임시변통으로 잠시 대비함에 지나지 않는다. 병사를 많이 남기면 돌아가기만을 바라는 장사 중에 누가 기꺼이 따르겠으며, 적게 남기면 중과부적하여 대적할 수가 없을 것이다. 지금 조선을 위하여 책략을 세운다면, 지형에 따라 요충지에 방어시설을 갖추고 그에 따라 방어 태세를 갖추는 것이야말로 가장 중요한 계책이다. 조속히 조사하고 밝혀서 국왕에게 자문을 보내 긴급히 일을 처리하게 해야 할 것이다.

패문을 보내니, 바라건대 그대는 제독 이여송과 함께 두 참군 정문빈과 조여매, 그리고 지모(智謀)가 있는 재관(材官)[88]과 책사 등에게 문서를 보내, 앞서 왜를 추격하여 지나친 곳 중에 눈여겨볼 만한 곳, 예를 들어 조령의 험한 산길에는 중국의 검각(劍閣)[89]을 모방하여 잘 따져보고 험한 관문을 세우거나 참호를 돋우며, 낙동강과 같이 깊고 넓은 곳은 우리의 중요한 나루터로 삼아 경보(警報)가 있으면 나루를 지키거나 배들을 차단하라. 혹은 동래의 바다 어귀는 끊을 수 있으면 끊고, 밀양의 강어귀는 막을 수 있으면 막으라. 어떤 성이 매우 넓은데 성벽이 낮고 얇으면, 작은 것이라도 끌어모아 높여야 하지 않겠는가. 조선의 양식은 대개 들에 쌓아놓고 있으니 모두 긴요한 군읍에 상납하여 나누어 저장해야 하지 않겠는가. 그렇게 하지 않고 전처럼 아무렇게나 길옆에 내버려두면 적들이 양식을 훔쳐갈 것이다. 강변의 수목 중 남쪽 기슭에 있는 것은 모조리 베어내야만 왜가 와서 벌목할 나무가 없어서 그것을 쓰지 못할 것이다.

....

88 재관(材官): 정식 관제에는 들어 있지 않지만, 순무(巡撫) 등의 상급 지휘관에 의해 채용되어 영중(營中)의 군사적 직무를 맡았던 기층 무관을 지칭하는 것으로 보인다. 이들은 기본적으로 파총(把總)보다 낮은 지위에 있었던 것으로 보이지만, 필요에 따라서는 정식 장령으로 승진할 수도 있었다.

89 검각(劍閣): 중국의 이름난 요충지로 험난한 곳을 뜻한다. 장안(長安)에서 촉(蜀)으로 가는 대검산(大劍山)·소검산(小劍山) 사이에 있는 험한 지형으로, 산 벼랑에 판자 따위를 엮어서 선반을 걸듯이 길을 낸 각도(閣道)가 통해 있으므로 이렇게 부른다.

이 밖에 왕경은 한강을 품고 있고 개성은 임진강을 품고 있으며 평양은 대동강을 품고 있으니, 모두 요충지에 방어시설을 둘 만하지 않겠는가. 또한 경상도는 동남쪽, 전라도는 정남쪽, 충청도는 서남쪽에 있어서 왜가 침범할 때 반드시 여기를 지나니, 그 요충지와 느슨한 곳을 헤아려 방어시설을 설치하여 예방해야 하지 않겠는가. 적들이 지나간 적이 없는 나머지 지방은 여러 방면으로 의견을 묻거나 조선에 직접 문의하여 방어시설을 설치할 만한 요충지에 토성·돌담·목책이든 곤석(滾石)[90]·뇌목(擂木)[91]·깊은 구덩이든 가리지 말고 모두 설치하라. 꼼꼼히 논의하고 따진 다음에 요충지와 느슨한 곳을 헤아려라. 어떤 곳에 조선의 관병 얼마를 동원하여 파수해야 하는지, 아군을 얼마나 남겨 협조하게 하고 화포를 얼마나 써야 하는지를 따져보라. 아울러 연도(沿道)와 연해에 5리 혹은 10리마다 봉화대를 설치하여 중국의 제도에 따라 경보가 있으면 서로 알려 성벽을 굳게 하고 곡식을 모조리 걷어 들이게 한다면, 왜가 사방에 노략질할 것이 없어지고 본국은 미리 방비할 수 있을 것이다.

왜가 온다면 그들에게는 속전(速戰)이 유리하다. 깊은 구덩이와 높은 보루만 있어도 적들의 계책은 저절로 궁해질 것이다. 이야말로 지금 조선을 위한 가장 좋은 마무리 방책이니, 이보다 좋을 수 없다. 중간에 미진한 사항이 있다면 모두 그때마다 변통하여 사리에 맞게 처리하고, 그림을 그리고 설명을 덧붙여 보고함으로써 국왕에게 자문을 보내 거행하는 데 증거로 삼게 하라. 아울러 관원을 보내 감독

....

90 곤석(滾石): 방어용으로 사용하는 큰 돌덩이다. 높은 곳에서 굴려서 방어에 쓴다.
91 뇌목(擂木): 방어용으로 사용하는 목재이다. 굴려서 떨어뜨리는 용도로 쓴다.

하게 하여 성공을 기하는 데 힘쓰라. 만약 남겨놓은 병력만으로 대적하기에 충분하지 않다면 그저 잘 방어하라. 문서가 도착하면 지연하거나 그르치지 말라.

양원, 장세작, 이여백에게 보내는 명령

檄楊元張世爵李如栢 | 권8, 40a-41a

날짜 만력 21년 5월 20일 (1593. 6. 18.)

발신 송응창

수신 양원, 장세작, 이여백

내용 병사가 죽어도 이를 보고하지 않고 군량과 상을 받아 챙기는 폐단이 있으니, 실제로 근무하고 있는 군인과 사망한 군인의 현황을 조사하여 현재의 군인 수에 맞추어 군량을 지급하라는 명령이다.

관련자료 이 문서와『이문등록』2책, 40b-41a, 만력 21년 5월 23일,「欽差經略薊遼保定山東等處防海禦倭軍務兵部右侍郎宋(應昌)咨朝鮮國王」은 대부분 동일한데,『이문등록』의 자문의 뒷부분에는 군량을 지급할 때 관할 장관의 문서가 없으면 함부로 지급하지 말라고 조선에 요청하는 내용이 추가되어 있다.『이문등록』2책, 41a-42a, 만력 21년 5월 30일,「朝鮮國王咨經略兵部」는 해당 자문에 대한 조선국왕의 회답 자문이다.

행량을 검사하는 일.

살피건대, 동원한 각 지방의 군사는 작년 11월에 요양에서 출발하여 동쪽으로 정벌하는 동안에 날씨가 무척 추워 병사(病死)한 자가 매우 많았다. 해당 관할의 파총(把總)[92] 등의 관원과 관대(管隊)·첩대(貼隊)[93]의 인역(人役)이 양식과 상을 속여서 취하려고 병사한

자를 빼고 보고하지 않았다. 장관은 그저 왜를 정벌하는 데 힘쓰느라 이러한 행위를 그대로 두고 따지지 않아서, 각 군은 남의 재산을 속이고 취하여 뜻을 이루고 멋대로 면포를 사들이거나 동기(銅器)로 바꾸어 공공연하게 관청의 말로 실어 보내고 있다. 국가의 군량과 급여를 운반하는 것은 백성을 부리고 물자를 소모하며 운송해오기가 매우 어려운데, 어찌 이렇게 할 수 있단 말인가. 마땅히 조사해야겠다.

패문을 보내니, 바라건대 그대들은 즉시 본협(本協)의 병사를 거느리는 대소 장관에게 문서를 보내 각자 본영의 군사를 상대로 기존에 관할하던 병사는 얼마인지, 모월 모일에 병들어 죽은 자가 얼마인지, 누구누구가 실제로 얼마나 있는지를 사실대로 조사하게 하라. 매월 사람들의 이름을 나열하여 작성한 장부에 사인(私印)으로 날인하고, 양식을 관할하는 위관이 있는 곳으로 가서 현재 있는 군인 수에 맞추어 수령하게 하라. 만약 또다시 예전처럼 죽은 사람의 이름을 날조한다면, 개선하여 돌아가는 날에 내가 황상의 명을 따라 압록강에 배를 타고 내리는 곳에서 친히 스스로 거두어 조사할 것이다. 만약 부족함이 있으면, 즉시 요양에서 길을 떠날 때 끄집어내서 끝까지 공제할 것이고 장관과 중군, 파총, 관대·첩대는 모두 연

....

92 파총(把總): 영(營) 아래에 있는 사(司)를 통솔하는 임무를 맡았다. 척계광의 절강병법에 따르면, 대장(大將) 휘하에 5영이 있고 영장(營將)이 통솔하였다. 영 아래에는 각각 5사(司)를 두고 파총이 통솔하도록 하였다. 사 아래에는 5초(哨)가 있고 지휘관으로 초관(哨官)을 두었다. 초 아래에는 3개 기(旗)를 두고 기 아래에 12명으로 편성된 3개 대(隊)를 두었다. 이에 따라 1사는 600여 명의 군병으로 편성되었다.

93 관대(管隊)·첩대(貼隊): 파총보다 아래의 기층 무관으로, 50~100명 정도의 병사들을 관할하는 직책이었다. 만력 연간에 이들은 기본적으로 일반 군정(軍丁)과 같은 대우를 받았던 것으로 보인다.

좌하여 처벌할 것이다. 황상의 뜻이 삼엄하니 너그럽게 용서해줄 수 없다. 각자 그대로 행한 연유를 갖추어 보고하라.

제독 이여송에게 보내는 명령

檄李提督 | 권8, 41a-41b

날짜 만력 21년 5월 24일(1593. 6. 22.)

발신 송응창

수신 제독 이여송

내용 일본군에게 귀순해버린 조선의 관원과 백성에게 면사첩(免死帖)을 지급하여 다시 돌아오도록 권유하라는 명령이다.

왜정에 관한 일.

호택이 품문을 올렸는데, 그 내용은 다음과 같았다.

　풍문에 조선의 한 총병이 만 명을 이끌고 왜노에 투항하여 현재 부산에서 왜와 함께 주둔하면서 성토하기를, "예전에 평양에서 귀환한 남녀는 모두 강물에 빠져 죽었다. 우리는 어쨌든 돌아가도 죽을 터이니 왜에 투항한 것이다."라고 하였습니다.

　살펴보건대, 조선의 관민은 왜노에게 협박당해 복종하였으나 이는 어쩔 수 없이 그런 것이었다. 하지만 국왕은 그들이 귀순한 것을 미워하여 법으로 다스리려 하니 인심이 놀라 두려워하고 있다. 지금 받은 품문에 따르면 실제로 그런 것 같다. 그들은 이미 위태롭고 어려운 상황에 있으니 불러 받아들이기가 아주 쉬울 것이다. 마땅히 불러 받아들여야겠다.

패문을 보내니, 바라건대 평왜제독은 즉시 면사첩 5300장을 보내 사람을 파견하여 조선 총병관에게 전달하여 그 허물을 뉘우치고 무리를 이끌고 다시 투항해 돌아와 각자의 본업에 안주하게 하라. 나는 국왕에게 자문을 보내 이전의 잘못을 너그럽게 용서하고 절대 추궁하지 않게 하겠다. 만약 고집을 부리고 뉘우치지 않는다면, 앞길에는 양식이 모두 떨어졌고 뒤쪽으로는 병사가 추격해오고 있으니 후회해도 늦을 것이다. 처리한 연유를 갖추어 먼저 보고하라.

제독 이여송에게 보내는 명령

橄李提督 | 권8, 41b-42b

> **날짜** 만력 21년 5월 26일(1593. 6. 24.)
>
> **발신** 송응창
>
> **수신** 제독 이여송
>
> **내용** 지금 일본군을 추격하면서 병사들이 무척 고생하고 있다는 사실을 잘 알고 있지만, 마지막으로 최선을 다해 진격해야만 완전한 공적을 이룰 수 있다고 병사들을 달래고 타이르라는 명령이다.

진군하는 연유를 자세히 설명하여 장사를 위로하고 타일러 완전한 공적을 도모하는 일.

살펴보건대, 내가 동쪽의 정벌을 경략하면서 성스러운 천자의 신성한 위엄과 장사들의 노력에 의지하여 삼도(三都)를 모두 수복하고 팔도를 이미 귀속시켰다. 장마철의 무더운 더위와 갯벌의 찌는 듯한 열기, 군량과 급여 수급의 어려움, 외로운 군대가 멀리 진격하는 어려움을 가엾게 여기지 않는 것이 아니기에 즉시 병력을 거두어들여 어려움을 돕고자 하였다.

하지만 나라를 위해 방책을 꾀할 때는 완벽을 귀하게 여기고, 우환을 막을 때는 그 뿌리를 끊어버려야 한다. 최근의 일만 보더라도 왜의 무리가 밤중에 왕경에서 빠져나와 머리를 숙이고 도망치면서 도중에 감히 옆으로 빠져 재물을 빼앗고 사람을 죽이지 못하는 것은 추격하는 부대가 뒤를 쫓고 있기 때문이 아닌가. 길창(吉昌)이 무리 2만을 이끌고 바다로 와서 가토 기요마사와 함께 전라도를 급습하려 해도 끝내 행하지 못하는 것은 아군의 추격을 두려워해서가 아니겠는가. 조령을 버리고 낙동강을 건너 곧바로 부산에 이르러 군영을 연결하고 우리의 동정을 엿보는 것은 아군의 추격을 두려워해서가 아니겠는가. 투항하는 왜들이 계속해서 오고 조선의 토지가 이미 수복된 것은 실로 지금의 진군(進軍)과 추격의 힘에서 나온 것이다.

따라서 여러 장수의 공적을 나는 모두 이미 잘 알고 있다. 다만 고니시 유키나가 등이 비록 대마도로 돌아갔으나 가토 기요마사의 무리는 아직 부산에 주둔하면서 관백의 명령을 기다린 후에야 돌아가려 하고 있다. 만약 관백이 그들을 돌아오지 못하게 하고 아군이 먼저 철수를 논의한다면 그들 무리는 그 틈을 타 조선을 다시 침범할 테니, 아군이 장차 다시 나아가야 하겠는가 멈춰야 하겠는가. 나는 전전반측(輾轉反側)하면서 절대 받아들일 수 없다고 결심하였다.

따라서 5월에 군대를 몰아 해국(海國)에 깊이 들어오게 한 까닭은 비록 마음으로는 장사들의 심한 고생[94]을 안타까워하지만 실제로는 이제 거의 이루어지려고 하는 공적을 완성하기 위해서였다. 장사들이 나의 이러한 용병(用兵)하는 연유를 알지 못하고 불쌍히 여

----

94 장사들의 심한 고생[櫛沐之勞]: "즐풍목우(櫛風沐雨)" 또는 "목우즐풍(沐雨櫛風)", "즐목(櫛沐)"이라고도 한다. 비로 머리를 감고 바람으로 머리를 빗는다는 뜻으로, 심한 고생을 묘사하는 말이다.

기는 나의 뜻을 알아차리지 못할까 실로 두려우니, 이에 응당 명백히 선포한다.

이에 따로 병력을 배치하고 군량과 사료를 독촉하여 운반하는 외에 패문을 보내니, 바라건대 그대는 즉시 세 협의 대소 장령과 군정 등에게 문서를 전달하여 내가 지금 그들을 진군시키는 것이 실로 부득이하다는 것을 타이르고 모두 각자 용기와 지혜를 발휘하여 완전한 공적을 거두게 하라. 제독의 배치와 지시에 하나하나 따르게 하고 먼저 무너지거나 가로막혀서는 안 된다. 일이 완성된 후에 반드시 오늘날 장사(將士)들이 추격한 어려움과 지금까지 겪은 고통을 하나하나 상주문에 갖추어 보고하여, 승진할 자는 파격적으로 승진시키고 상을 줄 자는 파격적으로 포상할 것이다. 절대 서로 떠넘기지 말고 거의 다 된 일에 마지막 공을 이루는 데 힘쓰면, 모두가 백 년 동안 전해질 완전한 공적을 세울 것이다. 문서가 도착하면 각자 서로 양해해주기를 바란다.

8-51

제독 이여송에게 보내는 서신

與李提督書 | 권8, 42b-43a

> **날짜** 만력 21년 5월 27일(1593. 6. 25.)
>
> **발신** 송응창
>
> **수신** 제독 이여송
>
> **내용** 조선에 남겨서 방어할 병사를 뽑아 배치하는 일에 대해 논의하는 서신이다.

　대장군의 신과 같은 위엄에 힘입어 왜노가 이미 부산에 이르렀으니, 조선을 회복한 공적은 천고(千古)에 남을 만큼 뛰어납니다. 다만 지금 정황상 왜가 모두 섬으로 돌아가더라도 또한 마땅히 병사를 남겨 대신 방어하고 지켜야 합니다. 더욱이 조선 땅에 남긴다면 대구(大邱)와 조령 일대의 방비가 특히 중요합니다.

　앞서 보내온 문서를 보니, 오유충(吳惟忠)[95]과 유정 등의 부대를 남기고 싶어 하는 것은 매우 타당하니 하나하나 가르침대로 하십시오. 또한 지금은 전투를 논의할 필요가 없고 다만 굳게 지키는 것이

．．．．．．．

95　오유충(吳惟忠): ?~?. 명나라 사람으로 절강 금화부(金華府) 의오현(義烏縣) 출신이다. 호는 운봉(雲峯)이다. 왜구 토벌에 공적이 있었다. 임진왜란이 발발하자 유격장군으로 조선에 와서 평양성 전투에 참여하였다.

상책입니다. 만약 유정과 오유충의 병마를 남긴다면, 마땅히 대구와 선산을 나누어 지키게 하고 또한 정예병을 뽑아 조령을 지켜야 합니다. 나머지는 문하께서 나누어 배치하시면 저는 즉시 그날로 제본을 갖추어 올리고 명령을 내릴 것입니다. 혹여 왜가 돌아가면 즉시 대장군과 함께 군사들이 소리 높여 부르는 노래를 들으며 산해관(山海關)을 넘어 돌아갈 것입니다. 나머지는 덧붙이지 않겠습니다.

8-52

내각대학사 왕석작·조지고·장위에게 보고하는 서신

報三相公書 | 권8, 43a-44a

날짜 만력 21년 5월 27일(1593. 6. 25.)

발신 송응창

수신 내각대학사 왕석작·조지고·장위

내용 저보(邸報)[96]를 통해 자신의 공적 포상이 적절하지 못하다는 비판을 접하고 이를 중앙 조정에 적극적으로 해명하는 서신이다. 앞으로 일본군 정벌을 완성하기 위해서는 오히려 다양한 출신의 장사들을 포상하여 사기를 올려야 한다고 주장하고 있다.

앞서 저보를 받고 병과급사중(兵科給事中) 허홍강(許弘綱)[97]의 상소를 보았는데, 지금의 상황을 늘어놓으며 군정(軍政)에 도움이 되고자 한다는 내용이었습니다. 저는 아주 놀라거나 의아하게 여기지

---

96 저보(邸報): 전한(前漢) 무렵부터 간행된 일종의 관보(官報)이다. 전통시대의 중국 지방 관들은 수도에 '저(邸)'를 두고 이곳에서 황제의 유지(諭旨: 명령)와 조서(詔書), 그리고 신하들이 올린 주요 상주문 등 각종 정치 정보들을 정리하여 지방 관아로 보내도록 하였다. 이러한 제도는 청대까지 지속되었는데, 청대에는 '경보(京報)'라 불리기도 하였다.

97 허홍강(許弘綱): 1554~1638. 명나라 사람으로 절강 황전판(黃田畈) 출신이다. 자는 장지(張之), 호는 소미(少薇)이다. 임진왜란이 발발하여 조선이 명에 원군을 요청하자 간관을 이끌고 전쟁 참여에 반대하였다. 이후 경략 송응창을 탄핵하는 데 동참했다.

는 않았습니다. 천하가 태평하면 사람을 씀에 마땅히 자격을 따라야 하지만, 천하에 변고가 많으면 몽둥이로 개를 도축하는 자나 돗자리를 짜고 채소밭에 물을 대는 무리 중에도 왕왕 영웅이 숨어 있어서 모두 마땅히 널리 수집하여 수하에 두어야 합니다. 만약 재주가 만인을 상대할 만하면 병졸이라도 발탁하여 대장군에 오르게 하고, 만약 강한 적을 물리칠 만하면 천금을 주고라도 출입하게 해야 합니다. 하나의 기술과 하나의 재능이라도 군중에 도움이 된다면 어찌 말단 관직을 주기를 아까워하겠습니까. 이러한 이유로 벼슬자리에서 떨어진 군관이나 초야의 필부(匹夫)가 당장 곤경에 처해 답답하고 무료함에 처해 있으면, 바라는 절실한 마음과 은혜를 갚고자 힘을 다하려는 굳은 의지를 갖게 됩니다. 큰일을 이룰 때는 대부분 이러한 무리에게 의지합니다.

지금 제가 외람되이 거두어 부리는 무리 중에 현임 장수와 관원은 얼마 되지 않습니다. 계책을 펼쳐 사력을 다한 자는 모두 파직되고 일정한 직무가 없는 군관·포의(布衣)·책사들입니다. 수개월도 안 되어 미친 왜들이 모두 달아나고 속국(屬國: 조선)이 이미 수복된 것은 모두 이 사람들의 공적이니 가히 기묘합니다. 이들은 이제 밤낮으로 관직을 얻기를 바라며 그들의 향리에서 영예를 얻기를 바라고 있습니다.

만약 "지금 천하가 무사하고 작위는 응당 신중해야 하므로 가볍게 수여해서는 안 된다."라고 말한다면, 이는 관백이 교활한 영웅으로서 하루라도 죽지 않으면 천하가 평안할 수 없음을 모르는 것입니다. 하물며 왜는 아직도 부산에 주둔해 있고, 더욱 걱정스러운 점은 장사들이 이러한 말들을 듣고서 몸과 마음이 해이해지면 설사 왜가 북을 치며 북진(北進)하더라도 또한 누가 기꺼이 목숨을 바치겠는가 하는 것입니다. 이는 그나마 괜찮습니다. 진(秦)의 상앙(商鞅)은 원래 위(衛)의 망명자이고, 한(漢)의 대장 한신(韓信)은 원래 초(楚)의 창지기[執戟]였습니다. 호걸은 스스로 드러내지 않으니, 이곳을 버리고 저들에게 간 자들도 없지 않을 것입니다. 지금 왜의 진영에 복건과 절강 사람들이 사뭇 많으니, 만약 이러한 말이 한 번 돌기라도 하면 다시 끊이지 않고 가는 자들이 생길 것입니다. 이는 진실로 도적에게 병사와 양식을 더해주는 꼴이 될 것입니다. 말만 해도 소름이 끼칩니다.

부디 상공(相公: 왕석작·조지고·장위)께서 위에서 상소에 답변해주어 힘을 다해 주관해주시고, 또한 저희 병사들에게 그 소식이 전해지게 하여 위와 같은 말들을 깨부수어주십시오. 이것은 지금 당장 중요한 일이기 때문에 저는 혐의를 피하지 않고 외람되이 청합니다. 엎드려 바라건대, 통찰해주신다면 천하가 매우 다행일 것입니다.

제독 이여송에게 보내는 명령

檄李提督 | 권8, 44a-45a

날짜 만력 21년 5월 28일(1593. 6. 26.)

발신 송응창

수신 제독 이여송

내용 가토 기요마사가 아직 부산에 남아 있어 군대를 철수할 수 없으니, 험한 지형에 의지하여 대군을 나누어 배치하고 상황을 보아가며 적절하게 대처하라는 명령이다.

대군을 나누어 배치하는 것을 논의하여 상황에 따라 적절히 대처하는 일.

살펴보건대, 나는 4월 20일 이후 여러 차례 제독에게 문서를 보내 대군을 이동시켜 적의 후미를 추격하여 왜의 무리가 바다에 이르러 양식이 떨어지고 힘이 쇠약해지는 것을 기다려, 조선의 수군은 앞에서 가로막고 아군은 상황을 보아가며 뒤에서 추격하라고 지시하였다. 원래 중도에 즉시 진격하여 토벌하려고 하지는 않았다. 그 후 지금 보고에 따르면, 고니시 유키나가 등은 이미 바다에 배를 띄워 멀리 가버렸다고 한다. 다만 가토 기요마사 등은 아직 무리를 이끌고 부산에 머물며 영채(營寨)를 잇고 있다.

부산은 실로 조선의 연해 지방으로 지금 가토 기요마사가 험한 지형에 의지하여 굳게 지키고 있으니 그 계책을 예측할 수가 없다. 비유하자면 풀을 베었는데 싹이 아직 남아 있는 것과 같다. 아군은 형세상 갑자기 철수할 수 없다. 만약 아군이 모두 돌아가버린다면 그들은 멀리서부터 달려와 다시 조선에 들어올 것이니 장차 이를 어떻게 막겠는가. 이는 반드시 깊이 따져보아야 한다. 하지만 또 보고에 따르면 앞길에 양식이 부족하다고 하니, 마땅히 병력을 나누어 배치하는 것을 논의하여 진퇴를 기다려야 할 것이다.

패문을 보내니, 바라건대 평왜제독은 지금까지 보낸 패문의 내용에 따라 지금의 상황을 살펴 적절히 대처하고 험한 지형에 의지하여 병력을 배치함으로써 왜노가 꼼짝하지 못하게 하는 것이 상책일 것이다. 만약 이여백·오유충·유정 등의 병사가 모두 대구에 있으면 남북으로 서로 연이어 나누어 배치하라. 나머지 대군은 모두 이여백 등의 후미에서 조령에 이르기까지 서로 연락하며 막아서 지키게 하라.

내가 하루빨리 조선을 독촉하여 군량과 사료를 조속히 운반하고 수군을 신속히 보내 서로 도와 왜를 저지하게 하는 외에, 제독 또한 사람을 나누어 보내 지키고 독촉하게 하라. 기한인 한 달 내에 두 사신이 돌아오는 것을 기다리면, 왜노의 정황과 형세가 명확히 드러날 것이다. 만약 왕자와 배신 및 심유경 등을 송환하여 보내온다면, 한편으로 나에게 신속히 알려라. 내가 따로 결정을 내릴 것이다. 보내오지 않는다면, 우리는 굳게 믿고 있는데 그들은 도리어 속임수를 쓰고 우리는 굳게 따르고 있는데 그들은 도리어 거스르는 것이니, 법으로 용서하기 어렵다. 하지만 또한 반드시 그들의 양식이 떨어지고 힘이 쇠약해지기를 기다려야 한다. 조선의 수군이 모두 모이면 나에게 신속히 보고하여 기회를 보아 다시 진군할 것을 논의하는 데 근거로 삼게 하라. 완전한 공적을 거두기 위해 힘쓰라. 적당한 기회가 오면 제독은 살펴 거행하라. 그르치지 말라.

조선국왕에게 보내는 자문

移朝鮮國王咨 | 권8, 45a-48b

> **날짜** 만력 21년 5월 29일(1593. 6. 27.)
>
> **발신** 송응창
>
> **수신** 조선국왕
>
> **내용** 이여송의 최근 보고들을 종합하여 조선의 요청에 따라 남겨두려는 명군 부대의 배치 계획을 전달하고, 최근 일본군이 점령하고 있는 부산의 정황에 대해 따져 묻는 자문이다. 또한 앞으로 일본군을 완전히 몰아내기 위해 조선의 양식 수급과 수군 동원 현황을 조사하여 보고하고 혹시 다른 좋은 전략이 있으면 개진하라는 당부도 하고 있다.

정예 병력을 남겨두어 후환을 방지하기를 바라는 일.

평왜제독 이여송이 정문을 올렸는데, 그 내용은 다음과 같았습니다.

왜노가 조선을 무너뜨려 그 형세가 마치 기와가 산산이 깨진 것 같았습니다. 우리 황상께서 병사를 보내 구원하게 하시어 천자의 위엄이 벼락처럼 펼쳐지니, 왜의 무리 수십만이 모조리 도망쳐 돌아갔습니다. 하지만 여전히 절반 정도가 부산의 해변에 주둔하면서 집을 짓고 밭에 씨를 뿌리고 있으니, 그 속내를 헤아릴 수가 없습니다. 만약 대군이 모두 철수한다면 왜의 무리가 다시 엿보다가 침범할 것이니, 조선의 미약함으로 어찌 이 한창 세력을 뻗치고 있는 적에 대항할 수 있겠습니까. 조선국왕이 자문을 보내 병사를 남겨달라고 청한 내용에 따라 마땅히 이를 허락하고 따라야 하겠습니다.

다만 조선은 머나먼 이역이고 전쟁으로 큰 피해를 받아 1000리가 황폐해지고 인적이 끊겨버렸습니다. 조사해보건대, 유격 오유충의 부대는 현재 관병 2858명으로 화기를 능숙하게 다룰 뿐만 아니라 오랫동안 계주를 지켰기 때문에 의지가 매우 강합니다. 부총병관 유정이 원래 거느린 사천의 병사 5000명은 예전부터 왜정을 잘 알고 있을 뿐만 아니라 새로 조선에 도착하였기 때문에 그 의지가 바야흐로 날카롭습니다. 두 군영의 병사 총 7858명은 남겨두어 지킬 만합니다.

유정이 거느린 병사는 응당 평양에 주둔시켜 대동강의 험한 지형을 끼고서 왕경으로부터 이남 지역에 경보가 있으면 모두 구원에 나서게 해야겠습니다. 오유충이 거느린 병사는 의주에 주둔시켜 압록강의 험한 지형을 끼고서 양책(良策)으로부터 동쪽 지역에 경보가 있으면 모두 구원에 나서게 해야겠습니다. 또한 요동과 산서(山西) 군영의 마병(馬兵) 각 500명을 헤아려 뽑고 부총병 양원이 모집한 가정 300명을 합쳐 총 1300명은 평양 이서 지역의 안정(安定)·숙녕(肅寧)·안흥(安興)·정주(定州) 등을 지키게 하면 모두 합쳐서 9158명이 됩니다. 만력 22년 봄까지 경보가 없으면 일부를 뽑아 돌려보낼 것을 논의하여 청하고, 동지(同知) 정문빈과 지현(知縣) 조여매는 계속 그곳에 남겨 머물면서 계책을 내고 일을 처리하게 하십시오.

또한 제독이 올린 당보를 받았는데, 왜정에 관한 일이었습니다. 그 내용은 다음과 같았습니다.

살펴보건대, 왜적은 처음에 조령과 상주를 점거하였다가 아군이 추격해 이르자 즉시 군영을 옮겨 앞으로 나아갔습니다. 또한 선산과 대구의 관병이 장차 이를 것을 두려워하여 적은 다시 옮겨가서 모두 부산에 모였습니다. 관병이 부산으로 바싹 접근하니, 앞에는 바다로 통하는 포구가 있고 바다에 접한 면이 긴데 군대에는 건널 배가 없었습니다.

왕경은 부산에서 1000여 리 떨어져 있고 왜적은 후방에 오래 머물면서 집을 짓고 시장을 열었습니다. 재차 방문하여 알아보니 원래 조선이 예전에 그 땅을 할양해준 적이 있어서, 왜적이 답습하여 자기의 소굴로 삼은 것이었습니다. 지금 왜의 무리가 막아 지키면서 대마도로부터 병사를 증원하고 군량을 운송해 오기가 매우 가깝고 쉽습니다. 그들은 많고 우리는 적으니 소굴에 쳐들어가기도 어렵고, 군량과 사료가 이어지지 않고 땅이 일본과 가까워 날씨가 매우 덥고 전염병을 일으키는 기운[98]이 돌아 많은 사람이 역병에 걸려 또한 오래 버티기가 어렵습니다. 게다가 대마도의 왜노가 빈번히 왕래하니 아군이 머물러 지키기가 어렵습니다. 계속 굳게 지키면서 청컨대 관병과 화기를 적당히

....

98 전염병을 …… 기운[山嵐瘴氣]: 더운 지방의 산과 숲, 안개가 짙은 곳에서 습열(濕熱)이 위로 올라갈 때 생기는 나쁜 기운을 말한다. 전염병을 일으키는 사기(邪氣)의 하나이다.

헤아려 남겨두어 힘을 합쳐 조선을 수비하고 병마를 급히 거두어 각각 본진(本鎭)으로 돌려보내야만 만전을 기할 수 있을 것입니다.

또한 제독이 올린 품문을 받았는데, 그 내용은 다음과 같았습니다.

상주 일대에는 모두 군량과 사료가 없습니다. 선산 이남의 조선 인민은 왜노에 귀순하였습니다. 지금 적은 부산에 머물면서 그곳을 소굴로 삼고 있습니다. 우리 관군은 싸우자니 병력이 적고 지키자니 군량이 없습니다. 게다가 머무를 만한 임시 거처도 없이 광야에 노출되어 있어 고초를 견딜 수 없고 실로 오래 지탱하기 어렵습니다.

위 문서들을 받고 살펴보건대, 앞서 저는 국왕이 자문을 보내 포수 5000명을 남겨달라고 해서 즉시 제독에게 패문을 보내 살펴보고 논의하게 하고 왜노를 속여 달아나게 하였습니다. 곧바로 대군으로 하여금 적의 뒤를 쫓게 하였고, 아울러 문서를 보내 독촉하여 전라도 등의 수륙 군병이 협조하게 하여 모두 해상에 이르면 기회를 보아 거사하도록 하였습니다.

그 후 지금 위의 문서를 받고 살펴보건대, 왜노가 조선을 격파하고 함락하여 기세가 매우 걷잡을 수 없었으나 다행히 우리 성스러운 황제의 위엄과 높은 덕, 장사들의 지모와 용기에 힘입어 팔도와 세 도읍이 모두 회복되고 혁신의 통치를 맞이하게 되었으니, 응당 항구적인 계획을 세워야 할 것입니다. 지금 왕께서는 포수 5000만 남겨달라고 하였으나 제독과 논의한 병력은 1만에 달하니, 왕께서 말한 것보다 이미 두 배나 더한 것입니다. 또한 배치가 분명하고 머리와 꼬리가 서로 연결되니, 실로 귀국을 위한 오늘날 최고의 마무리 방책입니다.

하지만 왜노가 비록 위력을 두려워하여 달아났다고 해도 여전히 부산에 집결하여 험한 지형에 의지하여 군영(軍營)을 서로 잇고 밭을 갈고 집을 지으니, 그 뜻을 헤아려보면 오히려 해안에서 여유 있게 휴식을 취하려는 것입니다. 부산은 조선 연해의 요충지인데 언제부터인지 조선으로부터 갑자기 잘려 버려졌습니다. 더욱이 듣건대 경계비를 세워 토착민과 함께 경작하고, 북으로는 강을 끼고 방어하고 남으로는 대마도에 접하여 왜의 함대 1000여 척이 바다를 왕래하고 있다고 합니다. 안락함으로써 수고로움을 대하고, 주인이 되어 손님을 대하고, 고요함으로써 소란스러움을 대하고, 배부름으로써 배고픔을 대하니, 실로 가볍게 보아 넘길 수 없습니다. 가볍게 보아서는 안 될진대 조선만 어찌 느긋하게 처신하고 있습니까. 종기를 치료하는 것에 비유하자면 터뜨렸으되 여독이 아직 남아 있는 것이고, 풀 베는 것에 비유하자면 베어버렸으되 싹이 아직 남아 있는 것과 같습니다. 숨어 있는 걱정을 해결하지 않으면 실로 우환이 드러날 것입니다.

지금 대군이 후미를 쫓으며 바야흐로 그들이 해상으로 도망치는 틈을 노려 계책을 내어 크게 공격하려 하였지만, 처음에 부산이 천하의 요충지인 줄 몰랐고 또한 그들의 오랜 소굴이었는지도 몰랐습니다. 그들의 진영이 정착되기 전을 노려 앞뒤로 협공하려 하였으나, 뜻밖에 전라도 등의 수군과 거북선이 그림자도 비치지 않았습니다. 강을 끼고 접근하여 진을 펼쳐 함께 대치하려 하였는데, 왕국의 양식은 이미 끊겨 운반되어 오지 않고 더운 날씨가 찌는 듯하여 병사들이 지치니 어찌 더위에 그대로 노출되게 할 수 있겠습니까.

만여 명의 군대를 이끌고 외국에 깊이 들어와 추위와 더위를 겪으면서 머무르거나 멈추지 않고 세력을 떨치는 왜적을 막아내어 이미 잃어버린 강산을 수복하니, 중국이 작은 나라를 돌보는 인자함이 또한 이미 극에 달하였습니다. 여러 장사가 충성과 지모를 다하는 것 또한 이미 전부 쏟아냈습니다. 지금 다시 신중하게 병사를 남겨두어 왕을 위해 왕경의 북쪽, 의주의 남쪽을 막아 지켜서 무사하도록 보장하고자 합니다. 하지만 경상도는 황폐하고 전라도는 고립되었으며, 밀양·대구·낙동·조령은 왜가 침범해 들어오는 길목이고, 인동(仁同)·선산·상주·문경(聞慶)은 또한 왜가 반드시 쟁취하려는 지역입니다. 왕국의 군주와 신하는 왜로 인한 환란을 당한 이래 반드시 지난 잘못은 엄중히 징벌하고 서로 힘을 합쳐 혁신에 나서야 합니다. 비록 복수의 뜻이 있어도 갑자기 시행해서는 안 되고, 나라를 공고히 하는 지혜로 헤아려 계획을 잘 세워야 합니다.

지금 제독이 부대를 남길 것을 논의한 바에 대해 위의 내용대로 배치해도 될는지, 아니라면 명확하게 다른 의견을 개진해도 무방합니다. 부산을 진짜 버리고 왜에게 넘긴 것인지, 버렸다면 몇 년 몇 월 며칠의 일인지, 왕경에서 대구까지 곧장 이르는 도중에 양식이 진짜 있는지 없는지, 있다면 현재 어디에 쌓여 있는지, 양식은 정확히 몇 석이나 있는지, 수군과 거북선이 진짜 있는지 없는지, 있다면 현재 어느 곳에 정박해 있는지, 수군은 정확히 몇 명이나 있고 배는 몇 척이나 있는지 등을 모두 논의하고 명백히 조사하여 그 내용을 저에게 자문으로 보내어 지금의 상황을 자세히 고려하고 왕을 위해 계획하는 데 도움이 되게 하십시오. 만약 혹시 다른 좋은 계획이 있어서 왜를 부산으로부터 멀리 떨어지게 하여 강토(疆土)를 편안히 할 수 있다면 또한 편하게 의견을 내십시오. 과연 시행할 만하면 반드시 힘써 받들고 버리지 않겠습니다.

이에 자문을 보내니, 번거롭더라도 살펴보시고 신속히 헤아려서 상세히 논의하고 타당하게 결정한 후 자문으로 회신해주시기 바랍니다.[99]

....

99 이에 …… 바랍니다: 선조는 이 자문을 받고 좌의정 윤두수 등 대신들을 인견하여 논의
    하였다. 선조는 송응창의 자문 중 조선이 일본에 부산을 할양해주어 왜의 소굴이 되었다
    는 내용에 적극 변명해야 한다고 특히 강조하였다. 『선조실록』 권38, 선조 26년 5월 29
    일(임오).

세 협의 대장 양원 등에게 보내는 명령

檄三協大將楊元等 | 권8, 48b-49a

날짜 만력 21년 5월 30일(1593. 6. 28.)

발신 송응창

수신 세 협의 대장 양원 등

내용 베어 얻은 일본군의 수급 1개당 은 50냥의 포상을 전부 지급하라는 명령이다.

공적에 대한 상은을 전부 지급하여 병사들의 마음을 안정시키는 일.

병부의 자문을 받았는데, 그 내용은 다음과 같았다.

경략아문(經略衙門: 송응창)의 자문을 받았는데, 그 내용은 다음과 같았습니다. "앞뒤로 베어 얻은 왜노의 수급에 대해 먼저 20냥만을 포상한다는 논의를 각 군이 듣고 크게 원망하는 말이 있습니다. 이에 응당 병부에 자문을 보내니, 번거롭겠지만 외국을 회복하고 혈전을 치러 이룬 군공을 헤아려서 예에 따라 전부 지급하여 병사들의 마음을 안정시켜주십시오."

살펴보건대 공을 세운 관군에게 수급마다 20냥의 상은을 지급하기로 한 것은 요사이 검토를 거치지 못하였기 때문에 변통하여 포상을 행하기 위해서였습니다. 지금 이미 검토를 마쳤으니 응당 전부 지급해야겠습니다. 지금 오랑캐 적들의 사례를 참작하여 수급마다 상은 50냥을 지급하겠습니다.

제독에게 문서를 보내 전달하는 외에, 응당 널리 문서를 보내 알려야 하겠다.

패문을 보내니, 바라건대 그대는 즉시 본협의 관군에게 위의 내용을 전달하고 앞뒤로 베어 얻은 수급에 대해 수급마다 상은 50냥을 지급하라. 주사 가유약(賈惟鑰)[100]이 은을 올려보내 이미 해주로 보냈고, 각 관군이 그곳에 이르면 모두 제독이 나누어 지급하게 하겠다. 어기거나 그르치지 말라.

....

100 가유약(賈惟鑰): ?~1630. 명나라 사람이다. 이름이 『상촌고(象村稿)』에는 "賈維鑰", 『선조실록』에는 "賈惟約" 또는 "賈維鑰"으로 기록되어 있다. 만력 21년(1593)에 흠차사험군공(欽差查驗軍功) 병부무선청리사주사(兵部武選淸吏司主事)로 조선에 와서 군공을 조사하고 돌아갔다. 만력 27년(1599) 병부직방사낭중(兵部職方司郎中)으로 다시 조선에 파견되었고, 부산평왜비명(釜山平倭碑銘)을 작성한 일도 있다.

조선국왕에게 보내는 자문

移朝鮮國王咨 | 권8, 49a-50a

날짜 만력 21년 5월 30일(1593. 6. 28.)

발신 송응창

수신 조선국왕

내용 송응창을 직접 만나고 싶다는 조선국왕의 요청을 수락하면서 번거로운 의례는 생략할 것을 전하는 자문이다.

관련자료 송응창과 선조는 6월 5일 안주(安州) 안흥관(安興館)에서 만났다. 『선조실록』 권39, 선조 26년 6월 5일(무자).

천자의 토벌이 바야흐로 펼쳐져 평양이 이미 수복되었으니, 마땅히 국왕에게 선유해서 군민을 보내 막아 지키게 하여 황상의 인자함을 퍼뜨리고 대의를 빛내는 일.

보내온 자문을 받았는데, 저를 한번 만나고 싶다는 등의 내용이었습니다.[101] 살펴보건대 제후국[藩國]의 기반이 다시 열리고 왕위가

......

101 보내온 …… 내용이었습니다: 5월 29일에 송응창이 보낸 자문을 받고 선조는 대신들을 불러 대처 방안을 논의하였다. 신료들은 선조가 직접 송응창에게 가서 회군하지 말고 부산에 머무르는 일본군을 토벌하자고 간청해야 한다고 아뢰었다. 이에 선조가 송응창에게 보낸 회답 자문에 만나고자 하는 뜻을 담은 것으로 생각된다. 『선조실록』 권38, 선조 26년 5월 29일(임오).

새로워지니, 나라를 바로 세우는 이때 국왕께서는 어진 아량을 사람들에게 베풀고 있습니다. 가슴에 손을 얹으면 부끄럽고 사신을 마주하고 표현할 길이 없으니, 곧장 양 날개를 달고 하늘을 날고 싶었지만 여러 번 고개를 들어 삼성(三星)을 바라보니 문 앞에 있었습니다.[102] 그대의 풍채와 도량을 그리며 속마음을 위로받고 싶었습니다.

하지만 고래와 같이 거대하고 흉악한 적들은 비록 한강에서 도망쳐 갔어도 뱀과 전갈과 같이 작고 독한 잔당들은 아직도 해안가에 모여 주둔하고 있습니다. 이 때문에 정찰을 마치지 못하고 격문을 급히 보내면서 전의(戰意)를 불태우며 전장(戰場)을 통제하고 있습니다. 또한 조선에 들어왔다가 다시 나갈 기회가 바로 여기 달려 있으니, 마음과 마음을 깊이 나눈 벗을 만날 기회가 마침내 하늘에 달려 있습니다. 어찌 빛나는 모습을 직접 보고 덕행을 본받으며 가르침을 듣고 용모를 보는 것보다 더 좋을 수 있겠습니까.

삼가 다음 달 6일에 그대를 뵙고자 합니다. 번다한 예문(禮文)과 연회는 사신에게 진심으로 사양함을 고하여 그대에게 대신 아뢰도록 하였습니다. 부디 양해해주시어 저의 뜻을 따라주시기 바랍니다. 이에 자문을 보내어 답장을 올리니, 청하건대 잘 살펴 시행해주시기 바랍니다.

....

102 삼성(三星)을 …… 있었습니다: 멀리 있는 벗을 볼 수 없는 안타까움을 표현한 구절이다. 『시경』 「주무(綢繆)」에 "칭칭 감아 나뭇단을 묶을 적에, 삼성이 문에 있도다. 오늘 밤은 어떤 밤인고, 이 아름다운 분을 만났노라. 그대여 그대여, 이 아름다운 분에 어찌리오 [綢繆束楚 三星在戶 今夕何夕 見此粲者 子兮子兮 如此粲者何]."라고 하였다.

經略復國要編

권9

내각대학사 왕석작에게 답하는 서신

覆王相公書 | 권9, 1a-1b

날짜 만력(萬曆) 21년 6월 1일(1593. 6. 29.)

발신 송응창(宋應昌)

수신 내각대학사(內閣大學士) 왕석작(王錫爵)

내용 일본군의 퇴각이 더딘 이유와 명군이 이를 추격하고 있는 정황을 중앙 조정에 설명하는 서신이다.

5월 30일에 상공(相公: 왕석작)의 서신을 받았는데, 작금의 일에 개탄하고 정벌에 나선 사람들을 칭찬하는 한마디 한마디가 심금을 울렸습니다. 하지만 상공의 뜻에 부응할 방법이 없어 죄책감에 부끄러워 얼굴이 뜨거워졌습니다. 물어보신 바에 따라 왜가 천천히 가게 된 이유와 아군이 추격하는 연고를 삼가 말씀드리겠습니다.

왜는 비록 돌아가고 싶은 마음이 급하지만 실은 아군이 추격해 올까 봐 두려워하고 있습니다. 따라서 정예병으로 하여금 후방을 엄호하면서 곳곳에 복병을 두고 가는 곳마다 진을 치면서 아군이 이를 탐지하고 감히 전진하지 못하게 하는 것이 그들의 의도입니다. 또한 자신들의 힘을 키운 후에 서로 승부를 보려 하니 어찌 급하게 갈 수 있겠습니까.

기왕 돌아가는 것을 허락하였으니 추격하는 것은 명분이 없어 보입니다. 하지만 중간의 정황을 보면 또한 부득불 나아가 습격하지 않을 수 없습니다. 조공을 받아들이는 일은 원래 저의 본심이 아니 었습니다. 다만 왜가 왕경(王京)에 집결하여 그 수가 매우 많은 데다 가 성안에는 방어가 견고하고 성밖에는 군영을 펼쳐놓고 서로 연락 하고 있었습니다. 나아가 토벌하려 해도 아군의 힘이 부족하고 도로 가 험준하며, 꼼짝하지 않으려 해도 시일이 지연되고 어찌 될지 알 수 없기 때문에 잠시 그들의 조공 요청을 허락한 것입니다. 또한 왜 가 왕경을 나와서 가는 도중에 약탈하거나 혹은 다른 요충지를 점 거하거나 혹은 반격을 도모할까 봐, 아군으로 하여금 몰래 뒤를 쫓 게 하되 경거망동하지 못하게 하여 왜가 이를 알고 감히 오래 머무 를 수 없도록 하고 또한 감히 헛된 뜻을 품지 못하게 한 것입니다.

지금 왜가 이미 부산(釜山)에 이르렀습니다. 앞의 부대는 바다를 건너 멀리 가버렸고 오직 가토 기요마사만 여전히 해상에 주둔하고 있으니 그 뜻을 헤아릴 수가 없습니다. 하지만 우리나라의 장사(將 士)들은 마음이 나태해지고 조선의 바다 어귀의 배는 충분히 갖추어 져 있지 않으니 대대적으로 적을 공격하기도 어렵습니다. 병사를 남 겨 전라도·경상도·대구(大丘)·조령(鳥嶺)의 요충지를 굳게 지키는 일은 소홀히 할 수 없습니다. 두 사신을 보내 적진의 소식을 살펴 오 래지 않아 돌아오면 진퇴에 관한 중요한 결정을 다시 헤아릴 수 있 을 것입니다. 지금의 사안은 제가 몸과 마음을 다해 처리하고 있으 니, 황제께서 알아주신 은혜를 저버리지 않기를 기약할 따름입니다. 이에 삼가 답변을 올리니 황공함을 금치 못하겠습니다.

장사들에 대한 포상에 감사하는 상주

謝犒賞將士疏 | 권9, 2a-3a

날짜 만력 21년 6월 6일(1593. 7. 4.)

발신 송응창

수신 만력제(萬曆帝)

내용 명 황제가 조선 원정에 나선 명의 장사들에게 후한 포상과 은혜를 베풀자, 송응창이 황송해하며 깊이 감사하고 더욱 분발할 것을 다짐하는 상주이다.

삼가 천자의 은혜에 감사하는 일.

앞서 병부(兵部)의 자문(咨文)을 받았는데, 그 내용은 다음과 같았습니다.

만력 21년 3월 18일에 회극문(會極門)에서 황제께서 동쪽으로 정벌에 나선 장사들에게 칙유(勅諭: 황제의 명령)를 내리는 글을 받았는데, 그 내용은 다음과 같았습니다.

이번에 왜노가 창궐하여 조선을 쳐서 함락시켰다. 짐(朕)이 멀게는 동쪽 사람들이 임금을 기다리는 마음을 생각하고 가까이는 내지(內地)에서 이웃을 떨게 한 근심을 끊어내기 위해 하늘의 토벌을 펼치고 부월(斧鉞)을 하사하여 정벌에 나서게 하였다. 너희 장사들이 마음과 힘을 모아 어려움과 험난함을 피하지 않은 덕분에 먼저 평양(平壤)을 수복하고 이어 개성(開城)에서 승리를 거두었다. 짐은 너희가 세운 공적에 매우 기뻐하며 하루빨리 깨끗이 소탕하기를 바라며 크게 승진과 포상을 내렸다.

지금 들으니, 날씨가 점점 더워지고 장마가 멈추지 않는데 적의 무리는 여전히 많고 성을 굳게 지키고 있다고 한다. 너희가 지원 없이 적진 깊숙이 들어가 완전한 승리를 급하게 거두기가 힘들어졌다는 점과, 배고픔과 추위에 노출되고 질병으로 죽거나 다치는 것을 면치 못하고 있음을 매우 안타깝게 생각하고 있다. 짐은 이 때문에 마음이 아프고 눈물이 흘러 누워도 편안히 잘 수가 없다. 이미 담당 관청에 지시하여 은 15만 냥을 보내 군전(軍前)으로 가지고 가게 해서 알맞게 포상하고 두텁게 은혜를 베풀게 하였다.

또한 한편으로 산동(山東) 등의 지역에 문서를 보내 상인을 끌어모아 식량을 사들여 금방 배로 실어가게 하고 다른 한편으로는 절강(浙江) 등의 지역에 문서를 보내 병사를 징발하고 장수를 뽑아 길을 나누어 나아가게 하였다. 이로써 너희의 재력을 여유롭게 하여 안심하고 전투와 수비에 나설 수 있게 보장하고, 하루빨리 악인들을 물리치고 변경 지역을 오래도록 평안하게 만들고자 하였다. 너희도 짐이 계속 멀리서 걱정하고 있음을 헤아려 보답하기 위해 힘써서 죽백(竹帛)에 공명을 남기고[1] 자손에게 음복을 남기도록 하라. 이에 칙유를 내린다.

신(臣: 송응창)은 병부의 자문을 받고 곧바로 제독(提督) 이여송(李如松)과 중·좌·우 3영(營)의 장령(將領) 등의 관원과 양원(楊元) 등에게 전달하여 일체 황상(皇上)의 명령을 받들어 시행하였습니다. 그러던 중에 곧바로 5월 28일에 병부가 위임하여 파견한 거가청리사(車駕淸吏司)² 주사(主事) 가유약(賈惟鑰)이 칙유와 은량을 가지고 제가 있는 곳에 도착하였습니다. 신은 즉시 표하(標下)의 각 관원을 인솔하여 망궐(望闕)의 예를 올리고 칙유를 선독(宣讀)하여 머리를 조아려 사은(謝恩)하는 외에, 삼가 실로 황공하여 머리를 조아리고 깊이 숙여 감사드립니다.

엎드려 생각건대, 왜가 동쪽 모퉁이의 나라를 침범하여 해국(海國)이 천자에 호소하는 눈물을 흩뿌리니, 깊은 은혜로 작은 나라를 보살피시고 조정에서도 포악한 이를 제거하는 위력을 보였습니다. 다섯 달 동안 부대를 내몰았으나 병사들은 아직 시일을 끌고 있고, 삼문(三門)에서 명령을 받들었으나 적들은 아직 문정(門庭)에서 멀지 않으니, 그 잘못은 누구의 것도 아닌 실로 신의 허물입니다.

황상께서 인자하고 넓은 은혜를 베푸시어 지연하고 있는 허물을 죄 주지 않으시고, 장사들이 멀리 와서 정벌함을 깊이 헤아리시고 재물과 은혜를 널리 베푸시어, 무기를 휘두르는 용기를 더욱 독려해주시고 또한 온화한 목소리를 멀리 퍼뜨려주셨습니다. 천자의 따뜻하고 정성스러운 말씀을 듣고서 모두가 황상의 만수무강을 환호하

---

1   죽백(竹帛)에 …… 남기고: 역사에 남길 만한 공로를 의미한다. 대나무[竹]와 비단[帛]은 종이가 보급되지 않았던 시기에 기록을 남기는 재료로 사용되었기 때문에 서책 나아가 역사책을 뜻하기도 하였다.
2   거가청리사(車駕淸吏司): 병부(兵部)에 속한 4개의 청리사(淸吏司) 중 하나로, 노부(鹵簿), 의장(儀仗), 금위(禁衛), 역전(驛傳), 구목(廐牧) 업무 등을 관장하였다.

고 깊은 황은(皇恩)을 입고서 전군이 기뻐하니, 모두가 요(堯)임금을 칭송하듯 노래하고 모두가 주공(周公)을 기리듯 흠모하고 있습니다.

신은 삼가 정성을 다해 병사들의 마음을 크게 독려해서 큰 무덤을 쌓은 것을 보고 왜가 은빛 교룡이 사는 섬으로 달아나게 하고, 개선(凱旋)의 군가를 부르며 승전의 소식이 금마문[金馬之門][3]에 전해지도록 힘쓰겠습니다. 신은 감격을 금치 못하겠고 너무나 황공합니다.

이에 상주문을 갖추어 지휘(指揮) 주득택(周得澤)을 특별히 보내 이를 가지고 가게 하니, 삼가 이를 아룁니다.

....

3 금마문[金馬之門]: 한(漢)나라 미앙궁(未央宮)의 문으로, 황제의 조칙을 작성하는 관리들이 이곳에서 조서를 기다리거나 드나들며 황제의 명을 수행하였다고 알려져 있다.

사극에게 보내는 명령

檄謝極 | 권9, 3a-3b

> **날짜** 만력 21년 6월 6일(1593. 7. 4.)
>
> **발신** 송응창
>
> **수신** 사극(謝極)
>
> **내용** 일본군을 추격하는 명군 진영에 군량과 사료가 제대로 보급되지 않고 있다는 보고를 접하고, 현재 상주 등의 지역에 군량과 사료가 얼마나 남아 있는지 명확하게 조사하여 보고하라는 명령이다.

왜정(倭情)에 관한 일.

살펴보건대, 왜노가 왕경에서 빠져나가 대군이 뒤를 쫓아 추격하고 있다. 내가 여러 차례 해당 관할 관원에게 문서를 보내 군량과 사료를 운반하여 보급이 잘 이루어지도록 하였다. 그런데 배신(陪臣)의 보고를 받아보니, "지나는 곳마다 전달하고 운반하여 이미 쓰임에 충분해 보이지만, 군사들은 매번 부족하다고 합니다."라고 하니 응당 조사해봐야겠다.

패문(牌文)을 보내니, 바라건대 그대는 즉시 조선의 배신과 함께 사람을 파견하여 상주(尙州)·선산(善山)·대구·조령 등 각 지역으로 보내 어느 곳에 군량이 몇 석이나 있고 사료는 몇 석이나 있는지 조사하여 사실대로 직접 명확하게 검토한 뒤에 회신하라. 뇌물을 받거나 서로 도와 날조하지 말라.

9-4

장접에게 보내는 명령

檄章接 | 권9, 3b-4a

날짜 만력 21년 6월 6일(1593. 7. 4.)

발신 송응창

수신 장접(章接)

내용 정예 부대를 남겨 조선의 관군과 협조하여 방어에 나서기 위해 현재 조선의 병력 상황을 자세하게 조사하여 보고하라는 명령이다.

정예 병력을 남겨두어 후환(後患)을 방지하기를 바라는 일.

조선국왕의 자문을 받았는데, 그 내용은 다음과 같았다. "정예 포수 8000여 명을 남겨두어 조령과 상주에 주둔시켜 험한 지형에 의지하여 방어하게 해주십시오." 또한 다음과 같이 말하였다. "중국의 수륙(水陸) 관병(官兵)을 바닷가에 집결시켜 함께 방어하게 해주십시오."

살펴보건대 기왕 아군을 남겨두어 조령 등의 지역에 주둔하고 지키게 하였으니, 반드시 조선의 관군(官軍)과 서로 돕는 형세를 갖추어야만 일을 성사시킬 수 있을 것이다. 이에 응당 관원을 보내 살펴보아야겠다.

패문을 보내니, 바라건대 그대는 즉시 배신을 데리고 사람을 보내 각 도(道)의 수륙 관병을 살펴 각각 얼마나 있는지, 육군은 건장한지 아닌지, 무기는 어떠한지, 수군은 얼마나 있고 거북선은 얼마나 있으며 어떤 무기를 갖추었는지 등을 조사하라. 조령 이남부터 상주에 이르는 지역들을 하나하나 사실대로 명백하게 조사하여 그 내용을 갖추어 회신하여 결정을 내릴 자료로 삼게 하라. 조령 이북은 조사할 필요가 없다. 마음대로 맡기거나 날조해서 보고하여 일을 그르치지 말라.

유정에게 보내는 명령

檄劉綎 | 권9, 4a-5a

날짜 만력 21년 6월 7일(1593. 7. 5.)

발신 송응창

수신 유정(劉綎)

내용 웅천(熊川) 지역에 일본군이 집결하고 있다는 조선국왕의 첩보를 받고 나서, 웅천에 있는 적의 병력과 지형을 먼저 조사한 뒤 신중하게 공격에 나서라는 명령이다.

관련자료 당시 사은사(謝恩使)로 파견되어 있던 정철(鄭澈)의 장계(狀啓)에 이 문서와 관련된 내용이 일부 소개되어 있다. 정철, 『백세보중(百世葆重)』 4-7, 345쪽. 『백세보중』에 따르면 장계의 작성 일자이자 송응창이 문서를 유정에게 보낸 날짜는 만력 21년 6월 13일이다.

왜정에 관한 일.

조선국왕의 자문을 받았는데, 그 내용은 다음과 같았다.

　　도순찰사(都巡察使) 김명원(金命元)[4]이 급히 장계를 올렸는데,

4　김명원(金命元): 1534~1602. 조선 사람으로 본관은 경주(慶州)이다. 임진왜란이 발발하자 팔도도원수(八道都元帥)로 임진강 방어선을 전개하였으나 적을 막지 못하고 후퇴하였다.

그 내용은 다음과 같았습니다. "5월 12일 삼도수사(三道水使)가 거제(巨濟) 경내의 견내량(堅乃梁)에 도착하였는데 병선(兵船)이 약 200여 척에 수병이 거의 2만 명입니다. 적의 형세를 탐지해보니, 웅천과 창원(昌原)의 적이 배를 모아놓고 요충지를 나누어 점거하고 있습니다. 바라건대, 사천과 절강의 포수 2000~3000명을 보내어 포를 쏘며 전진하여 우리나라 육군과 힘을 합쳐 함께 추격하게 하십시오. 수륙으로 웅천의 적을 협공하여 토벌시키고 나면 부산을 곧바로 함락시키고 적의 배를 불태워 없앨 수 있을 것입니다. 혹은 귀로를 차단하여 갑옷 하나도 돌아가지 못하게 할 수 있습니다. 지금 적을 토벌할 계책은 이만한 것이 없을 듯 합니다."

살펴보건대 김명원이 올린 장계 중에 "왜적이 요충지를 나누어 점거하고 있으니, 병력을 합쳐 수륙으로 협공해야 하겠습니다."라는 계책은 매우 좋아 보인다. 하지만 웅천에 있는 적의 군세가 많은지 적은지, 지형이 험한지 평탄한지에 대해서 반드시 진실을 정탐하고 나서야 비로소 기회를 보아 나아가야겠다. 이에 응당 바로 정탐에 나서야겠다.

패문을 보내니, 바라건대 그대는 부하 관병을 통솔하여 도순찰사 김명원과 함께 웅천 지방으로 나아가 사람을 보내 멀리 나가서 왜노(倭奴)가 많은지 적은지와 요충지를 지키고 있는지를 정탐하게 하라. 만약 기회가 있으면 그 틈을 노려 조선의 관병과 함께 나아가 토벌하라. 만약 적의 무리가 많아 중과부적이거나 요충지를 점거하고 있어 공격하기 어려우면 굳게 지키는 것도 괜찮다.

먼저 그 지역에서 쓸 수 있는 군량과 사료가 충분히 마련되어 있는지 조사하고, 만약 많지 않으면 깊이 들어가지 말라. 그대가 공적을 세울 수 있는 건 바로 이번 작전에 달려 있으니, 경솔하지 말고 신중하게 완벽히 하라. 불화살 3000개를 보내니 거두어 쓰라. 먼저 명령대로 이행한 연유를 갖추어 보고하도록 하라.

찬획 병부원외랑 유황상에게 보내는 명령

檄贊畫劉員外 | 권9, 5a-6a

권9

날짜 만력 21년 6월 10일(1593. 7. 8.)

발신 송응창

수신 찬획(贊畫) 병부원외랑(兵部員外郎) 유황상(劉黃裳)

내용 일본군이 요충지인 조령을 우회하여 지름길로 빠져나갈 우려가 있으니, 관원을 보내 직접 조령 인근의 지름길을 답사하고 세부 정보를 작성하여 보고하라는 명령이다.

요충지에 방어시설을 설치하여 나라를 지키고 왜로 인한 환란을 막는 일.

근래 나는 그대에게 명령을 내려 제독 및 각 관원과 함께 조선의 요충지를 조사하고 방어시설을 설치하여 지켜낼 방안을 논의하게 하였다. 그 후 따져보니 왜노가 만약 조선을 침범하면 분명 왕경을 엿볼 것이고 그러려면 반드시 조령을 경유해야 한다. 지금 조령을 굳게 지키기 위한 논의를 하는 것이 아주 중요하다.

그런데 듣자니, 조령의 동쪽과 서쪽에는 지름길 두 곳이 있어 몰래 건너갈 수 있다고 한다. 만약 왜가 다시 온다면 그들은 조령에 방비가 있음을 알고는 앞에 진을 치는 척하면서 기습 부대로 습격하고 달려나가 곧장 왕경 등 여러 곳으로 향할 테니, 그러면 조령의 험한 지형이 아무 쓸모가 없어질 것이다. 하물며 산천이 굽이굽이 휘감겨 있고 도로가 여러 갈래이니 지름길은 아마 이 두 곳만이 아닐 터이므로 곳곳을 모두 관리해야 한다. 그 사이로 들어오는 일이 없게 해야만 비로소 도움이 될 것이다. 이에 시급히 관원을 보내 명백하게 조사하고 살펴 계책을 내는 데 편하게 해야 하겠다.

패문을 보내니, 바라건대 그대는 제독과 함께 즉시 수비(守備) 호택(胡澤)과 경력(經歷) 심사현(沈思賢)을 보내 조령의 동쪽과 서쪽 사이로 가게 하여 현지를 직접 답사하고 잘 살피라. 조령의 큰길을 제외하고 어떤 지름길이 왕경으로 통하는지, 그런 길은 몇 곳이나 있는지, 어느 곳에서 어느 곳을 경유하여 큰길과 서로 만나는지, 어느 곳의 지름길이 평탄하여 대군이 왕래할 수 있는지, 어느 곳의 지름길이 비좁아 사람 1명, 말 1마리만 다닐 수 있는지, 어느 곳의 어느 길이 왕경으로부터 몇 리 떨어져 있는지, 어느 곳의 어느 길 어디에 관문이 세워져 있거나 요새가 있어서 조선의 군병이 얼마나 지키고 있는지 하나하나 명확히 조사하고 서로 잘 의논하여 그림을 그리고 설명을 덧붙이라.

혹시 내가 알지 못하는 바를 그대가 따로 듣게 된다면 그 내용을 명확하게 보고하여 다시 작전을 헤아리는 데 도움이 되게 하라. 이는 이 나라가 오래도록 평안해지기 위한 계책이다. 문서가 도착한 20일 이내에 회신하라. 지연하지 말라.

평왜제독 이여송에게 보내는 명령

檄平倭李提督 | 권9, 6a-7a

날짜 만력 21년 6월 10일(1593. 7. 8.)
발신 송응창
수신 평왜제독(平倭提督) 이여송
내용 관군의 공적을 포상하는 데 필요한 은량을 중앙 조정에서 충분히 보내주지 못한 상황이지만, 오래 기다린 관군을 위해 원래 파악한 대로 우선 포상을 지급하라는 명령이다.

삼가 성유(聖諭: 황상의 말씀)를 받드는 일.
병부의 자문을 받았는데, 그 내용은 다음과 같았다.

앞서 경략아문(經略衙門: 송응창)이 제본(題本)을 올려 마가은(馬價銀) 20만 냥을 군전으로 보내 공을 세운 자를 포상하여 위로하고 관군의 급료 등의 항목으로 지출하게 해달라고 청하였습니다. 이미 검토 제본을 올려서 황상의 허가를 받고 난 뒤 보낸 사이에, 태복시(太僕寺)가 "마가은이 부족하여 따로 처리할 수가 없습니다."라고 보고하였습니다. 우리 병부가 논의해보건대 20만 냥을 보내는 것은 잠시 면하고 먼저 초료은(草料銀) 항목 안의 15

만 냥을 동원하여 지출하되, 병부가 5만 냥을 요동순무(遼東巡撫)와 순안어사(巡按御史)에게 보내 거두어 나중에 지출하게 하고 10만 냥은 주사 가유약을 파견하여 경략(經略)의 표하로 가지고 가서 알맞게 공적을 포상하고 두텁게 은혜를 베풀게 하겠습니다.[5]

나는 대군이 장차 돌아갈 것이기 때문에 은을 해주(海州)로 보내 남겨두었는데, 지금 대군이 돌아갈 기미가 아직 멀어서 이미 해주에서 은을 취하게 하였다.[6] 살펴보건대, 앞서 청한 은량을 비록 전부 보낸 것은 아니지만 각 군영의 관군이 겨울부터 여름까지 지내면서 노고가 매우 컸다. 표하 관군의 급료·지홍(紙紅)·염채(鹽菜) 항목, 사료를 사고 무기를 구매하는 항목, 군량을 운반하는 운송비 항목, 전마(戰馬)를 사서 보충하는 항목, 공적을 포상하는 항목 등을 모두 보내온 은 10만 냥 안에서 해결해야 한다. 하지만 각 군이 애타게 기다린 것이 이미 오래이므로, 응당 또한 원래 수에 맞추어 상을 지급해야겠다. 만약 부족하면 따로 변통하여 처리하겠다.

패문을 보내니, 바라건대 제독 이여송은 유정의 관병에게 따로 보내는 외에, 즉시 나중에 보내온 은량을 앞서 파악한 포상 등급에 따라 세 협(協) 및 뒤이어 이동해온 요동(遼東)의 각 관군에게 상으로 지급하라. 전장에서 죽은 자 외에 죽은 군정(軍丁)은 명확히 열거하여 항목 아래 공제하고 나머지 남은 은량과 함께 한꺼번에 반

....

5   앞서 …… 하겠습니다: 병부에서 보낸 자문은 다음 문서에 수록되어 있다. 「9-2 謝犒賞將士疏 권9, 2a-3a」.
6   이미 …… 하였다: 관련 문서는 다음과 같다. 「8-31 檄李提督 권8, 24a-24b」; 「8-55 檄三協大將楊元等 권8, 48b-49a」.

납하라. 또한 포상을 내린 관군의 이름과 은의 수량을 적은 장부를 책으로 만들어 나에게 보내서 나중에 상주하여 보고할 때 증빙으로 삼게 하라. 일을 그르치지 말라. 보낸 은량을 계산해보니 총 4만 1000냥이다.

조선국왕에게 보내는 자문

移朝鮮國王咨 | 권9, 7a-7b

날짜 만력 21년 6월 10일(1593. 7. 8.)

발신 송응창

수신 조선국왕

내용 부산진(釜山鎭)은 일본군을 방비하는 요충지인데 작년에 허무하게 돌파당하였다. 예전 부산진에 있었다고 하는 7개 군영(軍營)에 대한 구체적인 정보를 자세히 조사하여 회신하라고 요청하는 자문이다.

해안을 잘 방비하여 왜로 인한 환란을 막는 일.

살펴보건대, 부산진은 경상의 바다 문으로 왜와 통하는 요충지입니다. 듣건대, 오래전에 귀국(貴國)이 일찍이 이곳에 수군 7개 군영을 설치하여 왜로 인한 환란을 막는 데 대비가 있었다고 합니다. 그런데 지난해 왜노가 이 진을 바로 침범하여 머물지 않고 곧장 삼도(三都)와 팔도로 쇄도하였는데, 수군이 조금이라도 저지하는 것을 보지 못하였습니다. 어떻게 된 것입니까. 이름은 있지만 지금은 폐한 것입니까. 병사가 적어 대적하지 못한 것입니까. 배치가 제대로되지 않았던 것입니까. 태평함이 오래되어 무사안일에 빠져서 이 진에 본래 방어시설이 없고 또한 병사도 군영에 없었던 것이 아닙니

까.[7]

지금은 난리를 생각하며 살길을 도모할 때이니, 응당 나라를 굳건히 하고 병사를 강하게 할 방법을 생각해야 합니다. 더군다나 지금 왜는 오히려 그 땅을 점거하여 지키고 있으니, 왜가 가고 나면 이 땅에 시급히 방어시설을 두어 장래를 대비해야 합니다.

왕께서는 속히 이 진에 관해 예전에 진짜 7개의 군영을 설치하였는지, 위치는 어느 곳이었고 서로 지원할 수 있었는지 아니면 서로 멀리 떨어져 있었는지, 수군과 해선(海船)은 각각 얼마나 있었는지, 어떤 영은 많고 어떤 영은 적었는지, 혹은 이들 영이 있긴 하였지만 헛되이 무익하였는지, 장점을 살려 따로 다시 설치해야 하는지, 본래 이와 같은 영이 없어서 반드시 증설해야 하는지, 지역에 따라 구획하여 요충지에 방어시설을 설치해야 하는지 등을 조사하십시오.

소 잃고 외양간 고치듯이 늦어서는 안 되고, 오래된 병을 고치기 위해서는 지체해서는 안 됩니다. 신속하고 명백하게 조사하여 논의하고 그림을 그리고 설명을 덧붙여 회신하여 다시 여러 사람의 생각을 모아 처리하는 데 도움이 되게 하십시오. 부디 지체하지 마십시오. 이에 자문을 보내니, 번거롭겠지만 청하건대 잘 살펴 시행해 주십시오.

----

7   살펴보건대 …… 아닙니까: 송응창이 자문을 통해 경상도에 대해 의심하며 물어보자, 선조는 경상도 연해(沿海)의 지도를 송응창에게 보내도록 하였다. 『선조실록』 권39, 선조 26년 6월 12일(을미).

조선국왕에게 보내는 자문

移朝鮮國王咨 | 권9, 7b-9a

날짜 만력 21년 6월 13일(1593. 7. 11.)

발신 송응창

수신 조선국왕

내용 일본군을 방비하는 조선 최고의 요충지인 조령·화현(火峴)·죽령(竹嶺) 세 곳에 높고 튼튼한 관문을 쌓고 방비를 철저히 할 것을 당부하고, 최대한 빨리 관원을 파견하여 공사를 시작할 것을 권하는 자문이다.

관련자료 『선조실록』 권39, 선조 26년 6월 13일(병신) 기사와 동일한 문서로, 약간의 자구 차이가 있고 조선국왕의 회답 자문도 실려 있다.

요충지에 방어시설을 설치하여 나라를 지키고 왜로 인한 환란을 막는 일.

살펴보건대, 출입하는 이들의 무기를 제거함으로써 뜻밖의 환난을 경계하고 두꺼운 문을 설치해놓음으로써 사나운 손님을 기다려야 합니다.[8] 선대(先代)의 군주는 나라를 다스리는 법을 예로부터 기

....

8   두꺼운 …… 합니다: 『주역』 「계사」 편을 인용한 것으로, 원문은 "문을 겹겹이 세우고 딱따기를 쳐서 사나운 손님을 대비하니, 예괘(豫卦)에서 취한 것이다.[重門擊柝, 以待暴客, 蓋取諸豫]"

억하고 있었습니다. 조선은 밖으로는 큰 바다에 둘러싸여 있고 안으로는 첩첩 산으로 막혀 있습니다. 본디 지형이 뛰어난 땅이며 사방이 막혀 있어 다른 이가 손쓸 틈이 없었습니다. 예컨대 조령·화현·죽령 세 곳은 산세가 깎아지른 듯 험준하고 봉우리가 첩첩이 우뚝 솟아 있으니, 언뜻 중국의 검각(劍閣)이나 태항산(太行山)과 같습니다. 이야말로 하늘과 땅이 빚어놓음으로써 왕국을 세운 것입니다. 가운데로 조령을 지키면 왕경이 편안하고, 서쪽으로 화현을 막으면 전라도가 평안하며, 동쪽으로 죽령을 수비하면 강원도가 안전합니다. 어찌 하늘이 주신 험준함을 헛되이 두고 사람의 지모(智謀)를 다하지 않아 작년에 왜로 하여금 거리낌 없이 오가게 두었던 것입니까. 지나간 일은 잠시 따지지 않겠습니다.

지금 왜가 비록 해상으로 달아났지만, 만약 다시 온다면 장차 어떻게 막아내겠습니까. 남겨 지키는 병사가 있더라도 중과부적으로 상대하기가 어려울 것입니다. 오늘날 왕국을 위해 오래도록 평안한 계책을 도모한다면, 요충지에 방어시설을 설치하여 굳게 지키는 것이야말로 제일 중요한 일입니다.

왕께서는 조속히 적당한 배신을 보내 서로 나누어 일을 처리하고 인재를 끌어모아 조령·화현·죽령 세 곳에 각각 험준하고 좁은 곳, 빙빙 둘러 꺾이고 굽은 곳에다가 두꺼운 관문을 건립하게 하십시오. 옆에 있는 작은 지름길은 모두 막아버려서 왕래하는 자들이 반드시 관문이 열리고 나서야 지나갈 수 있게 하십시오. 흙이건 나무건 벽돌이건 하루빨리 새로 짓기 시작하여 기한 내에 완성하게 하십시오.

관문 밖에는 모두 참호와 구덩이를 파고 주변에 있는 나무들은 모조리 베어내십시오. 관문 안에는 집을 짓거나 임시 숙소를 만들어서 만 명이 묵어도 충분하게 하십시오. 관문은 또한 높고 두터우며 견고하게 지어 마치 중국의 월성(月城: 옹성)의 모양처럼 만들고, 두꺼운 문은 빙빙 돌아 들어가게 하며, 여장(女墻)[9]과 타구(垜口)[10]는 사람 키와 나란하게 하고, 수문과 총안(銃眼)[11]을 알맞게 두고 곤목(滾木)[12]과 누석(壘石: 투석)을 배치하여 한 사람이 관문을 지키면 만 명이 와도 넘겨보지 못하게 하십시오.

이 세 곳의 요충지는 왕국의 문호(門戶)로, 세 곳의 방비가 갖추어지면 삼도(三都)와 팔도가 모두 평안해질 것입니다. 응당 시급히 처리해야 하니 지연해서는 안 될 것입니다. 저는 한편으로 남병(南兵)[13]을 나누어 보내 왕을 위해 이 세 곳을 지키게 하겠습니다. 왕께서는 응당 조속히 도모하여 지연하지 마십시오. 관원을 파견하고 공사를 시작하는 날짜를 먼저 회신해주시기 바랍니다. 이에 자문을 보내니, 번거롭겠지만 청하건대 잘 살펴 시행해주십시오.

....

9   여장(女墻): 성 위에 낮게 쌓은 담을 말한다.
10 타구(垜口): 엄폐하면서 적을 공격하기 위해 여장 사이에 만든 빈 공간(凹)을 말한다.
11 총안(銃眼): 화살이나 총을 쏘기 위해 성벽에 낸 구멍이다
12 곤목(滾木): 성벽 위에서 방어를 위해 굴리는 통나무이다.
13 남병(南兵): 남직례(南直隷) 및 절강(浙江) 일대의 병사를 말한다.

요해 분수·요해 분순·영전·해개 4개 도에게 보내는 명령

檄分守分巡寧前海蓋四道 | 권9, 9a-9b

날짜 만력 21년 6월 15일(1593. 7. 13.)

발신 송응창

수신 요해(遼海) 분수(分守)·요해 분순(分巡)·영전(寧前)·해개(海蓋) 4개 도

내용 지금까지 무기와 보급물자 등을 구매하여 전장으로 운송한 비용을 모두 정산하여 장부로 만들고, 이를 종합하고 검토한 뒤 보내라는 명령이다.

성지(聖旨)에 따라 부신(部臣: 송응창)에게 전적으로 책임을 맡겨 왜로 인한 환란을 경략하는 일.

살펴보건대, 나는 병사와 장수들을 감독하여 조선을 구원하였다. 지금 속국(屬國)이 비록 수복되었으나 왜노는 여전히 부산에 있다. 일은 장차 끝난다고 하지만, 군전에 있는 모든 무기들, 예컨대 대장군포(大將軍砲)[14]·연철자(鉛鐵子)·철편(鐵鞭)·연해곤(連楷棍)·경거

----

14 대장군포(大將軍砲): 대형 화포로 몸체는 주철로 주조하며 길이는 3척 남짓, 무게는 2000 근이다. 예전에는 조성(照星: 가늠쇠)을 썼지만 나중에는 조문(照門: 가늠구멍)을 썼다. 장약(裝藥)은 1근 이상, 포환의 무게는 3~5근, 사정거리는 대부분 1~2리 정도였다.

(輕車)·마패(麻牌)[15]나 사들인 초황(硝黃)과 거우(車牛), 운반한 사료와 병장기, 병사들을 위로할 소와 술, 달화(達靴)와 신발 등의 항목은 모두 각 도에 문서를 보내 구매하여 운송해 보내게 하였다. 이후 일이 끝나면 운송 비용 장부를 책으로 만들어 상주해야 하니, 응당 거두어 작성해야겠다.

패문을 보내니, 바라건대 해당 도의 관리들은 즉시 위의 항목과 미처 열거하지 못한 것을 합쳐 하나하나 명백히 조사하라. 내가 가져온 마가은으로 지급한 항목이라면 합쳐서 하나의 책으로 만들고, 비왜(備倭) 마가은으로 지급한 항목이라면 따로 하나의 책을 만들라. 만약 임시로 써도 지장이 없는 관은(官銀)을 끌어다 지출한 항목이라면, 책 끝에 "항목이 따로 없음"이라는 한 줄을 적고 덧붙여 열거하라. 조속히 책을 만들고 총액과 개별 항목의 금액이 서로 맞도록 정산을 마치면 나에게 보내 4개 도의 책을 모아 하나로 만들 수 있게 하라. 지연하지 말라.

....

15 마패(麻牌): 마로 만든 방패이다.

9-11

내각대학사 장위에게 보고하는 서신

報張相公書 | 권9, 9b

날짜 만력 21년 6월 19일(1593. 7. 17.)
발신 송응창
수신 내각대학사 장위(張位)
내용 일본군이 부산에 계속 주둔해 있는 상황에서 신중할 수밖에 없음을
해명하는 서신이다.

권9

동쪽의 일을 이렇게도 걱정해주심을 알게 되니 분에 넘치는 친절함을 더욱 가슴속에 새기겠습니다. 다만 왜가 부산에 주둔하고 있으니 엄히 방비할 수밖에 없습니다. 만약 왕자와 배신, 사신 및 심유경(沈惟敬)이 모두 돌아온다면, 즉시 그들을 놓아주어 가게 하는 것도 가능합니다. 혹시 계속 머무르면서 떠나지 않고 끝내 돌아가지 않는다면, 그들에게 큰 피해를 주어야만 일을 끝마칠 수 있을 것 같습니다. 하지만 일이 중대한지라 감히 경거망동할 수가 없습니다. 심무(沈茂)의 부대가 우리 부대로 이동해오기를 바라니 속히 보내주시기를 빕니다.

윤근수에게 보내는 명령

檄尹根壽 | 권9, 9b-10b

날짜 만력 21년 6월 19일(1593. 7. 17.)

발신 송응창

수신 윤근수(尹根壽)

내용 일본군을 방어하고 지원에 나서고 있는 명군의 상황을 조선의 윤근수에게 사람을 보내 은밀히 조사하게 하고, 그 내용을 자신에게 보고하라는 명령이다.

왜정에 관한 일.

살펴보건대, 이미 부총병 유정에게 패문을 보내 사람을 파견하여 왜노의 정황과 형세를 탐지하게 하였다. 만약 기회가 생기면 그 틈을 노려 왕자와 배신을 돌려보내게 하고, 조선의 병사를 거느린 관원과 함께 힘을 합쳐 토벌하게 하였다. 그 후 최근의 보고에 따르면 각 장수가 병마(兵馬)를 뽑아서 나아가 지원하고 있다고 하니, 응당 관원에게 위임하여 비밀리에 조사해야겠다.

패문을 보내니, 바라건대 그대는 즉시 적당한 관역(官役) 몇 사람을 선발하여 군대가 간 부산 근처로 가서 몰래 조사하게 하라. 왜노가 집결해 주둔한 지방은 어디인지, 유정·오유충(吳惟忠)·낙상지(駱

尙志)[16]의 병사들이 주둔하고 있는 곳은 어디인지, 제독 이여송과 각 장군 누구누구의 병사는 어느 곳에서 지원하고 있는지, 왜노가 장차 바다로 나가려 함에 그때 실제 전투를 통해 공을 세운 자는 누구인지, 어떤 군영의 관군이 어떤 지방을 지키고 있는지, 어떤 군영의 관군이 가는 도중에 머물면서 나아가지 않는지, 어떤 군영의 관군이 어느 지방에 주둔해 있는지, 왜와 얼마나 멀리 떨어져 있는지 등을 하나하나 비밀리에 조사하고 다른 사람이 알지 못하도록 자세히 적어 밀봉하여 나에게 보내 살펴보게 하라. 너희 국왕에게는 지금 바로 보고할 필요가 없고 돌아가는 날에 한꺼번에 보고하여 알려라. 신중히 행하여 가볍게 누설하는 일이 없도록 하라.

....

16 낙상지(駱尙志): ?~?. 명나라 사람으로 절강 소흥부(紹興府) 여요현(餘姚縣) 출신이다. 호는 운곡(雲谷)이다. 임진왜란 때 좌참장(左參將)으로 보병 3000명을 인솔하고 조선으로 들어와 평양성 전투에 참가하였다. 용맹함과 청렴함으로 이름이 높았으며 조선에 협조적이었다.

제독 이여송에게 보내는 명령

檄李提督 | 권9, 10b-11b

날짜 만력 21년 6월 26일(1593. 7. 24.)

발신 송응창

수신 제독 이여송

내용 일본으로 건너간 두 사신의 보고 내용을 접하고 나서, 향후 심유경이 다시 중간에서 다른 꿍꿍이를 품지 못하도록 경계하라고 지시하는 명령이다.

왜의 무리가 위엄을 두려워하여 죄를 뉘우치고 귀국을 애걸하는 일.

이달 23일에 위관(委官) 호택과 심사현이 올린 품문(稟文)을 받았는데, 그 내용은 다음과 같았다. "탐지해보니 사용재(謝用梓)와 서일관(徐一貫)이 일본에 도착하여 관백(關白)을 친견하고 천자의 위엄으로 타이르니, 관백이 공경하며 두려워하였다고 합니다. 다시 고니시 유키나가(小西行長)에게 명하여 두 사신을 대마도(對馬島)로 돌려보냈으니 며칠 후에 조선으로 올 것입니다. 왜의 무리는 모두 죄를 뉘우치며 애걸하는 모습을 보였습니다."[17]

앞서 고니시 유키나가 등이 간절히 귀국시켜달라고 애걸하여,

나는 봄에 만물을 살리는 마음으로 그들에게 스스로 새로워질 길을 열어주면서 잠시 여럿의 논의를 따라 두 사람에게 명하여 일본에 가서 은혜와 위엄으로 타이르게 하였다. 다만 반드시 그들이 왕자와 배신을 송환하는 것을 기다린 뒤에 두 사람으로 하여금 나아가게 하였다. 뜻밖에 심유경·주홍모(周弘謨)가 명령을 어기고 앞장서 먼저 들어가고 두 사신도 뒤따라갔다. 즉시 제독이 먼저 품문으로 알려 두 관원이 약속을 따르지 않은 것을 매우 한스러워하였으니, 나의 마음과 이미 서로 부합하였다.

그 후 지금 위 내용을 받고 왜정의 순역(順逆)과 향배(向背)를 살펴보니 조만간 결정이 날 것 같다. 지금 관백이 이미 두 사람을 보내 대마도로 돌아왔으나, 부산의 왜는 마땅히 바다로 떠날 것인지, 왕자와 배신은 마땅히 송환할 것인지, 심유경과 두 사신은 마땅히 즉시 돌아올 것인지는 지금 아직 결정되지 않았으니 어떻게 해야 하겠는가. 어찌 왜노의 진심과 거짓을 이렇게 헤아리지 못하는가. 따로 협박하는 바가 있는가. 아니면 심유경이 자신의 공을 자랑하려고 가운데에 끼어서 일을 주무르면서 다시 이렇게 행하는 것인가.

중국[天朝]의 뛰어난 무용(武勇)과 국경 밖의 오랑캐의 마음을 위력으로 굴복시키는 것은 전부 이번 거사에 달렸다. 심유경이 다시 사람을 보내 제독의 군전으로 가게 해서 상을 내려달라는 핑계로 은량을 억지로 받아내고서는 몰래 왜에게 아첨하지 않을까 걱정이다. 이는 절대 주어서는 안 되니 마땅히 엄히 금해야 할 것이다.

....

17 이달 ⋯⋯ 보였습니다: 호택과 심사현은 지난 6월 10일에 조령 인근의 지름길을 답사하고 세부 정보를 작성하여 보고하라는 명령을 받고 파견되었다. 「9-6 檄贊畫劉員外 권9, 5a-6a」.

패문을 보내니, 바라건대 평왜제독은 만약 심유경이 사람을 보내와서 상을 내려달라는 핑계로 은량을 억지로 받아내려고 하면, 결코 조금이라도 틈을 보여서는 안 된다. 그리고 따로 적당한 사람을 파견하여 심유경에게 가서 다음과 같이 말하게 하라. "왜가 이미 두려워하니 속히 부산의 왜를 철수시키고 왕자와 배신을 돌려보내야 한다. 그대 역시 두 사신과 함께 즉시 돌아와 직접 보고하라. 왜의 무리가 투항을 애걸하는 본뜻을 보였으니, 의심을 품고 지체하거나 다른 꿍꿍이를 품어서 나라의 위엄을 해쳐서는 안 된다."

병부상서 석성에게 보고하는 서신

報石司馬書 | 권9, 11b-12a

날짜 만력 21년 6월 28일(1593. 7. 26.)

발신 송응창

수신 병부상서(兵部尙書) 석성(石星)

내용 항복한 일본군을 북경(北京)으로 압송해 조정에서 관백에 대한 정보를 얻을 수 있게 하였으나 이들의 항복을 믿을 수 없고 실제로 항복한 일본군이 빈틈을 노려 사고를 치는 경우가 발생하고 있으니, 이들을 심문한 뒤 바로 처단하라고 당부하는 서신이다.

저는 항복한 왜 가운데 관백의 상황을 설명할 수 있는 사람이 있어 그를 북경으로 올려보냄으로써, 황상과 대하(臺下: 석성), 그리고 대성(臺省)[18]의 여러 공께서 그의 말을 통역하고 심문하여 그 상황을 알도록 하여 피차간의 이견이 생겨 이론(異論)이 분분한 것을 면해 보고자 하였습니다. 다만 항복의 진위를 확신하기가 어려워 중도에

....

18 대성(臺省): 명대 도찰원(都察院)과 육과(六科)의 통칭이다. 도찰원은 서대(西臺), 육과는 동원(東垣)이라고 불렸기에 합쳐서 대성이라고 칭하였다. 도찰원은 중앙 감찰기관이고, 육과는 육과급사중(六科給事中)을 이르는 것으로 육부(六部)의 사무를 감찰하는 직임을 수행하였다.

변고가 생길까 봐 걱정이 되어 여러 번에 나누어 계속 올려보내고 있습니다.

　어제 대구의 한 장관(將官)이 올린 보고를 받았는데, "지금 막 4명의 왜가 항복해왔는데, 그중에 한 왜가 장관이 읍하는 것을 엿보다가 병사의 손에서 칼을 빼앗아 즉시 찌르려고 하였습니다. 다행히 부장(副將) 유정이 쫓아와 그를 참하였습니다."라고 하였습니다. 한 왜가 이와 같으니 다른 왜도 알 만합니다. 100명 가운데 간첩이 1명도 없다고 보장하기 어렵습니다. 통역하고 심문한 후에 대하께서 잘 헤아려 처리하시겠지만, 저의 의견으로는 그들을 남겨두어서는 안 될 것 같습니다. 삼가 아룁니다.

제독 이여송에게 보내는 서신

與李提督書 | 권9, 12a-12b

날짜 만력 21년 7월 1일(1593. 7. 28.)

발신 송응창

수신 제독 이여송

내용 심유경과 함께 온 일본 장수를 잘 접대하되 은량은 절대 주어서는
안 되고, 심유경도 잘 달래놓으라고 강조하는 서신이다.

보내주신 서신과 심유경의 품첩(稟帖)을 받아 읽어보니, 심유경
이 왜장과 함께 이미 와서 책봉과 조공을 구한다는 것을 알았습니
다. 이 사안에 대해서는 이미 조정과 여러 차례 말하였습니다. 심유
경과 왜장(倭將)은 모두 직접 만나볼 필요가 없겠습니다. 내지가 공
허함을 그들이 엿볼까 두렵기 때문입니다. 왜장은 반드시 좋은 공관
(公館)을 골라 머물게 하고 제공해주는 물품도 반드시 풍성하게 하
십시오.

여러 물건으로 위로하는 것은 대장군의 재량이지만, 은량만은
절대 가볍게 주어서는 안 됩니다. 나중에 왜에게 아첨하였다는 비방
을 받을 수 있기 때문에, 이러한 일을 막기 위해서라도 부디 신중해
야 합니다. 심유경은 일이 성사되면 그 공이 작지 않으니 우리들이

응당 제본을 갖추어 올려 후하게 승진시키고 포상할 테니 부디 진심으로 일하라고 타이르기를 바랍니다.

군중(軍中)의 모든 일은 전부 대장군께서 주재하시면서 타당하지 않음이 없으니, 단지 "살펴주십시오."라는 문서만 보내면 제가 윤허하지 않음이 없을 것입니다. 그렇지 않으면 왕복하는 중에 혹시 시일이 지체되어 도리어 불편해질 것이니 이렇게 받들어 아룁니다.

제독 이여송에게 보내는 서신

與李提督書 | 권9, 12b

날짜 만력 21년 7월 1일(1593. 7. 28.)

발신 송응창

수신 제독 이여송

내용 이여송이 유정을 상주에 주둔시켜 일본군의 공격을 막게 한 조치를 칭찬하고, 이번에 심유경이 일본 장수와 같이 온 상황을 지켜보자는 서신이다.

보내온 서신을 받았습니다. 왜가 전라도를 침범하자 문하(門下: 이여송)께서 유정 등에게 문서를 보내 계속 상주(尙州)에 주둔하면서 왜노의 공격을 막게 하신 것은 실로 묘책입니다. 또한 항복한 왜에 관한 사항을 헤아려보니 아주 신묘한 판단입니다. 분명 왜노는 누차 패배하여 항복을 구걸하는 터일 것입니다. 화약(火藥)은 계속 유정에게 보내서 혹시 긴급한 일이 생기면 쓸 수 있도록 하는 것이 더 좋겠습니다. 심유경과 나이토 조안[小西飛]¹⁹이 온 까닭은 부산의 왜

....

19 나이토 조안[小西飛]: ?~1626. 일본 사람이다. 본명은 나이토 다다토시(內藤忠俊)이나 1564년 기독교에 귀의하여 요한이라는 세례명을 받은 후 본명을 버리고 이름을 나이토 조안(內藤如安)이라고 하였다. 고니시 유키나가(小西行長)에게 등용된 후 고니시 히다

를 급히 귀국시키기 위해서일 것입니다. 우리가 어깨에서 큰 짐을 벗게 되기를 바랍니다. 간절히 희망합니다.

....

노카미(小西飛騨守)라는 이름으로 불렸으며 중국과 조선 측의 사료에서는 고니시 히(小西飛)라는 이름으로 자주 등장한다. 고니시 유키나가에게 중신으로 대우받았으며 임진왜란 때 명과의 강화 교섭을 담당하여 북경(北京)을 방문하였다.

제독 이여송에게 보내는 서신

與李提督書 | 권9, 13a

날짜 만력 21년 7월 4일(1593. 7. 31.)

발신 송응창

수신 제독 이여송

내용 심유경이 이번에 올 때 일본군을 많이 데리고 왔으니 엄히 방비하고 이후의 소식을 계속해서 보고해달라는 서신이다.

보내온 서신과 유정이 보고한 품문을 받았는데, 모두 "심유경이 이번에 올 때 왜 진영의 사람 약 300명을 데리고 왔습니다."라고 하였습니다. 따라온 왜가 이렇게 많으니 부디 엄히 방비하는 외에, 유정 쪽은 대장군께서 군사를 보내 도와주시고 마음을 다해 열심히 일하니, 무슨 일인들 해결할 수 없겠습니까. 이는 국가의 복입니다. 여러 사안은 피차를 나누지 말고 보내온 서신에 나와 있는 대로 처리하십시오. 부디 귀찮아하지 마시고 눈앞의 소식을 빈번히 보고하여 주시기 바랍니다.

병부상서 석성에게 보고하는 서신

報石司馬書 | 권9, 13a-13b

> **날짜** 만력 21년 7월 11일(1593. 8. 7.)
> **발신** 송응창
> **수신** 병부상서 석성
> **내용** 항복한 일본군을 북경으로 압송하는 일을 보고하는 서신이다.

항복한 왜는 총 150여 명입니다. 앞서 섭정국(葉靖國)[20]을 파견하여 계속 북경으로 올려보냈으니, 부디 계주(薊州)와 보정(保定) 근처 지방으로 보내 안치해주시기 바랍니다. 그 후에 도래하는 자들은 제가 잠시 요동과 광녕(廣寧) 등의 지역으로 보내 나누어 거처하게 하고, 일이 끝날 때를 기다려 북경으로 돌려보내고 제가 자문을 갖추어 아뢰도록 하겠습니다.

엎드려 바라건대, 대하(석성)께서는 황상의 어전(御殿)에 제본을 올려 청하시어 이번 일을 융성하게 하고 대하의 특별한 공훈을 빛

....

20 섭정국(葉靖國): ?~?. 명나라 사람이다. 천문과 지리에 능하여 송응창이 자신을 따라 종군하도록 하였다. 만력 22년(1594) 선조(宣祖)가 그에게 궁궐터를 비롯한 도성 안의 풍수를 물어보게 하였다. 의인왕후(懿仁王后)가 사망하자 장지(葬地)를 결정하는 일에도 참여하였다.

나게 하십시오. 이번 일을 다시 한번 부탁드리며 이만 줄입니다.

부총병 유정에게 보내는 서신

與劉總兵書 | 권9, 13b

날짜 만력 21년 7월 12일(1593. 8. 8.)

발신 송응창

수신 부총병(副總兵) 유정

내용 유정에게 그간의 노고를 위로하면서 앞으로 더 열심히 노력할 것을 당부하는 서신이다.

동쪽의 일에 힘쓴 노고가 아주 뛰어나니 매우 기쁩니다. 앞서 병부에 자문을 보내 장군을 위해 특별히 비왜(備倭)의 직함을 더해줄 것을 청한 일은 그대로 주재하게 되었습니다. 대장부가 이역에서 공을 세움으로써 반초[仲升]가 남긴 공적[21]을 이을 수 있는 때가 바로 지금이니, 부디 장군께서는 노력해주시기 바랍니다.

....

21 반초[仲升]가 …… 공적: 반초(班超, 33~102)가 서역을 경략한 일을 가리킨다. 반초는 후한(後漢) 초기의 무장으로, 자는 중승(仲升)이다. 한(漢)나라 영평(永平) 16년(73)에 처음 서역(西域)으로 출정하여 30여 년간 서역 일대를 경략하여 큰 공을 세웠다.

병부상서 석성에게 보고하는 서신

報石司馬書 | 권9, 13b-14b

날짜 만력 21년 7월 14일(1593. 8. 10.)

발신 송응창

수신 병부상서 석성

내용 황제의 명령에 따라 철군하고 있는 와중에도 일본군에 대한 경계를 늦출 수 없는 상황을 설명하고, 조선에 남겨놓는 명군의 대략적인 배치와 전략을 설명하는 서신이다.

근래 밝은 성지를 받들어 철병하면서 저는 하나하나 성지에 따라 계속해서 장병들을 되돌려보내고 있습니다. 심유경은 이미 왜장 나이토 조안과 함께 이곳에 와서 책봉과 조공을 구걸하고 있습니다. 또한 진주(晉州)에서는 왜의 공격이 매우 긴급하다고 보고하고 있습니다. 일이 이렇게 서로 다르니 왜의 꿍꿍이를 헤아리기가 어렵습니다.

저는 제독 이여송에게 격문을 보내 한편으로 병사를 파견하여 진주를 구원하게 하고, 다른 한편으로는 나이토 조안과 심유경으로 하여금 사람을 보내 고니시 유키나가에게 말을 전달하기를, 왜를 이끌고 섬으로 돌아간 이후에 책봉과 조공 문제를 논의하자고 하였습니다. 만약 왜가 약속을 지킨다면 즉시 바다를 건너게 해주고, 저와 제독 이여송은 곧바로 조정으로 돌아가 복명(復命)하겠습니다. 책봉과 조공의 일은 제본을 갖추어 여쭙고 오직 황상의 결정에 따르겠습니다. 유정이 즉시 직함을 더해주기를 원하는 까닭은 거느린 장병을 통솔하기 위해서이니 해결이 되었으면 좋겠습니다.

북병(北兵) 3000명은 잠시 남겨두었다가 심무의 병사가 이르는 것을 기다려 즉시 돌려보내야 하겠습니다. 부산의 왜가 계속 시일을 미룬다면 인질로 나이토 조안을 이곳에 구류해놓겠습니다. 남겨둔 남병(南兵)으로 하여금 진주·전라·대구·조령을 나누어 지키게 하면, 설사 왜가 부산에 주둔해 있더라도 멀리 달려와 직접 쳐들어오지는 못할 것입니다. 또한 군량과 사료도 이어지지 못해서 오래 버티기 힘들 터이므로 짐작건대 곧 바다를 건너갈 것입니다. 그런데도 건너가지 않는다면, 남병을 집결해놓았으니 기회를 보아 즉시 크게 토벌하는 것도 방법이겠습니다.

상세한 내용은 제가 올린 자문 안에 적어놓았으니,[22] 엎드려 바라건대 대하(석성)께서 이 내용으로 제본을 올려 청해주신다면 매우 다행이겠습니다.

---

22 상세한 …… 적어놓았으니: 이 내용은 바로 다음 문서에 실려 있다. 「9-21 移本部咨 권9, 14b-18a」 참고.

9-21

병부에 보내는 자문

移本部咨 | 권9, 14b-18a

날짜 만력 21년 7월 14일(1593. 8. 10.)

발신 송응창

수신 병부

내용 황제의 명령에 따라 대군을 서서히 철수시켜야 하는 상황에서 당장의 인사(人事)와 보급, 방어체계 구축 등 여러 후속 조치를 설명하고, 조선을 타일러 스스로 방어에 힘쓰고 남겨둔 명군을 잘 지원할 수 있도록 성지를 청해달라고 요청하는 자문이다.

대군을 잠시 남겨두고 막아 지키게 하여 외번(外藩)²³을 공고히 하고 내지를 편안히 하는 일.

병부에서 제가 위의 내용으로 올린 제본에 대해 자문으로 답한 내용은 다음과 같았습니다.

성지를 받들었는데, 그 내용은 다음과 같았습니다. "원래 성지에서는 왜노가 물러나 달아나니 용서해주고 끝까지 추격하지

---

23 외번(外藩): 제후국 또는 외국을 말한다. 어원적으로는 황실에서 토지와 작위를 준 제후국을 가리키지만, 수사적으로는 중국과 관계를 맺고 있는 주변의 정치체를 지칭하기도 한다. 여기에서는 조선을 말한다.

는 않게 하였다. 하지만 부산에 남아 있는 왜가 여전히 많으니 응당 후환에 대비해야 한다. 이곳의 각 부대를 남겨야 할지 혹은 철수해야 할지에 대한 일과 병사들을 단속하고 포상하는 일에 대해서는 모두 논의한 대로 하고 속히 시행하라."

앞서 저는 왜가 부산에 주둔해 있기에 대군을 응당 남겨야 할지 철수해야 할지의 연유를 제본으로 청한 바 있습니다. 그 후 지금 위 내용을 받았으니, 삼가 황상의 지시를 받들어 즉시 제독 이여송에게 문서를 보내 유정·오유충·낙상지가 거느린 남병을 대구 등의 지역 으로 나누어 보내 막아 지키게 하겠습니다. 심무의 병사는 아직 도 착하지 않아서 산서와 보정 혹은 계주와 요동의 병사 3000명을 잠 시 보내 대신 방어하게 하고, 심무가 도착한 이후에 혹은 왜노가 바 다로 건너갈 때 즉시 교체하겠습니다. 아울러 요동의 병사 3000명 은 응당 어느 곳에 주둔시켜야 할지와 계주진(薊州鎭)과 선부(宣府)· 대동(大同) 등 지역의 군병을 철수시킬 때 차례대로 보내 중간에 엉 키고 막히는 일이 없도록 하는 일 등은 미진한 사안과 함께 모두 제 독이 적당히 논의하여 보고하게 하여 제가 다시 결정을 내리는 데 도움이 되게 하겠습니다. 또한 조선국왕에게 문서를 보내 남겨두는 병사들의 군량과 급여를 처리하게 하는 외에, 살펴보건대 섬나라 오 랑캐는 상처를 입고 속국은 다시 살아났으니, 작은 나라를 보살펴준 인자함이 이미 현저하고 악인을 징벌한 의로움이 이미 빛났습니다. 또한 성지를 내려 적을 용서하고 끝까지 쫓지 말라 하셨으니, 대군 을 철수하여 돌아가는 일은 더 논의할 필요가 없을 것입니다.

다만 부산에 있는 나머지 왜가 아직도 가지를 않으니 교활한 꾀를 여전히 알기가 어렵습니다. 유정 등의 부대는 이미 남겨 지키게 하고 있으니, 반드시 지휘권을 하나로 통일시켜야 합니다. 지금 대군이 철수하기 시작하면 저와 제독, 찬획은 모두 서쪽으로 돌아가야 하는데, 유정·오유충·낙상지·심무 등은 비록 대구 일대에 나누어 배치되었지만 서로 지휘 계통이 없습니다. 만약 부산의 왜가 다시 걷잡을 수 없어지면, 그때의 공격과 방어, 진격과 후퇴의 결정에 대해 반드시 왈가왈부하고 나는 옳고 너는 그르다는 식으로 시기와 질투가 생겨나서 바깥의 일은 관망하면서 서로 견제할 뿐만 아니라 심지어 서로를 방해할 것입니다. 또한 갑옷을 입고 투구를 쓴 사람들은 결국 우둔한 무리이므로, 군대를 정돈하기 위해서는 반드시 노련한 사람에게 맡겨야 합니다.[24] 게다가 조선은 요동의 외번으로 이해관계가 항상 중요합니다. 외로운 군대가 멀리서 이국을 지키러 왔으니, 군량과 급여도 당연히 후하게 지급해야 합니다. 마땅히 부총병 유정에게 헤아려 직함을 더해주고 오유충 등은 그의 통제를 따르도록 해야 하겠습니다. 그리고 조선의 관군을 통솔하여 지형이 험한 요충지를 지키며 지원하는 일은 계속 모두 계주진 군문(軍門)의 지휘와 요동순무의 통제를 받게 하겠습니다. 유정 등에게 명하여 왜정을 정탐하여 언제든 총독(總督)[25]과 순무(巡撫)[26]에게 보고하게 함

....

24 갑옷을 …… 합니다: 『주역전의(周易傳義)』 대유(大有) 괘의 전(傳)에 "군대는 정대해야 하는 것으로 노성한 사람에게 맡겨야 길하다[師貞 丈人吉]."라는 구절이 있다.
25 총독(總督): 명·청대의 관명(官名)이다. 명 초에는 성(省)의 행정, 감찰, 군사 업무를 포정사(布政司)·안찰사(按察司)·도지휘사사(都指揮使司)가 나누어 관장하였다. 하지만 점차 그 위에 다시 중앙에서 군무를 감찰하는 총독·순무 등 대관을 파견하게 되었고, 나중에는 이들로 하여금 군사·재정 문제를 총괄하도록 하였다. 총독과 순무는 원칙적으로 통속관계가 없는 대등한 벼슬이었으나, 실질적으로는 총독의 위상이 순무보다 높았다.
26 순무(巡撫): 명·청대의 관명이다. 명 초의 순무는 원래 임시로 경관(京官)을 주요 지방

으로써 그때마다 좋은 계책을 받아 삼가 따르게 하겠습니다. 공을
세우거나 일이 완료되면 검토하여 각각 서훈(敍勳)하겠습니다. 만약
외국에서 소요를 일으켜 군기(軍機)를 그르치는 경우에는 죄의 경중
을 헤아려 탄핵하고 처벌하겠습니다.

양식과 급여 항목에 대해서는 앞서 제가 조선국왕이 포수 5000
명을 남겨달라고 청하였기 때문에 제독 이여송이 논의하여 보고한
내용을 문서로 보냈는데, 그 내용은 다음과 같았습니다.

오유충의 병사에게는 원래 논의한 1명당 매월 정량(正糧) 1냥
5전(錢)과 행량(行糧)·염채은(鹽菜銀)으로 1냥 5전을 지급해야
겠습니다. 영평부(永平府)에서 사천(四川) 병사의 월량(月糧: 월급)
을 지급하고, 병사들 원적지의 관청에 문서를 보내 근처에서 지
급하게 하여 병사들의 가구(家口)에 도움이 되게 하겠습니다. 행
량·염채은은 역시 남병의 사례에 비추어 1명당 매월 1냥 5전을
지급하고, 매월 이외에 의복비 3전과 포상은 3전을 더해주어 두
터운 은혜를 보여야겠습니다. 나머지 응당 남겨야 하는 군정(軍
丁)에게는 각각 왜를 정벌한 사례에 비추어 지급하겠습니다. 장
관과 천총(千總)[27]·파총(把總) 등 관원의 녹봉에 대해서는 또한

....

에 파견하였던 것이지만, 선덕(宣德: 1426-1435) 연간 이후 강남 등지의 중요한 지역에
상주하는 것이 점차 제도화되었고, 가정(1522-1566) 연간에는 실질적으로 상설화되었
다. 이후 순무는 총독과 함께 지방의 최고장관의 위상을 갖게 되었다.

27　천총(千總): 관직명이다. 명 초에는 북경에 주둔하는 경영(京營)을 삼대영(三大營)으로
나누고 천총, 파총(把總) 등의 영병관(領兵官)을 두었으나, 시간이 흐를수록 지위와 직
권이 낮아졌다. 명 말에는 천총은 대략 1천 명 정도를, 파총은 300~500명 정도를 지휘
하는 직책으로 수비(守備)보다 아래에 있었다. 명 후기의 천총·파총 등에 대해서는 肖立
軍,『明代省鎭營兵制與地方秩序』, 天津: 天津古籍出版社, 2010, 235~243쪽; 曹循,「明代
鎭戍將官的官階與待遇」,『歷史檔案』2016-3; 曹循,「明代鎭戍營兵中的基層武官」,『中國

원래 논의한 바에 따라 헤아려 후하게 더해주어야겠습니다.

지금 살펴보건대, 유정의 사천 병사는 만 리나 떨어진 먼 곳에서 왔으니 월량을 원적지에서 취하여 지급하기가 어렵고, 심무의 절강 병사도 모두 의오(義烏) 등의 지역 사람을 모집한 경우라서 오유충의 병사와 다를 게 없습니다. 비록 낙상지의 병사는 조금 경우가 다르지만 겨우 600여 명에 불과하여 수가 또한 많지 않습니다. 이상 각 관병은 모두 멀리 변경을 지키러 온 사람들이니, 응당 모두를 차별 없이 똑같이 사랑하는 마음으로 모두 남병의 사례에 비추어 1명당 매월 정량은 1냥 5전과 행량·염채는 1냥 5전, 의복비 3전, 포상은 3전을 지급하여 총 3냥 6전을 지급해야겠습니다. 장관과 천총·파총 등 관원의 녹봉은 각각 원래 지급하는 수량과 항목 외에 헤아려 한 배씩 더해줌으로써 두텁게 베푸는 뜻을 보여야 합니다. 마필(馬匹)과 사료의 경우에는 모두 현행 사례에 비추어 처리하겠습니다.

다만 조선이 피폐해진 나머지 위의 항목들을 전부 책임지고 처리하기가 어려울 것 같으니, 그들이 7, 우리가 3을 부담하거나 혹은 그들이 반, 우리가 반을 지급해야겠습니다. 조선에서는 국왕이 산택(山澤)의 이익을 거두어 본색(本色: 현물)으로 지불하고 따로 조달하여 지급하게 하고, 우리는 요동의 군량을 관할하는 아문(衙門: 관청)이나 분수요해도(分守遼海道)가 비왜 마가은을 동원하여 지급하면 되겠습니다.

반드시 왜노가 바다로 떠나거나 조선이 스스로 지켜낼 수 있게 되거나 내년에 봄이 와서 기한이 다 찬 다음에야 비로소 위 병사들

史硏究』 2018-1을 참고.

에 대한 철수를 논의해야 합니다. 만약 왜가 병사를 늘려 서쪽으로 침범해와 군세가 커서 저지할 수 없게 되면, 즉시 총독과 순무의 아문에 황급히 보고하게 하여 요동의 병사를 헤아려 보내 나아가 지원하게 하고 군량과 급여는 논의한 바에 따라야 합니다.

부산의 나머지 왜는 반드시 먼저 그들이 다시 반역할 것을 헤아려 막아 지켜낼 방책을 짜내되, 그들이 순순히 따른다면 더 말할 필요가 없습니다. 그리고 반드시 그들이 돌아가지 않을 경우를 먼저 고려하여 그들을 곤경에 빠뜨릴 방법을 시행하되, 그들이 바다로 떠난다면 또한 더 말할 필요가 없습니다. 이렇게 된다면 철병하는 것은 급여를 아끼고 노고를 아끼는 것이 될 터이고, 병사를 남기는 것은 실로 싸울 만하고 수비할 만한 것이 될 터이니, 내지를 편안히 하고 외번을 공고히 하는 일거양득입니다.

다시 살피건대, 조선 땅의 넓이는 6000리인데 밖으로는 큰 바다에 둘러싸여 있고 안으로는 첩첩 산으로 막혀 있습니다. 이러한 지형에 사방이 막혀 있다 보니 옛날 수나라와 당나라가 전승(全勝)의 시대였음에도 이 나라의 병력으로 오히려 저항하여 맞섰습니다. 옛날의 강함과 지금의 약함이 어찌 이와 같을 수 있습니까. 200여 년이 흘러 삼가 공손히 속국이 되고 문물과 겉모습만 흠모하고 군사시설과 전쟁 준비는 까맣게 잊으니, 이 때문에 왜노가 그 약점을 익히 알고 갑자기 침범해온 것입니다. 그들이 손쓸 겨를도 없이 즉시 대구·조령·화현·죽령 등의 지역이 왜가 침범해 들어오는 길이 되었습니다. 지금은 그 지역을 제압하였는데, 모두 산세가 깎아지른 듯 험준하고 봉우리가 첩첩이 우뚝 솟아 있으니 언뜻 중국의 검각이나 태항산을 방불케 합니다. 이야말로 하늘과 땅이 빚어놓음으로써 왕국을 세운 것인데, 모두 험한 지형에 의지해 방어하는 것을 알지 못하였으니 나머지는 모두 미루어 알 만합니다.

지금 저는 한편으로 관원을 파견하여 그 지역을 답사하여 조사하게 하였고, 다른 한편으로는 국왕에게 자문을 보내 즉시 요충지에 지형(地形)을 헤아려 참호를 세우고 관문과 요새를 건설하여 군병을 나누어 보내 그곳을 지키게 하였습니다.[28] 바닷가의 경우에는 예컨대 부산 등의 지역에 계속 봉화대를 세워 경보(警報)가 있으면 급히 전하게 하였습니다. 그리고 중요한 요충지의 바다 어귀에는 따로 그 나라의 관병을 주둔시켜 지키게 하였습니다. 경보가 있으면 성벽을 굳게 하고 곡식을 모조리 걷어 들이는 전술[堅壁淸野]을 써서 일이 터지기 전에 미리 도모하게 하였습니다. 왜의 무리는 멀리서부터 양식을 휴대해오기 때문에 속전(速戰)이 유리합니다. 조선의 입장에서는 당장 싸우기에는 부족하고 지키기에는 여유가 있으니, 깊은 도랑과 높은 보루를 만들어놓고 기다리기만 하면 왜의 계책이 저절로 궁해져 반드시 물러나게 될 것입니다.[29]

근래 들기로 국왕이 복위한 이래 제법 경계하고 두려워하며 살길을 도모하고 있다고 합니다. 전라도의 배신 권율(權慄)은 또한 지혜와 용기를 겸비하고 홀로 보전할 만하니 나라의 운명이 아직 끝나지 않았습니다.[30] 바라건대 황상께서 국왕을 잘 타일러 용감한 이

....

28 국왕에게 …… 하였습니다: 송응창이 조선국왕에게 보낸 자문은 다음 문서에 수록되어 있다. 「9-9 移朝鮮國王咨 권9, 7b-9a」.

29 조선의 …… 것입니다: 다음 문서에 조선의 요충지에 방어시설을 설치하라는 내용이 담겨 있다. 「8-47 檄劉贊畫 권8, 38a-40a」.

30 전라도의 …… 않았습니다: 이와 관련되어 권율의 충성과 용기를 칭찬하는 자문은 다음과 같다. 「8-6 移朝鮮國王咨 권8, 6a-7a」.

들을 불러 모으고 사료와 군량을 모아 요충지에 방어시설을 갖추어 월나라 구천(勾踐)이 행한 20년 복수의 계책[31]을 실천하고 오로지 중국의 구원에만 의지하지 않게 한다면, 그들 스스로 삼가 조심할 것이고 남겨 지키게 한 병사들 또한 의지할 만할 것입니다. 이에 마땅히 병부에 자문을 보내니 번거롭겠지만 살펴주시고, 부디 성지를 청하는 제본을 즉시 올리고 이를 자문으로 보여주시어 삼가 받들어 시행할 수 있게 해주시기 바랍니다.

....

31 월나라 …… 계책: 월나라의 왕 구천(勾踐)은 오나라 왕 부차(夫差)에게 대패하여 오나라에 끌려가 3년간 치욕을 당하였다. 구천은 귀국 후에 와신상담(臥薪嘗膽)하며, 10년간 사람을 기르고[十年生聚], 10년간 가르친[十年敎訓] 끝에 20년 만에 오나라에 설욕하여 마침내 패자(霸者)가 되었다.

9-22

찬획 유황상에게 보내는 서신

與劉贊畫書 | 권9, 18a-18b

날짜 만력 21년 7월 20일(1593. 8. 16.)
발신 송응창
수신 찬획 유황상
내용 지금은 다만 요충지를 굳게 지키고 있는 것이 상책이라고 당부하는
서신이다.

왜노가 미친 듯이 날뛰고 있지만 유정은 뛰어난 장수로서 진심
으로 나라에 보답하고 있습니다. 문하(유황상)의 가르침대로 유정으
로 하여금 조속히 나아가 싸우게 함으로써 전주(全州)를 보전하고
자 하는 것은 실로 묘책입니다. 다만 제가 생각하기에는 적은 많고
우리는 적으니 만약 접전을 벌이다가 혹시 소홀함이 생기면 관계된
바가 작지 않습니다. 전에 누차 문하의 의견에 따라 유정이 전진하
도록 감독하였고 또한 누차 제독을 독촉하여 진군해서 전라도와 경
상도 및 요충지를 막아 지키게 하였는데, 마침 그때의 우려가 오늘
날 현실이 되었습니다. 지금 이미 이러한 상황에 이르렀으니 어떻게
해야 하겠습니까.

　일찍이 이미 제독에게 패문을 보내 각 장수에게 문서를 보내 다

만 전라도와 경상도의 여러 요충지를 지키기만 하면서 적들이 서쪽으로 가거나 북쪽으로 향하지 못하게 하였으니, 이야말로 오늘날 가장 중요한 일입니다. 혹시 그들이 무리를 이끌고 공격해와서 우리의 요충지를 빼앗거나 전라도와 경상도를 침범하려 한다면 어쩔 수 없이 그들과 맞서 싸워 막아내야 하겠지만, 우리가 일부러 나아가 싸워서는 안 될 것입니다. 이와 같이 답을 보냅니다.

9-23

호부주사 애유신에게 보내는 명령

檄艾主事 | 권9, 18b-19a

날짜 만력 21년 7월 20일(1593. 8. 16.)

발신 송응창

수신 호부주사(戶部主事) 애유신(艾維新)

내용 일본군이 전라도를 침범하여 군량 공급에 차질이 생길 것을 우려하여 의주(義州)의 군량을 조속히 운반해오라는 명령이다.

왜정에 관한 일.

살펴보건대 앞서 부정립(傅廷立)[32]이 올린 품문을 받았는데, "평양의 군량은 모두 왕경으로 옮겨져서 대군이 돌아가는 날에 실로 부족할까 걱정입니다."라고 하였다. 이미 5월 6일에 그대에게 표문(票文)을 보내 수륙으로 조속히 운반하라고 또한 독촉한 바 있다.

그 후 최근 보고에 따르면, 왜노가 진주를 함락시키고 서쪽으로 전라도를 침범하니 그 기세가 매우 급하다고 한다. 지난번에는 대군에게 필요한 군량미를 모두 전라도에서 공급하여 보내게 하였다. 지

....

32 부정립(傅廷立): ?~?. 명나라 사람으로 요동 광녕위(廣寧衛) 출신이다. 만력 21년(1593)에 군량을 관리하러 와서 평양에 머물렀으며, 뒤에 의주(義州)를 수비하러 다시 조선에 왔다.

금 왜가 그 지역을 침범하여 분명 운송하기가 어려울 터이니, 중국의 군량과 사료를 급히 모아 운송해야겠다.

패문을 보내니, 바라건대 그대는 즉시 장삼외(張三畏)[33]에게 문서를 보내 의주의 군량을 신속히 수륙으로 함께 운반하게 하라. 절대 지연하여 군중에 군량이 부족한 일이 생기게 해서는 안 된다. 운반한 쌀의 수량과 날짜를 먼저 갖추어 보고하라.

....

33 장삼외(張三畏): ?~?. 명나라 사람으로 요동 삼만위(三萬衛) 출신이다. 만력 20년(1592)에 요동도지휘사사첨사(遼東都指揮使司僉事)로 의주에 와 머물면서 군량을 관리하였다.

경략과 제독이 꼭 함께 주둔할 필요가 없다는 사안에 대해 논의하여 올리는 상주

議經略提督不必屯駐一處疏 | 권9, 19a-24a

날짜 만력 21년 7월 21일(1593. 8. 17.)

발신 송응창

수신 만력제

내용 자신과 제독 이여송이 서로 멀리 떨어져 주둔하고 있는 전후 사정을 해명하고 이것이 전략적으로 불가피한 조치임을 강조하고 있다. 상주와 서울 등에 나누어 주둔해야 한다는 지금 조정의 논의도 전장의 현실을 제대로 알지 못하는 간섭에 불과하므로, 앞으로 이러한 개입을 최소화하고 상황에 맞추어 자신이 잘 처리할 수 있도록 힘을 실어달라고 요청하는 상주이다.

군중의 중요한 일들을 삼가 진술함으로써 나아감과 멈춤을 명확히 하는 일.

앞서 병부의 자문을 받았는데, 저를 상주와 왕경으로 옮겨 주둔시키고자 한다는 내용이었습니다. 다시 병부의 자문을 받았는데, 대군을 남겨야 할지 철수해야 할지 연유를 묻는 것이었습니다. 이 자문들을 받고 병사를 남길지 철수할지는 성지에 따라 따로 행하는 외에, 다만 신을 상주와 왕경으로 옮겨 주둔시키고자 하는 항목은 금일 군중의 중요한 일들을 헤아려보았을 때 불가할 것 같습니다. 만약 신이 먼저 명확히 말씀드리지 않는다면, 훗날 다른 논의들이 생겨서 신이 관망한 것이라고 말하지 않고 두려워하고 위축되어서 였다고 말할 것입니다. 이에 신은 감히 외람되지만 자세히 진술하겠습니다.

신과 제독 이여송이 서로 멀리 떨어져 주둔하고 있는 것은 서로를 싫어해서가 아니라 오히려 서로 잘 어울리기 때문입니다. 근래 왜노의 정황과 형세는 한마디 말이면 해결할 수 있는 상황이고 알 수 없다거나 행하기 어려운 일이 아니므로 한곳에 주둔해 있을 필요가 없습니다. 오히려 그렇게 되면 일을 그르칠 수도 있으니, 엎드려 바라건대 황상께서는 잘 들어주시기 바랍니다.

왜는 평양성 전투에서 패배한 이래 함경도와 황해도 등에 집결해 있던 무리를 합쳐 모두 왕경에 모여 10여 만에 달하였습니다. 그때 신은 제독과 함께 한창 오른 기세를 타고 급히 진공하지 않으려는 게 아니었습니다. 다만 동쪽 정벌에 나선 사졸(士卒)이 4만여 명이 채 되지 않아 군세(軍勢)가 이미 현격히 달랐고 시기도 불리하였습니다. 따라서 신은 이여송에게 대군을 이끌고 개성 일대를 끼고 지키게 하여 왜노가 서쪽으로 침범하는 것을 막게 하였습니다. 신은 의주에 머무르면서 사료와 군량 및 수송을 완료하지 못한 군화(軍火)와 무기를 독촉하면서, 때때로 "경략이 요양(遼陽)으로부터 대군 10여만 명을 끌어모아 조만간에 이를 것이다."라는 소문을 널리 퍼뜨렸습니다. 이는 왜가 우리의 허실과 정황을 헤아리지 못하게 하기 위함이었습니다. 그 후 과연 그들이 퇴각하여 돌아가기를 애걸하는 상황이 벌어지기 시작하였습니다.

지금은 이미 왕경이 수복되었고 왜는 부산으로 도망쳤습니다. 신은 또한 사졸보다 솔선하여 왜를 추격하고 습격하려 하지 않은 것이 아니었습니다. 다만 왕경 이남의 충주(忠州)·조령·상주·선산·문경(聞慶)·대구 일대는 모두 왜가 작년에 침범해 들어온 경로이고 무리를 나누어 주둔시킨 곳이었는데, 지금 다시 이 길을 통해 도망쳐 돌아가니 오랫동안 병란(兵亂)을 만나 불타고 약탈당해 아무것도 남지 않았습니다. 나아가는 대군은 모두 행량을 챙겨 적의 뒤를 쫓고 조선의 부근 읍에서는 양식을 등에 지고 머리에 이면서 운반해 왔는데, 겨우 대군의 며칠 분량밖에 되지 않아 장령들이 누차 식량이 부족하다고 말하였습니다.

신은 안주(安州)에 잠시 머무르면서 이여송으로 하여금 유정과 오유충 등을 나누어 배치하고 병사를 통솔하여 대구와 선산을 끼고 지키게 하였습니다. 또한 제독으로 하여금 몇 개 부대를 뽑아 전라도와 경상도 및 조령 등의 지역을 방어하는 데 협조하게 하였습니다. 나머지 대군은 왕경과 개성 등의 지역으로 철수하게 하여 나누어 주둔하고 취식하게 하였습니다.

중국의 군량은 조선의 의주로부터 바닷길을 통해 운송되어 개성과 왕경 사이에 이르는 데만 1000여 리에 달합니다. 망망대해의 거친 바람과 파도를 뚫고 이곳에 이르기에는 매우 멉니다. 그 형세로 보아 다시 나아가게 할 수 없고, 왕경 이남의 예컨대 상주와 대구 등의 지역에는 중국의 군량이 실로 전달되기 어려우므로, 반드시 전라도와 경상도에서 충분히 취해야 하였습니다. 하지만 경상도도 모두 피폐해지고 지금 양식을 공급할 수 있는 곳은 오직 전라도 한 곳뿐입니다. 최근 유정 등이 또한 양식이 이어지지 않고 있다고 수차례

칭하여, 매일 조선 측에 운반을 독촉하고 있습니다. 상황이 이러할진대 신이 어찌 다시 무리를 이끌고 헛되이 전진하여 그 양식을 소모하겠습니까. 하물며 제독은 병마만 관리하면 되지만, 신은 병마뿐만 아니라 군량까지도 함께 경략하고 감독해야 합니다. 조선의 어려움은 병사를 진격시키는 데 있는 것이 아니라 군량 운반에 있습니다. 지금 군중의 일로 병사를 이동시키는 일도 분명 어렵지만, 군량을 운반하는 일은 더욱 어렵습니다.

신은 왕경 이남에 대해서 부산에 이르기까지 1000여 리에 병마와 군량·사료를 남겨 지키게 하고, 조선국왕에게 책임을 지워 전라도와 경상도에 독촉하여 상주 일대로 군량을 전달하여 옮기게 하였습니다. 왕경 이북에 대해서는 의주에 이르기까지 약 1000리에 병마와 군량·사료를 나누어 지키게 하고, 호부주사 애유신에게 책임을 지워 요양도(遼陽道)와 해개도(海蓋道)에 독촉하여 각 위관으로 하여금 평양 일대로 군량을 전달하여 옮기게 하였습니다. 신은 중간에서 독촉하고, 찬획 원외랑 유황상은 위관들을 거느리고 그 사이를 왕래하며 명확히 조사하며 급히 모으고 있습니다. 조선 내륙으로부터 요양도와 해개도에 이르기까지 2000여 리 이상인데, 군량이 운반되면서 몇 달 동안이나 부족하거나 끊기지 않은 것은 모두 신들이 중간에서 잘 헤아려 지휘한 덕분입니다.

게다가 조선의 음성과 용모, 그리고 문물은 비록 중화를 흠모하지만, 제도로 말하자면 여전히 미비한 점이 많습니다. 예컨대 각 주군(州郡)에서 강한 방어거점이라 칭하는 것들은 산을 의지하여 구덩이를 파서 성으로 삼은 것에 불과합니다. 성은 비루하고 휑하며 민가는 별처럼 여기저기 흩어져 있어 많아야 100여 가(家), 적으면 수십 가에 불과합니다. 큰 도로와 상점가도 없이 마치 교외의 들판과 같습니다. 비교해보면 중화(中華)의 한 촌락에도 미치지 못합니다.

왜의 우두머리 가토 기요마사(加藤淸正) 등은 상주에 머무르면서 한 달 넘게 분탕질하여 그곳에는 거의 아무것도 남지 않았습니다. 지금 신이 통솔하는 찬획 및 중군관(中軍官)·기고관(旗鼓官)[34]·재관(材官),[35] 그리고 가정(家丁) 등만 해도 1000여 명 이상입니다. 만약 그 성에 가서 머문다면, 그리고 제독 이여송의 표하 장령과 군병 등이 또한 1000여 명 이상일 터인데 만약 서로 함께 주둔한다면, 비단 고립되고 횡하여 제대로 머무를 수 없고 양식도 처리할 수 없을 뿐만 아니라, 부산으로부터 멀지 않아 왜노의 간첩이 오히려 우리의 정황을 엿보고 허실을 탐지할 것입니다. 하물며 상주는 왕경으로부터 400여 리 떨어져 있고, 평양으로부터는 1000여 리, 의주 압록강(鴨綠江)으로부터는 1600여 리, 요양으로부터는 또한 2000여 리 떨어져 있습니다. 왕경 또한 별 차이가 없습니다. 만약 신들이 모조리 상주와 왕경에 거주하면, 왕경 이서로부터 의주에 이르기까지 1000리가 텅 비게 되어 소식이 서로 전해지지 않을 것입니다. 그뿐만 아니라 상주의 동쪽과 서쪽에는 또한 왕경에 도달할 수 있는 지름길이 있습니다. 또한 왕경의 한강(漢江), 개성의 임진강(臨津江), 평양의 대동강(大同江)은 모두 서쪽으로 바다와 통하기에 저희의 후미(後

......

34 중군관(中軍官)·기고관(旗鼓官): 명 후기 군영의 중군관·기고관의 본래 임무는 명령의 전달 및 그와 관련된 깃발의 관리였다.

35 재관(材官): 정식 관제에는 들어 있지 않지만, 순무(巡撫) 등의 상급 지휘관에게 채용되어 영중(營中)의 군사적 직무를 맡았던 기층 무관을 지칭하는 것으로 보인다. 이들은 기본적으로 파총보다 낮은 지위에 있었던 것으로 보이지만 필요에 따라서는 정식 장령(將領)으로 승진할 수도 있었다.

尾)를 차단해버릴 수 있습니다. 혹시 부산의 왜노가 경략과 제독이 대군과 함께 모두 쓸모없는 곳에 머무르고 있음을 탐지하면, 앞에서는 대구 등의 지역을 압박하는 척하면서 가벼운 기병(騎兵)이나 배를 가지고 신들의 뒤로 돌아나가 우리의 보급로와 귀로를 끊어버릴 수 있으니, 이 또한 아주 큰 걱정거리가 될 수 있습니다. 조선국왕만 하더라도 근래 왕경이 비록 수복되었지만 피폐하여 머무를 수가 없어서 오히려 편벽한 군읍으로 옮겨가 있으니, 사정이 바로 이러합니다.

따라서 신은 앞서 유정 등에게 명령하여 대구에 머무르며 지키게 하였고, 이여송은 왕경에 머무르며 통솔하게 하였습니다. 신은 근래 다시 안주에 양식이 부족하다는 이야기를 듣고 찬획과 함께 정주(定州)에 머무르면서 일을 처리하고 있고, 주사(主事) 애유신에게 명령하여 의주에 머무르면서 군량의 운반을 책임지게 하였으니, 머리와 꼬리가 서로 연결되어 피차가 서로 둘러볼 수 있습니다. 또한 병가(兵家)에서는 처음에 성세(聲勢)를 떨쳐 적을 놀라게 하고 그 다음에 실력을 발휘하는 것을 숭상합니다. 신은 이여송과 연락하며 주둔하면서 군대의 위력을 떨쳐 선양(宣揚)하고 허장성세(虛張聲勢)로 왜의 마음을 압박하고 있습니다. 이것이 바로 병법에서 말하는 "적의 공격에 맞서 주춤거리지 않고 앞뒤에서 서로 엄호하여 대응하는 솔연지세(率然之勢)"입니다. 그리고 신이 이여송과 서로 잘 어울리고 있고 서로를 싫어하는 게 아니라고 생각하는 것도 바로 이를 가리키는 것입니다.

지금 또한 누차 성지를 받들어 군대를 보전하면서 적을 물러나게 하는 것이 공적을 세우는 길입니다. 그런데 군대를 보전하고자 하면 반드시 싸워서는 안 되고, 적을 물러나게 하려면 또한 싸우지 않을 수 없습니다. 지금 군대를 보전하려 하면서 동시에 적을 물러나게 하고자 하니, 예로부터 지금까지 이를 동시에 달성할 수 있는 좋은 방법은 없습니다.

다만 적을 곤궁에 빠뜨리는 책략만은 써볼 만합니다. 앞서 왜는 왕경에서 나왔기 때문에 신은 즉시 찬획 유황상으로 하여금 유정을 독촉하여 진격하게 하였고, 누차 이여송을 독촉하여 기마병(騎馬兵) 과 보병(步兵) 정예 1~2만 명을 선발하여 앞으로 보내 적의 후미를 쫓게 하고 요충지를 지키게 하였습니다. 한편으로는 다시 오는 것을 끊어내고 다른 한편으로는 함부로 노략질하는 것을 막으니, 20일이 안 되어 왜노는 전부 부산으로 내쫓기게 되었습니다. 부산은 바닷가 의 끄트머리로 외딴 구석입니다. 그렇기 때문에 가령 대군을 철수시 키지 않고 신의 계획대로 나누어 배치하고 경상도 중에 예컨대 대 구와 선산 일대를 굳게 지킴으로써 적이 북으로 침범하는 것을 막 고, 전라도 중에 예컨대 남원(南原)과 진주(晉州)[36] 일대를 함께 지킴 으로써 적이 서쪽으로 향하는 것을 막으면, 왜는 마치 함정에 빠진 호랑이나 솥 안에 있는 물고기처럼 꼼짝하지 못할 것입니다. 곤궁에 빠뜨리는 방책으로 이보다 좋은 게 없습니다.

신은 애초에 이 방책을 꼭 시행하려 하였으나 힘이 마음을 따르 지 못해 원하는 대로 되기 어려웠습니다. 장령은 식량이 부족하다는 핑계로 철수를 논의하고, 군사는 오랫동안 밖에 나와 있다는 것을

36　전라도 …… 진주(晉州): 진주는 전라도가 아닌 경상도에 속한다. 일본군이 전라도로 향 하고자 할 때 꼭 지나야 하는 중요한 길목이었기에 송응창이 착오한 것으로 생각된다.

내세워 돌아갈 것만 생각하니, 왜노가 이를 듣고 곧바로 반격에 나서기에 이르렀습니다. 다행히 지금 이여송이 제 말을 잘 듣고 병사를 보내 지원하면서 전라도와 경상도의 요충지를 굳게 지키니, 왜가 아군을 두려워하고 있습니다. 최근 보고에 따르면 왜는 부산으로 물러났으니, 전라도는 걱정하지 않아도 될 것입니다.

지금부터 적을 곤궁에 빠뜨리는 이 방책을 착실히 거행하여 진영을 나누어 펼쳐놓고 병사를 이동시켜 차츰 압박하여 마치 여러 무리가 호랑이를 모는 법처럼 한다면, 어리석은 이들 왜노는 패하지 않았는데도 도망칠 것입니다. 이야말로 눈앞에 놓인 군중의 중요한 일로 뒤와 앞에서 서로 돕는 것입니다.

평양을 쳐부수고 개성을 함락하며 왕경을 취한 것도 신과 이여송이 서로 1000리 밖에 떨어져 있어서였지, 처음부터 같은 성에 있어서 승리를 거둔 것이 아닙니다. 예로부터 계책을 짜내 승리를 거두는 것은 멀리 1000리 밖에서도 가능하였습니다. 신이 그러한 능력을 갖춘 것은 아니지만, 일의 요체는 바로 이와 같습니다.

신이 생각하기에 왜정은 심히 알기 어렵거나 행하기 어려운 것은 아니라서 군이 주둔하는 데 얽매일 필요가 없고, 오히려 이에 연연하면 일을 그르칠 수 있습니다. 왜정을 탐문하기가 어렵지 않냐고 지적하지만, 신은 수차례 각 장령에게 명령을 내려 정탐하는 인원과 파발마를 많이 파견하여 지금도 언제든 신에게 보고를 올립니다. 또한 이여송과 신은 당보(塘報)를 주고받으며 매일 왕래하니, 처음부터 지연되거나 막히는 경우가 없었습니다. 그런 까닭에 지금 상주와 왕경에 군이 주둔해 있지 않은 것이며, 또한 그럴 필요도 없습니다.

게다가 신은 황명(皇命)을 받들어 경략을 맡고 곧장 국경을 나가 이미 몸이 나라 밖에 있는데 무엇을 또 아까워하겠습니까. 하물며 이미 이국(異國)의 며칠 거리의 깊숙한 곳까지 들어왔고 억지로 전진시킬 수 없는 것도 아닌데 이렇게 다시 아옹다옹 말이 많으니, 실로 지금의 형세에 불가한 것이 있는 데다 또한 뒤에서 신을 비난하는 자들이 있을까 봐 두려운 까닭에 어쩔 수 없이 하나하나 명확히 해명합니다.

엎드려 바라건대, 황상께서 신의 말을 굽어살피시어 병부에 명령을 내려 눈앞의 군사 업무를 다시 논의하여 답변하게 하십시오. 그리고 중간에서 통제받지 않고 신이 기회를 보아가며 나아가고 멈출 수 있도록 해주시어, 일에 구속됨이 없고 움직임에 간섭이 없도록 해주십시오. 신은 황송함과 두려움을 금치 못할 뿐입니다.

병부상서 석성에게 보고하는 서신

報石司馬書 | 권9, 24a-25a

날짜 만력 21년 7월 22일(1593. 8. 18.)

발신 송응창

수신 병부상서 석성

내용 부산의 일본군이 갑자기 반격에 나선 급작스러운 상황에서 병부상서에게 그간의 사정을 해명하고 앞으로 어떤 조처를 해나갈지 설명하면서, 자신을 더 믿어주기를 바라고 의견을 조정에 표명해주기를 바라는 서신이다.

병가의 일에 간첩을 쓰거나 거짓말을 하는 것은 본래 정해진 바가 없습니다. 전에 왜노가 왕경을 점거하였을 때 하루아침에 함락할 수 없다고 여겨 잠깐 고니시 유키나가의 요청을 받아주는 척 속여 왕경을 나가게 하였으니, 화살 하나 쓰지 않고 조선의 근본을 다시 옛 주인에게 돌려주었습니다. 왜가 왕경에서 물러난 후에 저는 즉시 찬획 원외랑 유황상을 파견하여 유정을 독촉하여 진군하게 하고, 수차례 제독을 독촉하여 정예를 선발하여 전진해서 대구 등 여러 지역을 지키는 데 협조하게 하였으니, 바로 오늘의 일을 걱정해서였습니다. 뜻하지 않게 장사들이 기꺼이 명령을 듣지 않고 교묘한 말로 무리를 현혹하니, 철병한 지 한 달도 채 되지 않아 왜가 이를 듣고서는 즉시 반격해왔습니다. 이는 과연 제가 짐작한 바에서 벗어나지 않습니다. 당장 진주와 전라도를 포위하여 공격하는 것이 매우 위급하여 일이 이 지경이 되었으니 어찌해야 하겠습니까.

어쩔 수 없이 한편으로 장사를 황급히 독촉하여 전진하여 지키게 하고, 다른 한편으로는 심유경을 크게 책망하여 왜를 위해 출병을 늦추게 한 죄를 물었습니다. 그는 왜장 나이토 조안[小西飛彈守]과 함께 두려워하며 죄를 인정하였고, 즉시 서신을 써서 사람을 보내 각 왜에게 가서 부산으로 귀환하라고 타이르게 하였습니다. 비록 이 말을 따를지는 잘 모르겠습니다만, 지금의 일을 해결하기 위해서는 이 방법밖에 없을 것 같습니다. 만에 하나 그들이 바다로 떠나면 심유경이 왜의 진영에 왕래한 것이 꼭 쓸모없다고 할 수는 없을 것입니다. 만일 왜노가 미쳐 날뛰어 그들의 본거지로 돌아가지 않는다면, 지키거나 싸우거나 해서 결단코 그들의 계책에 빠져서는 안 될 것입니다. 조공을 논의하는 일은 다만 그때의 실제 상황을 보아가며 비로소 정해야지 원래 사람의 말만 가지고 따져서는 안 될 것입니다.

지금의 일은 제가 온 마음과 신경을 써서 오직 황상과 대하(석성)께서 베푸신 은혜에 만에 하나라도 갚기를 바란다는 것을 알아주셨으면 하는 것이지, 절대 행적을 숨기거나 저에게 유리하게 말하는 것이 아닙니다. 하지만 사람들은 제가 군주를 속이고 나라를 망치고 있다고 분분하게 숙덕이고 있습니다. 풍문을 들어보니 임무를 맡은 저의 마음이 아파 실로 화가 나서 분통이 터집니다. 부디 대하께서 평정심을 유지하시고 황상께 잘 아뢰어주시어 황상께서 따뜻한 보살핌을 내려주시게 해주신다면, 저는 비록 뇌와 간을 땅에 쏟아도 갚지 못할 것입니다. 여러 일에 관한 대하의 의견을 조정에 표명해주시기를 바라는 외에 자문을 보내주시면 아마도 제본을 올릴 수 있을 것이니, 부디 도움을 주시기 바랍니다.

병부에 보내는 자문

移本部咨 | 권9, 25a-27a

날짜 만력 21년 7월 22일(1593. 8. 18.)

발신 송응창

수신 병부

내용 심유경이 일본 장수와 함께 조공을 바란다면서 짐바리를 많이 들고 왔는데 진짜 의도를 알 수 없어 계속 추궁 중이고, 적들의 계략에 빠지지 않도록 계속 주의하고 있으며, 그 짐바리의 항목을 보고하고 조공의 윤허 여부를 묻기 위해 병부에 구체적인 상황을 설명하는 자문이다.

왜정에 관한 일.

앞서 제독 이여송 등이 보고한 내용은 다음과 같았습니다. "심유경이 왜장 나이토 조안 등을 데리고 6월 20일에 부산에서 출발하였고, 20여 개의 짐바리를 메고 곧 도착해서 조공을 애걸할 것이라고 합니다. 왜장이 이고 지고 온 짐이 매우 많아서 그 정황을 헤아리기가 어렵다고 합니다. 게다가 심유경이 또한 이르기를, '가토 기요마사가 미쳐 날뛰어 고니시 유키나가가 병력을 거두어들였다고 하나 정확한 증거는 얻지 못하였습니다.'라고 하였습니다. 제가 살펴보건대, 심유경과 왜장이 가지고 온 짐바리 수가 많은데 모두 어떤 물건인지, 만약 조공을 바치는 것이라면 그래도 명분이 있겠지만 사적인 선물이라면 즉시 조사해야겠습니다."

곧바로 기패관 모승조(毛承祖)를 파견하고 제독 이여송에게 다음과 같은 내용의 패문을 보냈습니다. "만약 심유경이 왜장과 함께 그곳에 도착하였다면 즉시 관원을 파견하여 짐바리 안의 물건을 공동으로 조사하여 정확한 수를 명확하게 등기하고 그 수량과 항목을 열거하여 보고하라. 만약 조공으로 바치는 물건이라면 연유를 갖추어 보고하여 제본을 올릴 때 증빙으로 삼아 황상께서 윤허하시는 날에 같이 상주하여 올려보내게 하라. 조공을 바라는 일에 대해 윤허할지 안 할지의 결정은 조정에서 하는 것이지만, 심유경과 왜장이 데리고 온 사람이 소굴로 돌아가서 이 일을 누설하는 일이 없도록 모두 그곳에 구류하라."

그 후 곧바로 제독 이여송이 품문을 올렸는데, "지시에 따라 즉시 장령 임자강(任自强)[37]과 전세정(錢世禎)[38]을 파견하여 짐바리를 조사하였습니다. 운운."이라고 하였고, 각 수량과 항목을 보고하여 올렸습니다.

이를 받고 살펴보건대, 귀순하여 조공을 바친다는 이야기는 원래 증거가 없습니다. 병가에서는 특히 속이는 것을 꺼리지 않습니

....

37 임자강(任自强): ?~?. 명나라 사람으로 대동(大同) 양화위(陽和衛) 출신이다. 자는 체원(體元), 호는 관산(冠山)이다. 임진왜란이 발발하자 선부(宣府)의 병력 1000명을 이끌고 참전하였다.
38 전세정(錢世禎): 1561~1644. 명나라 사람으로 남직례(南直隷) 가정현(嘉定縣)의 문인 세가 출신이다. 자는 자손(子孫), 호는 삼지(三持)이다. 만력 17년(1589) 무과에 급제하여 여러 관직을 거쳐 강서총병(江西總兵)으로 승진하였다. 임진왜란 때 유격장군으로 임명되어 선봉으로 압록강을 건넜다.

다. 처음 조공을 바랐을 때는 우리가 평양을 취하였을 때였고, 그 이후 다시 바랐을 때는 우리가 왕경을 수복한 때였습니다. 귀순하여 조공한다는 것은 비록 왜가 이를 통해 우리를 엿보기 위해서이지만 우리 입장에서도 또한 그들의 계책을 살필 기회입니다. 다만 왜의 우두머리 고니시 유키나가 등이 왕경을 나가기 전에 저는 원래 심유경을 보내 그들을 타일러 왕자와 배신을 송환하고 왜장을 남겨 인질로 삼은 후에 비로소 두 사신을 그들에게 보내려 하였습니다. 그런데 심유경이 이러한 통제를 어기고 먼저 진입하는 바람에 두 사신 역시 그와 함께 가게 되었습니다. 또한 그들이 죽산(竹山)과 충주에 이르면 왕자와 배신을 돌려보낸다고 말하였으나, 이 두 곳을 지나고 부산에 이르기까지 여전히 송환하지 않았습니다.

저는 다시 패문을 보내 심유경을 크게 질책하고 속히 돌아와서 바로 6월 20일에 왜장을 데리고 온 것과 짐바리 20여 개를 가지고 온 것을 보고하도록 하였습니다. 곧바로 유정 등이 또한 보고하기를, "왜노가 6월 18일 등에 진주를 공격해왔습니다."라고 하였습니다. 그들이 겉으로는 순종하면서 속으로는 거역하는 계책을 쓰고 다방면으로 우리를 그르치려는 술책이 아닌지 의심스럽습니다. 심유경 또한 왜노에게 매수되지 않았다고 할 수 없습니다.

따로 부대를 보내 지원하게 하는 외에, 왜장이 기왕 와서 조공을 바라는데 금과 칼 등의 물건을 왜 이렇게 많이 가지고 온 것인지 다시 헤아려보았습니다. 오는 길에 금을 털어내고 온 것은 아닌지, 재물을 써서 온 것은 아닌지, 우리에게 뇌물을 바치려고 하는 것은 아닌지, 이 기회를 틈타 출병을 늦추려는 것은 아닌지 어찌 알겠습니까. 따라서 저는 제독에게 문서를 보내 먼저 그 간사한 자를 보내고 또한 왜장을 협박하여 그들이 왕자와 배신을 돌려보내지 않는 것과 조속히 바다를 건너 귀국하지 않는 것을 책망하며 여기에 무슨 뜻으로 왔는지 캐묻게 하였습니다.

왜장은 다만 엎드려 머리를 조아리면서 종자(從者)를 부산으로 돌려보내 왜들에게 귀국하라고 말하게 해달라고 하였는데, 지금 이미 열흘이 지났습니다. 혹시 왜노가 과연 간다면 그 조공을 바란 마음에 근거가 있을 것입니다. 조공과 관련된 일은 조정에서 주재할 일이지 제가 감히 마음대로 할 수 없습니다. 그들이 가지고 온 물건은 응당 올려보내 상주하겠습니다. 만약 다른 교활한 뜻이 있다면 왜장은 우리를 기만한 것이니 법으로 응당 죄를 물어 죽여야 할 것입니다. 금과 칼은 전부 관에 들이고, 심유경 또한 즉시 죄를 물어 처벌해야 합니다. 한편으로 부대를 이동시켜 기회를 보아가며 지키거나 토벌하게 하여, 결코 그들이 우리를 그르치게 해서는 안 될 것입니다. 지금 먼저 위 항목의 물건은 응당 자문으로 보고드려야 할 것 같아 이에 자문을 보내드리니, 번거롭겠지만 잘 살펴 시행해주시기 바랍니다.

양원에게 보내는 명령

檄楊元 | 권9, 27a-27b

> **날짜** 만력 21년 7월 22일(1593. 8. 18.)
> **발신** 송응창
> **수신** 양원
> **내용** 최근 보이는 일본군의 움직임이 심상치 않으니 일본군의 진영을 탐지하고 엄히 방비하라는 명령이다.

왜정에 관한 일.

제독 이여송이 품문을 올렸는데, "양원에게 문서를 보내 병사 1만 명을 이끌고 왕경의 한강에 주둔하여 지키게 한 외에, 저는 16일에 부대를 이끌고 전라도 지방으로 나아가 기회를 보아 적을 소탕하겠습니다."라고 하였다.

살펴보건대, 왜장은 조공한다는 핑계로 왕경에 머물고 있는데 나머지 왜들이 진주를 침범하였다. 전라도에는 지름길이 있어 세 곳으로 왕경과 통할 수 있으니, 내외로 연결하여 특히 엄하게 방비해야 하겠다.

패문을 보내니, 바라건대 그대는 즉시 사람을 파견하여 멀리 지름길과 큰길로 보내 왜노의 정황과 형세를 염탐하고 엄히 방어하는 한편, 또한 장수 2명과 군사를 헤아려 보내서 전세정을 도와 조공을 바라고 온 인원들과 전에 남겨두고 병을 치료하게 한 왜들을 지켜라. 만약 부산의 왜노가 조공을 논한다는 핑계로 가장하여 왕경 근처로 잠입하려 한다면, 불시에 적당한 관리를 골라 뽑아 그들을 체포하게 하고 계속 제독 이여송이 분부하는 대로 시행하라. 일을 그르치지 말라.

부정립에게 보내는 명령

檄傳廷立 | 권9, 27b-28a

날짜 만력 21년 7월 23일(1593. 8. 19.)

발신 송응창

수신 부정립

내용 평양과 개성 등지에 남겨둔 명군이 미흡한 군량 지급 때문에 조선의 관원을 모욕하는 사건이 발생하고 있다는 조선국왕의 자문을 받고, 위관을 파견하여 앞으로 병사들을 엄히 단속하고 어길 경우 엄히 처벌하라는 명령이다.

소동을 일으키는 관군을 단속하여 금하는 일.

조선국왕의 자문을 받았는데, 그 내용은 다음과 같았다. "최근 평양과 개성에 중국의 병사를 남겨둔 가운데 법도를 지키지 않는 자가 있습니다. 급여 공급이 원활하지 못하자 툭하면 꾸짖고 비난하면서 심지어 해당 관할 관리를 구타하고 욕하는 바람에 고충을 견디지 못해 모두 도망칠 궁리만 하고 있다고 합니다. 또한 개성부(開城府) 유수(留守) 노직(盧稷)³⁹의 장계를 받았는데, 또한 위의 내용과

....

---

39 노직(盧稷): 1545~1618, 조선 사람이다. 임진왜란이 발발하자 선조(宣祖)를 행재소(行在所)까지 호종하였고 정유재란 때에는 접반사(接伴使) 부사(副使)로 형개(邢玠)를 맞

같았습니다. 자문을 보내니, 바라건대 따로 위관을 파견하여 단속하여 금해주십시오."

살펴보건대 평양부(平壤府)와 개성부는 원래 왜노가 불태우고 약탈한 곳이라, 필요한 군량미는 모두 인근의 군읍에서 서로 도와 구제하고 있다. 만약 지급이 제때 이루어지고 관군이 분수를 지켰다면 어찌 이러한 소란이 벌어졌겠는가. 지급이 기한을 넘기자 관군이 토색질하여 분쟁이 보고됨에 이르렀으니, 응당 위관을 보내 단속하여 금해야겠다.

패문을 보내니, 바라건대 위관 부정립은 즉시 평양과 개성 두 곳의 관군을 타이르라. 이후에 해당 관할 관원이 양식을 지급할 때 방해를 해서 군사가 끼니를 거르게 한다면, 나에게 와서 명확히 보고하여 형부(刑部)로 보내 끝까지 그 죄를 추궁하게 하라. 만약 군사가 강함을 믿고 사건을 일으켜 조선의 배신을 모욕한 경우 이름을 적어 보고하면 그를 잡아다 처벌하고, 해당 관할 장령 또한 함께 연좌하여 처벌하고 용서하지 않겠다.

....

이하여 군사 문제를 논의하였다.

제독 이여송에게 보내는 명령

檄李提督 | 권9, 28a-28b

날짜 만력 21년 7월 23일(1593. 8. 19.)

발신 송응창

수신 제독 이여송

내용 전라도를 침범한 일본군을 격퇴하는 데 공을 세운 군사들을 위로하기 위해 제독 이여송에게 마가은 1만 냥을 보내 공적대로 포상하라고 지시하는 명령이다.

군사를 포상하여 위로함으로써 용기를 격려하는 일.

살펴보건대, 왜노가 오랫동안 부산에 머물면서 그 음모를 헤아리기 어려웠다. 근래 다시 진주를 공격하여 전라도로 침입해 들어오니, 한편으로 다시 조선을 점령하려 한 것이고 다른 한편으로는 우리 대군의 동정이 어떤지 엿보려 한 것이다. 다행히 제독이 지혜와 용기를 겸비하여 이미 상황을 잘 헤아리고 병마를 배치하여 잘 지켜 막아냈다. 보고에 따르면 수급도 베어 얻었고 왜가 모두 그 위세에 놀라 멀리 도망쳐 다시 부산으로 돌아갔다고 한다.

내가 보기에 적의 정황이 더 안 좋아졌으니 곧 바다를 건너갈 것 같다. 이는 모두 여러 장령이 마음을 하나로 하고 전군(全軍)이 명령에 따름으로써 전라도가 무사하고 우리의 무용을 널리 떨친 것이다. 일이 끝나는 것을 기다려 따로 제본을 올려 서훈하는 외에, 응당 먼저 그 노고를 포상하여 위로해야겠다.

패문을 보내니, 바라건대 평왜제독은 즉시 마가은 1만 냥을 보내 제독의 뜻대로 그 은을 모두 써서 각각 공적의 등급을 헤아려, 최근 이동시켜 진주를 구원하고 전라도를 지켜내며 왜적을 추격하여 토벌한 각 장령과 군사들을 하나하나 포상하여 한 사람 한 사람이 모두 실제 혜택을 받게 하라. 계속 그들이 용감하게 싸우도록 격려하여 부산의 왜를 쫓아내 모두 바다를 건너가게 하면, 따로 중대한 승진과 포상이 있을 것이다. 일이 끝나면 지출한 내용을 책으로 만들어 보고하라. 일을 그르치지 말라.

제독 이여송에게 보내는 서신

與李提督書 | 권9, 28b-29b

날짜 만력 21년 7월 24일(1593. 8. 20.)

발신 송응창

수신 제독 이여송

내용 조공을 바라는 와중에 진주를 공격하는 일본군의 진의를 헤아리기 어려우니, 현재로서는 부산을 압박하면서 조공을 청하러 온 일본 장수를 구류시키고 협박하여 그간의 약속을 이행하도록 하는 방법뿐이라고 비밀리에 전하는 서신이다.

어제 손수 보내신 보고를 받아보니 신과 같은 위엄에 의지하여 왜들이 부산으로 돌아가 얼마 안 있어 분명 바다로 건너갈 소식이 있을 것이니, 사직(社稷)에 매우 다행이고 저에게도 매우 다행입니다. 다만 조공을 논하는 건에 대해서는, 근래 요동순무 및 총병이 보낸 당보에 따르면 언관들이 벌떼처럼 일어났다고 하고 게다가 나이토 조안이 와서 조공을 간절히 구하고 있는 와중에 또한 진주를 침범하였으니, 그 순역(順逆)이 서로 달라 정황과 형세를 예측할 수 없습니다. 그러니 어찌 그것을 믿겠습니까.

지금 필요한 계책은 대군으로 부산을 압박하고 요충지를 지키면서 허장성세를 보이는 한편, 나이토 조안을 독촉하여 다시 왜노를 타일러 조속히 바다를 건너가 주살을 면하라고 하는 것입니다. 그들이 섬으로 돌아가기를 기다려 나이토 조안을 속박하여 구류시키고 다음과 같이 꾸짖어야 합니다. "네가 이미 조공을 청하기 위해 와놓고 어찌 또한 진주를 공격할 수가 있는가. 앞서 경략이 상주문을 갖추어 성지를 청하여 조정에서 논의하였는데, 확실히 너희의 교활한 거짓이고 교묘하게 우리를 속이는 것이니 청한 바를 허락하기 어렵다고 하였다. 만약 조공을 허락받기를 원한다면, 반드시 3년간 조선과 중국을 침범하지 말아야 한다. 그래야 비로소 허락할 것이다. 또한 중국의 두 사신과 조선의 왕자·배신을 귀환시킨 뒤에야 너를 풀어주어 돌아가게 할 것이다. 약속을 어기지 않고 체면을 해치지 않아야만, 우리 또한 여러 언관의 비판을 면할 수 있다."

오직 대장군의 결정에 맡기겠습니다. 또한 부디 비밀로 해주시기 바랍니다.

9-31

제독 이여송에게 보내는 서신

又 | 권9, 29b

날짜 만력 21년 7월 24일(1593. 8. 20.)

발신 송응창

수신 제독 이여송

내용 마가은 1만 냥을 보내니 장병들을 위로하는 데 써달라고 당부하는
서신이다.

장병이 깊이 들어가 구원하고 있으니 노고가 평소의 두 배가 됩
니다. 삼가 마가은 1만 냥을 내어 사람을 보내 올리니, 대장군께서
받아주시어 전액을 장병들을 위로하는 데 써주시기를 기원합니다.

제독 이여송에게 보내는 명령

檄李提督 | 권9, 29b-30b

날짜 만력 21년 7월 26일(1593. 8. 22.)

발신 송응창

수신 제독 이여송

내용 투항한 일본인이 군사가 증원될 것이라고 공술(供述)하였다. 이에 제독 이여송에게 부산에 있는 일본군의 동향을 철저히 정찰하고 만약 사실일 경우 대처할 방안을 마련하도록 지시하는 명령이다.

왜정에 관한 일.

제독 이여송이 투항한 왜 올올길노니허올일(兀兀吉奴尼噓兀一) 등 28명을 올려보냈기에 통역을 거쳐 심문하니 그들이 공술하기를, "6월 20일에 부산에서 와서 투항하였습니다. 저희가 올 때 관백이 왜노 6만 명을 새로 파병한 것을 보았습니다. 조공을 바치는 일에 대해 이야기하기를, 4도(道)는 중국에 할양하고 4도는 일본에 할양하면 소굴로 돌아가겠다고 합니다. 조공을 바치는 것을 모두 허락하면 그때는 다시 전라도를 공격하려 할 것입니다. 조선에 군량이 없다는 걸 알고 있어서 일본에서 배로 운송하고 있습니다."라고 하였다.

살펴건대 올올길노니허올일 등 왜인의 말을 모두 믿을 수는 없으나 앞뒤로 항복한 왜인들이나 앞서 범재문(范宰門)의 보고 등이 대개 일치한다. 또한 각 왜인들이 귀순한 정황을 세세히 따져보면 대체로 사실인 듯하다. 관백의 웅심(雄心)은 정말로 헤아리기 어려우니 살펴 논의해야 하겠다.

패문을 보내니, 바라건대 평왜제독은 즉시 부산의 각 왜인의 정황을 다방면으로 정찰하여 새로 항복한 왜인들의 공술이 사실인지 파악하라. 만약 사실이라면 어떻게 해야 할지, 그러니까 병마를 추가로 동원해야 할지, 군화(軍火)와 장비를 더 제작해야 할지, 또한 필요한 군량을 별도로 보내달라고 청해야 할지 아니면 모아서 운반해야 할지 등을 서둘러 상세히 보고하여 제청(題請)하는 근거가 되게 하라.

또한 심유경이 오랫동안 왜의 진영에 있었으니 분명 그들의 사정을 상세하고 정확하게 알고 있을 것이다. 제독은 상세히 물어보고 반드시 정확한 답신을 얻어 회보하도록 힘쓰라. 또한 심유경을 직접 나에게 보내 심문을 받게 하라. 이는 군사를 추가하는 긴요한 사안에 관계된 일이니, 만약 재차 조금이라도 지연되면 설사 급히 보고하더라도 늦어져서 일에 미치지 못할 것이다. 지체하지 말라.

병부상서 석성에게 보고하는 서신

報石司馬書 | 권9, 30b-31a

> 날짜 만력 21년 7월 28일(1593. 8. 24.)
>
> 발신 송응창
>
> 수신 병부상서 석성
>
> 내용 철군을 준비하는 상황에서 아직 일본군이 부산에 남아 있기 때문에 2만 명, 적어도 1만 6000명은 남겨두어 경상도와 전라도의 요충지를 지켜야 한다고 건의하는 서신이다.

근래에 왜노가 모두 부산으로 돌아갔으나 아직 바다로 빠져나 갔다는 소식은 없습니다. 큰 보살핌을 펼치시어 저들을 당장 섬으로 돌아가게 할 수 있다면 대단히 다행한 일일 것입니다. 그렇지 않고 시일을 끈다면 군사를 일으킨 지 이미 오래되었으며 군량도 너무 많이 소비하였으니 우리가 어찌 죄를 벗을 수 있겠습니까. 하물며 누차 철병하라는 명령을 받들었음에야 어떠하겠습니까.

지금 왜노를 바닷가까지 몰아냈으니, 이전에 왕경에 있으면서 복심(腹心)의 질환이 되었던 것과 비교하면 상황이 전혀 다릅니다. 만약 요해처를 틀어막을 수 있다면, 예컨대 대구나 선산은 경상 북로(北路)의 험준한 곳이고 남원(南原)이나 구리(求里)[40]는 전라 서로

(西路)의 험준한 곳이니, 이런 곳에다 어떤 데는 성을 쌓고 어떤 데는 요새를 쌓으며 어떤 데는 돈대(墩臺)를 세워 용맹한 장수 5~6명으로 하여금 군사 2만 명을 거느리고 두 길을 나누어 지키게 한다면, 미친 왜노들이 사납다고 하더라도 길게 날뛰지는 못할 것이니 조선은 실수 없이 지켜낼 수 있을 것입니다. 나머지 군사는 모두 철수하고 저와 제독 이여송 또한 조정으로 돌아가 복명(復命)한다면 지시하신 일을 어기지 않고 경비도 아낄 수 있을 터이니, 이것이 하나의 좋은 계책일 것입니다.

제 생각은 이와 같으나 감히 멋대로 결정할 수 없으니, 가르침을 내려주셨으면 합니다. 제 생각이 만약 당신의 뜻과 맞는다면 속히 회신으로 알려주시어 제본을 갖출 수 있게 해주시기 바랍니다.

다만 심무의 군사 3000명은 이미 절강으로 돌아가게 되었습니다. 이제 2만 명에서 아직 9000명이 부족하니, 귀국 병력을 줄여주시기 바랍니다. 만약 반드시 처리할 수 없다면, 1만 6000명이야말로 결코 그보다 부족해서는 안 될 잔류 병력입니다.

살피건대, 당나라 때에도 일찍이 조선에 군사 3만 명을 남겨두고 지키게 하였으나 겨우 4년 만에 돌아갔습니다. 지금도 헤아려보건대 이 정도 수는 써야 할 것 같습니다. 왜노의 소식과 조선에서 병마를 가려 뽑는 상황을 지켜보면서 연달아 철수하면 만전을 기할 수 있을 것입니다. 살펴주시기를 빌며 이만 줄입니다.

....
40 구리(求里): 구례(求禮)의 오기이다.

9-34

병부상서 석성에게 보고하는 서신

又 | 권9, 31a-31b

날짜 만력 21년 7월 28일(1593. 8. 24.)

발신 송응창

수신 병부상서 석성

내용 일본군이 부산을 떠나 귀환길에 올랐고 조선의 왕자와 배신을 돌려
보낼 예정임을 알리는 서신이다.

제독 이여송은 왜노가 부산에 머무르며 아직 돌아가지 않고 있
는데 왜장과 심유경이 다시 왔기에 심히 질책을 하였고, 나이토 조
안은 머리를 조아리며 죄를 받았습니다. 제독은 이에 나이토 조안에
게 명하여 왜군 병사 1명을 선발하고, 심유경도 가인(家人) 1명을 선
발하며, 제독 또한 가정 1명을 선발하여 7월 9일에 부산으로 가서
여러 왜노들에게 섬으로 돌아가라고 타이르도록 하였습니다.

지금 갔던 사람들이 돌아와서 여러 왜노들이 모두 배에 오르는
모습과 왕자와 배신들이 송환되는 길에 있는 모습을 직접 보았다고
하였습니다. 이미 각각 배에 올라 바다를 건널 날이 눈앞에 있으니,
이는 사직의 복이요 대하(석성)께서 크게 보살펴주신 덕분입니다.
먼저 이렇게 서둘러 보고를 올려 걱정을 조금 덜도록 합니다. 관(關)

을 나가는 정확한 기일이 있기를 기다려 다시 말씀드리겠습니다. 이
는 제독이 선발한 사람이 보고한 일이니 거짓이 아닐 것입니다. 나
머지 말씀은 다 아뢰지 못합니다.

經略復國要編

권10

제독 이여송에게 보내는 서신

與李提督書 | 권10, 1a

날짜 만력(萬曆) 21년 8월 1일(1593. 8. 26.)

발신 송응창(宋應昌)

수신 제독(提督) 이여송(李如松)

내용 호택(胡澤)과 심사현(沈思賢)이 일본군이 머무르고 있는 부산의 형편을 정탐하고서 그들이 장기간 주둔할 만한 조건이라는 보고서를 올렸는데, 이를 알리면서 그들이 철수한 이후의 상황을 철저히 준비하라는 서신이다.

연달아 접수한 보고에 왜노(倭奴)가 모두 배에 올랐고 왕자와 배신(陪臣)은 송환길에 올랐다고 하니, 대장군께 크게 경하드립니다. 곧이어 호택과 심사현의 품첩(稟帖)을 받았는데 그곳에 이르기를, "앞서 심유경(沈惟敬)을 만나 부산(釜山)의 사정과 지형을 물었더니 말하기를, '길이 200리, 폭 40리에 100만여 명의 인마(人馬)가 주둔할 만한 곳으로 지금 이미 저자를 이루었으니, 대마도(對馬島)에 식량을 공급할 만합니다. 지금 고니시 유키나가(小西行長)가 이곳에 있으면 왜의 무리가 갑자기 모두 물러나려 하지 않을 것입니다.'라고 하였습니다."라고 하였습니다.

그 보고가 또한 이와 같으니, 제가 생각하건대 우리가 일을 꾀하면서 진실로 삼가며 소홀히 해서는 안 되겠습니다. 왜노가 바다를 건너가면 유수(留守)하는 일을 속히 조정하여 설사 다른 뜻이 있다 하더라도 길게 이어지지는 않게 해야 합니다. 만약 망설이다가는 분명 후회할 일이 있을 것입니다. 대장군께서 힘써 도모해주시기 바랍니다.

10-2

제독 이여송에게 보내는 서신

又 | 권10, 1a-1b

날짜 만력 21년 8월 3일(1593. 8. 28.)

발신 송응창

수신 제독 이여송

내용 앞서 이여송이 유수군(留守軍)을 1만 2000명으로 하자고 제안한 데 대해 2만 명은 되어야 한다는 의견을 전하면서, 보정(保定)과 산서(山西), 그리고 양원(楊元)이 모집한 군사로 그 수효를 채우라는 서신이다.

우리 군사 1만 2000명을 머물러두게 하자는 논의는 매우 좋습니다. 다만 제 생각에 교활한 왜노는 시도 때도 없이 거짓말을 하니, 방어하는 우리 군사가 2만 명은 되어야 할 것입니다. 대장군께서 보정의 군사 5000명, 산서의 군사 2000명, 양원이 불러 모은 장정 1000명을 모아 그 수효를 충족시킨다면 많은 사람을 나누어 포진시켜서 조선을 걱정 없이 지킬 수 있을 것입니다. 대장군의 공은 오늘날 회복시킨 데에만 머무르지 않고 대대로 떠받들어질 것입니다. 서신을 올리며 살펴보시게 합니다. 이만 줄입니다.

10-3

조선국왕에게 보내는 자문

移朝鮮國王咨 | 권10, 1b-3b

> **날짜** 만력 21년 8월 4일(1593. 8. 29.)
>
> **발신** 송응창
>
> **수신** 조선국왕[선조(宣祖)]
>
> **내용** 명군 본대가 철수한 후에도 2만 명 정도를 남겨둘 터이므로 그 비용으로 1년에 약 은 100만 냥과 군량을 제공할 것을 요구하고, 아울러 장정을 선발하여 명군의 지도 아래 훈련시키고 요해처에 방어시설을 갖출 것 등을 요구하는 자문(咨文)이다.
>
> **관련자료** 『선조실록』 권41, 선조 26년 8월 10일(신묘) 기사에 이 문서의 일부가 인용되어 있다. 아울러 『선조실록』 권41, 선조 26년 8월 17일(무술) 기사의 비변사(備邊司)의 계(啓)에도 일부 구절이 인용되어 있다.

대군을 잠시 남겨두고 막아 지키게 하여 외번(外藩)을 공고히 하고 내지(內地)를 편안히 하는 일.

앞서 제가 군사를 남겨두는 일과 군량에 관한 일에 대해 논의하는 자문을 보낸 바 있는데, 그 후 아직 회답 자문을 받지 못하였습니다. 지금 장령(將領)들의 보고를 받아보니, "부산의 왜노들이 왕자와 배신 및 가솔들을 송환하고서 모두 배를 타고 멀리 도망쳤습니다. 고니시 유키나가도 서생포(西生浦)로 가버렸습니다."라고 합니다.

이를 받고 살피건대, 섬 오랑캐가 이미 달아나 우리의 무운(武運)이 크게 떨쳐졌고 귀국의 강산이 모두 회복되었으니 저는 국왕께 경하드려야 하겠습니다.

생각하건대 이 왜노들은 본성이 길들이기 어렵고 교활하여 예측하기 힘드니, 반드시 군사를 남겨두어 치밀하게 방어하는 것만이 잘 마무리하는 방법이 될 것입니다. 제가 왕국을 위하여 깊이 생각하고 자세히 살핀 끝에, 앞서 논의하였던 군사 1만여 명으로는 오히려 부족할까 걱정스러워 별도로 제독 이여송에게 문서를 보내 재차 따져보게 하였습니다. 그랬더니 대략 2만여 명을 두 갈래로 나누어 한 갈래는 대구(大丘)와 선산(善山) 사이에 나누어 포진시켜 경상도를 지키게 하고, 한 갈래는 남원(南原)과 진주(晉州) 사이에 나누어 포진시켜 전라도를 지키게 하면, 위엄과 기세가 서로 이어지고 좌우가 서로 기댈 수 있어 걱정하지 않아도 될 것 같다고 하였습니다. 생각해보니 그럴싸한 이야기인 것 같습니다.

유수하는 군사들은 집에서 1만 리나 떨어진 먼 곳의 다른 마을을 지키는 것이니, 그들의 마음에 어찌 부모와 처자에 대한 생각이 없겠습니까. 두터운 이익으로 마음을 다잡지 않는다면 무슨 수로 그들이 힘을 내게 할 수 있겠습니까. 이제 따져보건대, 군인 1명당 매달 양은(糧銀) 1냥 5전, 행량은(行糧銀)과 염채은(鹽菜銀)으로 1냥 5전, 의복비로 3전, 포상으로 3전 등 총 은 3냥 6전을 지급해야 하겠습니다. 장령들의 급여와 군량 또한 우대하는 쪽으로 해야 하겠습니다. 1년 치를 계산해보니 대략 은 100만 냥이 되는데, 날마다 지급할 본색(本色)의 군량은 별개입니다. 왕께서는 속히 재정을 담당하는 신하와 함께 위의 은냥을 계산해보십시오. 만약 병란(兵亂)이 일어난 이후라서 군량은 넉넉해도 은은 부족하다 한다면, 귀국에 광산(鑛山)이 자못 많으니 하늘과 땅의 자연스러운 이익을 취하여 국가의 비용에 보태면 됩니다. 그러면 또한 무슨 근심이 있겠습니까.

그러나 유수하는 군사는 정해진 수만 있는 것이 아니라 또한 정해진 기한이 있습니다. 왜구(倭寇)가 왕래하는 것은 정해진 때가 없을 뿐만 아니라 또한 정해진 수도 없습니다. 정해진 것이 있는 것으로 정해진 것이 없는 것을 대비하는 것은 결코 장구한 계책이 아닐 것입니다. 지금 왕국은 사방이 6000리로 땅이 넓지 않은 것이 아니고, 팔도와 삼도(三都)에 백성이 모이지 않은 곳이 없으며, 기름진 들판에 곡식이 넉넉하지 않은 것이 아닙니다.

옛말에 이르기를, 거문고 소리가 너무 조화롭지 못하면 고쳐서 다시 매야 한다고 하였습니다.[1] 지금 왕께서는 나라를 다시 세우고 새롭게 바로잡는 때를 맞이하였으니, 서둘러 전라도·경상도·경기도 등에 지시하여 배신으로 하여금 힘세고 씩씩한 군인들을 최대한 많이 모집하고 선발하여 즉시 관할하게 해서 모두 부장(副將) 유정(劉綎)·오유충(吳惟忠)·낙상지(駱尙志) 등의 군영(軍營)으로 가게 하십시오. 저는 별도로 각 장수에게 알려 선발한 군사들이 도착하는 날에 그들이 입는 옷과 갑옷을 남병(南兵)과 같게 하고, 그들이 쥘 병기도 남병과 같게 하며, 각 군영으로 하여금 일어났다 엎드렸다 하고 치고 찌르는 방법을 가르치고 훈련시키기를 남병과 같게 하면,

......

1　옛말에 …… 하였습니다: 한(漢)나라 동중서(董仲舒)와 관련된 고사로, 개혁을 비유하는 말이다. 동중서가 무제(武帝)의 책문(策問)에 답한 내용 중 당시의 정치 상황을 거문고에 비유하여 거문고의 소리가 조화롭지 못하면 반드시 줄을 풀어서 다시 매야 한다면서 법을 바꾸어 개혁해야 한다고 주장하였다.

몇 달 안에 저절로 남병과 다르지 않게 될 것입니다. 왜노가 쳐들어오면 우리 군사를 도와 함께 싸우게 할 것이니, 이렇게 하면 점점 더 그 수는 늘어나고 점점 더 숙련될 것입니다.

무기를 많이 만들고 군량을 널리 쌓아두며, 또한 제가 앞서 보낸 자문에서 말씀드린 방어시설을 설치하여 국가를 지킬 사리(事理)에 따라 지금 경상도와 전라도의 요해처를 방어하고, 험준한 곳은 어디든 요새로 틀어막으십시오. 저는 부장 유정에게 격문(檄文)을 보내 각 장령들과 모여 귀국의 신민과 함께 즉시 지형을 살피고서 힘을 다해 수리하게 하겠습니다. 참호를 팔 곳에는 참호를 파고, 해자를 두를 곳에는 해자를 두르며, 관문(關門)을 쌓을 곳에는 관문을 쌓고, 목책을 둘 곳에는 목책을 두며, 해구(海口) 가운데 봉화대를 세울 곳에는 봉화대를 세우고, 해선(海船) 가운데 바다로 나가 정탐할 것은 수시로 정탐하게 하겠습니다. 피폐해진 곳은 수리하고 무너진 곳은 세우며 옛것을 혁파하고 새것을 세우십시오. 이렇게 하고서도 나라가 부유해지지 않고 군사가 강해지지 않으며 원수를 갚지 못한 일이 없었으니, 지키는 데 무엇을 겁내겠습니까.

제가 왕을 위해 깊이 생각하고 자세히 살펴 정한 것이니 며칠 안에 즉시 거행하시고 절대 시간을 끌지 마시기 바랍니다. 이를 위하여 자문을 보내니, 번거로우시겠지만 청하건대 잘 살펴 처리해주시기 바랍니다.

호부주사 애유신에게 보내는 서신

與艾主政書 | 권10, 3b-4a

날짜 만력 21년 8월 4일(1593. 8. 29.)

발신 송응창

수신 경리양향(經理糧餉) 호부주사(戶部主事) 애유신(艾維新)

내용 유수군 2만 명의 주둔 비용을 조선에 청구하였으나 결국은 명에서 부담해야 할 것 같으니 미리 준비할 것을 당부하는 서신이다.

어제 제독 이여송의 보고를 받았는데, 비록 왜노가 서생포(西生浦)로 물러났다고는 하지만 그들의 모의를 예측하기 어려우니 아직 완전히 믿을 수는 없습니다. 군량에 대해서 더 빨리 운반하라고 재촉하여 남아 있는 군사들의 수요에 충당하자는 것은 매우 정확한 논의입니다. 게다가 이제 남겨둘 군사 또한 적어서는 안 되니 2만의 수는 채워야 할 것입니다. 다만 조선에서 비용을 빌리고자 하여도 지급하지 못할까 걱정입니다. 결국 중국[天朝]에서 원조해야 하는데, 그러자면 산동(山東)에서 운반해야 할 터이니 역시 서둘러야 합니다. 나머지 군사들의 철수 또한 머지않은 듯합니다. 제가 돌아갈 시기에 대해서는 제독과 그대와 함께 만나 결정하고자 하니, 감히 언제라고 성급히 알려드릴 수 없습니다. 돌아가는 인편(人便)에 이 서신을 부칩니다. 이만 줄입니다.

내각대학사 왕석작·조지고·장위, 병부상서 석성에게 보고하는 서신

報三相公幷石司馬書 | 권10, 4a-6a

날짜 만력 21년 8월 5일(1593. 8. 30.)

발신 송응창

수신 내각대학사(內閣大學士) 왕석작(王錫爵)·조지고(趙志皐)·장위(張位), 병부상서(兵部尙書) 석성(石星)

내용 일본군이 철수하였음을 알리면서 사후 대책을 제안하는 내용의 서신이다. 봉공안(封貢案)은 잠시 보류해둘 것, 군사 2만 명을 남겨 경상도와 전라도를 방어하게 하고 그 비용은 조선 측에 부담하게 할 것, 유수군의 책임자로 유정을 임명해줄 것 등을 건의하였다.

관련자료 정철(鄭澈),『백세보중(百世葆重)』4-19,「經略軍務侍郎宋書抄」와 동일 문서로 약간의 자구 차이가 있다. 사은사(謝恩使) 정철이 수집하여 필사해둔 것으로 보인다.

동쪽의 일은 원대한 계획에 힘입고 있습니다. 근래에 제독의 보고를 받았는데, 그 내용은 다음과 같았습니다. "가토 기요마사(加藤清正) 등 여러 왜들은 모두 바다를 통해 떠났습니다. 고니시 유키나가는 조공 때문에 머물러 있다가 부하와 병마(兵馬)를 데리고 또한 서생포로 돌아갔습니다. 서생포는 바다 남쪽에 있으며 부산에서 40

여 리 떨어져 있습니다."

제가 생각하건대 조공을 조건으로 강화(講和)하는 일은 평양(平壤)에서 시작되었고 왕경(王京)으로 이어졌으니, 모두 이 한 수에 힘입어 왜를 물러나게 하였습니다. 옹대(翁臺: 왕석작·조지고·장위)의 뜻 또한 이와 같았으므로, 저는 애당초 상주를 올리지 않았던 것입니다. 또한 앞서 왕경에서 올린 당보(塘報)에도 다만 대략만을 말씀드렸을 뿐 감히 실상을 말씀드리지 않았으니, 보고문을 살펴보실 수 있을 것입니다.

다만 왜노는 성정이 교활하고 속임수가 많아 귀신도 헤아리기 어렵습니다. 근래에는 심유경이 오랫동안 왜군의 진영에 있었는데도 전혀 소식을 보내오지 않다가 전라도를 공격하려 하자 그제야 심유경을 돌려보내서 조공을 논의하면서 우리 군사를 늦추려고 하였으니, 이것이 분명한 증거입니다. 오늘의 일 역시 단지 이 수를 차용해서 위의 건을 해치워야 합니다.

조공 논의를 실제 하고자 해도 쉽게 실행할 수는 없는데, 이는 왜가 반복무상해서 결정하기가 어렵기 때문이지 사실 남들의 이러쿵저러쿵하는 말로 인한 것은 아닙니다. 그래서 저는 찬획(贊畫)·제독과 몰래 의논하여 심유경과 왜장(倭將)을 잡아두고 기미(羈縻)하면서 시간을 질질 끌기로 하였습니다. 우리의 여러 방어 대책이 자리 잡기를 기다렸다가 복명(復命)하러 경사(京師; 북경)에 돌아가서는 마땅히 시행할 일들을 직접 뵙고 상의하며 가르침을 청하고자 하는데, 어떻습니까.

왜노가 지금 바다로 나갔으니 사후 처리는 가장 중요한 일로 조금도 소홀히 해서는 안 될 것입니다. 살펴건대 전라도와 경상도 두

도(道)는 조선의 가장 남쪽으로, 경상도가 동남쪽이고 전라도가 서남쪽인데 이를 가리켜 2남(南)이라고 합니다. 이곳은 왜가 조선을 범한다면 반드시 거치는 길로, 이곳 말고는 달리 길이 없습니다. 이곳을 전국의 긴요한 문호(門戶)라고 한다면 왕경과 평양은 안방입니다. 문호가 지켜지면 안방은 평안해질 것입니다. 두 도의 요해처로, 경상도에는 대구·경주(慶州)·선산·고령(高靈)의 여러 길목이 있고 전라도에는 남원·운봉(雲峰)·광양(光陽)·구례(求禮)의 여러 길목이 있습니다. 근래에 이 길목을 지키자 왜가 침범할 수 없게 되었으니, 이보다 더 중요한 곳은 없습니다. 앞서 보고한 조령(鳥嶺)의 세 길 또한 내지[腹裡]²에 있으니, 마땅히 중요한 관문으로 삼아야 할 것입니다. 이제 이곳에 유수하는 여러 장수들로 하여금 배신과 협동하여 지형의 험준함과 평탄함을 따져서 관문과 요새를 쌓고 돈대(墩臺)와 성곽을 짓게 하며, 우리의 남겨둔 군사와 저들 조선 군사를 완급을 헤아려 적당히 동원하여 나누어 배치해서 지키게 해야 합니다.

또한 살피건대 전라도와 경상도의 연해(沿海) 지역에 예전에 설치한 좌우수영(左右水營)과 좌우병영(左右兵營)을 모두 수리하여 복구하게 하였으니, 조선의 병마를 배치하여 지키게 하십시오. 부산 일대는 중요한 해구이니, 전라도와 경상도, 남북 두 요로(要路)로 통할 수 있는 곳에는 모두 척후를 강화하고 신포(信砲)³를 분명히 하여 실수하지 않게 하십시오. 또한 여러 장수들로 하여금 효과가 있는

....

2 내지[腹裡]: 원문의 "복리(腹裏)"는 내지(內地)와 같다. 거용관(居庸關)·산해관(山海關) 등의 관새(關塞), 즉 화(華)와 이(夷)를 나누어 경계 짓는 곳의 안에 있는 주·현을 복리의 지면(地面)이라 한다.
3 신포(信砲): 신호할 때 발사하는 화포이다.

우리 화기(火器)를 장역(匠役)[4]에게 넘겨주어 전라도로 가서 저들의
쇠와 숯을 써서 가까운 곳에서 제작하도록 하여 각 로(路)에 나누어
지급하십시오.

그러나 우리 군사를 두 도에 나누어 포진하게 한다면 각 도에 1
만 명은 있어야 할 것입니다. 제독이 이미 남겨둘 군사 1만 2000명
을 선발하였으니, 이번에 다시 제독에게 문서를 보내 산서의 군사
2000명, 진정(眞定)·보정의 군사 5000명, 양원이 새로 모집한 가정
(家丁) 1000명 등으로 2만의 수효를 채워야 합니다. 그 수가 결코 적
어서는 안 됩니다. 또한 국왕에게 자문을 보내 충청·전라·경상 3도
의 인마 가운데서 정예군 수만 명을 뽑아 나누어 배치해서 협력하
여 수비하게 하십시오.

우리 군사 모두에게 급여와 염채(鹽菜), 의복비 등으로 넉넉히 군
사 1인당 매달 3냥 6전을 지급하고 급여 이외에 매일 본색(本色)의
군량을 지급해서 충분히 쓰게 하도록 조선으로 하여금 모두 마련하
게 해야겠습니다. 급여와 군량이 넉넉하면 군사들은 분명 즐거이 따
를 것입니다. 만약 조선이 부족하다고 호소하면 중국이 10분의 3을
보조한다고 해도 이 역시 많지는 않을 것입니다.

유정에게는 총병(總兵)의 직함을 제수하여 유수하는 여러 장수를
관할하도록 하되 계요총독(薊遼總督)에게 작전 지휘를 받게 합니다.
감찰과 방범은 요동순무(遼東巡撫)에게 맡깁니다.

이와 같이 방어를 준비하고 또한 엄밀하게 한다면 왜노가 광포
하다 하더라도 어찌할 수 없을 것입니다. 또한 조선의 정예 병마를

....
4   장역(匠役): 관아에 노동력을 제공하는 장인을 말한다.

우리의 각 군영에 나누어 배치하여 군영에서 조련하면서 그들이 숙련되기를 기다렸다가 다시 믿을 만하게 되었을 때 우리 군사들이 점차 철수한다면, 조선을 별일 없이 지킬 수 있을 것이고 우리나라에도 큰 이익이 될 것입니다. 이는 양쪽 모두에게 이익이 되는 길입니다.

제 생각은 이와 같으나 고명하신 안목으로 보시기에 어떨지 모르겠습니다.

제독 이여송에게 보내는 명령

檄李提督 | 권10, 6a-7a

> **날짜** 만력 21년 8월 5일 (1593. 8. 30.)
>
> **발신** 송응창
>
> **수신** 제독 이여송
>
> **내용** 체찰사(體察使) 류성룡(柳成龍)⁵이 부산의 일본군이 경주를 침범하려 하고 바다에 출몰하고 있다고 보고하였는데, 이여송에게 그것이 사실인지 정탐하고 유정을 파견하여 경주를 구원하게 할 것 등을 지시하는 명령이다.

왜정(倭情)에 관한 일.

이달 4일에 조선 체찰사 류성룡으로부터 보고를 받았는데, 그 내용은 다음과 같았다.

포로로 잡혔다가 도망쳐 돌아온 사람들이 공술(供述)하기를, "양산(梁山)과 기장(機張)에 있는 왜적들이 부산포(釜山浦)에 군사

....

5   류성룡(柳成龍): 1542~1607. 조선 사람으로 본관은 풍산(豐山)이다. 호는 서애(西厓)이다. 임진왜란이 발발한 후 영의정(領議政)이 되어 조선의 군무(軍務)를 총 지휘하였다. 선조 31년(1598) 정응태(丁應泰)의 무고 사건으로 탄핵을 받아 삭탈관직되었다.

를 요청하였으며, 남아 있는 왜장들은 경주(慶州)를 침범하려고 합니다."라고 하였습니다. 또한 보고하기를, "왜적의 크고 작은 배들이 서너 척씩, 혹은 여덟아홉 척씩 연일 동쪽 큰바다에 출몰하고 있습니다."라고 하였습니다. 적의 모략을 예측하기 어려우니, 빈틈을 타서 들이받을까 근심스럽습니다. 또한 경주는 동쪽 군읍(郡邑)들 가운데 큰 곳으로 제법 쌓아놓은 것이 있으니, 이 사안은 매우 우려할 만합니다.

이를 받고 살피건대, 왜노가 앞서 나이토 조안(小西飛彈守)을 파견해와서 조공을 바치고자 한다고 하더니 한편으로는 진주(晉州)를 침공하였다. 이번에는 왕자와 배신, 두 사신을 송환하고 서생포로 물러나 주둔하여 이제야 공손하게 군다고 할 수도 있지 않을까 하였더니, 다시 보고에 이르기를 경주를 침범하려 한다고 한다. 또한 살피건대, 서생포는 부산보다도 남쪽에 있어 조선의 경계이기는 하지만 바다로 나가 멀리 가버린 것은 아니다. 이러한 교활한 모의와 말 바꾸기로 겉으로는 도망치는 것처럼 하면서도 속으로는 공격을 하려는 것이다.

심유경이 오랫동안 왜의 진중(陣中)에 있을 때에 분명 그 내막을 알았을 터인데, 지금 머리를 감추고 꼬리를 숨기고서 왜의 간사함을 밝히지 않았다. 만약 하루아침에 왜추(倭醜)들이 쏟아져 나온다면 나 역시 죄를 면하기 어려울 것이다. 위의 보고를 그대로 믿을 수 없다 하더라도 군사의 일은 차라리 과하게 신중하게 하는 편이 나을 것이므로 잘 살펴 지시를 내린다.

패문(牌文)을 보내니, 바라건대 평왜제독(平倭提督)은 즉시 적당한 관원을 선발하여 왜노들이 동쪽 바다에서 배를 타고 출몰하고 있다는 것이 사실인지, 경주를 침공하려는 정황이 있는지를 정탐하라. 만약 그렇지 않다면 전과 같이 방어할 것이요, 만약 사실이라면 서둘러 8000명을 추가로 동원하여 2만의 수를 채워 나누어 포진시킬 수 있도록 하라. 또한 유정에게 격문을 보내 사기를 따져 군사를 동원하여 경주 일대로 가서 구원하고 조선의 관군과 협동하여 방어하게 하라. 잘 살펴보고 사유를 갖추어 회보(回報)하라. 늦어지지 않게 하라.

내각대학사 왕석작·조지고·장위, 병부상서 석성, 병과급사중 장보지에게 보고하는 서신

報三相公石司馬兵科書 | 권10, 7a

날짜 만력 21년 8월 5일(1593. 8. 30.)

발신 송응창

수신 내각대학사 왕석작·조지고·장위, 병부상서 석성, 병과급사중(兵科給事中) 장보지(張輔之)

내용 유수군의 책임자로 유정을 추천하는 서신이다.

군사(軍事)에서는 예로부터 장수 택하기를 중요시해왔습니다. 머물러 지키는 일은 가장 중요한 사안입니다. 유정은 용맹하고 또 지혜로우니 반드시 이 사람이 총괄해야만 비로소 만전을 기할 수 있을 것입니다. 만약 다른 장수로 교체한다면 혹 소홀하게 될 수 있습니다. 저와 제독 이여송도 비록 어깨의 짐은 내려놓는다 하더라도 나머지 책임이 없지 않을 것입니다. 이 사안은 제가 유정에게 사사로운 마음이 있어서가 아니고 그저 사직(社稷)을 위해서일 뿐입니다. 상공(相公: 왕석작·조지고·장위·석성·장보지)께서 주관하시어 저의 어리석은 청을 굽어살펴 따라주십시오. 간절히 기도하고 간절히 기도합니다.

병부상서 석성에게 보고하는 서신

報石司馬書 | 권10, 7a-7b

날짜 만력 21년 8월 6일(1593. 8. 31.)

발신 송응창

수신 병부상서 석성

내용 유수군을 2만 명으로 하자는 송응창의 건의에 대해 병부상서 석성은 군량이 부족할 것을 걱정하여 그 수를 줄이라고 하였다. 이에 조선은 토지가 비옥하여 소출이 많으니 군량 공급이 어렵지 않을 것이라고 하면서 유수군의 수를 줄이지 말아달라고 건의하는 서신이다.

제가 군사 2만 명을 남겨두기를 청하고 있는데, 대하(臺下: 석성)께서는 혹 조선의 군량이 부족할까 걱정하시어 그 수를 줄이자고 하십니다. 이는 불가합니다.

대개 조선의 비옥함은 중국에서는 보기 힘든 정도입니다. 사방 5000~6000리가 모두 벼논입니다. 산에도 흙이 몇 척이나 깊어 오곡(五穀)을 심을 수 있고, 비가 오지 않아도 곳곳에 샘이 있어 가물지 않으며, 비가 많이 와도 바다로 흘러들어가니 넘치지 않습니다. 전라·경상·충청·강원 네 도는 강남(江南)에 필적하기에는 쉽지 않겠으나 축적해둔 것이 매우 풍부하여 군수(軍需)에 충분히 공급할 만합니다. 비록 경상도가 근래에 왜로 인한 환란을 겪었다고는 하나 또한 원래 쌓아놓은 액수가 있으니 전라도에 누가 될 정도는 아닙니다. 앞서 군량이 부족하다는 뜬소문이 있어 여러 장수들이 그것을 빌미로 철병하자고도 하였으나 믿을 만하지 않습니다.

대하께서 온 힘으로 주관하시어 이 수를 채우도록 힘쓰신다면 중국의 재물을 소비하지 않고서도 중국의 울타리를 견고히 할 수 있을 터이니 무엇을 꺼린다는 말입니까. 이에 간청을 올립니다.

제독 이여송에게 보내는 명령

橄李提督 | 권10, 7b-8b

날짜 만력 21년 8월 6일(1593. 8. 31.)

발신 송응창

수신 제독 이여송

내용 귀환하는 군사들이 조선의 민간에서 기물(器物)을 빼앗아 강을 건너는 일이 보고되었다. 이런 일이 없도록 군사들을 단속하고 의주(義州)의 강나루에 관원을 파견해서 감독하도록 지시하는 명령이다.

단속에 관한 일.

평왜제독의 보고를 받았는데, 그 내용은 다음과 같았다.

알아보니 회군하는 장병과 관원 가운데 지시를 어기고 여전히 조선의 말과 소를 이용하여 많은 기물을 실어 날라 강 주변 지역에 숨겨두었다가 일행이 지나간 후에야 강을 건너는 자가 있습니다. 바라건대, 군대를 돌리는 날 강연(江沿)에 관원을 보내 각 군영의 병정을 하나하나 점검하게 하십시오. 병으로 죽거나 전사한 자를 제외하고 나면 자연히 그 수효를 알 수 있을 것입니다. 실제로 도달하지 않은 자는 몰래 기물을 실어 서쪽으로 돌아가는 자일 터이니, 모두 추적하여 죄를 다스리십시오.

이를 받고 살피건대, 대군이 동쪽으로 와서 조선을 구원한 연유는 본래 재난을 구휼하고 환란을 막기 위해서였다. 그러므로 내가 국경에 들어온 처음부터 추호도 범해서는 안 된다고 엄히 명을 내렸고, 승전한 후에도 조선국의 동기(銅器)를 멋대로 취하지 말라고 엄히 명을 내렸던 것이다. 모두 중국의 체통을 무겁게 하고 속국(屬國)이 우러러보게 하려던 것으로, 세 번 명령하고 다섯 번 지시한 것이 하루 이틀이 아니었고 관원을 보내 조사하고 체포한 것 또한 한두 번이 아니었다. 그런데도 탐욕스러운 무리들이 여전히 이처럼 명을 어기고 있다. 이제 개선(凱旋)할 때가 되었으니 더욱 엄히 금지해야 한다. 제독의 보고 내용은 단속하는 데 매우 좋은 방법이니, 마땅히 거행하도록 하겠다.

패문을 보내니, 바라건대 평왜제독은 즉각 표하(標下)의 청렴하고 적당한 관원 5명을 선발해 보내 내가 재차 선발한 관원의 명에 따라 의주의 강나루를 지키고 있다가 철수하는 병정들이 있으면 수효대로 있는지 점검할 수 있게 하라. 만약 도착하지 않으면 몰래 동기를 싣고 있거나 아니면 공공연하게 그릇을 싣고 강을 건너려는 것일 터이니 즉시 잡아들이고 나에게 보고하여 죄를 다스릴 수 있게 하라.

내가 엄격하게 고시(告示)를 발급하는 외에, 제독 또한 한편으로는 고시를 내고 한편으로는 세 협(協)의 장령에게 지시하도록 하라. 공을 이루는 날 마땅히 단속하고 지켜야 하니, 작은 일로 큰 공을 잃어 명예를 실추시켜서는 안 될 것이다.

표하의 관원 또한 일체 단속하고, 아울러 선발한 관원 역시 이 일을 빌미로 사달을 일으키지 않게 하라. 꼼꼼히 찾아내고 살피도록 하라. 문서가 도착하는 즉시 선발한 관원을 보내오도록 하고 늦어지지 않게 하라.

권10

10-10

제독 이여송에게 보내는 서신

與李提督書 | 권10, 8b-9a

날짜 만력 21년 8월 7일(1593. 9. 1.)

발신 송응창

수신 제독 이여송

내용 일부 군사는 유정에게 맡겨 남겨두고 나머지 군사들을 잘 단속하여
철수할 것을 당부하는 서신이다.

적이 이미 소굴로 돌아갔으니 저와 대장군은 다행히 짐을 내려
놓을 수 있겠습니다. 다만 왜노의 모략은 예측하기 어려우니, 마땅
히 미리 방어를 해두어야 합니다.

제 생각에 반드시 군사 2만 명을 남겨두어야 한다는 것은 만전을
기하기 위해서입니다. 즉시 유정을 출동시켜 각 장령과 군사를 관할
하게 하여 모두가 그의 절제(節制)에 따라 각 요해처를 나누어 지키
고 경비를 세우며 편의에 따라 응원할 수 있도록 해야 겨우 일을 달
성할 수 있을 것입니다. 그렇지 않으면 길이 1000리나 떨어져 있기
때문에 저쪽에서는 도움을 요청한들 늦어질까 봐 걱정할 것이고 이
쪽에서는 응원군을 보내고자 해도 또한 지체될까 봐 걱정할 것입니
다. 또한 모두 동원해야만 책임을 돌릴 수 있을 터이니, 만약 훗날

사태가 벌어진다 해도 미루거나 핑계를 대기가 어려울 것입니다.

철수해야 할 병마는 모두 대장군의 처분에 따를 것이니, 각 장령들로 하여금 돌아갈 군사들을 단속하여 소요를 일으키지 않게 해주십시오. 조만간 수레를 재촉하여 저에게 오셔서 만나 왜의 정황을 상의하고 싶습니다. 그러기를 바라고 또 바랍니다.

제독 이여송에게 보내는 명령

檄李提督 | 권10, 9a-10a

날짜 만력 21년 8월 7일(1593. 9. 1.)

발신 송응창

수신 제독 이여송

내용 유수군에 관하여 이미 논의한 대로, 유정의 책임하에 군사 1만 2000명을 남겨두는 외에 산서와 보정의 군사, 양원이 모집한 군사 등 8000여 명을 추가로 배치하고 나머지 군사는 철수하라는 명령이다.

잠시 대군을 남겨두어 방어하는 등에 관한 일.

근래에 제독에게 패문을 보내기를, "유정·오유충·낙상지·왕문(王問)[6] 등의 군사 총 1만 2000명을 남겨두어 조선을 방어하게 하는 일을 논의하는 외에, 나는 전라도와 경상도 두 곳의 요해처에 모두 나누어 포진시키면 위의 군사들로는 부족할까 우려된다. 다시 제독에게 명하니, 현재의 관군 가운데에서 8000명을 뽑아 남겨두어 위

....

6   왕문(王問): ?~?. 명나라 사람으로 의용위(義勇衛) 출신이다. 호는 의재(義齋)이다. 만력 14년(1586)에 무진사(武進士)가 되었다. 만력 20년(1592)에 흠차건창유격장군(欽差建昌遊擊將軍)으로 마병(馬兵) 1000명을 이끌고 조선에 왔다. 만력 21년(1593) 명나라로 돌아갔다.

의 군사와 함께 2만의 수효를 채우고, 한 갈래는 경상도 대구와 선산 사이를 지키게 하라."고 하였다.

그 후 또 듣건대, 경주는 양식을 쌓아둔 곳으로 만약 왜노가 이곳을 노략하면 우리의 유수군이 기댈 곳이 없어질 것이라고 한다. 차라리 사달이 일어나기에 앞서 방어할지언정 뒤늦게 계책을 마련하지는 말아야 할 터이니, 이에 재차 지시한다.

패문을 보내니, 바라건대 평왜제독은 그간의 사태를 잘 살펴서 앞서 논의한 유정 등의 군사 1만 2000여 명은 즉시 이전대로 처리하는 외에, 신속히 산서의 군사 2000명, 보정의 군사 5000명, 양원이 모집한 수비군 1100여 명을 즉시 출동시키라. 그리고 위의 군사와 합쳐 총 2만 명을 두 갈래로 반씩 나누어, 한 갈래는 남원·구례·진주 일대에 주둔하게 하고 한 갈래는 대구·선산·경주 일대에 주둔하게 하여 각각 험준한 지역을 틀어막아 방비하게 하라.

나는 이미 한편으로는 조선을 재촉하여 군량과 마초(馬草)를 운반하게 하였다. 전라도와 경상도는 부유한 곳이라고 하는데 곧 가을걷이를 할 터이니, 넉넉한 군량이 논에 있어 부족하지는 않을 것이다. 그 나머지 철수해야 할 대군은 문서가 도착하는 날 제독이 즉시 멀고 가까운 것을 따지고 일정을 계산해서 철수하게 하라. 서쪽으로 가다가 의주에 이르러 알아서 식량을 찾게 하든, 아니면 막바로 중국으로 돌아오게 하든 모두 편의에 따라 처리하라. 군사를 남겨두어 방어하는 일은 매우 중요한 사안이니 늦어지지 않도록 하라.

10-12

부총병 유정에게 보내는 고시

移劉綎諭帖 | 권10, 10a-12a

날짜 만력 21년 8월 8일(1593. 9. 2.)

발신 송응창

수신 부총병(副總兵) 유정

내용 유수군을 이끌 책임을 맡은 유정에게 사후 대책 전반에 대해 지시하는 내용의 고시문이다. 전라도와 경상도의 요해처에 나누어 주둔하고, 조선의 장정을 동원하여 남병과 함께 훈련시키며, 유수군의 급여와 군량 등을 넉넉하게 지급하라는 등의 내용이다. 이듬해 봄에는 철수할 수 있으리라는 전망도 함께 담았다.

내가 그대에게 깨우쳐 알린다. 지금 왜노가 왕자와 배신, 두 사신을 송환하고 멀리 서생포로 도망쳤으며 장수를 파견하여 조공을 애걸하기에 별도로 논의하고 있는데, 생각건대 이는 왜정이 교활하여 시도 때도 없이 속임수를 부리는 것이다. 우리로서는 머물러 지키면서 잘 마무리하는 책략을 반드시 치밀하게 마련해야 한다. 조선은 이미 지극히 잔혹하게 파괴되었으니 우리가 나누어 포진해서 굳게 지키는 것만이 보전하는 길일 것이다. 오늘날 왜노가 이미 가버렸고 다시 오지 않는다 하여 왜가 이미 공순해졌고 다시는 반역하지 않으리라 생각해서는 안 되니, 대군이 적을 깨뜨리는 계책은 사태에 앞서 미리 마련해야 한다.

살피건대 전라도와 경상도 두 도는 조선의 가장 남쪽으로, 경상도가 동남쪽이고 전라도가 서남쪽이며 이를 가리켜 2남이라고 한다. 왜가 조선을 범한다면 반드시 거치는 길로, 이곳 말고는 달리 길이 없다. 여기가 전국의 긴요한 문호라고 한다면 왕경과 평양은 안방이다. 문호를 지키면 안방은 평안해질 것이다. 두 도의 요해처로 경상도에는 대구·경주·선산·고령의 여러 길목이 있고 전라도에는 남원·운봉·광양·구례의 여러 길목이 있다. 이 두 길을 지키면 왜는 침범할 수 없을 것이다. 조령의 세 길은 또한 내지에 있으니, 마땅히 중요한 관문으로 삼아야 할 것이다.

나는 이미 제독에게 문서를 보내 성지(聖旨)를 받들어 그대의 군사 및 오유충과 낙상지의 군사를 남겨두는 외에, 심무의 군사는 빼고 왕문의 포수(砲手) 1000명과 보병(步兵) 2000명을 합하여 3000명으로 그 수를 보충해서 총 1만 2000여 명을 남겨둘 것을 논의하였다. 나는 그래도 부족할까 우려되어 다시 제독에게 문서를 보내 산서의 군사 2000명, 진정·보정의 군사 5000명, 양원이 모집한 가정 1100여 명 등을 위의 군사와 합쳐 총 2만여 명을 모두 그대의 진영으로 보내게 하였다. 각 장령은 모두 그대의 지휘를 따르며 처리하게 하였다. 2만의 군사를 두 갈래로 나누어 전라도와 경상도 두 도의 요해처에 적당히 나누어 포진시키되, 싸워야 할지 지켜야 할지, 주둔해야 할지 구원해야 할지, 군영을 합쳐야 할지 나누어야 할지 등 일체는 오직 그대가 상황을 보아 처리하도록 하라. 의심하거나 주저할 필요가 없다.

또한 조선국왕에게 자문을 보내 힘세고 씩씩한 군인을 최대한 많이 모집하고 선발해서 배신에게 명하여 거느리고 그대의 군영으로 가서 그대의 처분에 따르게 하였다. 그들이 입는 옷과 갑옷을 남병과 같게 하고, 그들이 쥘 병기도 남병과 같게 하며, 각 군영에서 일어났다 엎드렸다 하고 치고 찌르는 방법을 가르치고 훈련시키기를 남병과 같게 하도록 하였으니, 이렇게 하면 몇 달 안에 저절로 남병과 다르지 않게 될 것이다. 왜노가 쳐들어오면 우리 군사와 함께 대적할 것이고 오지 않으면 우리 군사와 함께 수비할 것이니, 이렇게 하면 그 수는 점점 더 늘어나고 점점 더 숙련되어 우리 군사도 점점 철수할 수 있을 것이다.

또한 국왕에게 문서를 보내 그대와 함께 전라도와 경상도의 모든 요해처에서 즉시 지형을 살피고서 참호를 파고 해자를 두르며, 관문을 쌓고 목책을 두고, 해변에는 봉화대를 세우고 정탐선을 띄우며, 예전에 설치한 좌우수영과 좌우병영을 모두 수리해서 복구하게 하고 조선의 병마로 하여금 지키게 하였다. 또한 우리가 이미 효력이 있는 것을 시험한 화기는 장역에게 넘겨주어 전라도로 가서 저들의 철과 숯을 써서 제작하여 군영에 나누어 지급해서 쓰도록 하였다.

장령들의 급여와 군량, 군사의 행량은과 월량(月糧)은 별도로 논의하여 모두 후히 지급하게 하였다. 최근 보고하기를 양식을 마련하기 어렵다고는 하지만, 전라도는 왜로 인한 환란을 겪지 않았고 일찍이 부유하다고 칭해지던 곳이며 경상도는 경주와 같은 곳이 아직 파괴되지 않았고 주읍(州邑)에도 남은 것이 있다고 한다. 내가 이미 국왕에게 자문을 보냈으니, 그대는 부디 서둘러 운반하도록 독려하

라. 또한 가을걷이가 곧 있을 것이니 넉넉한 군량이 논에 있어 부족함을 걱정하지 않아도 될 것이다.

나와 제독은 아직 끝내지 못한 일들을 적절하게 처리하고서 곧바로 서쪽으로 귀환할 것이다. 그대가 마음을 다하고 뜻을 다하여 이 임무를 맡아서 그동안 지시한 내용을 잘 살펴 착실히 거행하면, 공을 이룩하고 사명을 완수하는 날 조정에서 자연히 특별한 은혜를 베풀어 결코 기대를 저버리지 않을 것이다.

그대는 전과 같이 계요총독과 요동순무의 지휘를 받을 것이며, 내가 경사에 도착한 후에는 큰일이든 작은 일이든 모두 총독(總督)과 순무(巡撫)에게 보고하라. 대체로 그대가 이곳에서 유수한다고 해도 내년 봄을 넘기지는 않을 것이며, 봄 이후에는 곧 철수할 수 있을 것이다. 비록 왜노가 오지 않더라도 별일 없이 방어하고 적절히 처리하면 그것이 곧 공적이 될 것이다. 그대는 장수라서 본디 충성과 용기와 인자함과 지혜를 품고 있으니, 거기에 신의를 더하여 이 과업을 수행하라. 소홀히 하여 후회를 남기는 일이 없도록 하라.

제독 이여송에게 보내는 명령

檄李提督 | 권10, 12a-13a

날짜 만력 21년 8월 9일(1593. 9. 3.)

발신 송응창

수신 제독 이여송

내용 부총병 장세작(張世爵)을 유수군의 군량 공급 책임자로 임명하면서 그에게 적절한 조치를 취하도록 지휘하라는 명령이다.

잠시 대군을 남겨두어 방어하는 등에 관한 일.

별도로 제독에게 패문을 보내 군사 2만을 내어 이여백(李如栢)과 유정에게 주어 전라도와 경상도를 나누어 지키게 하는 외에, 살피건대 남겨둘 군사들은 먼 곳을 지키게 되었으니 군량이라도 충분해야 두건을 벗어버리는[7] 걱정이 없을 것이다. 속국이 잔약하고 피폐하게 되었으니 반드시 급여를 지급하는 데 절제해야만 부족함을 걱정하지 않을 것이다.

지금 이여백과 유정 두 장수가 두 길을 지키는 것은 진실로 만전

....

7　두건을 벗어버리는: 탈건지변(脫巾之變)을 말하는 것으로, 군량이 다 떨어지는 변고를 뜻한다. 당(唐)나라 고종(高宗) 때 관중(關中)의 군량 창고가 텅 비어서 금군(禁軍)이 모자를 벗고 길거리에서 식량을 호소한 고사에서 유래하였다.

을 기하는 계책이지만, 군사가 일어나고 군량이 뒤따르는 것은 조금 도 느슨해져서는 안 된다. 만약 조선의 공급이 때맞추어 이루어지지 않는다면 우리 군사가 소요를 일으켜 서로 구휼하지 않게 될 것이다. 그렇다면 왜로 인한 환란이 평정되기도 전에 피차가 모두 곤경에 처하게 될 것이다. 마땅히 청렴한 장수 1명에게 명하여 중간에서 독려하고 감찰하게 하는 것이 만전을 기하는 길이 될 것이다.

살피건대 부총병 장세작은 청렴함과 근신함을 지켜왔고 위엄 있는 명성이 본디 자자하니, 군량을 감독하는 일을 맡길 만하다.

패문을 보내니, 바라건대 평왜제독은 즉시 장세작에게 지시하여 전라도와 경상도의 적당한 곳에 머무르면서 조선 본국에서 유수군에 공급한 군량을 감독하여 나누어주게 하라. 만약 조선의 군량이 이어지지 않으면 그로 하여금 재촉하고 독려하게 하라. 만약 유수군 가운데 도망치거나 죽은 자가 있다면 그에게 감찰하게 해서 이중 수령이나 거짓 수령하는 일이 없도록 하라. 남겨둔 군대가 서쪽으로 귀환하는 날에도 그대로 엄히 금령을 내려 사사로이 그 국가의 소나 말, 동기(銅器) 등을 취하지 못하게 하라. 가벼우면 곧바로 알아서 처분을 내리게 하고, 장령이나 관원이 얽힌 사안이면 그가 스스로 결단하기 어려울 터이니 요동순무에 정문(呈文)을 올려 처리하게 하라. 사안이 완료되고 공을 이루는 날에 이여백·유정과 한꺼번에 공을 논할 것이며 가볍고 무겁고를 나누지 않을 것이다.

또한 제독은 장세작으로 하여금 대동할 중군(中軍)·천총(千總)· 파총(把總) 등의 관원 및 데리고 갈 가정을 선택하도록 하고, 나에게 정문으로 보고하여 유수하는 관군과 마찬가지로 행량과 월량을 지급할 수 있게 하라.

대개 한(漢)에 삼걸(三傑)이 있었으니,[8] 그 가운데 상국(相國) 소하(蕭何)가 군량을 수송한 것이 제일이었다. 삼군(三軍)의 목숨이 양식에 달려 있으니, 제독은 그에게 상세히 명령을 내려 범상한 일로 보지 않게 하라. 속히 시행하며 그르치지 말라.

10-14

제독 이여송에게 보내는 명령

檄李提督 | 권10, 13a-13b

날짜 만력 21년 8월 9일(1593. 9. 3.)

발신 송응창

수신 제독 이여송

내용 명군이 철수하는 도중의 군량 공급을 기준에 따라 엄정하게 할 것을 지시하는 명령이다. 조선 측에서 정량(正糧)에 비해 적게 지급하는 일이나 명군이 과도하게 요구하는 일이 없도록 감독하라고 하였다.

변경과 해안의 군무(軍務)를 경략하는 일.

살피건대 나는 근래에 제독과 함께 관군 2만 명을 남겨두어 경상도와 전라도를 방어하는 일을 논의한 바 있다. 그 나머지 병마는 모두 본래의 위(衛)로 철수할 것이니, 그들이 지나가는 고을에서 지급할 군량은 모두 조선의 배신들이 관할해야 할 것이다. 다만 각 군사들이 힘이 강한 것을 믿고 많이 뜯어내서 조선국 배신들이 두려워하며 도망칠까 걱정이다. 만일 이러한 일이 있다면 군사들의 식량이 부족하여 사기를 그르치게 될 것이다.

마땅히 관원에게 맡겨 감독하게 해야겠다. 내가 관원을 위임하는 외에 패문을 보내니, 바라건대 평왜제독은 즉시 왕경 서쪽에 있는 고을로 군대가 지나갈 때 군량을 지급하는 곳마다 적당한 관원 1명에게 맡겨 그곳을 관할하는 배신과 함께 감독하여 지급하게 하라. 만약 관군이 그곳에 도착하면 지급해야 할 군량을 때에 맞게 지급하도록 하라. 배신이 작은 되와 말을 사용하여 군사들이 부족하다 하게 만들지 말라. 또한 관군이 기준 이외로 많이 뜯어내서 배신을 괴롭히지 못하게 하라. 만약 배신에게 실수가 있다면 국왕에게 자문을 보내 처리하게 할 것이고, 관군 가운데 범죄를 저지르는 자가 있다면 가벼우면 매를 때리고 무거우면 군법에 따르도록 하라. 먼저 위임한 관원의 직함과 이름을 갖추어 회답하여 보고하라.

제독 이여송, 찬획 유황상에게 보내는 명령

檄李提督劉贊畫 | 권10, 13b-15b

날짜 만력 21년 8월 11일(1593. 9. 5.)

발신 송응창

수신 제독 이여송, 찬획 유황상(劉黃裳)

내용 명군 철수에 즈음하여 그동안의 전투에서 활약한 장병의 공적을 조사해서 보고하라는 명령이다. 평양과 개성(開城)에서의 공적을 다시 한 번 요약하여 기재하고, 그 이후의 작전에서 거둔 공적을 상세하게 갖추어 올려 장차 있을 서훈(敍勳)의 근거로 삼으라고 하였다.

동쪽 정벌의 큰 공이 이미 이루어졌으니 안팎에서 이번 일에 참여한 문무 관원을 조사함으로써 공훈(功勳)과 노고를 위로하고 격려하는 뜻을 밝히는 일.

살피건대 왜노가 갑자기 바다에서 튀어나와 조선을 함락시키고 내지를 범하려는 뜻을 품었는데, 삼보(三輔)⁹가 놀라고 사진[四鎭: 계주(薊州)·요동(遼東)·산동·보정]에 방비가 없어서 그 형세가 매우
....

---

9   삼보(三輔): 전한(前漢) 무제(武帝) 때 장안(長安) 부근 지역을 경조윤(京兆尹)·좌풍익(左馮翊)·우부풍(右扶風)으로 나누어 관할하도록 하였는데, 이 세 지역을 삼보라고 불렀다. 이후 경사(京師) 주변, 근기(近畿)의 별칭으로 사용되었다. 수도를 보위하는 중요한 지역이라는 뜻이다.

급박하였다. 황제께서 육사(六師: 황제의 군대)에 명하시어 구벌(九伐: 죄악을 토벌함)을 행하라 하셨으니, 하늘의 위엄이 가리킨 곳에 군사의 머뭇거림이 없었다. 겨우 한 해 안에 평양에서 전투하고 개성을 함락시켰고, 벽제(碧蹄)를 석권하고 왕경을 수복하였으며, 함경도에서 몰아내고 전라도를 지켰고, 부산에서 퇴각하게 하고 왕자를 돌려보내게 하였으며, 속국을 회복시켰다. 왜의 우두머리는 장수를 파견하여 머리를 조아리며 애걸하고 있다. 이는 진실로 우리 황상께서 성스러운 무덕(武德)을 펼치시고 신령스러운 위엄이 묵묵히 도운 데 힘입은 것이며, 실로 내외의 문무 관원이 서둘러 도와서 함께 이 공을 세운 것이다.

이제 사안을 마무리 짓고 복명할 때에 전례에 따라 두루 조사하여 서훈해야겠다. 안에서는 내각(內閣)·병부(兵部)·병과(兵科)에서 신묘하게 계산하고 호부(戶部)에서 재정을 관리하였고, 밖에서는 산동·보정·요동·계주의 총독·순무가 함께 일을 맡고 선대(宣大)·산서의 총독·순무가 군사를 출동시켰으며 각 분사(分司)에서 처리하고 각 병도(兵道)에서 경영한 것과 같이 몇몇 유사(有司)에서 또한 해안 방비의 일에 참여한 바 있다.

군중의 대장(大將)으로 말하자면 제독의 공훈이 단연 제일 첫째일 것이고, 찬획은 일을 나누어 맡아 책략을 낸 것이 매우 기묘하였으며, 세 협의 부장이 앞장서 용맹을 떨친 일, 각 편장(偏將)·비장(裨將) 등의 장령들이 몸소 혈전을 벌인 일도 있었다. 나와 제독과 찬획의 각 표하 중군은 돈과 군량을 관리하고 상훈과 공적을 판정하였고, 뽑아 보낸 경력(經歷)·기고(旗鼓)·막관(幕官)·참군(參軍)·책사(策士)·기패(旗牌)·잡위(雜委)·청용(聽用)·답응(答應) 등의 관리와

서리(書吏) 등도 모두 남의 나라에 와서 정벌을 수행하였다. 각각 노고와 공적이 있으므로, 마땅히 조사해서 파격적으로 서훈함으로써 격려하는 뜻을 밝혀야겠다.

패문을 보내니, 바라건대 제독과 찬획은 즉시 원외랑(員外郎) 유황상과 함께 제독 이여송이 조사한 위의 문무 관원들 및 아직 다 적지 못한 자들을 내가 지난번 평양에서의 공적을 서훈할 때 올린 상주의 방식에 따라 등급을 나누고 배열하여 차례대로 기록하되, 특서(特敍)·수서(首敍)·우서(優敍)·통서(通敍)·상뢰(賞賚) 등으로 분별하라. 혼자만 이름을 적어 천거할 자는 본인의 이름 아래 천거하는 말을 적고, 비슷한 부류로 묶어 천거할 자는 대표 이름 아래 천거하는 말을 줄줄이 열거하며, 직함을 더해줄 자에게는 '가함(加銜)'이라고, 품계를 올려줄 자에게는 '승수(陞授)'라고 써라. 또한 일의 시작부터 일의 마무리까지를 적도록 하라. 비록 평양과 개성 등의 공적은 앞서 이미 서훈할 것을 기록하였더라도 아직 병부의 검토를 거치지 않았으니, 다시 대략을 적는다 해도 무방하다. 왕경을 수복하고 함경도에서 몰아내며 달아난 왜노를 뒤쫓고 전라도를 보전하며 진주를 구원하고 대구를 지키며 부산에서 퇴각하게 하고 왜를 압박하여 바다로 나가게 한 일 등의 사정을 하나하나 갖추어 적되, 번잡해도 좋으니 간략하게 하지는 말라. 유수하는 장병에 대해서는 현재 사후 처리에 대해 책임을 지워놓았으니 모두 조사해서 서훈하도록 기록하라.

이는 격려하고 권장하는 큰일이므로, 넘치게 과장해서 공적이 없는 자가 이름을 날리는 행운이 없게 하고 지나치게 줄여서 공이 있는 자에 관해 사중우어(沙中偶語)¹⁰가 일지 않게 하라. 문서가 도착하면 곧바로 적당한 방안을 회의하여 적어서 보고하여 갖추어 아뢸 수 있게 함으로써 동쪽 정벌에 나선 장병들이 황은(皇恩)에 젖을 수 있게 하라. 지체하다가 여러 사람의 입에서 훗날 탄식이 나오지 않도록 하라.

....

10 사중우어(沙中偶語): 신하가 몰래 모반하려고 의논하는 일을 가리킨다. 한나라 고조가
    공신 20여 명을 책봉할 때 여러 장수가 모래땅 위에 앉아서 수군거리는 모습을 보고 수
    상히 여겨 장량에게 물었더니 논공행상에 불만을 품고 배반하려고 서로 의논하는 것이
    라고 한 고사에서 나온 말이다.

두 왕자가 송환된 것에 대해 조선국왕이 감사하는 자문

謝還二王子咨 | 권10, 15b-16a

날짜 만력 21년 8월 11일(1593. 9. 5.)

발신 조선국왕

수신 송응창

내용 일본군에게 포로로 잡혀 있던 임해군(臨海君)과 순화군(順和君) 두 왕자 및 배신들이 귀환길에 올랐다는 소식을 듣고 감사의 뜻을 표하기 위해 보낸 자문이다.

관련자료 이 문서의 내용을 볼 때 『선조실록』 권41, 선조 26년 8월 13일 (갑오) 기사와 앞부분의 이영(李瑛),[11] 황혁(黃赫)[12]의 치계(馳啓) 부분이 같으나 뒷부분의 내용은 완전히 다르다. 『선조실록』의 논지는 조선이 파견한 진주사(陳奏使)의 출발을 중간에서 막지 말아달라고 송응창에게 요청한 것이지만, 본문의 논지는 두 왕자가 돌아온 것에 감사하는 것이다. 송응창이 문집을 편찬할 때 동일한 문서에서 의례적인 감사의 부분만을 뽑아내어 수록하고 불리한 부분을 모두 삭제한 반면, 실록에서는 의례적인 부분을 생략하고 진주사의 출발을 막은 데 대한 불만을 표시한 부분만을 기록한 것으로 강하게 의심된다.

....

11 이영(李瑛): ?~1593. 조선 사람이다. 선조 24년(1591) 함경남도병마절도사(咸鏡南道兵馬節度使)에 임명되었다. 임진왜란이 발발하자 임해군(臨海君)과 순화군(淳化郡)을 잡

조선국왕이 정성을 우러러 아뢰며 삼가 지극한 은혜에 감사드리는 일.

이달 10일에 배신 이영과 황혁 등으로부터 치계를 받았는데, 그 내용은 다음과 같았습니다.

7월 15일에 사용재(謝用梓)·서일관(徐一貫) 두 천자의 사신이 일본에서 돌아왔습니다. 22일에 신(臣) 등은 임해군 이진(李珒),[13] 순화군 이보(李㻋)[14]와 함께 두 사신을 따라 부산진(釜山鎭)에서 귀환길에 올랐으며 현재 대구부(大丘府)에 도착하였습니다.

이를 받고 살피건대, 당직(當職)은 성천자(聖天子)의 재조지은(再造之恩)을 받들어 삼도(三都)를 이미 수복한데다가 두 아들까지 이어서 돌려받았습니다. 부모의 지극한 정도 매번 마음을 흔들어 보았지만 올빼미 같은 흉측한 성품을 잘 타일러 깨치기 어려울까 걱정하였는데, 하늘의 음덕을 우러러 받들고 귀하게 힘입었으니 이는 황상

....

기 위해 북상한 가토 기요마사와 전투를 벌였다가 참패하고 반란 세력에 의해 두 왕자와 함께 일본군의 포로가 되었다.

12 황혁(黃赫): 1551~1612. 조선 사람으로 본관은 장수(長水)이다. 자는 회지(晦之), 호는 독석(獨石)이다. 순화군은 그의 사위이다. 임진왜란이 발발하자 순화군과 함께 가토 기요마사의 포로가 되었으며 협박을 받아 선조에게 보내는 항복 권유문을 썼다.

13 임해군 이진(李珒): 1572~1609. 조선의 왕자이다. 선조의 서장자(庶長子)로 자는 진국(鎭國)이다. 어머니는 공빈(恭嬪) 김씨이다. 임진왜란이 발발하자 근왕병(勤王兵)을 모집하기 위해 함경도로 떠났으나 동생 순화군과 함께 가토 기요마사의 포로가 되었다가 이듬해 석방되었다. 광해군(光海君) 즉위 후 역모죄로 몰려 진도(珍島)로 유배되었고 이듬해 사사되었다.

14 순화군 이보(李㻋): ?~1607. 조선의 왕자이다. 선조의 6남으로 어머니는 순빈(順嬪) 김씨이다. 임진왜란이 발발하자 근왕병을 모집하기 위해 강원도로 파견되었다. 임해군과 함께 반적에게 붙잡혀 가토 기요마사에게 포로로 넘겨졌다가 이듬해 석방되었다.

의 위엄으로 여러 가지로 계획해주시고 잘 조정해주신 덕분입니다.

　중국 병사의 토벌로 짐승의 마음을 잠시 풀어주자 갑자기 두 아들과 배신을 모두 온전히 돌려보냈으니, 호랑이를 몰아내고 자애로움을 베풀어 죽은 자를 살리고 뼈에 살을 붙이신 것입니다. 당직은 보고를 받고 놀라고 기쁘며 서럽고 감격하여 어찌할 줄을 모르겠습니다. 감사한 마음이 망극하니, 지극한 은혜를 어찌 갚을 수 있겠습니까. 이에 자문을 보내니, 청하건대 잘 살펴주십시오.

부총병 이여백·유정에게 보내는 명령

檄李如栢劉綎 | 권10, 16a-16b

권10

> **날짜** 만력 21년 8월 11일(1593. 9. 5.)
>
> **발신** 송응창
>
> **수신** 부총병 이여백·유정
>
> **내용** 유수군의 책임자에게 보낸 명령으로, 조선의 해도(海圖)를 보내면서 전라도 남쪽과 경상도 동쪽 해안에 봉화대 등의 시설을 설치하라는 내용이다.

대군을 잠시 남겨두고 막아 지키게 하여 외번을 공고히 하고 내지를 편안히 하는 일.

살피건대 조선은 해외의 속국이라 하더라도 실로 우리 계주·요동을 동쪽에서 보호하는 바깥 울타리이다. 왜가 내지를 침범하고자 한다면 반드시 다투게 될 땅이고, 우리가 내지를 보호하고자 한다면 반드시 지켜야 할 지역이다. 마땅히 왜가 물러난 때를 틈타서 서둘러 방어시설을 수축하여 그들이 재차 오는 것을 막아야 할 것이다.

이제 내가 조선의 해도 1폭을 기패관(旗牌官)[15] 팽사준(彭士俊)으

....

15 기패관(旗牌官): 군중의 명령을 전달하는 책임을 맡은 군리(軍吏)를 가리킨다.

로 하여금 가지고 가게 한다. 팽사준은 오랫동안 계(薊)의 군문(軍門)에 있으면서 변방을 수리하고 돈대를 쌓는 법식에 밝으니 제때에 상의하여 사안을 처리하도록 하라.

패문을 보내니, 바라건대 그대는 팽사준이 가지고 가는 해도를 상세히 살펴보고 즉시 그와 함께 수축할 방법을 논의하도록 하라. 우선 그대가 수비하는 전라도와 경상도 가운데 두루 통하는 요로(要路)의 지형을 살피고 조선의 배신을 독려하여, 그들과 함께 참호를 파고 해자를 두르며 돈대를 세우고 성을 쌓으며 관문(關門)을 설치하는 등의 일을 법식대로 서둘러 처리하라. 전라도의 남쪽과 경상도의 동쪽 바닷가 지역 가운데 적이 침범해 들어올 만한 곳에는 모두 적절하고 유능한 관원을 가려 뽑아 팽사준과 함께 연해로 보내어, 내지와 마찬가지로 시설을 설치하고 또 봉화대를 세워 보고를 전하는 일을 편리하게 하라.

이 일은 사후 처리에 관한 일이니 대단히 중요하다. 문서가 도착하면 모월 모일까지 먼저 어느 곳을 살펴보았고 어느 곳에 어떤 조치를 취할 것인지를 그림으로 그리고 설명을 붙여 보고하라. 그러면서 한편으로는 즉각 조치를 시작하라. 늦어지지 않게 하라.

10-18

제독 이여송에게 보내는 서신

與李提督書 | 권10, 17a

> **날짜** 만력 21년 8월 12일(1593. 9. 6.)
>
> **발신** 송응창
>
> **수신** 제독 이여송
>
> **내용** 유수군 1만 6000명을 남기고 나머지 군사는 본래의 진으로 철수하기로 하였고 유수군의 군량은 조선 측에 청구하였다는 등의 상황을 전하는 서신이다.

대장군께서는 조선을 회복하여 이미 완전한 공적을 이루셨으니, 정원후(定遠侯)[16]나 복파장군(伏波將軍)[17]보다도 훨씬 뛰어날 것입니다. 그 나라에서 돌에 새겨 성대한 미담을 빛내고자 하니, 이는 가벼이 할 수 없습니다. 보내주신 문장의 초고는 잘 받아 살펴보겠습니다.

그 밖에 군사를 남겨두는 일에 대해서는 군량이 부족하니 1만

......

16 정원후(定遠侯): 반초(班超, 33~102)를 말한다. 후한(後漢)의 무장으로 흉노(匈奴) 및 서역(西域) 일대를 평정하였다.

17 복파장군(伏波將軍): 마원(馬援, B.C.14~A.D.49)을 말한다. 후한(後漢)의 무장으로 교지(交趾)와 흉노(匈奴) 등을 토벌하는 데 공을 세웠다.

6000명만 남겨두고 철수할 병마는 모두 각 진(鎭)으로 철수하게 하면 나누어 주둔하면서 취식할 필요가 없을 것입니다. 유수할 군사의 군량에 대해서는 또한 국왕에게 자문을 보내 청구하였습니다. 명복법실대(明復法失大)가 이미 돌아왔으니, 왜의 허실을 물어볼 수 있을 것입니다.

나이토 조안을 구슬려서 그 마음을 얻고 또 그 힘을 얻었으니 묘책인 것 같습니다. 왜의 무리가 물러난 것에 대해서는 팽사준이 이미 두 차례 보고하였으니 제 의심과 염려가 모두 풀렸습니다. 이는 모두 대장군께서 내려주신 것이니 얼마나 기쁘고 감격스러운지 모릅니다. 척금(戚金)은 무거운 부탁을 감당할 수 있을지 모르겠습니다. 머지않아 만나 뵙게 될 테니 이만 줄입니다.

호부주사 애유신에게 보내는 서신

與艾主政書 | 권10, 17a-17b

날짜 만력 21년 8월 12일(1593. 9. 6.)

발신 송응창

수신 호부주사 애유신

내용 유수군이 사용할 군량을 너무 서둘러 지급하지 말 것을 요청하는 서신이다.

왜노의 모략을 예측하기 어려워 남겨둘 군사는 많지 않을 수 없으나, 식량 문제에 대해서는 여러 장수들이 누누이 궁핍하다고 하고 있으니 몹시 걱정입니다. 문하(門下: 애유신)께서는 멀리 생각하고 앞뒤를 돌아보면서 사안이 곧 마무리될 것이라고 여겨 쌓아놓은 것을 지급하기를 먼저 서두르지 마십시오. 삼군(三軍)의 아침저녁 밑천이 모두 문하께서 내려주시는 데서 나오게 되니, 찬후(酇侯)[18]의 공이 어찌 이보다 크겠습니까. 사직이 크게 기대고 있으며 저 역시 크게 기대고 있습니다.

....

18 찬후(酇侯): 한나라의 개국공신이자 재상인 소하(蕭何, ?~B.C.193)를 말한다.

10-20

조선의 요해처를 방어하고 사후 대책에 대해 논의하여 올리는 상주

議朝鮮防守要害幷善後事宜疏 | 권10, 17b-24b

날짜 만력 21년 8월 12일(1593. 9. 6.)

발신 송응창

수신 만력제(萬曆帝)

내용 명군 철수 이후의 사후 대책에 대해 종합적으로 보고하는 상주이다. 군사 1만 6000명을 남겨두어 경상도와 전라도의 요해처를 방어하게한 일, 조선 측에 장정을 모집하여 명군과 함께 훈련시키고 필요한 병장기를 제작하도록 요청한 일, 조선 각지에 방어시설을 설치하게 한 일 등을 보고하였다. 그리고 유수군의 지휘 체계와 급여 및 군량 지급에 관한일, 주둔 비용의 일부를 조선에 요청하는 일 등에 대한 대책을 제시하고, 아울러 조선국왕을 질책하여 방비를 강화하고 특히 세자를 전선(戰線)으로 보내줄 것을 건의하였다.

관련자료 이 문서의 내용은 『명신종실록』 권264, 만력 21년 9월 17일(무진) 기사에 "経略奏留兵一萬六千, 防守朝鮮, 月該餉五萬餘兩, 皆戶兵二部出給, 而朝鮮量助衣鞋食米等費."라고 간략하게 요약되어 있으며, 해당기사의 뒷부분에는 병부의 제본(題本) 내용 및 만력제의 윤허 사실도 기록되어 있다. 아울러 『명신종실록』 권264, 만력 21년 9월 13일(갑자) 기사인 "兵部題朝鮮善後事宜, 上如擬, 大兵令経略酌撤."과도 유관한 것으로 보인다.

왜의 무리가 달아나 속국이 회복되었기에 사후 처리 방안을 마련하였으니, 성명(聖明)께서 엄히 책임을 지우고 거듭 대비를 강화하게 함으로써 영원히 평안해지도록 하고 동방에 대한 걱정을 덜 수 있게 해주시기를 간청하는 일.

신(臣: 송응창)이 생각하건대 섬 오랑캐가 상처를 입고 속국이 다시 살아나게 되었으니, 황상께서 작은 나라를 보살펴주시는 어진 마음이 뚜렷이 드러났고 크게 토벌하시는 의로움이 밝게 펼쳐졌습니다. 돌아보건대, 일이라는 것은 마무리를 중시해야 하고 계책은 멀리까지 생각해야 합니다. 아직 왜로 인한 환란이 완전히 가라앉지 않았다면 싸우고 지키는 대책을 도모해야 할 것이고, 왜로 인한 환란이 조금 잦아든다면 방어하는 계책을 생각해야 할 것입니다. 이것이 오늘날 사후 처리를 늦출 수 없는 까닭입니다.

내지에서 해안을 방어하기 위해 필요한 사안에 대해서는 앞서 신이 조목별로 논의하여 제본(題本)을 갖추어 올렸고, 부(部)에서 검토한 후에 성지를 받들어 각 도독과 순무에게 책임을 맡기고 사도(司道)와 장령들에게 나누어 맡겨 처리하게 하였습니다. 그 가운데 계주·요동·보정의 각 해구에서 처리할 일에 관해서는 이미 승진하여 총독으로 임명된 시랑(侍郞) 학걸(郝杰)[19]이 신과 함께 제청(題請)한 바 있습니다. 그 가운데 산동의 해안 방어에 대해서는 아직 제본을 올리지는 않았습니다만, 그곳은 과거에 신이 순무로 있던 곳으

<hr>

19 학걸(郝杰): 1530~1600. 명나라 사람으로 산서 울주위(蔚州衛) 출신이다. 자는 언보(彦輔), 호는 소천(少泉)이다. 1589년부터 1592년까지 요동순무(遼東巡撫)로 재임하다 계요총독(薊遼總督)으로 승진하여 임진왜란 때 군무(軍務)를 감독하였다. 일본에 대한 자료를 수집하여 『일본고(日本考)』라는 책을 편찬하기도 하였다.

로 신이 재임하던 때에 이미 처리 방안을 논의해둔 바가 있어 그에 따라 시행하고 있습니다. 근래에 다시 산동성의 순무 손광(孫鑛)[20]이 신이 조목별로 논의한 사항과 자신이 추가로 덧붙인 처리 방안을 제남도(濟南道)·등주도(登州道)·청주도(靑州道) 등에 누차 보내 착실히 수행하고 있습니다.

그 뒤 이제 동쪽 땅이 안정되었으니 신은 감히 아무 일 없이 그대로 그곳을 두루 다니면서 헛되이 소란만 피울 수 없기에, 산동성 순무의 요청에 따라 곧바로 대책을 의논하여 제본을 갖추어 올렸습니다. 그 외에 살피건대 조선은 이미 회복되었고 왜노는 이미 달아났으니, 마땅히 대군을 모두 각 진으로 철수시키고 국왕에게 책임을 지워 스스로 살면서 지키게 한다면 양쪽이 모두 편할 것 같습니다. 다만 조선국이 심각하게 파괴되어 장병들은 칼끝에 쓰러졌고 젖먹이들도 기아에 허덕이며 장정들은 포로로 끌려갔으므로 버티기가 매우 힘든 형세입니다. 그런데 조선의 존망은 또한 중국의 치란(治亂)과 관련이 있음은 신이 앞서 대군을 잠시 남겨두자는 상주에서 상세히 말씀드린 바 있습니다.

전라도와 경상도 두 도는 조선의 가장 남쪽으로 경상도가 조금 동쪽에 있고 전라도가 조금 서쪽에 있어 조선에서는 그곳을 가리켜 2남이라고 하는데, 실로 왜가 조선을 범한다면 반드시 거치는 길로 이곳 말고는 달리 길이 없습니다. 이곳이 전국의 긴요한 문호라고

....

20 손광(孫鑛): 1543~1613. 명나라 사람으로 절강 소흥부(紹興府) 여요현(餘姚縣) 출신이다. 자는 문융(文融), 호는 월봉(月峯)이다. 임진왜란 발발 초기에는 산동순무(山東巡撫)를 맡아 병참을 지원하였고, 만력 22년(1594)에 고양겸(顧養謙)을 대신하여 경략이 되었다.

한다면 왕경과 평양은 안방입니다. 두 도를 지키면 안방은 평안해질 것이고, 조선이 평안해지면 산동·보정·계주·요동도 모두 평안해질 것입니다. 부산은 대마도와 멀리 접해 있는 곳으로, 왜의 무리가 비록 달아났으나 우리 병력이 바다를 건너 원정할 수는 없고 저들은 교활하여 언제든 배를 타고 다시 침범해올 수 있습니다. 그러니 소 잃고 외양간을 고쳐도 그 계책은 늦은 것이 아니고 오랜 병에 뒤늦게나마 약쑥을 묵히는 일도 지체해서는 안 될 터이므로, 이 역시 조정하고 대처하지 않을 수 없습니다. 이에 신은 제독 이여송, 찬획 원외랑 유황상 등과 함께 다방면으로 상의하였습니다.

  살피건대 앞서 병부의 자문을 받았는데, 병부에서 검토 제본을 올린 후 삼가 받든 성지를 전하기를 유정 등의 군사 1만여 명을 남겨두어 지키는 일을 논의하라고 하였으나, 전라도와 경상도의 요해는 군사가 적으면 나누어 포진할 수 없습니다. 이제 장구한 계책에 따라 참작하여 의논하자면, 남겨둘 관군은 1만 6000명으로, 그 구성은 유정의 사천(四川) 병사 5000명, 오유충의 남병 2000명, 낙상지의 남병 600명, 척금이 선발하여 거느린 계진(薊鎭) 각 영의 정예병 3000명, 곡수(谷燧)[21]의 관할 병사 1000명, 송인빈(宋人斌)의 관할병사 1100명, 장응충(張應种)[22]의 관할 병사 1100명, 천총 등영화(鄧永和)가 거느린 산서 병사 1000명, 파총 육승은(陸承恩)이 거느린 계진 삼둔영(三屯營)의 병사 700명 등입니다. 유숭정(劉崇正)과 무승선

....

21 곡수(谷燧): ?~?. 명나라 사람으로 대동위(大同衛) 출신이다. 만력 20년(1592)에 마병 1000명을 이끌고 조선에 왔다가 만력 22년(1594)에 명나라로 돌아갔다.
22 장응충(張應种): ?~?. 명나라 사람이다. 만력 20년(1592)에 흠차통령남북조병탁주참장(欽差統領南北調兵涿州參將)으로 마병 1500명을 이끌고 나왔다가 이듬해 돌아갔다.

(毋承宣)[23]이 거느린 발정(撥丁) 500명은 요동 병사 가운데서 뽑아 지급하였습니다. 그 나머지 대군은 모두 차례차례 각 진으로 철수하여 내지를 방어하게 하였습니다.

유수하는 관군들은 현재 독려하여 주둔지로 이동하게 하였고, 모두 유정의 명령에 따라 경상도의 대구·경주·선산·고령의 길목과 전라도의 남원·운봉·광양·구례의 길목을 지키게 하였습니다. 대개 두 길목을 지키면 문호가 엄중해질 것이니, 왜가 제아무리 광포하고 교활하다 해도 돌파하기 어려울 것입니다.

또한 신은 국왕에게 자문을 보냈는데, 그 대략의 내용은 유수군은 오랫동안 지킬 수 없고 원군이 재차 번거롭게 오기는 어려울 터인데 왜적이 다시 오지 않으리라고 보장할 수 없으므로 수비를 서둘러 정비하지 않을 수 없다는 것이었습니다. 그래서 팔도에 신속히 지시하여 배신으로 하여금 힘세고 씩씩한 군인들을 최대한 많이 모집하고 선발하게 하고 배신에게 즉시 명하여 유정의 군영으로 거느리고 가서 그의 지휘에 따르게 하였습니다. 그들이 입는 옷과 갑옷을 남병과 같게 하고, 그들이 쥐는 병기도 남병과 같게 하며, 각 군영에서 일어났다 엎드렸다 하고 치고 찌르는 방법을 가르치고 훈련시키기를 남병과 같게 한다면, 왜노가 쳐들어올 경우 우리 군사와 함께 대적할 것이고 오지 않을 경우라도 우리 군사와 함께 수비할 것이니, 이렇게 하면 점점 더 그 수가 늘어나고 점점 더 숙련될 것이라고 하였습니다. 또한 살피건대 전라도 등에서는 철의 재료와 목탄

....

23 무승선(毋承宣): ?~?. 명나라 사람이다. 『상촌고(象村稿)』에는 모승선(毋承宣)으로 기록되었다. 초탐천총(哨探千總)으로 만력 21년(1593)에 조선에 왔다가 바로 명나라로 돌아갔다고 기록되어 있다.

이 생산되므로, 송대빈(宋大斌)[24]에게 맡겨 장역을 거느리고 그곳의 배신과 함께 비호포(飛虎砲) 및 왜를 방어하는 데 이미 효력을 발휘한 군기(軍器)를 제작하게 하였습니다. 또 햇곡식이 익을 때에 맞춰 서둘러 군량을 운반해서 유수군에게 공급하도록 하였습니다.

또한 신은 왜의 무리가 비록 강성하지만 만약 바다를 건너온다면 저들의 승리는 서둘러 전투를 치르는 데 달려 있을 것이라고 생각하였습니다. 그래서 비록 조선 군사가 약하지만 구덩이를 깊이 파고 보루를 높게 쌓으며 험준한 곳을 틀어막고서 저들을 기다린다면, 저들이 진군해 와도 공격할 수 없고 주변에 노략질을 할 곳이 없어져서 그 계책이 저절로 궁색해질 것입니다. 지금 전라도와 경상도 사이는 모두 돌산이 에워싸고 강물이 굽이쳐서 곳곳에 방어시설을 설치할 만한 곳이 많으니, 유정에게 즉시 명하여 각 장령 및 그 나라의 신민들과 함께 지형을 조사하고 힘을 합쳐 수리하게 하였습니다. 참호를 팔 곳에는 참호를 파고, 해자를 두를 곳에는 해자를 두르며, 관문(關門)을 쌓을 곳에는 관문을 쌓고, 대(臺)를 세울 곳에는 대를 세우며, 해구 가운데 봉화대를 세울 곳에는 내지의 사례를 따라 봉화대를 세우고, 해선 가운데 먼 바다로 나가 정탐해야 할 선박은 수시로 정탐하게 하였습니다. 수복한 부산 등에 과거에 설치되어 있었던 좌우의 수영과 병영은 본국 군사들이 지키게 하였습니다. 조령의 세 길 같은 곳은 또한 내지에 있으니 마땅히 중요한 관문으로 삼아야 할 것이라고 하였습니다. 이렇게 하면 비단 조선이 방비를 갖추

24 송대빈(宋大斌): ?~?. 명나라 사람으로 광녕우위(廣寧右衛) 출신이다. 호는 양허(養虛)이다. 만력 21년(1593) 정월에 마병 2000명을 이끌고 조선으로 나왔다가 만력 22년(1594) 정월에 돌아갔다.

어 믿을 만하고 두려워하지 않아도 될 뿐만 아니라 왜노들이 그 소식을 들으면 역시 휴식을 취하면서 가벼이 움직이지 못할 것입니다.

그러나 유수하는 관군은 모두 징발되어온 터라 서로 지휘 계통이 없습니다.[25] 지금은 비록 신이 유정에게 명을 내려 지휘하게 하였으나, 권한이 크지 않으니 획일적으로 처리하기 어려울 것입니다. 만약 왜가 다시 침공해온다면, 일시에 전투하거나 지키거나 진격하거나 중지하는 일에 대하여 어떤 이는 좋다고 하고 어떤 이는 안 된다고 하며 이쪽에서는 옳다고 하고 저쪽에서는 그르다고 하면서 관망하고 시기하며 서로 방해하고 견제할 것입니다. 대체로 갑옷을 입은 군사들은 성품이 어쩔 수 없이 우둔하여 군대를 정돈하기 위해서는 반드시 노련한 사람에게 맡겨야 합니다. 조선은 요좌(遼左)의 외번으로 요동과 이해가 서로 얽혀 있는 곳이니, 해당 진에서 관리하는 것이 좋을 것 같습니다.

살피건대 부총병 유정은 지혜와 용기가 충분하여 유수군을 통솔할 만하니, 그에게 어왜총병(禦倭總兵)의 직함을 더해주고 아울러 관방(關防)[26]을 지급해주어 오유충 등 모든 유수군 장령이 그의 명령과 지휘에 따르게 하고 거역하지 못하게 하는 것이 어떻겠습니까. 그의 지휘 계통과 업무 지침은 모두 요동진수총병관(遼東鎭守總兵官)의 사례에 준해 행하고, 전과 같이 계요총독의 지휘를 받고 요동순무와

....

25 그러나 …… 없습니다: 조선에 유수하는 명군은 유정이 통솔하는 사천(四川) 병사, 오유충·낙상지가 지휘하는 절강(浙江) 병사, 요동(遼東) 일대에서 징발해온 북병(北兵) 등으로 구성되어 있었다.

26 관방(關防): 관인(官印)의 일종이다. 명대에 인신(印信)은 국초부터의 정제(定制)에 규정된 관원이 사용하였던 반면, 관방은 일반적으로 규정 외에 임시로 임명된 관원이 사용하였다.

요동순안(遼東巡按)이 함께 감찰하도록 하며, 분수요해도(分守遼海道)의 도움을 받게 하십시오. 별일이 없을 때에는 그가 군대를 훈련시키고 방어시설을 설치하며 무기를 제작하고 군량을 비축하는 등의 업무를 처리할 수 있게 하고, 긴급 사태가 생기면 한편으로는 보고를 올리고 한편으로는 상황을 살펴 전투하거나 수비할 수 있도록 하게 하십시오. 만약 왜정이 중대하여 형세상 홀로 버티기 어려우면 순무에게 문서를 보내 요동 군사를 응원병으로 동원할 수 있게 해야 합니다.

유수하는 기한에 대해서는, 방어시설이 모두 갖추어지고 조선의 병력이 스스로를 지킬 수 있게 된 연후에 철수하게 해야 할 것입니다. 그때가 되면 총독·순무·순안이 조사하고 의논하여 상주할 수 있게 하십시오. 사안이 완료되었을 때 그 지방을 지키는 데 별다른 일이 없다면 공을 세운 것으로 하십시오. 만약 수비를 온전히 해내지 못하고 외국을 동요하게 하며 군기를 어긴 일이 있으면 그 경중을 헤아려 조사하고 처벌해야 할 것입니다.

유수군의 군량에 대해서는, 앞서 제가 국왕이 포수를 남겨달라고 요청하였을 때 이 문제에 대해 이여송에게 문서를 보냈더니 그가 상세히 논의하여 말하기를, "오유충의 남병에게는 원래 1인당 매달 정량으로 은 1냥 5전, 행량은과 염채은 1냥 5전을 영평부(永平府)에서 지급하기로 하였으니, 사천 병사에게도 역시 남병과 같이 매달 각각 지급하는 외에 추가로 의복비로 은 3전, 포상은 3전을 지급하십시오. 그 밖의 유수군에 대해서도 각각 왜를 정벌할 때의 사례에 따라 지급하십시오. 장관(將官)과 천총·파총 등 관원의 급여 또한 원래 논의에 따라 넉넉히 지급하십시오."라고 한 바 있습니다. 이제 상세히 따져보니, 군사의 명칭은 비록 남과 북의 구분이 있으나 유수하는 데에는 애초에 경중의 구분이 없습니다. 하물며 집에서 만 리나 떨어진 다른 나라에서 정벌에 참여하고 있으니, 만약 큰 이익이 없다면 어찌 그 마음을 다잡을 수 있고 그들에게 힘을 다하라고 할 수 있겠습니까. 이치상 마땅히 일시동인(一視同仁)하여 남북을 따지지 않고 군인 1명당 달마다 월량으로 은 1냥 5전, 행량은과 염채 은 1냥 5전, 의복비로 3전, 포상은 3전, 합계 3냥 6전을 지급해야 합니다. 장령으로부터 천총과 파총 등에 이르는 관원의 급여는 각각 원래 지급하던 수량과 항목 외에 한 배를 더해주어야 합니다. 마필 (馬匹)에 대해 지급해야 할 초료건은(草料乾銀: 사료값)은 모두 현행 사례에 따라 지급해야 합니다.

신이 처음에는 위의 경비[錢糧]를 모두 조선에서 마련하고자 하여 앞서 국왕에게 자문을 보내 상의하였고, 또 예조(禮曹)의 배신 윤근수를 만나 왕에게 아뢰어 처리하라고 하였습니다. 그 후 곧바로 국왕의 회답 자문을 받고 배신의 호소를 들었는데, "우리나라가 잔혹하게 파괴되어 도저히 마련할 수 없습니다. 왜의 침략을 당하고서부터 곤경에 빠지게 되었으니 결코 핑계를 대는 것이 아닙니다."라고 하였습니다. 하물며 그 나라는 풍속에 다만 곡식과 포(布)를 사용할 뿐 은전(銀錢)은 전혀 사용하지 않으므로 쌓아놓은 것도 거의 없습니다. 신이 그들에게 광산을 개발해서 이익을 얻으라고 하였으나 답변하기를, "은을 녹여서 만드는 데 힘을 허비하였으나 얻은 것이 많지 않습니다."라고 하였습니다. 얻지 못한 재물을 두고 당장의 쓰임에 충당하라고 하기도 어려운 노릇입니다.

그러나 지금 군사를 머무르게 하는 것은 비록 저들을 위한 것이라고는 하지만 또한 우리를 위한 것이기도 합니다. 즉각 철수시킨다고 하여도 그들에게 날마다 지급할 경비도 마련하지 않을 수 없습니다. 지금 논의하자면, 오유충의 군사에게 지급해야 할 행량은과 월량은은 이전대로 영평부에서 지급하도록 하고, 사천 병사의 월량은은 요동의 비왜(備倭) 마가은(馬價銀)에서 지급하도록 하며, 행량은과 염채은은 요동의 군량을 관할하는 아문이 가진 향은(餉銀: 급료)에서 지급하도록 해야 합니다. 그 나머지 관군은 각 진에서 원래 월급 얼마씩을 지급하니 1냥 5전 수량과 항목으로 그 월급을 공제한 외에도 아직 얼마가 부족하면 역시 요동의 비왜 마가은에서 채워주어야 합니다. 그 행량은과 염채은 역시 요동의 군량을 관할하는 아문이 가진 향은에서 지급해야 합니다. 짐말이나 전마(戰馬)가 있으면 모두 현행 사례에 따르십시오. 향은이나 마가은이 부족하면 호부와 병부에서 내게 해야 합니다. 각 병사에게 달마다 지급할 의복비, 포상은 6전 및 날마다 써야 할 본색의 군량으로 위 항목에 포함하지 않은 것은 모두 그 나라에서 마련하도록 해야 하겠습니다. 이에 대해서는 이미 국왕과 배신 역시 공급을 떠맡겠노라고 인정해주기를 원하고 있습니다.[27]

이상 유수와 관련된 사안은 신 등이 사리(事理)를 참고하고 인정(人情)을 살피며 완급과 경중, 이해득실을 따져보았으니 이와 같이 해야 하겠습니다. 하물며 이 사안은 속국을 보존하여 중국을 보존하는 일이고 외번을 지켜 또한 내지를 편안하게 하는 일로, 남의 밭을

....

27 각 병사에게 …… 있습니다: 조선이 부담할 주둔 비용과 관련된 내용은 다음 문서에서도 언급된다. 「10-34 檄副將劉綎 권10, 33a-34a」.

김매는 것[28]이나 마을이나 이웃에서 싸우는 자를 말리려는 것[29]에 비할 바가 아닙니다. 그러니 지금의 사후 대책은 결코 늦출 수 없고 또 대충 마무리해서는 안 됩니다. 엎드려 빌건대, 해당 부에 명하시어 신이 논의한, 유수에 관해 응당 행해야 할 사안을 조사하고 속히 검토 제본을 올려서 성지를 받들어 계요총독 및 요동순무·요동순안에 지시하여 유수군 장령 유정 등에게 책임을 맡겨 신속하고 착실하게 시행하기를 성지에 따라 하도록 하십시오.

또한 살피건대, 예로부터 줄기가 굳어야 가지가 강하고 겉모습이 똑발라야 그림자가 곧다고 하였습니다. 지금 유수군은 객(客)이고 조선은 주(主)입니다. 유수군은 한때에 지나지 않으니 그 나라는 스스로 마땅히 장구한 계책을 세워야 할 것입니다. 신이 처음에 왜노가 조선을 곧바로 격파하였다는 이야기를 듣고는 그 나라의 병력이 옛날 수(隋)·당(唐) 때에는 오히려 중국과 맞서 싸울 정도였는데 어찌 옛날에는 강하고 지금은 약한 지경이 되었는지 의심하였습니다. 그랬다가 조선 강역에 들어서고는 다른 사람 때문에 우환이 생긴 것이 아니라 자기 자신 때문에 허물이 만들어졌음을 알게 되었습니다. 국왕과 배신은 모두 술독에 빠져 시를 즐기고 노래와 잡기에 정력을 쏟으면서 혼란한 상황을 다스리는 일은 나 몰라라 하고

....

28 남의 …… 것: 『맹자(孟子)』「진심 하(盡心下)」의 구절을 인용한 것이다. 해당 구절은 "사람들의 병통은 자기 밭은 버려두고 남의 밭을 김매는 것이니, 남에게 요구하는 것은 무겁게 하고 자기가 책임지는 것은 가볍게 하기 때문이다.[人病舍其田而芸人之田 所求於人者重 而所以自任者輕]."이다.

29 마을이나 …… 것: 『맹자』「이루 하(離婁下)」의 구절을 인용한 것이다. 원문은 "고을 사람이나 이웃끼리 싸우는 경우에 머리를 풀어헤친 채 갓끈만 매고 가서 말린다면 이는 잘못이니, 비록 문을 닫고 모른 체해도 될 것이다.[鄕鄰有鬪者 被髮纓冠而往救之則惑也, 雖閉戶可也]."이다.

군사(軍事)는 불문에 부치고 있었습니다. 지금 떠돌아다니고 고꾸라진 때를 당하고서도 와신상담(臥薪嘗膽)하겠다는 뜻이 전혀 없습니다.

신이 여러 번 자문을 보내 무너진 것을 수리하고 떨어진 것을 일으켜 세우며 옛것을 혁파하고 새것을 바로 세우라고 정성껏 권유하였는데도, 저들은 오히려 근래의 정사를 모두 소인들이 주관한 탓이라고 돌려버릴 뿐입니다. 군사를 징발해도 보내오는 이가 없고, 군량을 재촉해도 여전히 빠진 것이 많습니다. 궁핍하다는 말을 거짓으로 지어내고 슬픔을 호소하는 글만 때때로 지으며 안일에 젖은 것이 전날과 다름이 없습니다. 신 또한 어찌할 수 없다고 치부하고 있습니다.

조선의 지리지를 고찰해보니, 홍치(弘治)·정덕(正德) 연간(1488~1521)에 부산진은 이미 왜노가 머물러 사는 곳이 되었으며 부산 사람들은 모두 왜호(倭戶)가 되었음을 서책에서 살펴볼 수 있었습니다.[30] 그런 까닭에 그 나라에는 항상 왜로 인한 환란이 있었고 유독 작년과 같이 심하였던 적이 없었을 뿐입니다. 다행히 우리 대군이 저들을 회복시켜주고 왜노가 부산을 떠나 모두 서생포로 갔으며 본국으로 돌아간 자 또한 많습니다. 만약 조선이 여전히 이 기회를 틈타 방어를 갖추지 않는다면 바다와 뽕나무밭이 전과 마찬가지로 왜의 옛 물건이 될 것입니다.

지금 신이 알아보니, 조선의 세자 광해군(光海君) 이혼(李琿)[31]이

---

30 조선의 …… 있었습니다: 송응창은 임진왜란 이전에 부산이 이미 왜의 소굴이 되었다고 판단하고 있는데, 이는 정보의 부족과 함께 임진왜란 초기 부산진 등이 너무 빨리 함락되었기 때문에 나타난 인식으로 보인다.

라는 자는 젊은 나이에 재능이 뛰어나서 그 나라의 신민이 모두 탄복하고 있다고 합니다. 이는 하늘 또한 그 후세를 망하게 하지 않으려는 것입니다. 신이 이미 국왕에게 자문을 보내[32] 세자로 하여금 전라도와 경상도에 나가 머물면서 유수군 장령들과 함께 군사를 선발하고 방어시설을 설치하며 무기를 배치하고 군량을 운송하는 일체의 일을 친히 감독하게 하라고 하였습니다. 그러면 비단 배신들이 두려워하면서 감히 명을 어기지 않을 뿐만 아니라 그 또한 군무를 능숙히 익혀 훗날 계승하였을 때 반드시 국체(國體)를 환히 통하며 민정(民情)에 순응할 수 있게 될 것이라고 하였습니다. 이 또한 조선을 위하여 장구한 사후 대책의 한 가지가 될 것입니다.[33]

아울러 빌건대, 천자의 말씀으로 국왕을 엄히 질책하여 앞으로는 지난날의 일을 뼈아프게 반성하고 앞날을 도모하는 데 힘쓰며 부강해지는 계책을 오직 우리 군사의 구원에만 기대어 국사가 해이

....

31 광해군(光海君) 이혼(李琿): 1575~1641. 조선의 제15대 왕이다. 선조(宣祖)의 둘째 아들이며 어머니는 공빈(恭嬪) 김씨이다. 임진왜란이 발발하자 의주로 파천을 준비하는 가운데 세자로 서둘러 책봉되었다. 광해군은 즉위 이후 왜란의 피해를 복구하고 국가 운영을 안정시키려 하였으나 국내적으로는 대북(大北)의 독재를 허용하였고, 광해군 5년 (1613) 모후 인목대비(仁穆大妃)를 유폐하고 동생 영창대군(永昌大君)을 사사하는 계축옥사(癸丑獄事) 등으로 정국을 공포 분위기로 몰아갔으며, 대외적으로는 명과 후금의 전쟁에 개입하지 않으려는 중립외교를 폄으로써 양반 사대부 대부분의 지지를 잃었다. 광해군 15년(1623) 서인 일파가 주도하여 일으킨 인조반정으로 폐위되었다.

32 신이 …… 보내: 광해군에게 군무를 맡기라는 내용의 자문은 다음 기사에 수록되어 있다.「10-24 移朝鮮國王咨 권10, 25b-27b」;『선조실록』권41, 선조 26년 8월 16일(정유). 아울러『선조실록』권61, 선조 28년 3월 27일(경자) 기사의 만력제 칙서(勅書)에도 송응창이 광해군에게 군무를 맡겨야 한다고 하였으므로 이에 그렇게 하라고 명령한다는 내용이 있다.

33 세자로 …… 것입니다: 광해군에게 군무를 맡겨야 한다는 부분은『선조실록』권42, 선조 26년 9월 19일(경오) 기사에 수록된 유정의 자문에 "經略兵部疏稿"로 일부 인용되어 있다.

해지는 일이 없게 해주십시오. 또한 서둘러 세자 광해군 이혼을 재촉하여 전라도·경상도로 속히 가서 주둔하면서 유정 등과 함께 힘을 합쳐 수비하고 경영하게 하는 것이 지금 가장 중요한 일입니다. 한갓 짐승들의 사랑[34]만을 일삼다가 멸망의 화를 자초하는 일이 없도록 한다면, 속국은 영원히 안녕하고 바다 기운은 평안해질 수 있을 것이고 성명께서 동쪽을 돌아보시는 시름을 풀고 신 또한 어리석은 계책을 조금이나마 마무리할 수 있을 것입니다.

....

34 짐승들의 사랑[禽犢之愛]: 『논어(論語)』「헌문(憲問)」의 구절에 대한 소씨(蘇氏)의 주석을 인용한 것이다. 공자가 "사랑한다면 수고롭게 하지 않을 수 있는가[愛之, 能勿勞乎]?"라고 말하였다. 소씨는 "사랑하기만 하고 수고롭게 하지 않는 것은 짐승들의 사랑이다[愛而勿勞, 禽犢之愛也]."라고 주석하였다.

부총병 유정에게 보내는 서신

與總兵劉綎書 | 권10, 24b-25a

> 날짜 만력 21년 8월 14일(1593. 9. 8.)
> 발신 송응창
> 수신 부총병 유정
> 내용 유수군의 전체 책임을 맡기면서 해안 경비와 군량 공급 등에 만전을 기하라는 서신이다.

유수하는 일을 전적으로 부탁하고자 하는 것은 장군의 지혜와 용맹함이 북문(北門)의 빗장을 맡기에 충분하기 때문입니다.[35] 현재의 계책은 오직 방어시설을 설치하고 군사를 조련시키며 군량을 쌓아두고 정탐하는 것으로 우리의 정돈이 완비된 후라면 왜노가 발광하려고 한들 결코 전진할 수 없을 것이니, 장군의 공은 선령(先零)을 꼼짝달싹 못하게 한 것[36]과 나란하게 영원히 전해질 것입니다.

듣건대 조선의 해안에는 늘 풀 베러 다니는 배들이 있다고 하는

....

35 북문(北門)의 …… 때문입니다: 북문쇄약(北門鎖鑰)은 북방의 방비를 뜻하는 성어로 『송사((宋史)』 「구준전(寇準傳)」의 고사에서 비롯되었다.
36 선령(先零)을 …… 것: 한나라 선제(宣帝) 때 조충국(趙充國)이 선령이 일으킨 반란을 토벌한 사실을 가리킨다. 선령은 중국 서쪽에 거주하였던 강족(羌族)의 한 부락이다.

데, 그들을 가벼이 범하여 사달을 일으키는 일은 절대 하지 못하게 하십시오. 군량이 부족하면 장군께서 전라도의 여러 곳에 문서를 보내 공급을 재촉하시는 것 또한 불가하지 않습니다. 만약 약속을 준수하지 않는다면 국왕에게 자문을 보내 무겁게 처벌하게 하시면 군량이 부족할 걱정은 하지 않으실 것입니다. 상세한 내용은 패문에 적어두었으니 유의하시기 바랍니다.

조선국왕에게 보내는 자문

移朝鮮國王咨 | 권10, 25a

날짜 만력 21년 8월 14일(1593. 9. 8.)

발신 송응창

수신 조선국왕

내용 임해군과 순화군 두 왕자가 돌아오게 된 데 감사의 뜻을 전하는 조선국왕의 자문에 대한 답장이다.

정성을 우러러 아뢰며 삼가 사은(謝恩)하는 등에 관한 일.

위의 일과 관련하여 보내주신 자문을 받았는데, "두 왕자가 모두 돌아왔습니다."라는 내용이었습니다. 이를 받고 살펴건대, 섬 오랑캐가 부도(不道)하여 지극히 흉악한 짓을 자행해서 삼도(三都)를 함락하고 두 왕자를 붙잡아두었으니 과연 오늘날의 변고이자 실로 백 대에 걸친 원수입니다. 이에 황제께서 육사에 명하시어 구벌을 펼치니 천둥이 울리고 번개가 치듯 달빛을 품고 바람을 타고서 달려왔습니다. 다행히 우리가 무위(武威)를 떨치고 또한 기봉(箕封)[37]의 묵묵한 도움을 받아 3도는 이미 힘으로 되찾았고 두 왕자도 계책으로

....

37 기봉(箕封): 기자(箕子)가 봉함을 받은 곳으로, 곧 조선을 뜻한다.

돌아오게 되었습니다. 용검(龍劍)³⁸은 잠시 나뉘었으나 호부(虎符)³⁹
는 영원히 합쳐지니, 아버지가 시작하고 아들이 이어서 마치며 옛것
을 고쳐 새롭게 해야 하겠습니다. 삼가 경하의 말씀을 드리니, 슬픔
이 되려 더 큰 기쁨이 되었습니다. 이에 자문을 보내니 잘 살펴주시
기 바랍니다.

....

38 용검(龍劍): 전설 속의 보검인 용천검(龍泉劍)을 말한다.『진서(晉書)』「장화열전(張華
   列傳)」에 용천검에 대한 전설이 기록되어 있다.
39 호부(虎符): 중국 고대에 임금이 신하에게 병권(兵權)을 수여할 때 사용하였던 병부(兵
   符)이다. 이를 두 쪽으로 나누어서 우부(右符)는 임금이 보관하고 좌부(左符)는 군대를
   통솔하는 장수에게 주었다. 장수에게 전권을 부여하고자 할 때 우부를 내려보내 좌부와
   맞추어 사용하도록 하였다.

10-23

요동순안어사 주유한에게 보내는 서신

報遼東周按院書 | 권10, 25b

날짜 만력 21년 8월 16일(1593. 9. 10.)

발신 송응창

수신 요동순안어사(遼東巡按御史) 주유한(周維翰)

내용 봉공안에 대해 조만간 상주를 올릴 것이니 의견을 제시해달라고 부탁하는 서신이다.

존가(尊駕: 주유한)께서 장차 강연(江沿)으로 왕림하실 것이라고 어제 관원을 보내 달려와 인사하였는데, 조만간 저 또한 서쪽으로 돌아갈 터라 만날 날이 곧 있을 것입니다.

그 밖에 저는 봉공안에 대해서는 전혀 생각하지 못하였는데, 조견정(趙見亭)의 보고를 받아보니 그의 말에 근거가 있는지라 의심이 모두 풀렸습니다. 나이토 조안은 이미 여기에 있으니 마땅히 이전에 둔 수를 살펴 이 대국을 마무리해야겠습니다. 그 정황에 대해서는 조만간 상주로 갖추어 올리겠습니다. 먼저 쪽지를 보내 바로잡아 가르침을 내려주신다면 더없이 감사하겠습니다.[40]

....

40 그 정황에 …… 감사하겠습니다: 주유한이 송응창이 미리 보내준 소본(疏本)을 보았다는 것은 다음 기사에서 확인할 수 있다. 『명신종실록』 권264, 만력 21년 9월 11일(임술).

조선국왕에게 보내는 자문

移朝鮮國王咨 | 권10, 25b-27b

날짜 만력 21년 8월 18일(1593. 9. 12.)

발신 송응창

수신 조선국왕

내용 명군이 철수를 앞둔 상황에서 사후 대책에 대해 조선 측의 협조를 요청하는 자문이다. 유수군의 군량을 공급하는 데 만전을 기해주고, 광해군을 현장으로 보내 방비를 독려하게 하며, 정치를 일신하고 배신들의 기강을 바로잡을 것 등을 요구하였다.

관련자료 『선조실록』 권41, 선조 26년 8월 16일(정유) 기사와 동일 기사이나, 뒷부분은 본문에만 있다. 앞부분은 약간의 자구 차이가 있는 정도를 제외하고는 거의 같다.

나라의 기틀을 새로 복원하고 서둘러 정비하여 영원한 평안을 도모하는 일.

살피건대, 왜노가 걷잡을 수 없어 조선에서 난리를 일으켜 곧바로 삼도(三都)로 달려들고 팔도를 격파하였습니다. 제가 돌이켜 생각해보니, 작년 이맘때에는 왕의 터전이 매우 위태로웠습니다. 다행히 황상의 위엄이 멀리까지 미치고 우리의 무위가 드날려 몇 달 지나지 않아 평양을 함락하고 개성을 수복하였으며 함경도에서 몰아내고 왕경을 수복하였습니다. 그리고 전라도를 보전하고 경상도를 지켜내며 부산에서 퇴각하게 하였습니다. 그러자 왜노는 달아나 돌아갈 수 있게 해달라고 애걸하고 있으니, 왕국의 강산이 완연히 예전과 같게 되었습니다. 근래에 다시 유수군을 선발하여 장차 머무르면서 수비하도록 하려 하니, 이는 중국이 소국(小國)을 사랑하는 마음이 두텁고 깊기 때문입니다. 제가 제독·찬획과 함께 일을 한 것과 문무 관인들이 또한 애써 임무를 수행한 것이 지극하고 극진하다 할 수 있습니다.

생각해보건대 유수군은 오래 머무를 수 없고 원병은 재차 오기 어려울 터인데 왜적이 다시 오지 않으리라 보장할 수 없으니, 수비를 서둘러 정돈하지 않을 수 없습니다. 지금 보고를 받아보니, 유정 등의 관군이 대구 등에 주둔하고 있는데 군사가 먹을 식량이 없고 말이 먹을 사료가 없으며 입맛을 돋울 채소는 말할 것도 없고 소금과 장조차 입에 들어오는 것이 없어 서로 바라보며 눈물만 흘릴 지경이라고 합니다. 이러한 상태에서 어찌 유수군의 마음을 굳건히 만들 수 있겠습니까. 저 또한 왕을 위하여 힘을 다하라고 책망하기 어렵습니다. 왕을 위해 머물러 수비하는 것은 말할 것도 없고, 가령 중국의 공적인 일로 귀국의 영토에서 길을 빌리는 일이라 하더라도 이 역시 동쪽 나라 주인을 위함이 아니겠습니까? 이는 모두 배신들이 안일에 젖은 지 오래고 잘못을 고치지 못하여 전혀 마음을 쓰지 않기 때문입니다.

지금 듣건대, 왕의 둘째 왕자 광해군은 영웅의 자태에 위인의 풍모가 있어 준수하고 심오함이 어려서부터 뛰어나다고 합니다. 제 생각에는 지금과 같이 나라의 기업(基業)을 새로 회복하는 때를 맞이

하여 그로 하여금 전라도와 경상도, 충청도를 두루 다니면서 큰일이
건 작은 일이건 그의 결재를 받게 하면 어떨까 합니다. 군사를 선발
할 때 반드시 친히 검열하게 하면 유약한 자가 끌려와서 섞이는 일
이 없을 것입니다. 방어시설을 설치할 때 반드시 친히 답사하게 하
면 공장(工匠)이나 재목(材木)을 모으는 자가 감히 게을리하지 못할
것입니다. 군량을 운반할 때 반드시 친히 감독하게 하면 지급하고
공급하는 데 부족함이 없을 것입니다. 병장기를 만들 때 반드시 친
히 시험하게 하면 칼끝을 예리하고 견고하게 다듬어 감히 조악하게
만들지 못할 것입니다.

　　배신들 가운데 좋은 이와 나쁜 이가 있는 점에 대해서는 왕께서
마땅히 정성을 가다듬어 다스리기를 도모하여 제(齊)나라 위왕(威
王)이 아대부(阿大夫)를 삶아 죽이고 즉묵대부(卽墨大夫)를 봉한 것[41]
과 같이 하십시오. 왜의 원수는 반드시 갚아야 하니 왕께서는 마땅
히 분발하여 정치를 잘하여 진(秦)나라 효공(孝公)이 군사를 강하게
하고 나라를 부유하게 한 것[42]과 같이 하십시오. 또한 태만한 것을
찾아내어 근면한 것으로 바로잡으시고, 소략한 것을 찾아내어 정밀
한 것으로 바로잡으시며, 관대한 것을 찾아내어 엄격한 것으로 바로
잡으십시오. 기강이 땅에 떨어진 것을 찾아내어 일으켜 세워 바로잡

<hr />

41　제(齊)나라 …… 것: 충신과 간신을 구분하여 상벌을 분명히 하는 것을 말한다. 제나라
　　위왕(威王)이 지방관의 정치를 살펴볼 때 즉묵대부(卽墨大夫)에 대해서는 날마다 헐뜯
　　는 말이 들어오고 아대부(阿大夫)에 대하여는 칭찬하는 말이 들어왔다. 그런데 사실을
　　조사하니 그 반대였고 아대부가 뇌물로 여론을 조작한 것이었다. 이에 아대부는 삶아 죽
　　이고 즉묵대부는 봉작(封爵)하였다고 한다.
42　진(秦)나라 …… 것: 진나라 효공(孝公)이 상앙(商鞅)을 임용하여 변법(變法)을 시행하
　　고 분봉제와 세습제를 철폐하였으며 군공에 따라 작위를 주는 제도를 시행하는 등 여러
　　정책을 실시하자 진나라는 날로 강성해졌다.

으시고, 풍속이 무너진 것을 찾아내어 막고 금지하여 바로잡으십시오. 선왕께서 국토와 기틀을 개창하였을 때 그 창업의 어려움을 생각하고 수성(守成)하기 쉽지 않다는 점을 두려워하며 중국에서 군사를 동원하고 군량을 운송하여 조선을 회복시키는 데 들인 노력을 생각하여 조심하고 두려워하는 것이 살길임을 유념하십시오. 군읍이 잔혹하게 파괴되고 인민이 죽어나가며 굶주리고 먹지 못하며 힘들고 쉬지 못하는 것을 생각하여 영웅을 찾아 뽑고 옛 터전을 회복하십시오. 그래서 무너진 정치를 바로 세우고 인심을 수습하며 여악(女樂)을 폐지하고 아첨하는 사람들을 멀리하여 하늘의 뜻을 되돌려 놓으십시오.

『논어(論語)』에 이르기를, "제나라가 한번 변하면 노(魯)나라와 같이 될 것이고, 노나라가 한번 변하면 도를 행하는 나라가 될 것이다."라고 하였으니,[43] 이는 좋게 변하는 것을 말한 것입니다. 왕께서 좋게 변하신다면 중흥(中興)하기에 이를 수 있을 것입니다. 왜 또한 풍문을 듣고 멀리 숨어들어 감히 재차 너른 바다를 건너오지 않게 될 것입니다. 유수하는 장병들도 왕께서 정치를 완전히 새롭게 바꾸고 군량 문제를 한바탕 정리하는 것을 직접 눈으로 본다면 분명 기꺼이 힘을 다할 것입니다. 왕께서는 부디 잔소리가 많다고 하여 버려두지 마십시오. 이를 위하여 자문을 보내니, 청하건대 잘 살펴 속히 시행하시고 아울러 회답 자문을 보내주시기 바랍니다.

....

43 논어(論語)에 …… 하였으니: 『논어』 「옹야(雍也)」편의 구절을 인용하였다.

제독 이여송에게 보내는 명령

檄李提督 | 권10, 27b-28a

날짜 만력 21년 8월 18일(1593. 9. 12.)
발신 송응창
수신 제독 이여송
내용 광해군을 현장으로 보내 방비를 독려하게 하도록 조선국왕에게 자문을 보내라는 명령이다.

나라의 기틀을 새로 복원하고 서둘러 정비하여 영원한 평안을 도모하는 일.

살피건대 왜노가 우리의 위엄을 두려워하여 도망쳐 돌아가고 조선의 강토가 이미 회복되었으니, 이처럼 잠시 평안한 때를 틈타 여러 방면에서 수리하고 대비해야 한다. 지금 이미 유정 등의 관군을 남겨두어 저들을 위해 머물면서 수비하고 군사를 조련시키며 방어 시설을 설치하여 왜노가 다시 오는 것을 방비하기로 하였다. 그런데 근래에 보고를 받아보니, "유정 등이 주둔하고 있는 대구 등의 지역에 식량이 이어지지 않고 있습니다."라고 한다. 이는 모두 그 나라 배신들이 안일에 젖은 채 잘못에 빠져 전혀 마음을 쓰지 않기 때문이니 몹시 마음이 아프다. 국왕 또한 조금도 신경을 쓰지 않으니 이렇게 해서 어쩌자는 것인가.

지금 듣건대 왕의 둘째 왕자 광해군은 영웅의 자태에 위인의 풍모가 있어 준수하고 심오함이 어려서부터 뛰어나다고 하고, 또한 국체와 정사(政事)에 통달하였다고 한다. 마땅히 세자로 하여금 충성스럽고 유능한 배신 몇 명을 거느리고 유정 등과 한곳에 주둔하게 한다면 군사를 선발하고 방어시설을 설치하며 군량을 운반하고 병장기를 만드는 등의 일이 모두 일사불란하게 될 것이다.

이를 위하여 국왕에게 자문을 보내는 외에 패문을 보내니, 바라건대 평왜제독도 국왕에게 자문을 보내어 왕자를 재촉해서 기한 안에 오도록 하게 하라. 군사를 선발할 때는 반드시 친히 검열하게 하고, 방어시설을 설치할 때는 반드시 친히 답사하게 하며, 군량을 운반할 때는 반드시 친히 감독하게 하고, 병장기를 만들 때는 반드시 친히 시험하게 하라. 만약 배신들 가운데 재차 어기는 자가 있으면 무거운 벌을 주어라. 이렇게 하면 유수군이 장차 평안해질 수 있을 것이고, 그 나라의 무비(武備)도 진작될 수 있을 것이다. 왕자가 출발한 일자를 적어 정문으로 보고하라. 늦어져서는 안 된다.

10-26

병부상서 석성에게 보내는 서신

與石司馬書 | 권10, 28a-28b

날짜 만력 21년 8월 19일(1593. 9. 13.)

발신 송응창

수신 병부상서 석성

내용 가토 기요마사를 회유하여 그와 고니시 유키나가 사이에서 이간책을 쓸 것을 제안하는 서신이다. 복건(福建) 지역의 허의후(許儀後)[44]를 가토 기요마사에게 보내 간첩으로 활동하게 할 것을 제안하였다.

삼가 듣건대, 고니시 유키나가는 오랫동안 관백의 총애를 받던 신하인데 가토 기요마사가 여러 차례 그의 잘못을 폭로하였다고 합니다. 고니시 유키나가가 관백에게 참소(讒訴)하자 관백이 분노하여 그의 관직을 박탈하였다고 합니다. 알아보니 가토 기요마사는 원래 사쓰마주(薩摩州)의 명장으로 관백이 여러 번 토벌하였으나 이기지 못하였는데, 후에 화의(和議)로 타일러 끝내 그 힘을 얻었고 66주를

....

44　허의후(許儀後): ?~?. 명나라 사람으로 복건성 출신이다. 왜구에게 잡혀 포로가 되어 일본 사쓰마주(薩摩州)에 끌려갔다. 일본의 중국 침략에 대한 정보를 명나라 조정에 처음으로 알린 인물로 알려져 있다. 이후 조선의 사쓰마 진영에 와서 의료 활동을 하기도 하였으며, 명과 사쓰마 사이의 연락 역할을 수행하였다.

항복시키는 데 그의 공이 컸다고 합니다. 지난번 조선을 침범할 때에도 홀로 한 갈래의 군마를 이끌고 함경도를 침략하여 왕자와 배신을 포로로 잡았고 얼마 지나지 않아 패배하였지만 그 역시 왜노 가운데 쟁쟁한 자입니다.

그가 부산에 있을 때 휘하의 군졸 300명을 이끌고 유정에게 항복하려 하였으나, 유정은 그것이 거짓일까 우려하여 받아들이지 않았습니다. 제독 이여송 또한 가토 기요마사를 항복시키려고 그 마음을 굳게 붙잡아두면서 이간질하여 그가 고니시 유키나가를 죽이게 하려 하였으나 성공하지 못하였습니다. 가토 기요마사는 앙심을 품고 가버렸는데, 들어보니 본섬으로 돌아갔다고 합니다.

만약 진신(陳申)[45]과 오응겸(伍應廉)이 과연 그곳으로 가서 곧 허의후를 보고 간첩으로 몰래 활동하며 가토 기요마사를 부추겨 봉작(封爵)을 받게 하면서 그로 하여금 은밀히 관백을 도모하게 한다면, 그것이 가장 상책일 것입니다. 앞서 두 사람을 파견한 것 역시 이를 행하고자 함이었는데, 그가 과연 갔는지는 알지 못합니다. 대하(석성)께서 만약 복건에 문서를 보내 그를 신속히 보내주신다면 뿌리를 영원히 잘라버려 후환이 생겨나지 않을 것이니, 묘안 중의 묘안입니다.

....

45 진신(陳紳): ?~?. 명나라 사람으로 복건 동안현(同安縣) 출신의 상인이다. 유구에 체류하던 중 도요토미 히데요시의 명 공격 계획을 듣고는 만력 19년(1591) 윤3월에 복주로 귀국해서 자신이 들은 정보를 보고하였다.

10-27

내각대학사 왕석작·조지고·장위에게 보고하는 서신

報三相公書 | 권10, 28b-29b

날짜 만력 21년 8월 20일(1593. 9. 14.)
발신 송응창
수신 내각대학사 왕석작·조지고·장위
내용 황제가 자신의 귀환을 지시하는 성지를 내리도록 주선해줄 것을 부탁하고, 봉공안과 사후 대책에 대해서는 복명 후에 상세히 설명하겠다는 내용의 서신이다.

묘당(廟堂)의 계책에 힘입어 일이 풀릴 실마리를 찾았고 나머지 군사들은 모두 철수하였습니다. 저는 사후 대책을 담은 상주를 올리고서 또한 즉시 서쪽으로 돌아가려 합니다. 엎드려 빌건대, 상공(相公: 왕석작·조지고·장위)께서는 저에게 돌아와 복명하라고 명하시는 밝은 성지를 청해주십시오.

나이토 조안의 사안에 대해서는 직접 뵙고 결정을 내려주십사 청하고자 합니다. 왜는 모두 귀국하였고 고니시 유키나가의 병마 한 갈래만이 여전히 바다 가운데의 서생포에 눌러앉아 있습니다.[46] 저는 그가 망동을 부릴까 걱정하여 제독 이여송에게 패문을 보내 저와 함께 각각 한 사람씩을 선발하여 나이토 조안의 수하 왜인 4명과 함께 그곳으로 가게 하였습니다. 한편으로는 그들의 정확한 정황을 탐지하려는 것이고, 한편으로는 그들이 절대 사달을 일으키지 못하도록 경계하려는 것이었습니다. 나이토 조안을 데리고 관전(寬奠)이나 요양(遼陽)에 이르러 부장 동양정(佟養正)에게 넘겨 잘 우대하여 안심시키도록 하였습니다. 큰 공이 이루어진 것은 모두 상공께서 내려주신 덕분이니 가슴속에 새긴 것이 어떠하겠습니까.

유수하는 일에 대해서는 군사 1만 6000명을 선발하여 유정에게 그 일을 총괄하게 하였고, 아울러 그에게 총병의 직함을 더해주시기를 청하였습니다. 또한 각 군사의 급여를 후히 해주면 그들 또한 즐겨 따를 것입니다. 강력한 방어시설을 설치하여 틀어막는다면 걱정하지 않아도 될 것입니다. 삼가 존하(尊下: 왕석작·조지고·장위)의 마음을 번거롭게 하였으나 감히 계책을 말씀드리니 부디 헤아려주시기 바랍니다.

<hr />

46 왜는 …… 있습니다: 당시 고니시 유키나가는 웅천(熊川: 현재 창원시 진해구)에, 가토 기요마사는 서생포에는 머물고 있었음에도 송응창은 잘못된 보고와 부족한 정보로 고니시 유키니가가 서생포에 주둔하고 있다고 착각하였다.

내각대학사 왕석작·조지고·장위, 병부상서 석성에게 보고하는 서신

報三相公幷石司馬書 | 권10, 29b-30a

권10

날짜 만력 21년 8월 22일(1593. 9. 16.)

발신 송응창

수신 내각대학사 왕석작·조지고·장위, 병부상서 석성

내용 세자를 현장으로 보내라는 내용의 칙명(勅命)을 조선국왕에게 내릴 수 있도록 주선해달라고 요청하는 서신이다.

큰 계략에 힘입어 동쪽의 일은 다행히 어느 정도 정리되었습니다. 이제 사후 대책을 도모해야 하겠으니, 삼가 문서를 갖추어 올립니다. 그 가운데 유수군의 행량과 월량은 제가 여러 번 조선에 독려하여 그들과 함께 내려고 하였습니다만, 잔혹히 파괴된 나머지라서 실로 공급할 수는 없고 광산을 개발하는 일 또한 소득이 없습니다. 이번 논의와 같이 해야만 저들이 쉽게 따를 수 있을 따름입니다.

유정 등이 저곳에 있으나 결국은 본국의 명령이 아니니 일체의 사무에 대해 배신들이 반드시 그 명을 따르지는 않을 것입니다. 세자는 영특하고 밝으므로 친히 가서 독려하도록 청하였는데, 중국에서 칙명을 내주실 수 있을지 모르겠습니다. 만약 그렇게 할 수 있다

면 상명(上命)을 빌어 다시 엄히 꾸짖을 수 있을 것입니다. 여러 사무는 모두 요동순무와 요동순안이 감찰하도록 한다면 저도 돌아가서 복명할 수 있을 것입니다.

저의 상주에는 아직 이 뜻을 담지 못하였으니, 바라건대 거들어주시어 어명이 내려지도록 해주십시오. 그러면 제가 조정으로 복귀하는 일도 편해질 것이고, 서쪽으로 돌아가 직접 만나 의논한다면 모든 것을 상공(왕석작·조지고·장위·석성)께서 주지하실 수 있을 것입니다. 편지지를 앞에 두고 지극히 황송한 마음을 견디기 힘듭니다.

10-29

제독 이여송에게 보내는 서신

與李提督書 | 권10, 30a

날짜 만력 21년 8월 24일(1593. 9. 18.)

발신 송응창

수신 제독 이여송

내용 심유경과 나이토 조안을 보내오고 심유경의 가인들이 다시는 고니시 유키나가의 군영에 출입하지 못하도록 단속할 것을 요청하는 서신이다.

낮에 제 서신에 대한 답신을 받았습니다. 그 밖에 대장군께서 책임지고 심유경을 나이토 조안과 함께 보내시고, 또한 그 가인들이 다시는 고니시 유키나가의 군영에 들어가지 못하게 해주십시오. 방비가 엄밀하지 못하여 군기를 누설할까 우려됩니다.

10-30

고양겸에게 보고하는 서신

報顧沖菴書[47] | 권10, 30a-30b

날짜 만력 21년 8월 24일(1593. 9. 18.)
발신 송응창
수신 계요총독 고양겸(顧養謙)[48]
내용 유수군을 남긴 채 귀환하면서 자신의 후임을 맡아줄 것을 당부하는
내용의 서신이다.

서신을 받들어보고 간절하기 그지없는 마음을 우러러보았습니
다. 다만 왜가 부산에 있는데 급히 병사를 물리는 것에 대해서는, 그
들이 우리가 서쪽으로 돌아가는 것을 엿보고 몰래 후미를 뒤따라
올라온다면 피폐해진 국가가 어찌 지탱할 수 있을까 하고 걱정이
되어 감히 그러지 못하였습니다. 이제 다행히 왜노가 바다를 건넜고
또한 부장 유정을 남겨두어 군사를 거느리고 그 나라의 험준한 곳
을 틀어막게 하였으니, 아우는 겨우 감히 책임을 내려놓을 수 있게

....

47 報顧沖菴書: 고양겸(顧養謙)의 호가 충암(沖菴)이다.
48 고양겸(顧養謙): 1537~1604. 명나라 사람으로 남직례(南直隸) 통주(通州) 출신이다. 자
　　는 익경(益卿)이다. 진사 출신으로 요동순무, 병부시랑, 계요총독 등을 역임하였으며, 송
　　응창이 탄핵된 후 그를 대신하여 경략으로 임명되었다. 일본과의 강화를 추진하다 탄핵
　　받아 관직에서 물러났다.

되었습니다.

그러나 제가 상주로 제청한 바는 공조(公祖: 고양겸)께서 더욱더 그 일을 총괄해주시도록 신세를 져야 겨우 인심이 두려움을 알고 방어가 해이해지지 않아 중국과 속국에 모두 이익이 되리라는 것입니다. 아우는 일을 맡으면 반드시 남들의 비방을 무릅쓰면서도 이 마음을 다하여 조정에 보답해왔을 뿐입니다. 연장(年丈: 고양겸)께서 조용히 있음으로써 그것을 진정시켜야 한다고 말씀해주셨으니, 아우를 사랑하는 마음이 깊고 아우를 가르치는 뜻이 지극합니다. 감히 명심하지 않을 수 있겠습니까.

내각대학사 왕석작·조지고·장위, 병부상서 석성에게 보고하는 서신

報三相公并石司馬書 | 권10, 30b-32a

날짜 만력 21년 8월 25일(1593. 9. 19.)

발신 송응창

수신 내각대학사 왕석작·조지고·장위, 병부상서 석성

내용 고니시 유키나가가 재차 조공을 요청한 배경을 설명하면서 서생포에 남아 있는 일본군을 철수시키고 일단 저들을 구슬리기 위해서라도 봉공안을 추진해야 한다고 주장하는 서신이다.

고니시 유키나가라는 자는 왜노 가운데 용감하고 지혜롭습니다. 그래서 관백이 그를 선봉으로 삼았는데, 한번 조선을 침범해서는 그 국왕을 서쪽으로 도망치도록 핍박하였고 순식간에 삼도(三都)와 팔도를 장악하였으며 홀로 평양 방면을 책임지면서 명군을 막고 명 내지로 침범하기를 도모하였습니다. 다만 작년 가을과 겨울에 날씨가 추워 천시(天時)가 불리해진 까닭에 심유경의 이야기가 먹혀들어 조공을 조건으로 강화하자고 하게 되었습니다. 하지만 일단 평양에서 물러나 대동강(大同江)을 경계로 삼는 데까지만 수긍하였을 뿐입니다. 그의 생각에는 여전히 왕경이나 개성쯤으로 돌아가 굳게 지키

면서 우리의 빈틈을 엿보다가 날씨가 따뜻해지기를 기다려 조선을 병탄(倂呑)하려 하였으니, 이는 때를 기다렸던 것입니다. 어찌 평양에서 한 번 패배하였다고 하여 심지와 담력이 모두 무너졌겠습니까.

고니시 유키나가가 전의 이야기를 다시 꺼내면서 왕경에서 물러나 부산에 이르러서는 두 사신을 청하여 돌아가서 관백을 보게 하자고 하였던 까닭은 다름 아니라 군사를 잃은 치욕을 씻고 수비에 실패한 죄를 만회하려 하였던 때문입니다. 또 그가 관백에게 부풀려 말하기를, 중국의 병마는 용맹하여 대적하기 어렵고 그 수는 70여만에 달하며 군화(軍火)와 장비를 감당할 수 없다고 하였습니다. 또 두 사신과 심유경 및 여러 수행인을 꾀어 모두에게 차등 있게 후히 선물을 안겨 그들에게 환심을 샀습니다. 또 가토 기요마사가 사람을 함부로 죽여 공을 바라는 바람에 조공 논의를 그르치게 하였다고 참소해서 관백의 분노를 일으켰으니, 우키타 히데이에[平秀嘉]의 환국(還國)을 재촉하고 가토 기요마사의 관직을 삭탈한 것이 모두 고니시 유키나가의 간사한 모략에서 나온 것입니다.

그가 관백의 화를 풀고 기뻐하게 만들며 마음 놓고 자신의 말을 따르게 만들 수 있었던 까닭은 모두 우리 중국을 속여 기쁘게 하고 믿게 만들어서 대군을 모두 철수시켜 조선을 텅 비게 만듦으로써 권토중래(捲土重來)의 뜻을 달성하려 하였기 때문이니, 그 마음이 몹시 간절한 것은 의심할 여지가 없습니다. 하물며 관백이 바다에서 군사를 일으킨 것이 20여 년으로, 싸우면 승리하고 공을 쟁취하면서 향하는 곳마다 대적하는 자가 없었고 66주가 모두 두려워 항복하였으며 지금 또한 조선을 침범해서는 마치 마른 나무를 꺾어버리고 썩은 나무를 부러뜨리는 것처럼 하고 있습니다. 그는 천하의 일을 이루기에 썩 어려워하지 않되, 일단 예봉이 꺾이면 크게 감당할 수 없다고 생각할 것입니다. 또한 각 섬이 이탈해서 혹 다른 변고가 생길까 걱정하니, 이번에 조공하기를 구하는 것은 실로 진정에서 나온 것일 터입니다.

또한 양쪽을 모두 도모하여 일이 잘 풀린다면 조선을 다시 빼앗을 수 있고 일이 잘 풀리지 않더라도 떠들썩하니, 조공을 바치는 것을 얻을 수 있을 것입니다. 고니시 유키나가의 입장에서는 제 한 몸의 죄를 용서받을 뿐만 아니라 아울러 관백의 마음을 묶어둘 수 있습니다. 관백의 입장에서는 중국의 봉작을 받는 영광일 뿐만 아니라 거기에 기대서 섬 오랑캐들의 뜻을 탄압할 수 있습니다. 잘 되면 육국(六國)처럼[49] 될 것이요 잘 안 되어도 위타(尉佗)[50]의 지위는 잃지 않을 것이니, 두 사람의 마음이 교활함이 대개 이와 같습니다. 저는 이러한 까닭을 깊이 살펴보았기 때문에 유정을 남겨두어 군사 1만 6000명을 거느리고 험준한 곳을 틀어막고서 기다리라고 한 것입니다.

그러나 저들을 구슬릴 수 있는 방법과 세월을 끌 수 있는 방법은 조공을 바치게 하는 것 말고는 없습니다. 지금 고니시 유키나가는 그 자신이 임무를 맡아 현재 서생포에 주둔한 채 소식을 기다리고 있습니다. 만약 빈 이름으로 책봉을 하되 조공하는 일은 또다시 별도의 일로 삼아 시간을 끌면서 저지한다면, 고니시 유키나가는 이

....

49 육국(六國): 중국 전국시대의 7국 중 진(秦)을 제외한 제(齊)·초(楚)·연(燕)·한(韓)·조(趙)·위(魏)의 여섯 나라를 일컫는다.

50 위타(尉佗): 한나라 때에 황제로 자칭한 남월왕(南越王) 조타(趙佗)를 말한다. 그가 진나라 남해군위(南海郡尉)로 있었기 때문에 위타라고 칭한 것이다.

것을 가지고 돌아가 관백을 만날 수 있을 것이고 관백은 이것을 가지고 여러 주(州)에 과시할 수 있을 것입니다. 몇 년 안에 설사 관백이 죽지 않는다 하더라도 역시 걱정할 필요는 없습니다. 만약 여러 후배들이 말한 것과 같이 그들과의 관계를 준엄하게 끊어버린다면 이 사안에 어려움은 그다지 없을 것입니다. 다만 고니시 유카나가가 관백에게 주살당할까 두려워하여 끝내 본국으로 돌아가려 하지 않을까 걱정입니다. 관백도 자신이 속은 것을 부끄러워하는 마음을 품을 것이니, 어찌 갑자기 손을 떼려고 하겠습니까. 조선에 화를 끼치지 않는다면 내지에 원수를 갚으려 할 것이니, 해상은 이로 인해 날마다 시끄럽게 될 것입니다. 바라건대 고명하신 당신께서 잘 살펴주신다면, 종묘와 사직에 크게 다행일 것이며 생령들에게 크게 다행일 것입니다.

10-32

내각대학사 왕석작·조지고·장위, 병부상서 석성에게 보고하는 서신

報三相公幷石司馬書 | 권10, 32a-32b

날짜 만력 21년 8월 25일(1593. 9. 19.)

발신 송응창

수신 내각대학사 왕석작·조지고·장위, 병부상서 석성

내용 명군이 철수하고 조선의 방비는 아직 갖추어지지 않은 상황이니 일본의 조공 제안을 일단 수용하여 기미책으로 쓰자고 주장하는 서신이다.

동쪽의 일은 원대한 계책에 힘입어 왜노가 모두 일본으로 퇴각하였고 다만 고니시 유키나가의 병마 한 갈래만이 여전히 바다 가운데의 서생포에 주둔한 채 나이토 조안의 소식을 기다리고 있으니, 다른 걱정은 없습니다. 조공을 바치는 일에 대해서는 제가 실로 이 계책을 빌어 왜를 속인 것입니다. 평양에서 승리한 것, 왕경에서 내쫓은 것, 부산에서 돌아가게 한 것은 비록 장사(將士)들의 힘에 기대기는 하였으나 병가(兵家)에서 속임수를 꺼리지 않으니, 역시 매번 이 계책을 쓴 것입니다. 그러나 몰래 돕는 군사에 관한 일[兵機]은 비밀로 해야 하기에 남한테 말하기 어렵습니다.

지금 군사를 남겨두어 방어하게 하는 것이 일을 결말짓는 데 가장 중요한 일로 결코 그만둘 수 없다는 점은 분명히 말하지 않을 수 없습니다. 대저 군사가 1만 6000밖에 되지 않아 저들은 많고 우리는 적은 것이 첫째입니다. 방어시설을 여태 세우지 못한 것이 둘째입니다. 조선의 병마를 미처 모집하고 훈련시키지 못한 것이 셋째입니다. 만약 앞서 쓴 이러한 속임수를 따르지 않는다면 어찌 공을 이룰 수 있겠습니까. 알지도 못하는 자들이 여러 번 이에 대해 말을 합니다. 만약 조공 논의를 준엄하게 끊어버리고자 한다면 무엇이 어렵겠습니까. 다만 이러한 불화가 시작되어 그런 이야기가 오래 지속된다면 기미하는 술책이 달리 나올 수 있을까 걱정입니다.

책봉하고 조공하는 두 가지 일에 대해서는 사후 대책과 서훈하는 상주가 완성되기를 기다렸다가 제가 경사에 돌아가 복명하고서 하나하나 만나 뵙고 상의하고자 하니, 가르침을 듣고 의논해서 정한 연후에 시행한다면 적절해질 수 있을 것입니다.

10-33

제독 이여송에게 보내는 서신

與李提督書 | 권10, 32b-33a

날짜 만력 21년 8월 26일(1593. 9. 20.)
발신 송응창
수신 제독 이여송
내용 서울 서쪽의 연락선을 유지하는 일, 심유경의 가정이 일본의 군영에 출입하지 못하게 하는 일 등에 대해 당부하는 서신이다.

지금 남의 나라에서 군사를 남겨두고서도 혈맥이 통할 수 있는 것은 모두 대장군께서 군사를 다스려주신 덕분입니다.

의주에서 전라도와 경상도까지 2000여 리가 넘으니, 군정(軍情)이 한 번 막히면 관계되는 바가 작지 않습니다. 유숭정이 관할하는 500명은 겨우 왕경까지만 이를 수 있으니, 왕경 서쪽으로는 책임지지 못할까 걱정입니다. 제가 지금 생각하건대 이 길에는 중국의 기병을 쓰고 조선의 보병이 돕게 하여 20리마다 1명씩을 내어 사안이 위급하면 말을 타고 사안이 급하지 않으면 걷게 하려고 하는데, 대장군의 뜻은 어떠한지 모르겠습니다.

심유경과 그의 가정들에 대해서는 어제 서신을 보내 대장군께서 그들이 왜의 군영으로 들어가지 못하게 해주시기를 부탁하였는데,

아마 받아보셨을 것입니다. 이 사안은 가장 긴급하고 중요한 일이니
부디 신경을 써주시기를 부탁드립니다.

부총병 유정에게 보내는 명령

檄副將劉綎 | 권10, 33a-34a

날짜 만력 21년 8월 26일(1593. 9. 20.)

발신 송응창

수신 부총병 유정

내용 유수군의 남병과 북병 모두에게 1인당 매달 총 은 3냥 6전과 군량을 지급하기로 하였다는 것과 그 조달 방법을 알리며, 이를 장령들에게 공지하여 사기를 진작할 것을 지시하는 명령이다.

관련자료 『사대문궤(事大文軌)』 권8, 「備倭總兵官劉(綎)咨朝鮮國王(劉總兵行查本國解送月銀)」, 만력 22년 3월 13일, 84b-85b(1책 356~358쪽)에 인용된 송응창의 패문이 이 문서를 지칭하나, 해당 자문에는 극히 일부만 인용되어 있다.

잠시 대군을 남겨두어 방어하는 등에 관한 일.

병부에서 논의하기를, 그대의 군대 등 1만 6000명을 남겨두어 전라도와 경상도의 요해처를 방어하게 하는 외에 남병과 북병 각 군사에게 지급할 월향(月餉: 월급), 행량, 염채 등의 항목을 조사해보니 그 수량과 항목이 같지 않다고 하였다. 살피건대 군대의 이름은 비록 남병과 북병으로 구분하고 있으나 유수하는 데에는 애초에 경중의 차이가 있지 않다. 파격적으로 우대하지 않고서는 사람들의 마음을 안정시킬 수 없을 것이고, 적절하게 처리하지 않고서는 쉽게 지급할 수 없을 것이다. 마땅히 일시동인하는 뜻에 따라 남병과 북병을 막론하고 군인 1명당 매달 향은 1냥 5전, 행량은과 염채은으로 1냥 5전, 의복비로 은 3전, 포상은 3전 등 총 은 3냥 6전을 지급하라. 장령과 천총·파총 등 관원의 급여는 각각 원래 지급하던 수량과 항목 외에 한 배를 더해주도록 하라. 만약 전마나 짐말이 있으면 모두 현행 사례에 따를 것이며, 날마다 쓸 본색의 군량과 사료 또한 별도로 지급하라.

오유충의 군사의 월향 및 행량은과 염채은은 전과 같이 영평부에서 지급하고, 그대의 사천 병사의 월향은 요동 비왜 마가은에서 지급하고, 행량은과 염채은은 요동의 군량을 관할하는 아문의 향은에서 지급할 것이다. 그 나머지 관군은 소속된 각 진에서 원래 월향 얼마씩을 지급하니 1냥 5전 수량과 항목으로 그 월향을 공제한 외에도 아직 얼마가 부족하면 역시 요동의 비왜 마가은에서 채워줄 것이다. 그 행량은과 염채은 또한 요동의 군량을 관할하는 아문의 향은에서 지급할 것이다. 각 군인의 의복비와 포상은 6전 및 날마다 지급할 본색의 군량과 사료 가운데 위에 포함되지 않은 것은 모두 조선국왕이 지급할 것이다. 이상과 같이 이미 제본을 올린 외에 먼저 문서를 보내 알려준다.

패문을 보내니, 바라건대 그대는 즉시 유수하는 각 장령과 군사들에게 전달하여 "너희는 이와 같은 특별한 우대를 받고 있으니 모두 사기를 고무하고 용기를 떨쳐 각각 규정된 구역을 지킬 것이며 해이해지지 말도록 하라. 사명을 완수하고 공을 이룩하는 날 조정에서 자연히 무거운 은전을 베풀어 결코 기대를 저버리지 않을 것이다.”라고 상세히 알리고 깨우치도록 하라. 경비가 지급되기 시작하는 날짜에 대해서는 삼가 성지가 내려지기를 기다렸다가 계요총독·요동순무와 순안어사로부터 지시를 받을 것이다. 문서가 도착하는 날에 별도로 논의할 것이니, 모두 어기지 말라. 먼저 명령을 준행하여 군사들을 깨우쳤다는 내용을 문서로 갖추어 보고하라.

요동순무 조요에게 보내는 자문

移趙撫院咨 | 권10, 34b-35b

날짜 만력 21년 8월 26일(1593. 9. 20.)

발신 송응창

수신 요동순무 조요(趙燿)[51]

내용 귀환하는 군사들에게 포상으로 1인당 은 1냥 3전을 지급하도록 조치를 취해달라는 자문이다.

동쪽 정벌에 나선 장사들에게 포상을 주어 우대하는 뜻을 보이는 것에 관한 일.

살피건대 제가 황명을 받들고 계주·보정·선부(宣府)·대동(大同)·산서·요동 등 지역의 관군을 징발하여 멀리 남의 나라에까지 와서 왜노를 토벌한 것이 이제 곧 1년이 됩니다. 다행히 이 일이 마무리되어 유수하는 일은 별도로 논의하는 외에 그 나머지 대군은 모두 철수하게 되었습니다. 다만 각 장령과 군사들이 추위를 넘기고 더위를 맞이하며 비에 젖고 바람에 쓸려 옷이 모두 해져 노고가 평

---

51 조요(趙燿): ?~1609. 명나라 사람으로 산동 액현(掖縣) 출신이다. 자는 문명(文明)이다. 임진왜란이 발발하였을 때 요동순무를 맡고 있었다. 이전에 일본군이 조선을 침략하였을 때 일본군을 방비할 열 가지 방책을 올려 화의의 해로움에 대해 주장한 바 있다.

소의 두 배나 되니, 이번에 철수함에 마땅히 상을 내려주어 우대하는 뜻을 보여야 하겠습니다.

자문을 보내니, 귀 원(院)에서는 번거롭겠지만 도의 관리에게 문서를 전달하여 즉시 비왜 마가은을 내어주고, 군량을 관할하는 아문에 미리 알려 무릇 산해관(山海關) 서쪽의 군사들이 돌아가다가 광녕(廣寧)에 이르거든 급여를 수령하여 각 진으로 돌아가도록 하십시오. 현재 군량을 지급할 군사의 수효를 조사하여 군인 1명당 의복비로 은 1냥, 식비로 은 3전을 지급해서 모두가 실제 혜택을 입을 수 있도록 해주십시오. 장사들의 포상에 대해서는 해당 도에서 즉시 요동도사(遼東都司) 아문에 문서를 보내 앞서 강을 건넌 각 장령에 대해 등급을 매겨 포상을 하였던 사례에 따라 수효대로 나누어 지급하십시오. 원래 요진(遼鎭)에서 동원한 장병 가운데 현재 철수하는 자들에 대해서도 해당 도에서 경리양향 주사 애유신에게 문서를 보내 현재의 수효를 명확히 검토하여 위의 포상과 의복비, 식비 등을 모두 각 도에 나누어 전달해서 나누어 지급하게 하십시오. 만약 비왜 마가은이 부족하다면 창고에 쌓아둔 은냥을 잠시 빌려도 무방합니다. 혹 원외랑 축이빈(祝以豳)[52]이 관리하는 마가나 해당 도에서 분수도(分守道)에 쌓아둔 5만 냥 가운데에서 보충해서 내게 한다면, 금일 원정에 나선 이들의 노고를 조금이나마 위로할 수 있을 것이고 또 이후에 올 장사들의 마음을 격려할 수 있을 것입니다. 현재 조선에 유수할 군사에 대한 포상은 여기에 포함되지 않습니다.

....

52 축이빈(祝以豳): 1564~1632. 명나라 사람이다. 만력 14년(1586) 진사로 급제하여 관직이 병부낭중(兵部郎中)에 이르렀다. 만력 20년(1592) 일본이 조선을 침략하자 조선이 일본에 꺾이면 그 영향이 명나라에 미칠 것이라고 강경하게 주장했다.

바라건대 한배를 탄 아름다움을 생각하고 귀환하는 군사들이 오래 기다리기 어렵다는 점을 가엾게 생각하시어 즉시 거행해서 늦어지는 바람에 그들이 기다리느라 머무르게 되는 일이 없도록 해주십시오. 사안이 완료되면 동원한 은의 수효와 지급한 장사의 명단을 책으로 작성하여 회보해주십시오.

10-36

모든 관군에게 알리는 고시

示諭 | 권10, 35b

날짜 만력 21년 8월 26일(1593. 9. 20.)
발신 송응창
수신 원정에 참여한 대소(大小) 관군
내용 귀환하는 장병들에게 포상으로 은 1냥 3전을 지급하기로 하였음을 알리는 고시문이다.

동쪽 정벌에 나섰다가 철수하는 각 진의 장령과 군사들에게 고시하여 알린다. 내가 생각하건대 너희가 동쪽 정벌에 따라나서 노고를 다한 것이 곧 1년인데 이번에 철수하게 되었으니, 특별히 포상을 더하여 우대하는 뜻을 보여야겠다. 의논하여 결정한바, 장령에 대해서는 모두 앞서 강을 건넜을 때 포상하였던 사례에 따르고, 군사에 대해서는 1인당 의복비로 은 1냥, 식비로 은 3전을 지급할 것이다. 산해관 서쪽에서 온 장사에 대해서는 광녕을 지나갈 때 모두 해당 도에서 마가은을 내어 나누어줄 것이다. 요동진(遼東鎭)에 있는 장사에 대해서는 모두 각각의 영(營)으로 돌아가면 해당 도에서 검토한 후 본래 관할의 병도(兵道)[53]가 나누어줄 것이다. 이에 고시한다.

10-37

모든 관군에게 알리는 고시

又 | 권10, 35b-38b

날짜 만력 21년 8월 26일(1593. 9. 20.)

발신 송응창

수신 원정에 참여한 대소 관군

내용 그동안 상으로 지급한 은과 식품, 가죽장화 등의 수량과 항목을 전체 장병에게 알리는 고시이다. 그때까지 포상으로 지급한 은 총 21만 4500냥, 소 470마리, 소금 20만 근, 가죽장화 3만 3659켤레 등이다.

경략 병부(經略兵部)에서 관군과 가정에게 지금까지 상으로 지급한 은과 소, 술과 식염, 가죽장화 등 각각의 수량과 항목을 다음과 같이 열거하여 고시한다.

첨부

처음으로 황상께서 내려주신 상 은 10만 냥.

병부에서 의용위(義勇衛) 경력 왕국언(王國彦)을 선발하여 천진도(天津道)에 2만 냥을 남겨두고 계주도(薊州道)에 2만 냥을 남겨두어 해안을 방어하는 관군에게 상으로 주었다. 또 주사 황걸(黃杰)[54]을 선발하여 은 6만 냥을 운송하도록 하였는데 작년 12월 23일에 요양에 도착하였고, 25일에 지휘(指揮) 왕이(王邇)와 장창윤(張昌胤)을 선발하여 이 제독의 군전으로 운송하도록 하여 의주로 보냈다. 내가 2월에 다시 찬획인 원외랑 유황상과 주사 원황(袁黃)[55]에게 문서를 보내 관군에게 나누어주도록 한 것이 총 은 3만 5112냥이며, 통판 (通判) 왕군영(王君榮)이 관군에게 나누어준 것이 총 은 8939냥 9전 으로, 남은 은은 1만 5948냥 1전이다.[56]

전사한 관원 9명, 지휘 2명에게는 각각 은 10냥, 천총 2명에게는 각각 은 8냥[그 가운데 양호(楊虎)에게는 유해를 운반할 길이 멀어 은 2 냥을 더함], 파총 2명에게는 각각 은 6냥, 백총(百總) 3명에게는 각각 5냥을 지급하였다. 군정 1232명에게는 각각 은 3냥을 지급하였다.

사천의 장수 유정 휘하의 관군 5000명은 비록 뒤에 도착하였으 나 먼저 출발하였고 여정이 1만 리에 달하여 한겨울에 길에서 고생 하였으므로 대군과 마찬가지로 상을 주어야겠기에 총 은 5152냥을 지급하였다.

요동의 유격(遊擊) 고정(高貞)이 거느린 관군은 비록 뒤늦게 동원 되었으나 오랫동안 외국에 주둔하였으므로 절반을 지급해야겠기에

....

54 황걸(黃杰): 명나라 사람으로 하남성 식현(息縣) 출신이다. 병부주사(兵部主事)를 지냈다.
55 원황(袁黃): 1533~1606. 명나라 사람으로 절강 가흥부(嘉興府) 가선현(嘉善縣) 출신이 다. 자는 곤의(坤儀)이다. 임진왜란이 발발하였을 때 병부의 직방청리사주사(職方淸吏 司主事)였다. 병부원외랑(兵部員外郞) 유황상과 함께 찬획(贊畫)으로 파견되어 참모 역 할 등을 수행하였다. 특히 병참과 관련된 업무를 많이 담당해서 군량 문제 등을 조선 조 정과 논의하는 경우가 많았다.
56 만력 21년(1593) 정월 4일 송응창은 이여송에게 격문을 보내 왕군영을 통해 마가은 6만 냥을 전달하며 흠상의 범위를 정해주었다. 흠상 대상은 유황상 및 원황을 통해 동원·모 집된 장수와 병사들, 산서 및 계주진에서 차출한 병사, 본인·제독·찬획의 표하 막료· 책사·청용(聽容)이 이서(吏胥) 및 역인(役人), 애유신 및 황걸을 수행한 역인 등이었다. 관련문서는 「5-6 檄李提督 | 권5, 4a-4b」 참조.

총 은 566냥을 지급하였다.

송대빈 등이 거느린, 요동에서 뒤늦게 도착한 군인 및 부상당한 군인에게 보상하기로 결정하였으나 아직 지급하지 않은 은이 총 1804냥이다.

현재 남은 은은 4665냥 1전이다. 은은 적은데 군사가 많아 너무 적어서 나누어주기 어려워서 유정에게 전달하여 유수 관군 1만 6000명을 위로하고 포상하는 용도로 쓰게 하였다.

2월 23일, 한 차례 군사들을 위로하여 용기를 북돋기 위해 통판 왕군영에게 문서를 보내 내게 한 마가은 2100냥과 소 210마리를 보내게 하였고, 또 은 100냥을 쌍산관염관(雙山管鹽官) 왕삼지(王三知)에게 맡겨 소금 20만 근을 구매하였다. 세 협의 관군에 대해 각 협에 은 700냥, 소 70마리를 주어 천총에게 1인당 술값으로 은 2전, 파총에게 1인당 술값으로 1전, 관첩대(管貼隊) 군정에게 1인당 술값으로 5푼을 주고 소고기와 소금을 모두 나누어주었다.

5월 7일, 한 차례 관군의 노고를 위로하기 위해 제독 이여송에게 패문을 보내 가까운 곳에서 마가은 2400냥을 빌려 내게 하고 동지(同知) 정문빈(鄭文彬)이 보낸 소 120마리, 분수도에서 보낸 소 80마리, 동양정이 보낸 소 60마리를 모두 제독 이여송의 군전에 보내 앞서 술값으로 지급한 수량과 항목에 따라 세 협의 관군 및 유정의 관군에게 상으로 지급하였다.

2월에 한 차례 제독 이여송의 보고에, "각 군이 산을 넘어 누차 혈전을 치르고 진흙탕에 빠져 신발이 헤져 맨발을 감당할 수 없으니, 관은을 내어 가죽장화를 구매해주십시오."라고 하였기에, 분수도·분순도(分巡道)·해개도(海蓋道) 3도에 패문을 보내 구매하게 하였더니 아래의 아문에서 연달아 운송해왔으므로 제독 이여송에게 전달하여 상으로 지급하게 하였다.

분수도에서 보내온 것이 가죽장화 1만 1459켤레.

분순도에서 보내온 것이 가죽장화 1만 2000켤레.

해개도에서 보내온 것이 가죽장화 8200켤레.

금주(金州)에서 500켤레.

해주(海州)에서 1500켤레.

7월 23일, 한 차례 군사들을 위로하여 용기를 북돋기 위해 은 1만 냥을 내어 제독 이여송에게 문서를 보내 관원에게 맡겨 전라도를 틀어막고 왜노를 소탕한 관군에게 상으로 지급하게 하였다.

하나. 주사 가유약(賈維鑰)이 가지고 온 은 10만 냥 가운데 황상께서 세 협의 관군에게 내려주신 것으로 은 4만 1천 냥을 내어 관군과 가정에게 모두 이전의 수량과 항목에 따라서 세 협의 장관들이 나누어 지급하게 하였고, 유정 군영의 관군에게 총 은 5270냥을 지급하였다.

하나. 관군이 거둔 공의 등급에 따라 왜의 수급 1과(顆)를 베면 은 50냥을 상으로 주었다. 평양성에서 1285과, 성 밖에서 362과, 개성에서 165과, 벽제에서 167과, 생포한 왜 6명에 대해 총 은 9만 9250여 냥을 사용하였다. 각 관군 가운데 아직 수령하지 못한 자는 주사 애유신과 주사 장동(張棟)에게 가서 정확한 수를 고하여 나에게 보고하면 추가로 지급할 것이다.

병부상서 석성에게 보고하는 서신

報石司馬書 | 권10, 38b-40a

권10

> **날짜** 만력 21년 8월 28일(1593. 9. 22.)
>
> **발신** 송응창
>
> **수신** 병부상서 석성
>
> **내용** 심유경을 보내 고니시 유키나가가 도요토미 히데요시를 배반하도록 도모하라는 계책에 대해 불가함을 호소하고, 가토 기요마사를 회유하는 계책은 그대로 실행할 것을 건의하는 서신이다. 아울러 유수군은 1만 6000명으로 확정해줄 것을 건의하였다.

편지를 받아보니, 다시 심유경에게 천금을 가지고 가게 해서 고니시 유키나가, 나이토 조안 등과 은밀히 결탁하여 관백을 배반하여 도모하는 일을 맡기라는 일이었습니다. 당신의 편지를 받아보기 전에 제 생각으로도 이를 행하고자 하였는데, 나중에 천천히 살펴보니 결코 불가한 점이 있습니다.

무릇 고니시 유키나가는 관백의 총애를 받는 신하이며, 나이토 조안 또한 고니시 유키나가의 복심(腹心)의 장수입니다. 일단 이 의논이 시작되면 저들이 어찌 따르려고 하겠습니까. 또한 중국이 이랬다저랬다 하여 신뢰가 없다고 할 터이니, 앞으로 병화(兵禍)가 연달아 이어진들 풀 수 없을 것입니다. 또한 두 사신이 한 번 가서 천금을 주었는데 심유경이 그 일을 주관하게 되자 2천금을 심유경에게 갚아주었습니다. 제독 이여송이 일찍이 말하기를, 만약 일본의 조공이 성사되면 관백이 또한 세 사람에게 10만금을 사례할 것이라고 하였다고 합니다. 저들이 만금을 아까워하지 않는데 어찌 천금을 가지고 우리를 위해 움직이려 하겠습니까. 나이토 조안이 가지고 온 은 수천 냥은 또한 이간질을 하여 우리 군사를 늦추려는 속셈인데, 저들이 어찌 우리를 위하여 간첩 노릇을 하려 하겠습니까.

하물며 심유경은 평양에서 조공을 조건으로 강화할 때에 다만 대동강을 경계로 삼자고 하였는데, 당시에 만약 그의 말을 따랐더라면 저는 쉴 곳을 찾지 못하였을 것입니다. 대하(석성)께서도 또 얼마나 욕을 당하셨겠습니까. 부산 쪽의 상황은 이미 나이토 조안과 함께 왔지만 진주 쪽은 왜군이 진주성을 깨뜨렸다는 보고가 왔으니, 그들의 정형이 교활하여 예측할 수 없습니다. 만약 재차 고니시 유키나가의 처소로 간다면 형세상 분명 도리어 사달을 일으키게 될 것입니다. 저는 이러한 사정을 알고 제독 이여송에게 명하여 방어를 더욱 엄히 하면서 그 과실을 질책하며 그로 하여금 고니시 유키나가를 타일러 서둘러 물러나 돌아가게 한다면 사안이 마무리될 수 있으리라고 하였습니다. 이제 생각하건대 그로 하여금 나이토 조안을 잘 대우하여 망동을 하지 못하게 하고 사안을 지켜보는 것이 타당하며, 논공행상에서 그 노고를 빠뜨리지 않으면 될 것입니다. 제 생각에 관백을 도모하는 일이 결코 가능하지 않다는 것은 이런 이유에서입니다.

가토 기요마사에 대해서는 그가 이미 딴마음을 먹었고 허의후가

내응하기로 하였으니 진신과 오응겸의 계책이 실로 좋습니다. 이미 봉호(封號)를 더해준 후 그가 마음을 놓고 우리는 굳게 지키다가 그에게 적절한 기회가 생긴다면 또한 한구석에 연연하지 않을 것입니다. 오늘날의 계책으로는 오직 유수하는 장사들과 조선의 군신에게 지시하여 온 마음으로 방어하게 하는 것이 최선일 것입니다. 제 생각은 이와 같으니, 고명하신 안목으로 살펴봐주신다면 대단히 다행이겠습니다.

또한 군사를 남겨두는 사안에 대해서는 저도 1만 명 정도로만 하고 싶지 않은 것은 아니지만 왜노를 대적하기 쉽지 않고 조선의 요해처가 또한 두 길로 나뉘어 있으므로 1만 6000명이 아니면 안 되겠습니다. 행량과 월량도 조선에 모두 내라고 하고 싶지 않은 것은 아니지만 그 실정을 살펴보니 결코 공급을 감당할 수 없을 터이고 또한 강제하기도 어렵습니다. 조선이 이제 매달의 의복비와 포상은 6전씩과 날마다 들어가는 본색의 군량을 내기로 하였으니, 그 역시 적지는 않을 것입니다. 그들 군사가 훈련하여 숙련되기를 기다렸다가 우리 군사가 곧 철수한다면 또한 그렇게 오래 걸리지는 않을 것입니다. 저의 상주에 대한 검토 제본을 올리실 때 대하께서 힘써 주관해주시어 그 수효에서 감원하여 적절한 시기를 그르치는 일이 없게 해주시기를 바랍니다. 간절하고 간절하게 당부드립니다.

10-39

조선국왕에게 보내는 자문

咨朝鮮國王 | 권10, 40a-41b

날짜 만력 21년 8월 28일(1593. 9. 22.)

발신 송응창

수신 조선국왕

내용 세자 광해군을 즉시 전선으로 보내 유수군과 함께 방비 작업을 총 괄하게 할 것을 재촉하는 자문이다.

나라의 기틀을 새로 복원하고 서둘러 정비하여 영원한 평안을 도모하는 일.

제가 자문을 보내 왕께서 광해군에게 명하여 전라도와 경상도 등으로 나가 거처하면서 부장 유정과 함께 긴밀하게 수비하게 해달라고 청한 일이 있었습니다.[57] 또한 윤근수에게 패문을 보내, 서둘러 시행하도록 왕께 보고를 올려달라고 한 바 있습니다. 그 후 아직까지 회답 자문을 받지 못하였습니다.

살피건대 형세란 올라타기 어려운 것이고 시간이란 얻기 어려운

....

57 제가 …… 있었습니다: 광해군을 내려보내도록 한 자문은 다음에 수록되어 있다. 「10-24 移朝鮮國王咨 권10, 25b-27b」

것입니다. 생각하건대 적국의 외환(外患)이 조금 누그러졌으니 포상(苞桑)[58]이나 반석(盤石)과 같이 견고하게 해야 할 때입니다. 하물며 정사(政事)는 고(蠱)가 극에 달하여 새로 다스려야 하는 때이자[59] 인심이 뿔뿔이 흩어졌다가 장차 모이려는 날이니, 흥하고 망하고가 달린 일에 털끝만큼도 빈틈을 용인해서는 안 됩니다. 왕께서는 아녀자의 사랑하는 마음이나 어린아이를 사랑하는 마음에 미혹되지 마시고 촌각을 다투어 서둘러 광해군에게 명하시어 적당한 배신을 선발하여 대동하고 밤낮으로 달려가서 유정 등과 함께 멀리 달아난 왜노를 추격하고 관군을 선발하고 방어시설을 설치하며 병장기를 만들고 군량을 운송하는 등의 사안을 모두 광해군으로 하여금 몸소 관리하게 하십시오. 이렇게 하면 비단 유수하는 관군이 세자가 여전히 전장에 있음을 보고 고무되어 환성을 지르며 그를 위해 힘을 낼 것입니다. 뿐만 아니라 전라도와 경상도 등의 신민들도 모두 말하기를, "우리 임금님의 아들이 어려움을 뚫고 오셨으니 우리가 대대로 받아온 국은(國恩)에다가 또한 왜에 당한 한을 품고 있으니 어찌 마음을 다하여 보답하려 하지 않겠는가."라고 하며 또한 분명 분발하면서 감히 해이해지지 않을 것입니다.

  왕께서는 사랑하는 아들을 멀리 떨어뜨릴 수 없다고 하지 마시

....

58 포상(苞桑): 뽕나무의 뿌리로, 뿌리가 깊으면 밑바탕이 견고함을 비유한다. 『주역(周易)』「비괘(否卦)」 구오(九五)에 "망할까! 망할까! 뽕나무 뿌리에 매어놓았구나[其亡其亡 繫于苞桑]."라고 하였다.

59 정사(政事)는 …… 때이자: 『주역』「고괘(蠱卦)」 단사(彖辭)에 "고(蠱)는 크게 형통하다."라고 하였다. 그 해설에 따르면 고가 극도에 이르러 마땅히 다스려야 하는데도 선후(先後)를 신중히 고려하여 대처하는 뜻을 두었으므로 고를 다스려 형통함을 이룰 수 있다고 한다.

고 선왕이 우리에게 남겨주신 강산과 사직을 생각하시어 재차 기회를 잃어버리지 마십시오. 사랑하는 아들을 어지러운 세상으로 내보낼 수 없다고 하지 마시고, 중국의 유수하는 장병들이 집에서 만 리나 떨어져서 부모와 처자들과 소식도 끊어진 채 왕을 위해 머물면서 지키고 있고, 왕국이 이 전란을 만나 더벅머리 아이부터 백발노인까지 들판에 내던져진 자가 몇 천 몇 만 명인지 알지 못한다는 점을 생각하십시오. 사랑하는 아들이 나이가 어려 잠시 두었다가 천천히 보내겠다고 하지 마십시오. 제가 들어 알기로 그는 힘쓸 나이인데다가 뛰어난 재능이 있어 이미 기예를 드러내고 있다고 합니다. 그러니 그 혈기가 가라앉고 큰 뜻이 옅어지기 전에 그로 하여금 먼 길을 두루 다니게 한다면 남부여대(男負女戴)하는 이들의 어려움을 알게 될 것이고, 농사 형편을 눈으로 보게 한다면 호미질하고 쟁기질하는 이들의 어려움을 알게 될 것이며, 추우면 피부에 소름이 돋게 되고 배고프면 눈이 아득해져서 헛것이 보여 가난한 자들의 어려움을 알게 될 것이고, 상처를 싸매고 출진하여 피를 마시고 성벽을 기어오르는 것을 보면 칼을 메고 창을 쥔 군사들의 어려움을 알게 될 것입니다. 오랫동안 수련을 거치면 분명히 마음을 굳게 하고 생각을 공평하게 하며 욕심을 참고 마음을 움직일 수 있게 되어 국체에 통달하고 민정(民情)에 순응할 것입니다. 지나간 잘못은 고칠 수 있을 것이고 앞으로 올 유신(維新)은 정연하게 할 수 있을 것이니, 국가의 명운은 저절로 오랜 복을 누리게 될 것입니다. 왕께서 자애한 마음에 빠져 지극한 행동을 결단하지 못함으로써 스스로 재앙을 불러와서는 절대로 안 될 것입니다.

제가 이미 제본을 갖추어 올렸으며 이에 재차 촉구합니다. 이를

위하여 자문을 보내니, 청하건대 잘 살피시어 오늘 당장 광해군에게
명하여 출발하게 하십시오. 바라건대 연민의 정을 두지 마십시오.
출발한 날짜를 회답 자문으로 보내주시기 바랍니다.

10-40

유격 심유경에게 보내는 명령

檄沈惟敬 | 권10, 41b-42b

날짜 만력 21년 8월 29일(1593. 9. 23.)

발신 송응창

수신 유격 심유경

내용 도요토미 히데요시가 선사하였다고 하면서 심유경이 전달한 장도(長刀) 10자루를 받을 수 없다고 거절하고, 심유경 역시 일본으로부터 뇌물을 받지 말라고 경고하는 명령이다.

왜정에 관한 일.

그대의 보고를 받았는데, "왜장과 왜의 수행원들을 데리고 왔으나, 제독은 서쪽으로 가버리고 조선에서 편의를 제공하려 하지 않으며 게다가 깊은 원한을 품고 있어 은밀히 해를 가하려 하고 있습니다."라고 하였다. 또 말하기를, "관백이 금으로 만든 칼집과 장도 10자루를 예물로 보내왔습니다. 8월 8일에 제독이 관원 축국태(祝國泰)와 여천유(呂天裕)를 보내와서 가지고 갔습니다. 저는 직접 찾아뵙고 싶습니다."라고 하였다.

이를 받고 살피건대, 관백은 본래 교활한 간웅(奸雄)으로 처음 뜻은 조선을 꺾고 중국 내지를 침범하려는 것이었는데 지금은 우리의 위엄을 두려워하여 이전의 계략을 이루지 못하자 비로소 책봉과 조공을 빌고 있는 것일 뿐이다. 나는 일단 그가 당장은 공손하게 나오는 것을 보고는 우리에 들어온 자의 다리를 묶어두는 것처럼[60] 하지 않으려고 그의 표문(表文)이 이르는 날 그것과 함께 대신 상주하여 성상(聖上)의 밝으신 처분을 기다리려 하고 있다. 그런데 그가 어찌 칼을 보내 예물로 삼을 수 있겠는가. 나는 결단코 받을 수가 없다.

또한 그대가 앞서 왜장과 함께 왔던 날 이미 관원 모승조(毛承祖)를 보내 장령 전세정(錢世禎)과 함께 왜가 가지고 온 짐과 날붙이 등을 모두 검사하고 나서 병부에 자문으로 보고하였다. 만약 성상께서 굽어살펴 받아주신다면 위의 칼은 모두 마땅히 경사로 보내야 할 것이니, 역시 내가 수령할 것이 아니다.

나이토 조안은 각별히 법도를 준수하여 매우 가상한 바가 있다고 하니, 이미 제독에게 문서를 보내 요동으로 보내와서 성보(城堡)에 편안히 머무르게 하면서 날마다 물자를 지급하게 하라. 그러면서 아울러 나이토 조안으로 하여금 수행원들을 속히 보내서 표문을 가지고 오게 하라. 그 외에 칼은 비록 제독이 관원을 보내 받아갔다고는 하지만 그것이 도착하는 날 내가 엄격히 거절할 것이다. 그대가 모를까 심히 걱정되어 이에 깨우쳐준다.

패문을 보내니, 바라건대 그대는 속히 잘 살피도록 하라. 나는 단연코 왜로부터 한 터럭의 물건도 받지 않을 것이며, 설혹 중국에서 허락한 후에 왜장에게 여전히 이러한 뜻이 있다고 해도 그대는 또

....

60 우리에 …… 것처럼: 『맹자』 「진심 하(盡心下)」에 나오는 표현으로, 이미 잘못을 고친 사람에게 기왕의 잘못을 다시 비판하는 것을 뜻한다.

한 엄격히 거절하고 들어주지 말아라. 물건을 받는다면 설령 그대가 작은 이익을 탐하는 마음이 없다고 해도 도리어 해가 생길 것이다. 마음을 다하고 힘을 다한다면 공을 이룩하는 날 조정에서 자연히 관작과 상을 내리실 것이다. 왜장을 데리고 함께 오되 나에게 올 필요는 없다. 명을 어기지 말라.

봉공안에 대해 해명하는 상주

講明封貢疏 | 권10, 42b-49a

날짜 만력 21년 8월 29일(1593. 9. 23.)

발신 송응창

수신 만력제

내용 일본군이 부산으로 물러난 이후 이루어진 봉공안에 대해 보고하면서 일단 조공을 조건으로 강화를 추진할 것을 건의하는 상주이다. 이 문서에서 송응창은 그동안 조공을 빌미로 시간을 벌고 일본군을 속여 전투에서 승리할 수 있었으나 자신이 진심으로 조공을 허락하려 한 것은 아니었음을 해명하였다. 그러면서 현재 유수군을 배치하고 조선의 방비를 갖추기 위해서는 시간을 끌어야 하므로 일단 강화 논의를 이어갈 것을 주장하였다.

관련자료 『명신종실록』 권264, 만력 21년 9월 11일(임술) 기사와 동일 문서이지만 본문에 수록된 것이 더욱 자세하다. 또한 『선조실록』 권56, 선조 27년 10월 10일(갑인) 기사의 요동도사의 자문 내에 인용된 병부의 제본 중에서 송응창의 해당 제본에 대한 병부의 제본과 그에 대한 만력제의 성지 내용을 확인할 수 있다.

조공을 조건으로 강화하자는 말의 시말(始末)을 말씀드리고 왜의 정황에 대처할 방안을 아뢰면서 성상의 결단으로 엄히 지시를 내려주시어 때맞춰 수비를 정돈함으로써 교활한 모의를 다스리고 내외를 편안히 할 수 있도록 간절히 비는 일.

신(송응창)이 다행히 우리 황상의 위령에 힘입은 덕에 왜노는 도망쳐 돌아갔고 속국은 이미 회복되었습니다. 군사를 남겨 지키게 하자는 사후 대책에 대해서 상세히 논하여 제본을 올려 청한 외에 조공을 통하게 하는 사안에 대해서는 신이 원래 마음먹은 바가 없었으므로 또한 가벼이 허락하지 않았습니다. 다만 병가의 일은 허실(虛失)에 대해 기미를 숨기고 경도(經道: 원칙적인 방법)와 권도(權道: 임시적인 방법)를 번갈아 써야 하기 때문에, 신은 진실로 일을 시작한 후 그 계책을 반드시 실행해야 한다고 감히 말하지 않았습니다. 또한 기왕 시작한 일에 대해서 그 사업이 완수되어야 한다고 감히 말하지 않았습니다.

돌아보건대 조정의 신료 가운데에는 신의 행적에 의심을 품어 조공을 약속해주었다고 하는 사람도 있는 것 같습니다. 또한 신의 마음을 믿어주지 않고 왜노에게 틈을 열어주었다고 하는 사람도 있는 것 같습니다. 지금 동쪽에서의 일은 비록 실마리가 잡혔다고는 하지만 마땅히 미리 도모해야 할 시기에 대해서 신은 말씀을 아뢰어 청을 올리지 않을 수 없습니다.

신은 작년 9월에 명을 받들어 경략을 맡고 10월 말에 산해관에 이르러 비로소 업무를 시작하였습니다. 징발한 군사는 1000리 밖에 있었고, 쌓아둔 군량은 징발하거나 사들이는 중이었으며, 일체의 군화와 장비 등 왜를 방어할 장비들도 그제야 만들기 시작하였습니다. 제독과 대장이 아직 군전에 이르기도 전에 신은 여러 찬획들과 함께 변통하여 처리해야 하였습니다. 이에 앞서 심유경이 7월에 병부상서 석성의 명령을 받고 왜군 진영에 가서 정탐하고서 10월에 왜에서 돌아와 병부상서를 만나니, 병부상서가 제본을 올려 신에게 보내 표하의 청용관(聽用官)으로 삼게 하였습니다.

심유경이 산해관에 이르러 신을 만나서는 말하기를, "왜의 우두머리 고니시 유키나가가 조공을 할 수 있게 해주기를 빌며 60일 동안 조선을 공격하지 않겠다고 약속하면서 회답을 기다리고 있습니다. 지금 이미 기한에 이르렀으니, 청하건대 금을 써서 이간질을 하여 고니시 유키나가가 군사를 거두게 하십시오."라고 하였습니다. 신이 곰곰이 생각해보니, 군전의 여러 일이 아직 모이지 않았으므로 이 기회를 틈타면 왜가 서쪽으로 향하는 것을 늦출 수 있을 것 같았습니다. 또한 병부상서가 친필 편지를 보내 심유경에게 은 1000냥을 내어주라고 신에게 분부하였으니, 신은 드디어 중군관(中軍官) 양원에게 패문을 보내 그 수효대로 심유경에게 주어 보내게 하였습니다.

신은 즉각 길을 재촉하여 요양에 이르러 밤낮으로 진격할 준비를 독려하였고, 제독 이여송도 12월 초순에 역시 도착하여 드디어 3군을 거느리고 길일을 택하여 진군에 나섰습니다. 마침 심유경이 다시 왜의 군영에서 돌아와 고집스럽게 말하기를, "고니시 유키나가는 평양에서 물러나서 대동강을 경계로 삼기를 원합니다."라고 하였습니다. 신이 일단 그러려니 하여 심유경을 제독의 표하로 보내 잡아두게 하고 다시는 왜의 군영으로 들어가지 못하게 하면서 평양까지 제독을 따라 함께 가게 하였습니다. 이여송은 신의 말을 묵묵히 받아들이고 다만 심유경이 가정을 보내 고니시 유키나가를 만나러 가게 하여 하루 이틀 안에 평양에서 물러나는 것을 약속하게 하는 것만 허락하였습니다. 그때 고니시 유키나가는 여전히 머뭇거리고 있었고, 가정이 돌아와 이야기하기 전에 우리 군사가 이미 성에 육박하였습니다. 그가 생각하지 못하였을 때 그가 준비하지 못한 틈을 탔기 때문에 평양에서 대승을 거두고 개성까지 수복할 수 있었던 것입니다.

만약 그때 심유경의 행보를 끊어버리고 고니시 유키나가의 약속을 명백히 물리쳤더라면, 만약 저들이 한창 뻗어가는 불씨를 피우게 내버려 두었더라면, 저들이 평양에서 의주까지 겨우 500여 리를 석권하여 달려들어 무리를 나누어 심어두고 강가의 위아래 땅을 막아 지켰을 터이니, 신은 우리 군사들이 압록강을 날아서 건널 수 없음을 걱정하였을 것입니다. 그러니 어찌 평양과 개성에서의 승리가 있을 수 있었겠습니까. 이것이 처음 조공을 조건으로 강화하는 일을 논의하여 평양을 격파할 수 있었던 이야기입니다.

그 뒤로 왜노가 왕경으로 모두 모여들고 함경도·황해도·강원도 등의 무리까지 합쳐서 보고에 따르면 실로 20여 만 명이 된다고 하였는데, 우리 군사는 4만이 채 되지 않았습니다. 그때는 옮겨 다니며 전투를 치른 이후라서 군사와 말이 피로하였고, 강함과 약함, 많음과 적음을 따져볼 때 당해낼 수 없는 상황이었으며, 연이은 비로 진흙탕이 된 데다 무논의 물이 깊었습니다. 천시(天時)와 지리(地利)가 모두 우리 편이 아니었으므로, 잠시 휴식하였던 것입니다.

이에 군대의 성세(聲勢)를 널리 퍼뜨려 신과 이여송이 앞뒤로 거느린 군사가 수십여 만을 밑돌지 않는다고 소리 높여 말하고, 간첩을 많이 내보내 면사첩(免死帖) 수만 장을 뿌려 왕경에서 적의 위협을 따랐던 사람들을 불러내어 반역한 무리를 흩어놓으며, 개성의 성벽을 수축하여 오래 머무를 뜻을 내보였고, 죽음을 무릅쓴 용사들에게 명하여 명화비전(明火飛箭)을 가지고 용산의 곡식 창고를 불사르게 하여 적의 군량 창고를 텅 비게 하였습니다. 또한 때때로 군사를 더해 개성에 군량을 운송하게 하여 머지않아 반드시 왕경을 공격하리라는 뜻을 보이게 하였습니다. 이에 왕경의 왜노들이 우리가 드러내 보인 위엄에 겁을 먹고 또 우리가 여러 면에서 부족하다는 점을 알지 못하고서 다시 심유경에게 문서를 보내 조공을 허락해줄 것을 요청하면서 퇴각하고자 한다고 하였습니다. 신이 다시 생각해보니 그때가 바로 조공 요청을 들어준다는 계기를 이용해서 호랑이를 낚아 산에서 나오게 하는 술책을 펼칠 수 있는 때라고 생각하여 곧바로 이를 받아들였습니다.

왕경은 조선의 도회지로, 조선의 한가운데 위치하여 왼쪽으로는 강원도, 오른쪽으로는 황해도, 남쪽으로는 전라도, 동쪽으로는 경상도와 함경도가 기각지세(掎角之勢)를 이루는 곳입니다. 또한 충청도는 왕경의 보거(輔車)[61]가 되는 곳으로 사통팔달한 구역이며 백성과 물건이 두루 모여듭니다. 만약 피차의 힘을 헤아리지 않고 힘껏 공격하는 것만 일삼았다면 왕경을 갑자기 함락할 수 없었을 뿐만 아니라 우리 군사도 보전하지 못하였을 것입니다. 작은 승리를 거둔 것 때문에 도리어 왜의 무리들이 동쪽으로 침범하고 서쪽으로 약탈하면서 끝없이 해를 입혀 조선이 그 피해를 감당하지 못하게 되었을 것입니다.

신은 이에 고니시 유키나가의 책략을 들어주는 척하면서 심유경

_____

61 보거(輔車): 수레의 덧방나무와 수레바퀴로, 서로 도와서 떨어지기 어려운 관계를 뜻한다.

에게 책임을 지워 그 일을 전담해서 주관하게 하여 그의 의심을 풀어주게 하였습니다. 타이르는 고시문[諭帖]을 발령하여 이해관계를 깨우쳐줌으로써 성의를 보였으며, 장령들에게 공포하여 1명의 왜노라도 가벼이 죽이지 못하게 함으로써 인자함을 보였습니다. 그들에게 서둘러 왕자와 배신을 돌려보내라고 질책하면서 도중에 사달을 일으키지 못하게 함으로써 의리를 맺게 하였습니다. 밝은 성지를 내려 타일러주시라고 제청함으로써 그 마음을 굳게 하였습니다. 이로부터 왜가 비로소 신의 진심을 믿어 4월 19일에 왕경에서 빠져나갔습니다. 신은 그들이 일단 왕경을 나갔다는 소식을 듣고 대군을 격려하여 뒤를 밟게 함으로써, 한편으로는 그들이 다시 오는 것을 막고 한편으로는 옆으로 빠져 약탈하지 못하게 하며 한편으로는 멀리 돌아가도록 독려하여 20일이 채 되지 않아 모두 부산에 이르렀습니다. 부산은 바다 귀퉁이에 있는 황폐하고 궁벽지며 사람이 없는 땅으로, 왕경에서 남쪽으로 1000여 리 떨어져 있습니다. 옛 국토는 모두 수복되었고 인민은 호응하였으며 속국은 비로소 중흥할 수 있게 되었습니다.

만약 신이 고니시 유키나가의 요구를 재차 거절하고 오직 공격하여 승리하는 것만 믿었다면, 왜의 우두머리는 돌아갈 계책이 없어 그 20만의 무리를 몇 갈래로 나누어 동쪽으로는 한강 남쪽을 틀어막고 서쪽으로는 북악산(北岳山) 북쪽을 끊고서 전라도 등의 아직 파괴되지 않은 고을을 노략질하여 군량을 확보하고 때때로 기병을 내어 임진강(臨津江)의 위아래를 왔다 갔다 하면서 우리 군사를 어지럽혔을 터이니, 신은 동쪽 정벌에서 군사를 철수할 날이 돌아오지 않을까 걱정하였을 것입니다.

　그래서 신은 앞서 당보에서 조공을 허락하는 사안에 대해서는 오직 성상께서 주관하시고 묘당에서 의논하여 결단하시라고 말하였을 뿐입니다. 그 이야기를 전적으로 주관하지 않았음은 보고서에 쓰여 있으니 살펴볼 수 있을 것입니다. 또한 조공을 하든 하지 않든 일단 왜노를 모두 바다로 나가게 하고 조선의 고토(故土)를 돌려놓으면 그들의 마음을 대강 알 수 있을 것이라고 하였습니다. 이것이 두 번째로 조공을 조건으로 강화하는 것을 논의하여 왕경에서 떠나도록 하였던 이야기입니다.

　그 후 왜노가 부산에 주둔하자 신은 누차 대군에 격문을 보내 대구·선산·남원·운봉 일대를 틀어막게 하고, 국왕에게 미리 자문을 보내 속히 전라도 등의 수군과 거북선을 동원하여 부산 항구로 가서 만약 왜노가 시간을 끌면서 돌아가려 하지 않는다면 즉시 기회를 보아 앞뒤에서 토벌하고 그렇지 않으면 앉아서 그들이 돌아가는 것을 피곤하게 하라고 하였습니다. 그러나 힘이 마음을 따라주지 않고 사태는 바라던 대로 되기 어려웠습니다.

　배신의 보고에 따르면 조선의 병선(兵船)은 왜노가 끊어서 나갈 수 없게 되었다고 합니다.[62] 우리 군사는 또한 식량 부족으로 굶주림을 겪고 있다고 하여 드디어 철수하게 하였습니다. 이에 신은 다만 유정 등의 군사만을 남겨두어 대구 등에 나누어 포진하면서 방어하게 하였습니다. 또한 심유경에게 패문을 보내 오랫동안 왜의 군영에 있으며 돌아오지 않은 죄를 꾸짖고 문서가 도달하는 즉시 밤낮으로

......

62　조선의 병선 …… 합니다: 일본군이 견내량 등 거제도와 남해안 지역에 왜성을 쌓아 조선 수군이 통과할 수 없는 상황을 말한다.

돌아오되 다시는 바다에 머물러 있지 말라고 하였습니다. 또한 그로 하여금 왜장 고니시 유키나가·가토 기요마사 등을 타일러 "무엇하러 아직도 부산에 버티고 있으며 돌아가지 않고 무엇을 기다리는가. 만약 고집을 피우면서 굳게 버티고 항복하지 않으면 즉각 기병과 보병 등의 군병, 장군포(將軍砲)·벽력포(霹靂砲)·비호포(飛虎砲)·자모포(子母砲) 등의 대포, 명화전(明火箭)·독화전(毒火箭) 등의 화살을 정돈하여 곧바로 부산으로 가서 죄를 밝히고 토벌할 것이다. 결단코 가벼이 용서하지 않겠다."라고 하게 하였습니다.

그 후 심유경이 6월 20일에 부산에서 출발하여 왜장 나이토 조안 및 왜의 무리 30명을 데리고 와서 조공을 바치게 해달라고 빌었습니다. 그때 또 다른 보고에서는 왜노가 진주를 침공하여 전라도로 들이닥치려 한다고 하였습니다. 신은 그들이 겉으로는 순종하면서 속으로 거역하려 한다고 의심하여 곧바로 이여송에게 명하여 군사를 동원해 전라도를 함께 지키고 진주를 구원하게 하였습니다. 그리고 그 외에 별도로 이여송에게 다시 패문을 보내, 만약 심유경이 왜장과 함께 와서 조공을 바치게 해달라고 빈다면 제독은 그들이 무슨 이야기를 하는지 들어보았다가 만약 그들이 하는 말이 부당하면 즉시 깨우쳐주기를, "너희가 지금 왕자와 배신을 돌려보내지 않고 부산에 있는 왜의 무리를 귀환시키지 않으며 두 사신을 보내오지 않고 있으니 이 조공은 결코 허락하기 어렵다."라고 하면서 곧바로 왜장을 억류해두고 가벼이 풀어주지 말라고 하였습니다. 또한 별도로 심유경에게 패문을 보내, 왜장에게 "속히 왕자와 배신을 돌려보내고 모두 바다로 나가 귀국하라. 만약 별도로 다른 의논이 생기면 즉각 군사를 움직여 토벌할 것이다."라고 깨우치도록 하였습니다. 그에게 비단 공이 없을 뿐만 아니라 중죄에 처할 것이라고도 하였습니다.

7월 12일에 이르러 이여송이 보낸 사람으로부터 보고를 받았는데, 심유경이 왜장을 데리고 왔기에 군사의 위엄을 성대하게 보이고 여러 장수들과 함께 있으면서 왜장을 불러들여 책망하기를, "너희가 이미 조공을 허락해달라고 하고서 어찌하여 다시 진주를 침범하였는가. 이것이 무슨 도리인가. 이미 이처럼 약속을 저버렸으니 오늘 우선 너희를 참수하고 나는 대군을 이끌고 토벌하는 데 전력하여 기필코 너희 가운데 살아남은 자가 없게 된 연후에야 그만둘 것이다."라고 하였습니다. 왜장이 크게 두려워하면서 엎드려서 머리를 조아리며 죄를 청하였기에, 따라온 왜인에게 문서를 주어 가지고 가서 왜노의 무리를 타이르라고 부산으로 보냈습니다.

마침 앞서 파견하였던 두 사신 사용재와 서일관이 일본에서 부산으로 돌아와 말하기를, "이미 관백을 만나보았습니다. 관백은 매우 공손하고 예로써 대우하면서 중국에 순종하기를 원하였습니다. 두 사신 및 수행인들에게 모두 차등 있게 예물을 주었습니다."라고 하였습니다. 이때 고니시 유키나가 등은 곧바로 왕자와 배신 및 그들의 가솔을 환송하여 두 사신과 함께 연회를 베풀어 전별하였습니다. 그들은 7월 20일에 부산에서 출발하여 돌아왔습니다. 많은 왜노들이 모두 배를 타고 바다로 나가 부산으로부터 멀리 가버렸으며, 고니시 유키나가가 거느린 왜의 무리들 또한 멀리 바다 가운데의 서생포에 잠시 머물면서 앞서 파견한 나이토 조안의 회답을 기다리고 있습니다. 속국이 모두 회복되었고 왕자와 배신과 두 사신이 모두 돌아왔으니, 이제부터 전황을 다루어 움직이는 것은 모두 제게 달려 있습니다.

만약 신이 진실로 그들의 조공을 허락하려 하였다면 왜가 왕경에서 떠날 때 어째서 대군에 명하여 꼬리를 밟게 하였겠고, 어째서 조선의 병선을 동원하였겠으며, 어째서 누차 장령들에게 격문을 보내 그들이 돌아가도록 앉아서 지켜보라고 하지 않고 그들을 모두 죽여버리라고 하였겠고, 어째서 심유경의 공로를 장려하지 않고 심유경의 죄과를 책망하였겠으며, 어째서 왜장이 왔을 때 은혜를 베풀지 않고 위엄을 더 보였겠습니까. 이것이 얼마 전에 조공을 조건으로 강화를 맺으려 하여 부산에서 물러가도록 도모하였던 이야기입니다.

무릇 왜의 우두머리가 비록 앞뒤로 조공을 허락해달라는 이야기를 하고 있으나, 신은 실로 조공을 빌미로 일을 도모하였던 것이지 진심으로 허락하려는 뜻은 애초에 없었습니다. 또한 지금 군전의 마가은은 풀어놓는 데 한계가 있고 사용하는 데에도 정해진 수가 있으며 관리하는 데에는 맡은 사람이 있고 기록하는 데에도 장부가 있어, 사안이 완료되면 책으로 작성하여 하나하나 상주하여 보고할 것입니다. 왜노에게 그것을 뇌물로 준 일은 털끝만큼도 없습니다. 군대의 정황을 따져보면 아마도 응당 이와 같았어야 하였습니다. 저는 단지 기회를 이용하여 계책을 쓰고 빈말로 그 일을 처리하려 하였을 뿐입니다.

대개 우리나라의 병마는 원래 3만 여에 지나지 않았고, 그중 태반은 유약하여 전투를 감당할 수 없었으며, 그 가운데 또한 전사하거나 병으로 죽은 자도 있었습니다. 뒤이어 동원한 진린(陳璘)의 병마로 말할 것 같으면 계주진(薊州鎭)에 머물러 있고, 심무(沈茂)의 병마는 절강(浙江)으로 돌아갔으며, 이승훈(李承勛)[63]의 병마는 산동을 지키고 있습니다. 신이 징발한 숫자는 또한 모두 유명무실합니다. 지금 신이 부득이하게 정벌에 따라나선 대군 가운데서 방어하도록 남겨둔 병사는 겨우 1만 6000명뿐입니다. 그 나머지는 모두 성지에 따라 본래의 진으로 철수하였습니다. 하물며 조선은 새로 회복한 후에도 만신창이가 되었으니 돌보기 더욱 어렵습니다.

신의 마음으로는 저들이 조공을 허락해주기를 요청할 때를 틈타 왜장 나이토 조안을 묶어두고 놓아 보내지 않고 기한을 몇 달 늦추면서 우리 유수군의 분산 포진을 완료하고 조선의 군사를 조련하여 익숙하게 하며 조선이 험준한 곳에 방어시설을 쌓고 병장기를 제작하여 모두 완비되게 하여 공격과 수비를 할 수 있게 되어야만 비로소 훗날의 우환이 없을 것입니다. 이것이 또한 사후에 조공을 조건으로 강화하여 화의 싹을 잘라 없애자는 이야기입니다.

엎드려 빌건대 병부에 칙서를 내리시어 재차 잘 상의해보도록 하십시오. 신이 앞뒤로 조공을 조건으로 강화하자고 하였던 연유는 실로 조공을 빌미로 왜를 물러나게 하려던 것이지 그것을 가벼이 허락하여 나라를 그르치게 하려는 것이 아니었습니다. 지금 왜장 나이토 조안 등이 군전에 있으니, 혹 형틀에 묶어다가 포로로 바칠 것인지, 혹 공개적으로 처형하여 무위를 보일 것인지, 혹 그들이 조공을 통하게 해달라는 것을 허락할지 말지에 대하여 신이 아뢴바 시일을 끌어 수비를 정돈할 수 있게 하는 것이 금일의 급무라는 점

....

63 이승훈(李承勛): ?~?. 명나라 사람이다. 왜구 방어의 필요성이 높아지자 만력 23년 (1595) 북방의 중요 수비지역이었던 산동총병관 겸 도독첨사(山東總兵官兼都督僉事)에 추천되어 수륙의 관병을 제독하였다.

을 고려하십시오. 그리하여 잠시라도 지체하여 그르치는 일이 없도록 서둘러 검토 의견을 내어 성지를 청해 반포해서 준행할 수 있게 해주신다면, 우리는 흔들리지 않는 기틀을 가지게 될 것이고 왜노는 엿볼 틈을 가지지 못하게 될 수 있을 것입니다. 내지를 안정시키고 외번을 공고히 하는 계책으로 이것 말고는 없을 것입니다.

신은 오늘 오직 여러 계책을 모아 현재의 어려움을 구제하고 진심을 펼쳐 밝으신 군주께 보답할 생각만 할 뿐입니다. 이 밖에 신의 행적을 비난하면서 신의 마음을 헤아리려 하지 않는 자에 대해서는 신이 감히 알 바가 아닙니다.

병부상서 석성에게 보고하는 서신

報石司馬書 | 권10, 49a-49b

날짜 만력 21년 8월 29일(1593. 9. 23.)

발신 송응창

수신 병부상서 석성

내용 전투에서 공을 세운 이여매를 좋은 자리에 임명해줄 것을 청원하는 서신이다.

제독 이여송 군은 당대의 호랑이 같은 무장으로 충성과 용맹함을 모두 갖추어 한 해를 넘기지 않고 군센 왜를 물리치고 속국을 완전하게 하였으니, 진실로 백세(百世)의 공을 이루었습니다. 그의 동생 이여백과 이여매(李如梅)[64]도 한마음으로 힘을 다하여 함께 큰 공을 세웠으니, 또한 대장의 재능을 가져 난형난제라고 할 만합니다.

이여매가 은을 가지고 경사로 가서 대하(석성)를 알현할 터이니, 만약 가까운 곳에 좋은 자리가 있다면 그를 보임(補任)해주시어 그가 멀리 남의 나라에 가서 누차 혈전을 치른 공로를 저버리지 말아

....

64 이여매(李如梅): ?~1612. 명나라 사람으로 요동 철령위 출신이다. 자는 자청(子淸), 호는 방성(方城)이다. 이여송의 동생으로, 형을 따라 임진왜란에 참전하였다. 훗날 이여송이 사망하자 형의 관직을 승계하여 요동총병(遼東總兵)이 되어 요동을 방어하였다.

주시기 바랍니다. 이에 대신 간청드리며 살펴봐주시기를 간절히 바랍니다.

經略復國要編

권11

11-1

부총병 동양정·이영춘에게 보내는 명령

檄佟養正李榮春 | 권11, 1a

날짜 만력(萬曆) 21년 9월 1일(1593. 9. 25.)

발신 송응창(宋應昌)

수신 관전부총병(寬奠副總兵) 동양정(佟養正), 이영춘(李榮春)

내용 철수하는 명군이 의주에 머무르는 일과 유수군이 탈영하여 몰래 압록강을 건너는 일이 없도록 단속할 것을 지시하는 명령이다.

변방 해안의 군무(軍務)를 경략(經略)하는 일.

표문(票文)을 보내니, 바라건대 그대는 철수하는 군사들, 그리고 가정(家丁)들 가운데 이미 행량은(行糧銀)과 염채은(鹽菜銀)을 수령한 자들이 모두 강을 건너 서쪽으로 돌아가게 하고 의주(義州)에 몰래 살지 못하게 하라. 위반하는 자는 그들을 관할하는 천총(千總)·파총(把總)이 정문(呈文)으로 보고하고 체포하여 조사하게 하라. 유수(留守)하는 관군(官軍) 가운데 사사로이 몰래 와서 강을 건너는 자가 있다면 그대가 힘써 점검하고 고의로 놓아주지 말라. 저항하며 복종하지 않는 자는 이곳으로 압송하면 도군(逃軍)[1] 명목으로 논

....

1 도군(逃軍):『대명률(大明律)』에 따르면, 군관이나 군인이 군대를 따라 출정하였다가 사

죄할 것이다. 아울러 고시(告示)를 내걸어 깨우쳐주어라. 위반하지
말라.

....

사로이 도망쳐 집으로 돌아가거나 다른 곳으로 도망가면 초범은 장 100대에 처한 뒤 곧
바로 출정시키고 재범은 교형(絞刑)에 처한다.『대명률』권14,「병률(兵律) 군정(軍政)」
"從征守禦官軍逃".

제독 이여송, 병부원외랑 유황상에게 보내는 명령

檄李提督劉員外 | 권11, 1a-1b

날짜 만력 21년 9월 1일(1593. 9. 25.)

발신 송응창

수신 제독(提督) 이여송(李如松), 병부원외랑(兵部員外郞) 유황상(劉黃裳)

내용 나이토 조안(小西飛彈守)을 관전(寬奠)에 머물게 할 것이니 그와 수행인들을 호송해올 것을 지시하는 명령이다.

왜정(倭情)에 관한 일.

앞서 제독에게 패문을 보내 왜장(倭將) 나이토 조안을 요동(遼東) 지방으로 보내와서 성보(城堡) 안에 데리고 있으면서 편안히 지내게 해주라고 하였다. 그 후 지금 살피건대 관전은 부장(副將) 동양정이 주둔하고 있는 곳으로 군사가 많고 궁벽진 땅이라 방어하기 쉬우니 안착시키기 좋을 것 같다. 다만 왜장과 그를 수행한 왜인들이 많아서 날마다 물자를 공급하는 일을 그 보(堡)에만 맡기기 어려울 듯하니 생각해보아야겠다.

패문을 보내니, 바라건대 제독 관서에서는 찬획(贊畫) 및 제독과 함께 즉시 나이토 조안 등을 관전으로 보내서 부장 동양정으로 하여금 빈 땅을 골라 그들이 안착하도록 하고, 군정(軍丁)을 적당히 동원하여 수호하게 하라. 왜장 및 수행한 왜인들에게는 등급을 나누어 날마다 약간씩 물자를 지급하되 부장 동양정에게 마가은(馬價銀)을 내주어 관원에게 맡겨 책임지고 지급하게 하여 국경 밖의 오랑캐가 귀화하려는 마음을 위무할 수 있도록 힘쓰게 하라. 적당한 방법을 논의하여 정문으로 작성해서 보고하라.

11-3

제독 이여송에게 보내는 명령

檄李提督 | 권11, 1b-2a

날짜 만력 21년 9월 2일(1593. 9. 26.)
발신 송응창
수신 제독 이여송
내용 철수하는 명군이 원래 수령하였던 말을 죽었다고 거짓말하거나 나쁜 말로 바꾸어 보고하는 일이 있으니 이를 단속하라는 명령이다.

왜정에 관한 일.

알아보건대 각 영(營)의 관원과 군정들이 사안이 완료된 후에 원래 수령하였던 태복시(太僕寺)의 말을 교환해야 한다는 사실을 들어서 알고는, 건장한 말을 숨겨두고 노약한 말로 수효를 채워놓는 자도 있고 원래 받은 말이 쓰러져 죽었다고 거짓말하는 자도 있다고 한다. 그 말을 타거나 짐을 싣는 덕을 보고서도 바꿀 마음을 먹었다니, 그 정상이 몹시 한스러우며 마땅히 엄히 조사해야겠다.

패문을 보내니, 바라건대 평왜제독은 즉각 각 관원과 군정이 원래 수령한 태복시의 말을 조사하여 실제로 전투 중에 죽었거나 병에 걸려 죽은 말은 제외하고 나쁜 말로 바꾸거나 거짓말을 한 관원과 군정의 성명 및 그 말의 수효를 나에게 정문으로 보고하여 체포해서 조사할 수 있게 하라. 지연하지 말라.

11-4

조선 배신 황신·이정귀에게 보내는 명령

檄朝鮮陪臣黃愼李廷龜 | 권11, 2a-4a

날짜 만력 21년 9월 7일(1593. 10. 1.)

발신 송응창

수신 조선 배신(陪臣) 황신(黃愼)[2]·이정귀(李廷龜)[3]

내용 광해군(光海君)을 보좌하는 조선의 배신에게 보낸 명령으로, 세자를 잘 보좌할 것을 당부하는 내용이다. 광해군을 잔잔한 물에 비유하면서 그가 뛰어난 자질을 가지고 있으니 안일에 빠지지 않고 정사(政事)에 집중하도록 잘 인도하라고 하였다.

나라의 기틀을 새로 복원하고 서둘러 정비하여 영원한 평안을 도모하는 일.

....

2 　황신(黃愼): 1560~1617. 조선 사람이다. 임진왜란이 발발한 후 송응창의 접반사(接伴使)가 되었고 이후 광해군의 속관이 되어 함께 남하하였다. 명나라 사신이 도요토미 히데요시를 일본국왕으로 책봉하는 일로 일본에 갈 때 통신사(通信使)로 차출되어 따라갔다. 임진왜란 때의 공으로 호성선무원종공신(扈聖宣武原從功臣) 및 위성공신(衛聖功臣) 2등으로 책록되었다.

3 　이정귀(李廷龜): 1564~1635. 조선 사람이다. 중국어에 능하여 임진왜란 때 어전통관(御前通官)으로 중요한 역할을 하였다. 행재소(行在所)에서 설서(設書)로 임명되었다. 선조 31년(1598) 정응태(丁應泰)가 무고사건을 일으키자 진주사(陳奏使) 부사(副使)로 명나라에 파견되었다.

근래에 내가 국왕께 자문(咨文)을 보내 광해군에게 명하여 전라도와 경상도로 나가 머무르면서 유수하는 장령들과 함께 건장한 자들을 선발하고 방어시설을 설치하며 병장기를 제작하고 군량을 쌓아두게 하시라고 한 바 있다.[4]

그 후 살피건대, 배신 황신 등은 모두 임금께 강론하는 관원으로서 이곳에 온 지 오래되었다. 내가 이미 덕을 밝히고 백성과 친하게 하는 학문, 집안을 바르게 하고 국가를 다스리는 책략을 간곡하게 이야기하고 곡진하게 일러준 바 있다. 지금 너희는 광해군을 보좌하는 책무를 띠고 있고 너희 또한 정직하고 총명하며 진실되고 성실한 선비이므로 다시 한번 깨우쳐 말하겠으니, 너희는 확실히 기억해두기 바란다. 일찍이 이르기를 세자는 조종의 중임을 이을 자이고 군심(君心)은 교화와 통치의 근원이라 하였으니, 세자는 반드시 안전한 곳에 모셔야 하고 안전해지면 반드시 수양함으로써 그 선함의 단서를 길러 완전하게 만든다고 하였다.

들건대 광해군은 영웅의 자질에 위인의 풍모가 있고 준수하고 심오함이 어려서부터 뛰어났으며 재주와 식견이 몹시 탁월하여 신민들 또한 모두 그에게 감복한다고 한다. 이는 하늘이 이씨(李氏)를 중흥(中興)하게 하려고 뛰어난 아들[5]을 내보내신 것이고, 동쪽 번국을 장차 태평하게 하려고 도리를 아는 군주를 낳게 하신 것이다. 하

....

4   근래에 …… 있다: 송응창이 선조에게 보낸 자문은 다음 기사에 수록되어 있다. 『선조실록』 권41, 선조 26년 8월 16일(정유).
5   뛰어난 아들: 원문은 간고지자(幹蠱之子)이다. 간고(幹蠱)는 『주역(周易)』 「고괘(蠱卦) 상전(象傳)」의 구절에서 유래한 고사로 자식이 부모의 사업을 이어받아 잘 조처하여 바로잡는 것을 뜻한다.

늘이 부여하신 고난을 겪으면서도[6] 흉악한 무리를 제거하고 치욕을 갚았으니, 쓸데없는 걱정을 하는 이라도 어찌 딴소리를 하겠는가. 광해군이야말로 한창나이에 자질이 뛰어나니, 바로 이 마음이 드나들고 생겼다 없어졌다 하는 기회와 이성과 욕망이 커졌다 작아졌다 하는 시기에 의지할 바는 서로 연결되어 있고 그 마땅한 도를 얻는 것을 귀하게 여긴다.

물에 비유해보자. 넓고 잔잔한 것은 물의 성질이다. 담기는 데 따라 네모지기도 하고 둥글어지기도 하고 굽어지기도 하고 꺾이기도 하는 것은 그 형태를 바꾸는 것이고, 물들이는 데 따라 푸르기도 하고 누르기도 하고 붉어지기도 하고 갈색이 되기도 하는 것은 그 색을 바꾸는 것이며, 충격을 받거나 막히는 데 따라 말이 달리거나 새가 날개를 퍼덕이거나 천둥이 치거나 북을 울리는 소리를 내는 것은 그 소리를 바꾸는 것이다. 물은 항상 어떤 상황에 부딪히느냐에 따라 변화한다. 지금 광해군의 심성은 넓고 잔잔한 때가 아닌가. 옳거나 그른 것은 모두 인도하는 데 따라 정해진다. 그 속의 도리는 미세한 데까지 감춰져 있어 터럭만큼도 용납할 수 없다.

이른바 신하가 아침마다 가르치고 저녁마다 권한다는 것의 요체는 경전의 장구(章句)를 뒤적여 좋은 말만 하거나, 주옥같은 말을 찾아내어 수려하게 꾸며내거나, 시부(詩賦)를 가다듬어 정교하게 만들어내거나, 미사여구를 추구하여 화려하게 만드는 것이 아니다. 그러

....

6 하늘이 …… 겪으면서도: 『맹자(孟子)』 「고자 하(告子下)」에 따르면 하늘이 어떤 사람에게 큰 임무를 내려주기 전에 큰 고난을 겪게 하는데, 이는 "마음을 분발시키고 성질을 참게 하여 그가 할 수 없는 일을 해낼 수 있게 해주려는 것[所以動心忍性, 曾益其所不能]"이다.

므로 왕에게 유람을 권해서는 안일한 향락만을 키울 뿐 나라를 걱정하고 근신하는 마음을 계발할 수 없고, 왕에게 말타기와 활쏘기를 권해서는 말 달리는 즐거움만을 키울 뿐 와신상담(臥薪嘗膽)하는 의지를 굳게 할 수 없다.

오직 『대학(大學)』으로 보좌해야만 격물치지(格物致知)와 성의정심(誠意正心)의 사이에 있을 수 있다. 밤새 기른 선한 기운을 짓밟아서는 안 되고, 허무한 주장에 빠져서는 안 되며, 사사로운 욕망에 쫓어서는 안 된다. 송장이 널리고 용이 보이는 곳에서도 신독(愼獨)해야 하고 조심하는 마음을 갖고 깊이 염려해야 한다. 만약 군주가 술에 빠진다면, "장을 썩게 만드는 독약인데 어찌 거기에 빠져 있습니까. 팔도의 백성 가운데 굶주림에 울부짖는 이가 몇 명이나 되는지 어찌 모르십니까."라고 깨우쳐야 한다. 만약 군주가 여색에 빠진다면, "심성을 베는 도끼인데 어찌 거기에 미혹되어 있습니까. 팔도의 백성 가운데 구렁텅이로 떠돌아다니는 이가 몇 명이나 되는지 어찌 모르십니까."라고 깨우쳐야 한다. 만약 군주가 음악에 빠진다면, "나라를 망치는 소리인데 어찌 거기에 귀를 기울이십니까. 백성 가운데 머리를 앓고 이마에 주름살을 잡으며 구석을 향하고서 눈물을 흘리며 하늘을 향해 부르짖는 이가 몇 명이나 되는지 어찌 모르십니까."라고 깨우쳐야 한다. 군주가 궁궐을 멋지게 짓고자 토목 공사를 크게 벌이며 화려한 복식을 추구하고자 백성을 수고롭게 한다면, 무익한 지출을 줄이라고 경계해야 한다. 쓸데없는 말만 늘어놓는 신하들이 연회 자리에 모여 앉아 있고 간교한 참언(讒言)을 떠벌리는 자들이 기회를 엿보며 떠벌린다면, 소인들을 멀리하라고 경계해야 한다. 조정의 기강이 전조(前朝)보다 해이하다면 바로잡도록 경계해야 하고, 풍속이 전조의 말년보다 쇠락하였다면 고치도록 경계해야 한다. 폐해가 있는 법이 있다면 폐단을 일으키는 자가 없기를 목표로 대대적으로 뜯어고치도록[7] 용기를 북돋워주어야 하고, 사람들을 다스림에는 법을 신중히 지키도록 권면하여 장구하게 내다보고 돌이켜보도록 생각을 키워주어야 한다. 반드시 광해군의 마음을 맑고 깨끗하게 하고 정정당당하고 공평무사하게 하기를 가을 물처럼 맑게 하고 옥돌처럼 빛나게 하며 거울처럼 반짝이게 하고 남금(南金)[8]처럼 찬란하게 하라.

이렇게 하여 광해군의 정신이 날마다 더욱 통달해지고 지혜는 날마다 날아갈 듯하게 되며 거동은 날마다 더욱 치밀해지고 모략은 날마다 더욱 심대해져서 장차 삼한(三韓)은 넉넉하게 되고 중국[天朝]은 팔도의 안녕을 지키게 될 것이니, 그렇게 되면 어찌 적국의 외환(外患)을 두려워하겠는가. 오늘날의 원한도 갚을 수 있을 것이다. 너희는 절대로 이리저리 쓸려 다니지 말고[9] 너희의 책무를 다하도록 하라. 너희도 함께 힘을 내기 바란다. 이를 위해 차문(箚文)을 보내니, 너희는 광해군에게 전달해서 아뢰고 함께 잘 살펴 시행하라.

....

7 대대적으로 뜯어고치도록: 개현역철(改絃易轍)은 제도를 개혁하는 것을 의미하는 성어이다. 한나라 때 동중서(董仲舒)가 올린 「원광원년거현량대책(元光元年擧賢良對策)」의 한 구절에서 유래한 것으로 해현경장(解弦更張)이라고도 한다.

8 남금(南金): 남방에서 생산된 금으로 품질이 좋기로 유명했다고 한다.

9 너희는 …… 말고[若愼毋詭隨脂帬]: 원문의 '지군(脂帬)'은 '지위(脂韋)'의 오류이다. "지위"는 기름이나 잘 다룬 가죽을 말하는데, 모두 부드럽고 유연한 물질이라 시속(時俗)에 따라 어울리며 부침(浮沈)하는 사람을 비유한다.

11-5

병부상서 석성에게 보고하는 서신

報石司馬書 | 권11, 4a-5a

날짜 만력 21년 9월 7일(1593. 10. 1.)

발신 송응창

수신 병부상서(兵部尙書) 석성(石星)

내용 국왕이 무능하여 과거 일본군에 항복한 조선의 백성을 주륙(誅戮)하려는 낌새가 보이자 백성이 일본군을 따라가려 하는 일이 발생하고 있음을 알리며, 황제에게 진언하여 조선국왕[선조(宣祖)]을 단속하고 세자를 전선으로 파견하도록 재촉해줄 것을 의뢰하는 서신이다.

조선국왕은 어둡고 무능하여 오직 간사하고 아첨하는 배신들이 부리는 농간에만 기대고 있습니다. 민간의 비옥한 토지는 모두 배신들의 집안이 점거하고 있어 세금과 요역(徭役)도 한 푼도 내지 않고 있으며, 심지어는 간사한 백성이 간사한 신하의 집에 숨어 들어가서 세금과 요역 또한 모두 감추기도 합니다. 그런데도 국왕은 전혀 알아채지 못하고 힘없는 백성에게 두 배로 보충하게 하니, 나라 사람들의 원한이 뼈에 사무치고 있습니다.

근래에 유정(劉綎)의 보고를 받아보니, 왕경(王京) 등의 백성 가운데 왜노를 따라가고자 하는 자나 포로로 잡혀간 자를 헤아리면 거의 4~5만 명이 된다고 합니다. 바다를 건널 때에 이르러서는 왜 노가 데리고 가지 않으려 하였기에 옛 터전으로 돌아가고자 하여도 국왕이 주륙(誅戮)할까 걱정하고 있다고 합니다. 대책을 마련하지 않으면 분명 다른 변고가 생길 것입니다. 저는 이미 국왕에게 문서를 보내 그들을 관대히 사면하도록 하고 아울러 유정에게 면사첩(免死帖)을 지급하여 그들을 위로해주라고 하였습니다.

또한 광해군이 젊은 나이에 의지가 있으므로 어제 국왕에게 자문을 보내 그를 전라도와 경상도로 보내 유정과 함께 머무르면서 수비하게 하라고 하였습니다. 이 또한 중요한 계책이나 소인배들이 너무 심하게 폐단을 부려 세자 또한 가려고 하지 않습니다. 도망친 백성은 벌을 받을까 두려워하니, 그 해악이 이루 말할 수 없습니다.

특별히 편지를 보내어 봐주시기를 바라니, 엎드려 빌건대 대하(臺下: 석성)께서는 저를 대신해서 제본(題本)으로 갖추어 황제께서 조선국왕에게 엄히 지시하도록 해주신다면 군신이 두려움을 알고 감히 방해하지 못하게 될 것이고 위기도 안정될 수 있을 것입니다.

11-6

유격 송대빈에게 보내는 명령

檄宋大斌 | 권11, 5a-5b

날짜 만력 21년 9월 7일(1593. 10. 1.)

발신 송응창

수신 유격(遊擊) 송대빈(宋大斌)

내용 조선의 해안 전체에 방어시설을 쌓자는 송대빈의 보고를 받고 이를 치하하면서도 일괄적으로 시행하기에는 무리가 있을 것이라 알리며, 유수군과 관련된 사안은 유정과 협의하여 처리하라고 지시하는 명령이다.

대군(大軍)을 잠시 남겨두고 막아 지키게 하여 외번(外藩)을 공고히 하고 내지(內地)를 편안히 하는 일.

살피건대 유격 송대빈은 지략이 남들보다 뛰어나고 담력이 남들보다 뛰어나다. 이미 내가 조선을 유수하는 일에 대해 제본을 갖추어 올리는 사이에 지금 그대가 왜정에 대해 조목별로 논의한 것을 받아보니 모두 들어맞는다. 성과 해자를 견고히 쌓고 병마(兵馬)를 훈련시키는 것은 더욱이 조선이 당장 시행해야 할 가장 중요한 일이다. 그대가 이와 같이 마음을 쓰니 동쪽 정벌은 걱정하지 않아도 되겠다.

다만 이야기한 내용 가운데 전라도와 경상도의 바닷가 1000리

이상에 돈대와 성을 쌓는 것은 조선의 형편상 졸지에 처리하기 어려울 것이다. 내가 처음 생각하기로, 원래는 다만 전라도는 남원(南原) 등, 경상도는 대구(大丘) 등 각각 긴요한 곳에 상황을 보아 성을 고쳐 쌓자는 것이었지 한꺼번에 거행하고자 한 것은 아니었다.

지금 유수하는 일에 대해서는 모두 부총병 유정에게 책임을 맡겨 통솔하게 하였으니, 그대는 앞으로 무릇 군기(軍機)에 보탬이 될 만한 일이 있으면 부총병 유정과 함께 적절한 방안을 논의하여 시행하도록 하라. 공을 이룩하는 날 조정에서 저절로 특별한 은혜를 내려줄 것이며, 더욱 힘써 세운 공적과 이름을 결코 저버리지 않을 것이다. 패문을 보내니, 바라건대 그대는 잘 살펴 시행하라.

11-7

찬획 유황상에게 보내는 명령

橄劉贊畫 | 권11, 5b

날짜 만력 21년 9월 8일(1593. 10. 2.)

발신 송응창

수신 찬획 유황상

내용 유수군에게 배포할 현상금의 적절한 규모를 논의해서 보고하라는 명령이다.

대군을 잠시 남겨두고 막아 지키게 하여 외번을 공고히 하고 내지를 편안히 하는 일.

살피건대 부총병 유정은 관군을 통령하여 조선을 유수하고 있는데 상으로 내걸 일체의 경비는 군중(軍中)에서 반드시 써야 하는 것이니 마땅히 검토하여 논의해야겠다.

표문을 보내니, 바라건대 그대는 즉시 이 제독과 함께 유정의 군중에서 상으로 내걸 경비 등에 대해 진수(鎭守) 아문의 사례와 규정에 따라 적절히 논의하고 그 수효를 파악하여 정문으로 갖추어 나에게 보고함으로써 결정할 수 있게 하라. 지연하지 말라.

분수요해도에 보내는 명령

檄分守道 | 권11, 6a-6b

날짜 만력 21년 9월 9일(1593. 10. 3.)

발신 송응창

수신 분수요해도(分守遼海道)

내용 유수군의 겨울옷을 마련하기 위해 1인당 은 7전 선에서 포(布)와 솜을 사들여 군영으로 운송하라는 명령이다.

성지(聖旨)에 따라 부신(部臣: 송응창)에게 전적으로 책임을 맡겨 왜로 인한 환란을 경략하는 일.

살피건대 나는 부장 유정 등의 군사 1만 6000명을 남겨두어 조선의 전라도와 경상도 두 길을 방어하게 하였다. 지금 살피건대 날씨가 점점 추워지나 군사들에게는 겨울옷이 전혀 없는데 외국에서는 무역이 통하지 않아 포와 솜 역시 살 곳이 없으니, 마땅히 때에 맞게 공급해주어 사기를 북돋워야겠다.

패문을 보내니, 바라건대 분수도(分守道)의 관리들은 즉각 마가은(馬價銀)을 내어 청렴하고 성실한 관원에게 맡겨 군사 1명당 은 7전 선에서 평기대람백포(平機大藍白布) 2필, 1필당 은 3전 가격으로, 솜 1근 반을 1전 가격으로 사들이도록 하라. 만약 포와 솜의 값이 같지 않으면 융통해서 바꾸어 사들여 7전의 수를 채우도록 힘쓰고 늘리거나 줄여서는 안 된다. 사들이는 대로 곧바로 유정의 군영(軍營)으로 운송하여 그에게 나누어주도록 하고 인신(印信)을 찍은 영수증을 보내오도록 하라. 운송비도 마가은에서 지급하라. 관원에게 책임을 지워 양쪽이 공평하게 교역하도록 힘쓰며 객상(客商)이 매긴 포와 솜의 가격을 깎아서도 안 되고 또 조악한 포와 솜으로 수를 채워서도 안 되니, 고시를 내어 알려주어라.

내가 이미 각 군에 알렸으니 일을 지연해서 솜으로 감싸주는 은혜를 저버려서는 안 된다. 1만 6000명 이외에 아직 군영에 있는 유수하는 군사들에 대해서는 유정이 보고하면 보충해서 지급해주도록 하라. 먼저 명에 따라 시행하겠다는 내용 및 어느 관원에게 맡겨 사들이겠다는 내용을 정문으로 보고하여 참고할 수 있도록 하라. 그리고 아울러 요동순무(遼東巡撫)와 순안어사(巡按御史)에게도 정문을 올려 알려드려라.

병부상서 석성에게 보고하는 서신

報石司馬書 | 권11, 6b-7a

날짜 만력 21년 9월 10일(1593. 10. 4.)
발신 송응창
수신 병부상서 석성
내용 동쪽 정벌에 나섰던 장병 가운데 불만을 품고 자신을 참소하는 이들이 있으나 이를 새겨듣지 말아줄 것을 당부하는 서신이다.

저는 존하(尊下: 석성)의 위임을 받들어 일체의 사무는 모두 가르침을 받고서 받들어 시행하지 않은 것이 없습니다. 요사이 한두 가지 미뤄둔 일이 있으나, 이는 사람들의 마음에 썩 맞지 않거나 지금 형세가 행하기 어려웠기 때문일 따름입니다. 종합하자면 국가에 이익이 되고 옹대(翁臺: 석성)와 제가 모두 뒷말을 면할 수 있는 것은 곧바로 행하였으니, 한 가지라도 다른 마음을 먹었거나 한 가지라도 사사로운 뜻을 품어본 적이 없습니다. 이는 하늘에 맹세하고 귀신에게 물어봐도 됩니다.

이제 사안이 마무리될 때로, 무릇 우리 동쪽 정벌에 나선 관원과 장수들 중 좋은 자리에 지명받기 어렵고 쓰이거나 버림받거나 상이나 벌을 받는 것을 모두 사사로운 일로 구하다가 이루지 못하고서는 마음속에 유감을 품고 등 뒤에서 뒷말을 많이 합니다. 심지어 공적인 일이나 사적인 일을 빌미로 정부 및 우리 어르신에게 몰래 비방하는 자까지 있습니다.

바라건대 대하(석성)께서 마음을 굳게 하시고 참소를 듣지 않으신다면 처음과 끝이 온전할 수 있을 것이고 덕도 높아질 것이며 제가 구구히 은혜를 갚고자 하는 마음도 또한 외롭지 않을 것입니다. 이는 제독과 함께 보고 함께 들은 것으로, 제가 감히 날조한 것이 아닙니다. 조만간 경사(京師)에 가서 어르신을 뵙고 하나하나 말씀드리겠습니다. 어려움을 다 적지 못합니다.

내각대학사 왕석작, 병부상서 석성에게 보고하는 서신

報王相公幷石司馬書 | 권11, 7a-7b

날짜 만력 21년 9월 12일(1593. 10. 6.)

발신 송응창

수신 내각대학사(內閣大學士) 왕석작(王錫爵), 병부상서 석성

내용 유수군의 규모를 1만 6000명으로 정하였으나 더 줄여야 한다는 주장에 대해, 그 정도 수는 반드시 필요하고 비용도 그렇게 크지 않으며 유수 기간도 길지 않을 것이라고 해명하는 서신이다.

상공(相公: 왕석작·석성)의 편지를 받았는데, 군사 2만 명을 남겨두는 데 혹 불편함이 있다고 하신 것에 대해 그 까닭을 말씀드리겠습니다. 왜노의 속셈을 예측하기 어렵고, 저들이 빈틈을 노리고 움직일까 실로 잊어본 적이 없습니다. 만약 유수하는 군사의 수가 적으면 방어함에 부족함이 있을 것입니다. 만약 걱정할 만한 일이 생기면 들어가는 비용도 더욱 커질 것입니다. 그때 가서 후회해도 미치지 못할 것입니다. 이에 처음에는 2만 명을 남겨두고자 하였으나 형편이 좋지 못하여 다시 4000명을 줄여 1만 6000명만을 남겨두었으니, 이는 실로 부득이한 일이었습니다. 이 수에 대해서도 만약 사

람들의 말 때문에 더 줄인다면 이는 결코 불가할 것입니다.

또한 중국에서 매달 행량(行糧)으로 1인당 3냥씩을 지급하고 조선에서 매달 포상과 의복비로 은 6전을 지급하며 이 밖에 날마다 식량을 지급하는 등 공급이 매우 후하니, 병사들이 크게 기뻐하고 있습니다. 또 조선의 병마를 조련시켜서 그들이 익숙해지기를 기다렸다가 우리 군사가 철수할 수 있을 터이니, 빠르면 반년을 넘기지 않을 것이고 늦어도 1년을 넘기지는 않을 것입니다.

우리나라에서 내는 비용도 매우 많지는 않으니, 처음부터 끝까지 온전하게 해낸다면 존하(왕석작·석성)의 우려도 풀릴 수 있을 것입니다. 만약 군사의 수를 줄일 수 있다면 제가 어찌 굳이 이 수를 남겨두자고 하여 군사들의 마음을 떨게 하고 나라의 재정을 소비하게 하였겠습니까. 이에 감히 말씀드리니, 상공께서 굽어살펴주신다면 사직(社稷)에 큰 행복이고 제게도 큰 행운입니다.

11-11

요동순안어사 주유한에게 보고하는 서신

報遼東周按院書 | 권11, 8a

날짜 만력 21년 9월 12일(1593. 10. 6.)

발신 송응창

수신 요동순안어사(遼東巡按御史) 주유한(周維翰)

내용 자신의 공을 치하하는 시를 보내준 것에 대해 감사의 뜻을 전하는 서신이다.

멀리서 보내주신 편지에다가 아름다운 시까지 받들고서는 손을 닦고 읊어보니, 맑디맑아서 속세에서 벗어나는 듯한 것이 마치 변벽(卞璧)[10]이나 수주(隋珠)[11]와 같이 쉽게 얻어볼 수 없는 것이었습니다. 다만 이(李)와 곽(郭)이 한배를 탔다는 구절은[12] 제가 뭐라고 그런 말씀을 감당할 만하겠습니까. 몹시 부끄럽고 또 부끄럽습니다.

당신이 용표(龍標) 깃발로 한 번 가리키면 광녕(廣寧)의 오랑캐

....

10　변벽(卞璧): 천하의 명옥(名玉)을 이르는 말로 화씨지벽(和氏之璧)이라고도 알려져 있다.

11　수주(隋珠): 수후(隋侯)가 큰 뱀을 치료해준 보답으로 얻었다는 구슬로 화씨지벽과 함께 천하제일의 보물로 일컬어졌다.

12　이(李)와 …… 구절은: 이곽동주(李郭同舟)는 『후한서(後漢書)』「곽태전(郭泰傳)」에서 유래한 고사로 지기(知己)가 서로 귀천을 가리지 않고 친밀하게 지내는 것을 의미한다.

들이 소문을 듣고 달아나버리고 여러 학생들을 시험하면 또한 장차 기북(冀北)이 텅 비어버릴 것이니,[13] 문(文)을 날줄로 하고 무(武)를 씨줄로 하여 일거에 모두 갖추셨습니다.

저는 13일에 강을 건널 것입니다. 만날 날과 또한 돌아갈 날이 머지않았다고 생각하면서 이에 글을 지어 다시 감사 인사를 드립니다. 이만 줄입니다.

....

13 장차 …… 것이니: 기북공군(冀北空群)은 당나라 한유(韓愈)의 「송온조처사서(送溫造處士序)」에서 유래한 고사로 우수한 인재가 다 뽑혀가는 것을 뜻한다.

조선 배신 윤근수에게 보내는 명령

檄尹根壽 | 권11, 8a-8b

권11

날짜 만력 21년 9월 12일(1593. 10. 6.)

발신 송응창

수신 윤근수(尹根壽)

내용 윤근수가 보내온 술과 안주는 기꺼이 받되 칼과 벼루는 정중히 사양한다는 내용의 명령이다.

주고받는 것을 엄히 함으로써 정분과 의리를 밝히는 일.

배신 윤근수의 정문을 받았는데, "배신 윤근수는 머리를 조아리며 벼루 5개, 소도(小刀) 10자루, 밀과(蜜果) 2갑, 청주(清酒) 네 단지를 바칩니다."라고 하였다.

이를 받고 살피건대, 배신 윤근수의 말이 공경하고 예가 근실하며 정은 고상하고 뜻은 아름다우며 정성과 공경을 의물(儀物)에 앞서 행하고 진실됨과 절실함이 언어의 밖에 넘치니 진실로 이를 받아 너의 마음을 위로해야겠다. 돌아보건대 나는 상투를 튼 이래 몸을 가지런히 하고 홀로 있을 때도 신중하게 하여 항상 누가 알아도 부끄럽지 않게 하려고 하였는데, 어찌 헛되이 하나라도 받을 수 있겠는가. 다만 네가 이미 예로써 가져왔으니 내가 의리상 물리치기 어렵다.

이제 네가 보내온 술을 마시고 네가 보내온 과실을 먹으며 너의 뜻을 마음에 품는다. 그 칼과 벼루는 구슬을 돌려주는 것과 같이 할 것이니,[14] 네가 그대로 받는다 하여도 교제하는 의리만은 이미 분명해졌고 받아들이는 절의(節義)는 이것으로 뚜렷해졌다. 패문을 보내니, 너는 그 뜻을 잘 살펴 칼과 벼루를 돌려받도록 하라. 어기지 말라.

14 구슬을 …… 것이니: 반벽(返璧)은 『춘추(春秋)』에서 유래한 고사로 과분한 선물을 받지 않고 돌려준다는 뜻이다.

11-13

내각대학사 조지고·장위, 예부좌시랑 범겸에게
보고하는 서신

報趙張二相公幷范含虛書 | 권11, 8b-9b

날짜 만력 21년 9월 12일(1593. 10. 6.)

발신 송응창

수신 내각대학사 조지고(趙志皐)·장위(張位), 예부좌시랑(禮部左侍郎) 범
겸(范謙)[15]

내용 그동안 봉공안을 소재로 일본군을 속여 전과를 거두었음을 역설하
며, 방비 태세를 갖추는 시간을 벌 수 있도록 현재 논의 중인 봉공안 역
시 속임수의 일환으로 활용할 것을 주장하는 서신이다.

관백(關白)과 고니시 유키나가(小西行長) 두 왜인의 교활함은 귀
신도 예측하기 어렵습니다. 군사를 일으킨 이래 우리를 속인 것이
세 번입니다. 그들이 평양(平壤)에서 조공을 조건으로 강화하자고
하고서는 다만 평양에서 물러나 대동강(大同江)을 경계로 삼자고 하
였으니, 이것이 첫 번째로 우리를 속인 것이었습니다. 제가 또한 그

....

15 범겸(范謙): 1534~1597. 명나라 사람으로 강서 풍성(豊城) 출신이다. 자는 여익(汝益).
    호는 함허(涵虛)이다. 융경 2년(1568)에 진사가 되어 만력 20년에 예부시랑(禮部侍郎)
    을 거쳐 만력 22년에 예부상서(禮部尙書)에 올랐다.

뜻을 따라주자 군사를 물렸으니, 평양을 드디어 수복하였습니다. 왕
경에서 조공을 조건으로 강화하자 하였으나 분명히 우리 군대가 대
적하기 어렵다는 점을 두려워하여 모든 군대를 돌이켰던 것이니, 이
것이 두 번째로 우리를 속인 것이었습니다. 제가 또한 그 기회를 타
서 왕경에서 쫓아내고 곧바로 바다까지 그들을 몰아냈습니다. 부
산(釜山)에서 조공을 조건으로 강화하자고 하면서 한편으로는 우리
의 구원군을 늦추고 한편으로는 전라도를 공격하였으니, 이것이 세
번째로 우리를 속인 것입니다. 제가 또한 그들의 계책을 알아차리
고 미리 군정을 동원해서 전라도와 경상도의 요해처를 방어하고 나
이토 조안과 심유경(沈惟敬)을 잡아다가 그들을 위협하였습니다. 그
후 왜노들은 과연 해산하여 서생포(西生浦)로 멀찍이 달아났습니다.
저들이 세 번 우리를 속였으나 우리가 또한 저들의 속임수를 알아
차리고 세 번 이용하여 세 번 이겼던 것입니다.

지금 유수하는 군사는 겨우 1만 6000명밖에 되지 않는데 조선
의 병마를 선발하여 훈련하는 것은 아직 충분하지 못하고 전라도와
경상도의 험준한 곳에 방어시설을 쌓는 일이 아직 완성되지 못하였
으니, 시일이 더 걸려야 겨우 조치를 취할 수 있을 것입니다. 그러므
로 나이토 조안을 잘 대우하고 그가 마음으로 믿게 하여 그로 하여
금 대마도(對馬島)로 물러가 살도록 하면서 속히 관백의 표문을 받
아오도록 해야겠습니다. 그 표문이 도착하면 그를 대신해서 주청(奏
請)을 올려 성지를 내려받고 조정 신료들이 회의를 거치는 데 몇 달
이 걸리지 않을 수 없을 터인데, 그렇다면 조선을 유수하는 일은 점
차 질서가 잡힐 것입니다. 이 또한 이전 사례에 따른 속임수인 것입
니다.

지금의 책봉과 조공 이야기는 병가(兵家)에서 말하는 간첩의 계책입니다. 만약 책봉과 조공이 불가하다면 간첩 또한 불가할 것입니다. 조공을 허락하는 것이 끝내 어렵다면 공허한 명칭으로 책봉을 하는 것은 가능할 것도 같습니다. 그때가 되면 제가 스스로 그 일을 맡아 감히 다른 사람에게 떠넘기지 않을 터인데, 왕 상공(王相公: 왕석작)과 석 본병(石本兵: 석성)께서 제가 감히 담당할 만하지 않다고 의심하실까 매우 걱정입니다. 엎드려 빌건대 대신 말씀을 올려주시어 제 우직한 충심을 살펴주시고 제게 부월(斧鉞)의 관용[16]을 베풀어주신다면 삼국(三國)의 생령(生靈)과 사직이 두루 그 덕을 입을 수 있을 것입니다.

....

16 부월(斧鉞)의 관용: 부월이란 제왕의 권위, 특히 생사여탈의 권한을 상징하는 도끼를 가리킨다.

11-14

조선국왕에게 보내는 자문과 윤근수에게 보내는 명령

移朝鮮國王咨幷檄尹根壽 | 권11, 9b-11a

날짜 만력 21년 9월 23일(1593. 10. 17.)

발신 송응창

수신 조선국왕, 윤근수

내용 조선국왕에게 부역을 균등히 하여 인심을 수습할 것을 요청하는 자문과, 이를 즉각 이행하도록 윤근수에게 지시하는 명령이다. 토지의 비옥도 및 호구(戶口)의 많고 적음을 철저히 조사하여 그에 맞게 세금을 부과할 것, 권세가들이 이를 회피하지 못하게 할 것 등을 당부하였다.

부역(賦役)을 균등하게 하여 인심을 수습하는 것에 관한 일.

살피건대 백성의 운명과 국가의 운명은 형세가 서로 얽혀 있으며, 나라를 풍족하게 하고 백성을 풍족하게 하는 것은 의리상 서로 구제해야 합니다. 그런 까닭에 위에서 혼탁하게 하면 아래에서 원망하고, 위에서 수탈하면 아래는 이반(離反)하는 것입니다. 백성이 원망하고 이탈하는데 오랫동안 평안하고 잘 통치가 되기를 바라는 것은 있을 수 없는 일입니다.

조선은 본디 예의의 나라라고 칭해져왔습니다. 풍속은 순박하고 토지는 비옥하여 경작할 만한 무논이 곳곳에 펼쳐져 있고 가뭄이나 홍수 걱정이 전혀 없었습니다. 당연히 민심은 서로 평안히 여기고 서로 즐기며 나라의 근본은 공고하고 평안해야 할 것입니다. 그런데 섬 오랑캐가 한번 날뛰자 백성은 그 형세를 틈타 부르짖고 바람에 휩쓸려 투항하고 반역하여 두 왕자를 잡아 바치고 앞잡이가 되어 먼저 나서고 있으니, 어째서 이런 것입니까. 이는 대개 부역(賦役)이 고르지 못하여 대부(大夫)들이 이익을 독점하고 관리 족속들은 자신들의 땅이 수천, 수백 리에 이어지면서도 한 줌, 한 홉의 곡식도 납부하지 않으며 부강하고 간사한 무리들 또한 때때로 그 세력에 기대어 재물을 가져다 바치면서 속이고 숨기기 때문입니다. 포를 거두고 곡식을 거두며 역역(力役)을 동원하는 것을 모두 가난한 백성들에게서만 취하고 있습니다. 백성은 일 년 내내 실어다가 바치고 역역에 동원되어도 부족한데, 관가에서는 해마다 쉴 틈 없이 빼앗아가고도 더하려 합니다. 관은 갈수록 부유해지고 백성은 갈수록 가난해지며, 관은 갈수록 즐거워하고 백성은 갈수록 괴로워합니다. 백성이 마음 아파하고 머리 아파한 것이 하루 이틀의 일은 아니니, 왜노가 쳐들어온 것을 빌미로 삼아 그 손을 빌려 보복하고 있는 것입니다.

지금 다행히 중흥의 때를 맞이하였으니, 마땅히 서둘러 바로잡아 고쳐야 하겠습니다. 살피건대 배신 윤근수는 학문이 깊고 지략이 뛰어나며 비분강개하여 나라에 보답할 마음을 품고 있고 격렬하게도 원수를 갚을 의지를 품고 있습니다. 오늘날 조선국의 부역을 깔끔하게 조사하고 조선국의 인민을 수습하는 일은 그가 아니면 불가능할 것입니다. 마땅히 중국의 삼등구칙(三等九則)의 전례[17]를 본떠 팔도에서 두루 시행하며, 적당한 배신에게 책임을 맡겨 관원이나 민인(民人)을 막론하고 무릇 토지를 가지고 있으면 조세(租稅)를 부과하고, 호(戶)가 있으면 정세(丁稅)를 부과하며, 조세는 그 토지의 비옥도를 살피고, 정세는 호의 많고 적음을 측정하며, 관원은 품급의 높낮이를 따져 우대하고 면제하는 수를 정하여 그 수를 넘긴 자는 모두 죄를 주십시오. 책자를 편찬하여 관원에게 책임을 맡겨 관리하게 하고, 앞으로 10년마다 한 번씩 전면 조사하십시오. 권세에 기대 점거하거나 속이고 숨기거나 위세를 부리는 자가 있으면 모두 법에 따라 처벌함으로써, 관원들이 토지를 겸병(兼倂)하지 못하게 하고 백성에게 부담을 더 많이 지우지 못하게 하며 관과 민이 일체가 되어 서로 평안해질 수 있도록 힘쓰십시오. 이렇게 하면 백성에게 항산(恒産)이 생기고 곧 항심(恒心)이 생길 것이니, 큰 근본이 이미 공고해지면 국가는 이로써 평안함과 고요함을 보장할 수 있게 될 것입니다. 성인(聖人)께서 이르시기를, "부족할까 걱정하지 않고 고르지 못할까 걱정하며, 가난할까 걱정하지 않고 평안하지 못할까 걱정한다."라고 하였습니다.[18] 이는 만세토록 국가를 지탱해가는 경륜이니, 마땅히 깊이 생각해야 할 것입니다.

　　윤근수는 신속히 조사해서 정문으로 보고하여 내가 조선의 유신(維新)의 정치를 볼 수 있도록 하라. 사안이 완료되면 또한 즉각 이 일에 관하여 중국에 상주하라. 그러면 왕국의 군신들이 바로잡으려 하고 있음을 뚜렷이 알게 되어 필시 따뜻한 말씀과 포상이 있을 것

17　삼등구칙(三等九則)의 전례: 명·청대 부역 징수의 기초가 되는 제도이다. 전지(田地)의 종류와 비옥한 정도를 살펴 상, 중, 하 3등(等)으로 나누고 각 등을 다시 상, 중, 하 3등으로 나누어 총 9등으로 구분하였다. 지방관부에서는 등급을 따라 토지에 세율을 다르게 부과하였다.

18　성인(聖人)께서 …… 하였습니다: 『논어(論語)』「계씨(季氏)」를 인용한 것이다.

이다. 국왕께 자문을 보내는 외에 차문을 보내니, 바라건대 그대는 서둘러 거행하고 기한 안에 완수하여 보고하라. 지연하지 말라.

11-15

병부상서 석성에게 보고하는 서신

報石司馬書 | 권11, 11a-11b

날짜 만력 21년 9월 25일(1593. 10. 19.)

발신 송응창

수신 병부상서 석성

내용 동쪽 정벌의 시말(始末)을 보고하며 명군의 노고를 알리고, 자신의 계책에 동조하여 책봉을 주장하는 상주를 올린 데 대해 감사의 뜻을 전하는 서신이다.

권11

　　25일에 동쪽 정벌의 시말을 상세히 적은 대하(석성)의 상소문[19]을 구하여 여러 번 읽어보았습니다. 중간에 여러 사람들의 주장을 힘써 배척하고 홀로 책봉을 주장하시면서 장병들이 혈전을 벌인 공과 저의 짧은 계책을 말씀하시면서 이를 무시할 수 없다고 하셨습니다. 대하께서 극력으로 일을 떠맡고 말씀까지 간절하니, 진실로 한 글자마다 한 번 울고 한 글자마다 한 번 감격하였습니다. 훗날 만일 국가에 큰일이 난다면 그래도 나서서 책임을 떠맡을 사람이 있

......

19　동쪽 …… 상소문: 석성은 9월 17일에 상소문을 올렸다. 『명신종실록』 권265, 만력 21년 9월 17일(무진).

을 터이나, 대하께서 사직을 위해 오래도록 멀리 생각하심은 진실로 천박한 제가 헤아려 알 수 있는 것이 아닙니다.

저는 즉시 제독에게 문서를 보내 사람을 시켜 고니시 유키나가에게 가서 서둘러 귀국하라고 깨우치도록 하였습니다. 무릇 대하께서 주관해주시기를 더욱 간절히 바라니, 이는 저만 높고 두터운 덕택을 입는 것이 아니라 여러 장병들 또한 일으켜 세워주시는 지극한 은혜를 받는 일일 것입니다. 편지를 마주하고 지극한 감격스러움을 이길 수가 없습니다.

권11

11-16

병부상서 석성에게 보고하는 서신

又啓 | 권11, 11b

날짜 만력 21년 9월 25일(1593. 10. 19)

발신 송응창

수신 병부상서 석성

내용 자신의 후임으로 한취선(韓取善)을 추천하는 서신이다.

권11

어제 조견정(趙見亭)이 재차 올린 상소를 읽어보았습니다. 성상(聖上)의 뜻이 윤허하지 않는다면 그만이지만, 만일 윤허하신다면 이 땅에서의 책임은 쉽사리 대체할 수 있는 일이 아닙니다. 병비도(兵備道)[20] 한취선은 재주와 지략이 매우 뛰어나고 식견이 매우 탁월하며, 기개가 있는 가운데 신중한 생각을 품고 있고, 진실되고 성실한 가운데 떨쳐 일으키는 뜻을 갖고 있습니다. 게다가 변방에서 오랫동안 근무하면서 오랑캐와 왜노를 막으면서 모두 계획을 갖고 있으니, 이 임무를 대신하고자 한다면 이 사람이 아니고서는 안 될 것입니다. 또 가까운 데서 보임(補任)하는 것 또한 편리한 일입니다.

....

20 병비도(兵備道): 명대에는 각 성의 요충지에 병비(兵備)를 전담하는 도원을 두고 이를 병비도라 하였다. 주로 군사를 감독하는 임무를 맡았으며, 작전행동에 직접 참여하기도 하였다. 일반적으로 안찰부사 혹은 안찰첨사(按察僉事)가 맡았다.

이부(吏部)에 전달해주시기를 바라니, 이는 나라를 위해 어진 이를 천거하려는 것이지 사심에서 나온 것이 아닙니다. 모두 잘 살펴주시기를 빌며 이만 줄입니다.

조선국왕에게 보내는 자문

移朝鮮國王咨 | 권11, 12a-18b

날짜 만력 21년 9월 25일(1593. 10. 19.)

발신 송응창

수신 조선국왕

내용 호택(胡澤)과 심사현(沈思賢)이 올린 보고에 근거하여 경상도·전라도·충청도 일대에 방어시설을 설치하는 것을 서두르기를 당부하는 자문이다. 대구·인동(仁同)·상주(尙州)·충주(忠州) 등과 조령(鳥嶺)·죽령(竹嶺)·추풍령(秋豐嶺) 등의 길목에 쌓을 방어시설을 상세히 열거하고, 이 업무를 의정(議政) 1명과 호조(戶曹)·병조(兵曹)·공조(工曹)의 판서(判書)가 직접 감독하게 할 것을 요청하였다.

요충지에 방어시설을 설치하여 나라를 지키고 왜로 인한 환란을 막는 일.

위관(委官)인 수비(守備) 호택과 경력(經歷) 심사현에게 문서를 보냈다가 그들로부터 정문을 받았는데, 그 내용은 다음과 같았습니다.

경략의 패문을 받들고서 저희는 삼가 명에 따라 부총병 유정, 참장(參將) 낙상지(駱尙志), 유격 오유충(吳惟忠) 및 조선의 배신인 공조판서(工曹判書) 김명원(金命元), 병조참의(兵曹參議) 최우

(崔遇), 수륙원수(水陸元帥) 권율(權慄)과 함께 살펴보았습니다. 중
로(中路)로는 부산에서 동래(東萊)·양산(梁山)·밀양(密陽)·대구를
거쳐 상주와 문경(聞慶)을 지나 조령을 넘어 왕경에 이를 수 있습
니다. 문경의 서쪽에 또한 소조령(小鳥嶺)이 있어 대로로 나뉘어
들어갈 수 있습니다. 동쪽 길로는 동래에서 울산(蔚山)·경주(慶
州)·영천(永川)·신녕(新寧)·의성(義城)·안동(安東)·영천(榮川)·
풍기(豐基)를 지나 죽령을 넘어 왕경에 이를 수 있습니다. 서쪽
길로는 부산에서 김해(金海)·영산(靈山)·창녕(昌寧)·현풍(玄風)·
고령(高靈)·성주(星州)·김산(金山)을 거쳐 추풍령을 지나 황간(黃
澗)을 거쳐 또한 왕경에 이를 수 있습니다. 전라도는 직산(稷山)
을 거쳐 모두 왕경으로 통합니다. 이와 같으니 내지에서 조령·죽
령·추풍령·소조령은 모두 왕경의 문호입니다.

　저희가 의논하고 살펴보니, 조선의 충청도와 전라도 등 4개
도는 왜노가 원래부터 침흘리던 곳입니다. 특히 대구부(大丘府)
는 동남쪽으로는 밀양에 이르고, 서북쪽으로는 인동과 선산(善
山)에 이르러 서쪽으로는 전라도와 통하며, 동쪽으로는 경주에
이릅니다. 왜노가 전라도를 침범하려 한다면 웅천(熊川)·김해·
진주(晉州)·곤양(昆陽)을 거쳐 이르는 길 말고 그 나머지는 경상
도 땅을 거쳐 들어가야 하는데, 대구는 그중에서도 반드시 거쳐
가야 하는 길목입니다. 대구를 굳게 지키면 동쪽으로는 경주를
응원하고 서쪽으로는 전라도를 응원할 수 있으니, 이 모두가 왕
경을 공고히 하는 방법입니다. 이에 부총병 유정이 본 것이 있어
바로 대구부에 군영과 요새를 여럿 나누어 세우고 군사를 주둔
시켜 굳게 지키고 있으니, 이는 그 뜻이 매우 날카롭고 그 마음

이 유독 부지런한 것입니다.

그러나 군사를 운용하려면 식량을 충분하게 해야 하고, 식량을 충분하게 하려면 또한 우선 비축을 해두어야 합니다. 조선은 원래 쌓아놓은 군량과 마초(馬草)가 없는 땅이었기에 지금은 수시로 빌려다가 나르고 있으니, 그날그날 버티면서 남는 것이 전혀 없습니다. 만일 적군이 눈앞에 있어 잠시라도 이어지지 않으면 식량이 끊어지게 될 것입니다. 이는 병가에서 큰 근심으로 생각하는 것이니, 지금 당장 긴급하게 미리 대처하여 많이 준비해야 할 것입니다.

저희가 살펴보니 대구부에는 원래 큰 석성(石城)이 있는데, 성벽 위에는 살받이가 없고 3면에는 무너진 곳이 많으며 동쪽 성벽은 왜노가 뜯어다가 옮겨서 다른 영채(營寨)를 만들어 지금은 모두 무너져 한두 해 공사를 하지 않고서는 수리할 수 없습니다. 이는 저희가 감히 가볍게 논의할 수 없습니다. 그 밖에 서남쪽에는 작은 산성이 하나 있는데 규모가 작습니다. 예전에는 조선에서 그곳에 군량을 쌓아두었는데, 지금은 다만 동문에 돌이 쌓여 있을 뿐입니다. 산 위의 무너져버린 곳을 중수하여 증축하고 그 위에 돌을 쌓아 담장으로 삼으며 서문(西門) 하나를 추가로 건설하고서 문루(門樓) 두 곳과 네 귀퉁이에 적대(敵臺: 망루) 6곳을 증축해야 합니다. 병영 수백 칸을 지어 군사 2000~3000명을 주둔시키고, 벽돌과 기와를 구워 적대와 망루를 만들고 석회칠을 하여 견고하게 쌓으며, 그 안에는 군량 1만 석 정도를 쌓아둠으로써 관군의 용도에 대비하도록 해야 합니다. 그렇게 하면 만약 적의 세력이 커도 우리 군사 또한 험준한 지형과 견고한 시설에 의지할 수 있을 것입니다.

또 살펴건대 인동 동쪽에 산이 하나 있는데, 깎아지른 듯한 절벽이 우뚝 솟아 웅장한 것이 꼭 성의 모양입니다. 저희가 동네 사람들에게 산의 이름이 무엇이냐고 물어보니 천생성(天生城: 지금의 구미 천생산)이라고 답하였습니다. 위에는 연못과 우물이 있고 아래에는 작은 절이 두 채 있습니다. 과거에는 이곳에 군량을 쌓아두었다고 하는데 지금은 오랫동안 폐기되었다고 합니다. 저희가 기어서 올라가서 보니 동쪽, 서쪽, 남쪽 3면은 높이가 수십 길이고 잡고 올라갈 것도 없습니다. 동북쪽에만 산비탈에 한 갈래 길이 있는데 겨우 한 사람만이 지나갈 수 있을 정도였습니다. 윗면에는 대략 길이 1리, 너비 0.5리 정도의 평지가 있고 우물과 못이 있어 병영을 지어 군사를 주둔시킬 수 있습니다. 3면에는 담장을 쌓을 필요가 없고 오직 동북면에만 담장을 수리하고 동문(東門)의 문루를 추가로 건설한다면 공력이 많이 들지는 않을 것입니다. 산 아래에도 적대 2곳을 짓고 빙 둘러서 목책을 세워 요새를 막도록 하며 성안에는 군량 10여만 석을 쌓아두어야 합니다. 이곳은 진실로 천애의 험지라서 군량을 쌓아두어 쓰임에 준비해두었다가 대구·선산·상주 등에서 군사의 지출에 따라 그때그때 운송하게 하면 실어 나르는 자는 창고가 어디 있는지 알게 되어 어디로 향할지를 판단할 수 있게 될 것이고, 군사를 운용하는 자는 군량이 충분히 비축되었음을 알아 나아가고 멈추는 기회를 결단할 수 있게 될 것입니다. 이 두 곳의 공사는 마땅히 우선 처리해야 할 것입니다.

상주성(尙州城)과 충주성(忠州城)은 비록 예전에 돌을 쌓아두었다고는 하지만 실제로는 모두 바닥이 낮아 더 높여야 하고 너비는 각 5척으로 담장을 더 쌓아야 합니다. 상주에는 적대 8곳을 짓고 그 안에 원래 있던 창고 몇 곳이 전혀 무너지지 않았으니 지금은 병영 수백 칸을 지어 군사 1000명을 동원해 지키게 해야 합니다. 충주는 적대 4곳을 짓고 병영 200~300칸을 지어 군사 500명을 동원해 지키게 해야 합니다. 또한 수로(水路)로 왕경에서 곧바로 충주에 닿으니 군량의 운송도 빠르게 이루어질 것입니다. 조령·소조령·죽령의 민가에 쌓아둔 것도 모을 수 있는데, 이 역시 적다고 할 수 없습니다.

조령·죽령·추풍령·소조령 4곳은 모두 요해지로, 각각에 모두 하나씩 관문(關門)과 적대 2곳을 짓고 작은 목책으로 빙 둘러 각각 100명을 동원해서 지키게 하면 왕경의 문호가 모두 공고해질 것입니다.

전라도의 요해지 가운데 남원부성(南原府城)은 앞서 낙 참장이 감독하여 성을 3척 높이고 성가퀴를 보수해서 쌓았고 현루(懸樓: 망루) 30여 곳과 작은 망루 70여 곳을 쌓고 해자에는 목책을 여러 겹 둘러 방어할 만하게 만들어두었습니다. 그 외에 진주성(晉州城)은 정돈하고 수리해야 하고, 곤양에는 적대를 쌓아야 하며, 합천(陜川)·함양(咸陽)·구례(求禮) 등에는 모두 성벽을 증수하고 적대를 쌓으며 군량을 쌓아두어 모두 부총병 유정의 지휘에 따라 군사를 나누어 지키도록 해야 합니다.

또한 조선 수군의 크고 작은 배 200여 척으로 하여금 전처럼 거제도(巨濟島) 등에 주둔해 있다가 봄철에 물이 불어나면 나주(羅州)에 나누어 포진해서 지켜 바닷길로 돌연히 침범해오는 일을 방어하게 한다면 전라도의 문호는 모두 공고해질 것입니다. 이 몇 곳의 공사는 조선국에서 모두 마땅히 순서대로 수리해야 할 것입니다.

또한 살피건대 경주는 동쪽 길의 요해지로 부산에서 120리, 대구에서 180리 떨어져 있는데, 지금 머물러 있는 군사의 수가 많지 않습니다. 만약 군사를 나누어 지키게 한다면, 외로운 군대가 깊이 들어갔다가 만일 적들이 두 길로 나누어 견제하면 우리 군사들이 끝내 합쳐지기 어려울까 걱정됩니다. 경주는 다만 유병(遊兵: 일정한 소속 없이 활동하는 군대)을 시켜 정탐하게 하다가 기회를 보아 끊어내도록 하고 몰래 매복해 있으면서 봉수(烽燧)를 전달하기를 엄하게 하면서 부총병 유정이 때에 따라 나누어 포진시키도록 해야 합니다.

또한 살피건대 조선은 폐단이 쌓인 지 오래된데다가 잔혹하게 파괴된 이후라서 지금 군량을 꼭 필요한 곳에 쌓아두고 각 지역의 공사에 필요한 공력을 동원하는 일을 특별히 정승이 호조·병조·공조 3조의 판서와 함께 친히 주관하지 않으면 날마다의 수요나 수리하고 방어하는 대책이 다만 위에서 나누는 뜬구름 잡는 이야기가 될 뿐 실제로는 하나도 도움이 되지 못할까 몹시 걱정입니다. 저희들이 뒤에 적어놓은 말씀을 바라건대 국왕에게 자문을 보내시어 최흥원(崔興源)[21]·류성룡(柳成龍)·윤두수(尹

....

21　최흥원(崔興源): 1529~1603. 조선 사람으로 본관은 삭녕(朔寧)이다. 임진왜란이 발발한 후 우의정(右議政)과 좌의정(左議政)을 거쳐 류성룡(柳成龍)이 파직된 후에 영의정(領議政)에 임명되었다. 이듬해 병으로 사직하고 영평부원군(寧平府院君)에 봉해졌다.

斗壽)²² 3명 가운데서 한 사람을 가려 뽑든 아니면 한 사람씩 돌아가며 맡게 하든 해야 합니다. 3조의 판서는 결코 빠져서는 안 되니, 모두 부총병 유정의 거처로 보내 그의 감독에 따라 군량은 어느 곳에 쌓아두었다가 어디로 보낼지, 군사는 어느 곳에서 뽑아 훈련시킬지, 공장(工匠)은 어디서 모집하여야 할지를 착실하게 이행하도록 하게 하십시오.

지금 기근과 흉년이 닥쳐왔는데 무릇 요역에 응하는 자들에게 쌀과 콩을 날마다 사람 수대로 지급하자 먼 곳이든 가까운 곳이든 백성이 저절로 즐겨 따르고 있으니, 공사의 어려움은 걱정할 것이 없습니다. 정승과 호조판서(戶曹判書)가 마음을 다해 계획하기에 달려 있으니, 식량이 충분하면 공사는 저절로 쉽게 거행될 터이므로 공사를 일으킨 와중에도 구휼하는 한 계책이 아닐 수 없습니다. 국왕은 또한 항상 전라도 등 지방의 관민(官民)을 타일러 그들로 하여금 피차를 가르지 말고 힘을 합쳐 협력하고 구제하여 지금 천자(天子)의 병사가 조선국에 있는 때를 틈타 때맞추어 수리하고 강역을 보수하여 공고히 하면, 약한 것을 강하게 만들 수 있을 것이고 한 번 수고로워서 영원히 편안해질 수 있으며 외환 또한 막을 수 있을 것이라 알리게 하십시오. 만약 치세(治世)와 난세(亂世)를 모른다고 해버리면서 국가의 운명을 영구히 이어가고자 한다면, 그것은 저희가 알 바 아닙니다.

이제 위의 명을 받았으니 정문을 올려 보고합니다. 이를 위하

22 윤두수(尹斗壽): 1533~1601. 조선 사람으로 본관은 해평(海平)이다. 임진왜란 때 명나라 측과 소통하는 데 결정적인 역할을 한 윤근수(尹根壽)의 형이다. 세자 책봉 문제로 유배되었으나 임진왜란이 발발하자 복직되어 좌의정에 임명되었다.

여 위의 내용을 그림으로 그려 덧붙여 올려드리니, 엎드려 빌건대 결정해서 시행하십시오.

첨부

하나. 대구산성(大丘山城)

동면(東面) 60장(丈), 서면(西面) 50장, 남면(南面) 145장, 북면 160장. 둘레에는 돌로 성벽과 성가퀴를 쌓고 동쪽과 서쪽에 문루 2곳과 성문 4짝을 증축하며 네 귀퉁이에 적대 6곳을 쌓고 안에는 병영(兵營) 500칸을 지을 것.

하나. 인동 천생성

동쪽 약 1리, 서쪽 약 1리, 남쪽 약 0.5리, 북쪽 약 0.5리. 동쪽·서쪽·남쪽 3면은 모두 깎아지른 듯한 높은 바위이므로 성벽이 필요 없으니 동북면에만 돌로 성벽과 성가퀴를 쌓을 것. 동문에는 성루 1곳과 성문 2짝을 쌓고 병영 수백 칸을 지으며 마초를 쌓아두고 군량을 쌓아둘 것. 산 아래에 적대 2곳을 쌓고 둘레에는 목책을 세울 것.

하나. 상주성

동면 137장, 서면 150장, 남면 125장, 북면(北面) 130장. 둘레에는 높이와 너비 각 5척(尺)씩을 더하고 아울러 돌을 쌓아 성가퀴를 만들며 문루 4곳과 적대 4곳, 성문 8짝을 만들 것. 현재 창고 몇 곳이 있고 병영 300칸을 지을 것.

하나. 충주성

동면 58장, 서면 100장, 남면 120장, 북면 140장. 둘레에는 높이와 너비 각 5척씩을 더하고 아울러 돌을 쌓아 성가퀴를 만들며 성루 2곳과 적대 4곳을 만들 것. 과거에는 네 문이었으나 지금은 서문과 남문 두 문만을 쓰므로 성문 4짝을 만들고 병영 300칸을 지을 것.

하나. 조령.

관문 1곳을 설치하고 적대 2곳을 쌓으며 둘레에는 목책을 두르고 병영 수십 칸을 지어 관문을 지키는 군사가 살게 할 것.

하나. 죽령.

관문 1곳을 설치하고 적대 2곳을 쌓으며 둘레에는 목책을 두르고 병영 수십 칸을 지어 관문을 지키는 군사가 살게 할 것.

하나. 추풍령.

관문 1곳을 설치하고 적대 2곳을 쌓으며 둘레에는 목책을 두르고 병영 수십 칸을 지어 관문을 지키는 군사가 살게 할 것.

하나. 소조령.

관문 1곳을 설치하고 적대 2곳을 쌓으며 둘레에는 목책을 두르고 병영 수십 칸을 지어 관문을 지키는 군사가 살게 할 것.

하나. 상주 동남쪽 30리, 선산 서북쪽 30리에 비봉령(飛鳳嶺)이 있으니 관문을 하나 설치할 것.

하나. 문경은 강 동쪽에 적대 1곳, 강 서쪽에 적대 1곳을 쌓을 것. 이곳은 매우 험지이니 방비만 갖추어지면 적이 감히 쉽게 침범할 수 없을 것.

하나. 인동 서북쪽 5리의 산 입구에 관문 하나를 설치할 것.

이상의 공정을 국왕에게 자문으로 보내 공조판서로 하여금 각 해당 지방관에게 명하여 법에 따라 수리하고 조성하게 해주십시오. 어느 곳에 공사를 벌일 능력이 부족하면 근처 지방이든 인부를 파견하여 협조하게 하십시오. 아울러 부총병 유정에게 문서를 보내 각 영의 천총·파총을 선발하여 위임해서 인력 동원을 감독하여 서둘러 완성할 수 있게 해주십시오.

이를 받고 제가 앞서 누차 자문을 보내 왕께 방어시설을 설치하여 나라를 지킬 것을 청하였고, 또한 호택과 심사현을 보내어 조선국 배신과 함께 친히 가서 답사하게 하였습니다. 그 후 이제 위의 사안으로 문서를 받았으니, 살피건대 왜노가 작년에 곧바로 왕경으로 들어올 수 있었던 것은 연도에 험준한 곳이 있어도 방어시설을 갖추지 않았기 때문입니다. 제가 여러 번 자문을 보내 이미 분명히 하였는데 이제 위와 같이 보고를 받았으니, 결코 늦출 수 없습니다. 왕께서는 속히 정승 1명에게 명하여 돌아가면서 가게 하시고, 판서 3명에게 명하여 모두 호택과 심사현이 논의한 바에 따라 기한을 정해 수리하고 축성하며 신속히 완성하고 아울러 서둘러서 군량을 운반하여 유수하는 군사들에게 공급하게 하십시오.

이렇게 하면 왜노들은 왕국에 방비가 되어 있음을 알고 결코 다시는 오지 않을 것이고 와도 흉악한 짓을 멋대로 자행할 수는 없을 것입니다. 하물며 주인으로서 손님을 대우하고 평안한 데서 수고한 이를 기다려 저들이 와도 우리가 도리어 그들의 생사를 제어할 수 있게 될 것입니다. 왕께서는 속히 사안을 완료하시고 아울러 주본을 올려 성명(聖明)께서 왕이 정력을 다해 다스리고 있다는 것과 약한 것을 강하게 하고 있다는 것, 동국(東國: 조선)이 온전히 안전하다는 것을 알게 하시면 황제의 마음이 매우 기뻐 분명 따뜻한 말씀으로 포상하실 것입니다. 이를 위하여 자문을 보내니, 청하건대 국왕께서는 잘 살펴 속히 시행하십시오. 아울러 장차 거행할 것, 관원을 파견할 것, 공사를 일으킬 것, 군량을 운반할 것이라는 각각의 연유에 대해 자문으로 회답해주시기 바랍니다.

권11

조선 의정부 정승들에게 보내는 명령

檄朝鮮三相臣 | 권11, 18b-19a

날짜 만력 21년 9월 25일(1593. 10. 19.)

발신 송응창

수신 조선 의정부(議政府) 영의정 최흥원, 좌의정 윤두수, 우의정 유흥(兪泓)[23]

내용 정승이 조선의 각지에 방어시설을 설치하는 일을 직접 감독할 것을 지시하는 명령이다.

방어시설을 설치하여 나라를 지키는 등에 관한 일.

국왕께 자문을 보내는 외에 차문을 보내니, 바라건대 그대들은 왕께서 정하신 순서에 따라 돌아가면서 서둘러 가서 부총병 유정과 함께 호조·병조·공조 3조의 배신을 감독하여 논의한 대로 서둘러 처리하되 기한 안에 완성하고 상주하라. 그대들은 조선국의 정승이니 마땅히 나라가 어렵고 위태로워 군주가 근심하면 신하가 욕된다는 점을 염두에 두도록 하라. 지금 다행히 왜노가 도망쳐 돌아가 사

....

23 유흥(兪泓): 1524~1594. 조선 사람으로 본관은 기계(杞溪)이다. 임진왜란이 발발하자 선조를 호종하였다. 광해군을 세자로 책립하고 분조(分朝)하자 광해군을 따라 종묘사직의 신주를 받들었다.

직이 회복되었으니 서둘러 소는 잃었더라도 외양간을 고치고 오랜 병에 뒤늦게나마 약쑥을 묵히는 계책이라도 세워야 할 것이다.

내가 들어서 알기로 그대들은 모두 막중한 책임을 가진 노성(老成)한 신하들로, 이미 무너진 것을 정돈하고 유신을 위해 보좌한다고 하니 반드시 이루어질 것이다. 사안이 완료되면 내가 마땅히 성천자(聖天子)께 추천하여 동국에 이처럼 어진 정승이 있다고 말씀드릴 것이니, 분명 은혜로운 포상이 있을 것이다. 옛날 위(衛)나라는 중숙어(仲叔圉) 등 세 대부(大夫)에게 힘입어 나라가 그들 덕분에 망하지 않았다.[24] 그대들은 깊이 유념하여 결코 안일하게 굴며 수리하고 수비하는 일을 그르치지 말도록 하라.

권11

....

24　옛날 …… 않았다: 『논어』「헌문(憲問)」을 인용한 것으로 위강자(季康子)가 공자에게 위영공(衛靈公)이 무도한데도 나라가 망하지 않은 이유를 묻자 공자는 "중숙어(仲叔圉)는 빈객(賓客)을 다스리고, 축타(祝鉈)는 종묘(宗廟)를 다스리고, 왕손가(王孫賈)는 군려(軍旅)를 다스립니다. 이와 같으니 어찌 망하겠습니까[仲叔圉治賓客, 祝鉈治宗廟, 王孫賈治軍旅, 夫如是, 奚其喪.]"라고 대답하였다.

11-19

조선 호조·병조·공조 판서에게 보내는 명령

檄朝鮮戶兵工三曹 | 권11, 19a-19b

날짜 만력 21년 9월 25일(1593. 10. 19.)

발신 송응창

수신 조선 호조판서 한준(韓準),[25] 병조판서(兵曹判書) 이항복(李恒福),[26] 공조판서 김명원(金命元)

내용 호조·병조·공조의 판서가 조선의 각지에 방어시설을 설치하는 일을 직접 수행할 것을 지시하는 명령이다.

방어시설을 설치하여 나라를 지키는 등에 관한 일.

국왕께 자문을 보내는 외에 차문을 보내니, 바라건대 그대들은 서둘러 가서 부총병 유정과 함께 논의한 대로 처리하되 기한 안에 완성하여 국왕이 상주할 수 있게 하라. 그대들은 조선국의 중신이니

....

25 한준(韓準): 1542~1601. 조선 사람으로 본관은 청주(淸州)이다. 임진왜란이 발발하자 순화군(順和君)을 호종하여 강원도로 피난하였다. 선조 26년(1593)에는 진하겸주문사(進賀兼奏聞使)로, 선조 27년(1594)에는 사은겸주청사(謝恩兼奏請使)로 명나라에 파견되었다.

26 이항복(李恒福): 1556~1618. 조선 사람으로 본관은 경주(慶州)이다. 임진왜란이 발발하자 도승지(都承旨)로 선조를 호종하여 의주로 갔고 명나라에 원군을 청하기 위해 노력하였다. 병조판서에 임명되어 근왕병을 모집하는 데 주력하며 군무(軍務)를 맡아보았다.

마땅히 사방 교외에 보루가 많이 보이는 것은 경대부(卿大夫)의 수
치라는 점을[27] 유념하도록 하라. 지금 다행히 왜노가 도망쳐 돌아가
사직이 회복되었으니, 마땅히 전심전력을 다하여 만년[桑楡][28]의 공
을 거둘 수 있도록 하라. 내가 듣기로 그대들은 모두 충성스럽고 착
실하며 지혜가 있다고 하니, 반드시 이루어질 것이다. 사안이 완료
되면 내가 마땅히 성천자께 추천하여 그대들이 동국의 좋은 신하라
고 알려드릴 것이니, 분명 은혜로운 포상이 있을 것이다. 너희는 힘
쓰라. 너희가 만약 안일하게 굴어 일을 그르친다면 그 책임을 지게
될 것이다.

권11

....

27 사방 …… 점을:『예기(禮記)』「곡례 상(曲禮上)」의 구절을 인용한 것이다. 해당 구절의
    집설(集說)에서 "경대부가 나라를 제대로 다스리지 못하여 자주 침범을 당한 관계로 보
    루가 많은 것이다[卿大夫不能謀國, 數見侵伐, 故多壘.]"라고 해설하였다.
28 만년[桑楡]: 해의 그림자가 뽕나무와 느릅나무 끝에 남아 있는 때, 즉 저녁 혹은 만년을
    뜻한다.

부총병 유정에게 보내는 서신

與副將劉綎書 | 권11, 19b-20b

날짜 만력 21년 9월 27일(1593. 10. 21.)

발신 송응창

수신 부총병 유정

내용 일본군이 전라도와 왕경을 재차 침공할 것이라는 첩보가 있으나 현재 조정에서 책봉을 추진하고 있으니 전투를 벌이지 말고 상황을 잘 관리할 것을 당부하는 서신이다. 아울러 척금(戚金)과 잘 협조하여 유수군의 업무를 처리할 것을 당부하였다.

어제 족하(足下: 유정)의 보고를 받아보니 왜노가 다시 전라도, 경상도와 왕경을 공격할 뜻을 품고 있다고 합니다. 무릇 왜노는 예측하기 어려우니, 내가 바로 이 점을 우려하여 족하께 힘을 빌린 것은 이런 때에 방어시설을 쌓고 군량을 축적하며 병마를 훈련하여 모든 일을 갖추고자 한 때문이었습니다. 그렇게만 된다면 저들이 미쳐 날뛴다 하여도 막아낼 수 있을 것입니다. 나는 비록 서쪽으로 돌아가지만 큰일은 맡겨두었으니 마음을 놓을 수 있습니다.

지금 당장의 상황을 살펴보면 여러 왜노들은 이미 돌아갔고 다만 고니시 유키나가의 한 갈래만이 잠시 서생포에 머물면서 조정의 명령을 기다리고 있으며 공격하려는 정황은 전혀 없습니다. 또한 조정의 명령이 이미 내려져 봉호(封號)를 더해주기로 허락하였고 관백의 표문이 도착하기만을 기다렸다가 곧바로 관원을 저쪽에 보낼 것이니, 유수군도 조만간 모두 귀국하게 될 것입니다. 왜노가 약탈을 하는 등의 작은 일에 대해서는 그저 수색하며 방어하면 될 터이나, 어찌 조선인들이 멋대로 살육을 자행하도록 놔둘 수 있겠습니까. 만약 갑자기 사달이라도 일어났을 때 우리 유수군의 준비가 아직 갖추어지지 않아 하나라도 소홀함이 있게 되면 내가 족하에게 무겁게 맡긴 마음이 어떠하겠습니까. 요컨대 조선인들이 멋대로 살육하게 놔두는 것은 역시 족하께서 안정을 유지하는 도가 아닙니다. 따라서 오늘날의 일은 수비하는 데 집중해야지 싸우는 데 집중해서는 안 되며, 때맞추어 수리하는 데 집중해야지 헛되이 사달을 일으키는 데 집중해서는 안 될 것입니다.

지난번에 병부상서께서 제 뜻에 대한 검토 의견으로 족하의 군사 5000명만을 남겨두고자 하셨는데, 제가 힘껏 주장하여 반드시 지금과 같은 수대로 해야만 한다고 하였습니다. 이 정도 수면 수비할 수 있을 것입니다. 긴급하게 조선의 인마(人馬)를 모집하여 우리 군사를 돕게 한다면 또한 어찌 부족하다고 걱정하겠습니까. 그 밖에 척금은 장수로서 비록 말로는 곧바로 나가자고 하지만 속마음은 자못 신중하고 조심스러워서 제독 이여송이 그가 임무를 맡을 만하다고 여러 번 말하였고 조선국왕도 특별히 자문을 보내어 그가 청렴하고 신중하다고 칭찬하였습니다. 그러니 족하께서 그와 화합하고 서로 어긋나지 말아 제가 크게 기대하는 뜻에 부합해주셨으면 좋겠습니다.

족하와 여러 장병들이 보호하고 수비하여 해가 지나도록 특별한 일이 없다면 그것이 큰 공이 될 것이니, 조정에서도 반드시 관작(官爵)과 상을 내릴 것입니다. 바라건대 족하께서 제 마음을 잘 헤아려 주시기를 간절히 빌고 간절히 빕니다.

11-21

조선국왕에게 보내는 자문

移朝鮮國王咨 | 권11, 20b-21b

날짜 만력 21년 9월 28일(1593. 10. 22.)

발신 송응창

수신 조선국왕

내용 유수군의 비용을 대는 등의 문제에 대해 조선 측에서 비협조적임을 강하게 질타하면서 군량을 충분히 공급할 것, 군사를 선발하여 훈련시킬 것, 광해군을 전선으로 보낼 것 등을 재촉하는 자문이다.

왜의 무리가 달아나 속국(屬國)이 회복되었기에 사후 처리 방안을 마련하였으니, 성명께서 엄히 책임을 지우고 거듭 대비를 강화하게 함으로써 영원히 평안해지도록 하시고 동방에 대한 걱정을 덜 수 있게 해주시기를 간청하는 일.

병부의 자문을 받았는데 위의 사안에 대한 것으로, 제가 제본을 올린 데 대해 성지를 받들었다는 내용이었습니다. 이를 받고 저는 앞서 왜노가 물러갔으니 장병 1만 6000명을 남겨두어 전라도와 경상도를 유수함으로써 후환을 막고자 하여 국왕께 자문을 보내 군사의 급여와 의복, 군량미 등을 요청한 바 있습니다.[29] 이어서 회답 자문을 받았는데 마련하기 어렵다고 힘주어 말씀하셨습니다.[30] 이에 저는 부득이하게 의논하기를 급여는 중국에서 취하고 의복과 군량미는 조선국에서 취하며 군사를 훈련시키고 방어시설을 설치하는 일은 광해군으로 하여금 전라도와 경상도에 나와 살면서 유수군과 함께 협력하여 거행하자는 등의 내용으로 제본을 올린 바 있습니다.[31] 그 후 이제 위의 문서를 받은 것입니다.

살피건대 사안에는 평안하거나 위태롭거나 느긋하거나 긴급함이 같지 않은 일이 있으며, 형세에는 수고스럽거나 편안하거나 주인이거나 손님인 차이가 있습니다. 바야흐로 왜노가 팔도에 창궐하여 난동을 부리니, 귀국(貴國)은 위태로우며 긴급하고 중국은 느긋하며 평안하였습니다. 원군이 동쪽으로 삼한(三韓)에 들어온 이래로는 명군 장병들은 손님인데도 수고스럽고 귀국은 주인이면서도 편안하였습니다. 지금 함락되었던 성을 탈환하고 붙잡혀갔던 왕자들을 돌려놓아 왕국으로 데리고 돌아왔으나 대군 가운데 싸우다 죽은 자들, 피로하여 죽은 자들, 역병에 걸려 죽은 자들이 한두 명이 아니니, 이는 중국이 왕국을 위해 지극히 힘을 쓴 것입니다. 중국이 어찌 왜를 직접 걱정해서이겠습니까. 잘 생각해보시기 바랍니다.

왜가 말타고 활쏘는 것이 오랑캐와 비교하였을 때 누가 더 잘하며, 왜가 흉악하고 사나운 것이 강(羌)[32]과 비교하였을 때 누가 더 심

....

29 저는 …… 있습니다: 송응창이 조선국왕에게 보낸 자문은 다음과 같다. 「10-3 移朝鮮國王咨 권10, 1b-3b」.

30 이어서 …… 말씀하셨습니다: 비변사는 송응창의 자문을 보고 주둔 비용을 대기 힘들다는 내용으로 회답 자문을 보내자고 아뢰었다. 『선조실록』 권41, 선조 26년 8월 10일(신묘).

31 이에 …… 있습니다: 송응창이 만력제(萬曆帝)에게 올린 상주는 다음 문서이다. 「10-20 議朝鮮防守要害幷善後事宜疏 권10, 17b-24b」.

32 강(羌): 중국 북서부 지역에 거주한 티베트계 유목민이다.

하며, 왜가 모질고 잔인한 것이 면(緬)[33]과 비교하였을 때 누가 더 심하겠습니까. 저들이 여전히 머리를 움츠리고 꼬리를 말고서 감히 움직이지 않는데, 중국이 어찌 한갓 물속 동굴의 요사한 무리를 염려하여 동국의 일에 허둥지둥하겠습니까. 무릇 중국은 왜를 걱정하지 않았으니, 이 전역(戰役)이 왕국을 위한 것임이 너무나 명확한데도 왕국에서는 여전히 느긋하고 긴급하며 누가 주인이고 누가 손님인지의 형세를 살피지 않고 안일하게 굴고 있습니다. 조선의 군사는 아직 선발되지 않았고 험준한 곳의 방어시설은 아직 쌓지 않았으며 군량은 아직 운송되지 않았는데, 광해군 또한 병을 핑계로 움직이려 하지 않습니다.[34] 저와 제독·찬획은 귀국이 이미 회복한 것을 다시 잃는 모습을 지켜볼 수 없어 군사 1만 6000명을 남겨두어 머물면서 지키게 하자고 논의하기에 이르렀는데, 왕께서는 여전히 군량을 대기가 어렵다고만 하십니다.

이번에 다시 성지를 받들었는데, 어찌 내탕(內帑)을 헐어 외국을 지킬 수 있겠는가 하시며 저에게 이곳에서 상황을 파악하여 점차 철수하라고 하셨습니다. 왕은 이런 때에 군사를 남겨두게 하고 싶으십니까, 군사를 철수하게 하고 싶으십니까. 조금 남겨두게 하고 싶으십니까, 많이 남겨두게 하고 싶으십니까. 군량을 댈 수 있으시겠습니까, 없으시겠습니까. 조선 군사를 선발해서 훈련시킬 수 있으시겠습니까, 없으시겠습니까. 험준한 곳에 방어시설을 쌓을 수 있으시겠습니까, 없으시겠습니까. 광해군을 아끼지 않고 보낼 수 있으시겠

<hr />

33　면(緬): 미얀마를 일컫는다.

34　광해군 …… 않습니다: 윤근수는 송응창 측에 세자의 몸이 좋지 않아 멀리 떠날 수 없다고 전하였다. 『선조실록』 권41, 선조 26년 8월 30일(신해).

습니까, 없으시겠습니까.

　나라를 지키는 길이 장차 어디서 나오겠습니까. 부디 신속히 말씀을 해주시어 나갈지 머무를지 결정하게 해주시고, 또한 제본을 올릴 수 있게 해주십시오. 이를 위하여 자문을 보내니, 번거로우시겠지만 청하건대 잘 살피시고 신속히 회답 자문을 보내주시기 바랍니다.

병부상서 석성에게 보고하는 서신

報石司馬書 | 권11, 21b-22a

날짜 만력 21년 10월 3일(1593. 10. 26.)
발신 송응창
수신 병부상서 석성
내용 여러 모함이 떠돌고 있는데도 자신을 변호해준 것에 대해 감사의 뜻을 전하는 서신이다.

권11

동쪽 정벌의 일에 대해 근래에 이야기하는 자들은 공격하기를 더욱 급박하게 하면서 꼭 장병들의 공적과 노고를 깎아내리고 저를 모함하여 무거운 죄에 엮어넣으려고만 합니다. 다행히 대하(석성)께서 상소를 올려 비분강개해주셨으니, 읽으면서 내내 눈물이 줄줄 흘렀습니다. 대하의 은혜는 진실로 하늘보다도 높고 땅보다도 두터우니, 저와 장병들이 어떻게 떠받들어야 할지 모르겠습니다.

그 밖에 왜를 속이는 이야기에 대해서는 별도로 아뢰겠으니 대하께서 상세히 살펴봐주시기 바랍니다. 저는 즉시 상소를 작성하여 고향으로 돌아가 다시는 인간사에 관여하지 않게 해주시기를 간청할 것입니다.

말은 짧고 기운은 꺾였으나 모두 잘 살펴주시기를 빕니다. 이만 줄입니다.

11-23

내각대학사 왕석작·조지고·장위, 병부상서 석성에게 보고하는 서신

報三相公幷石司馬書 | 권11, 22a-23a

날짜 만력 21년 10월 8일(1593. 10. 31.)
발신 송응창
수신 내각대학사 왕석작·조지고·장위, 병부상서 석성
내용 봉공안을 둘러싸고 조정에서 자신을 비난하는 논의가 터져나온 것에 대해 해명하는 서신이다.

10월 7일에 편지를 받아보니 뜻밖에 책봉을 청하는 것으로 계책을 정한 후 비난과 조롱이 일어나고 있다고 하셨습니다. 저는 비통하고 한탄스러움을 견딜 수 없습니다.

작년에 조선의 정세를 돌이켜 생각해보면 삼도(三都)와 팔도가 모두 왜의 손아귀에 들어가 있었고 조승훈(祖承訓)이 크게 꺾여 맨몸으로 빠져나왔으니, 인심이 흉흉하고 모두 수도권의 깊은 근심이라고 여기고 있었습니다. 성상의 위엄과 상공(왕석작·조지고·장위·석성)의 지시에 힘입어 평양 등의 전투에서 다행히 그들의 담을 꺾을 수 있었습니다. 지금은 그들을 부산까지 몰아내었고 또 밀어내서 본국으로 돌아가게 하였으며, 다만 고니시 유키나가의 한 갈래, 전

체의 불과 10분의 1만이 남아 멀리 서생포에 주둔하여 명을 기다리고 있습니다. 부산은 조선의 맨 끝에 있는 땅이고 서생포는 또한 바다 가운데 있으니, 작년의 상황과 비교해보면 어떠합니까.

그런데 여러 사람들은 곽 어사[郭御史: 곽실(郭實)[35]]가 치벌받은 것[36]에 대해 모두 저를 원망하면서 작은 공은 내팽개쳐두고 비난과 조롱을 일으키고 있습니다. 세상의 도리와 사람의 정이 여기까지 이르렀으니 한탄스럽고 한탄스럽습니다. 군사 1만 6000명을 남겨두는 것은 다만 조선이 잔혹하게 파괴되어 스스로 지킬 수 없기 때문입니다. 이 정도 수가 아니고서는 조선을 지킬 수 없겠기에 간청드리는 것이지, 어찌 감추는 것이나 다른 이유가 있다고 말할 수 있습니까. 일본의 옛 군주에 대해서라면 저는 원래 들은 바가 없습니다. 두 사신이 본 것이나 항복한 왜노들의 공술(供述)은 오직 관백에 대한 것뿐입니다. 말하는 자들이 또한 이 이야기를 만들어낸 까닭은 모두 책봉을 저지하기 위해서입니다.

상공께서 잔약한 왜노들이 모두 물러나기를 기다렸다가 논의해서 시행하자고 말씀하신 것은 깊고 먼 데까지 생각하신 것이니, 저는 삼가 봉행하면서 다음에 따로 보고드리겠습니다.

....

35 곽실(郭實): 1552~?. 명나라 사람으로 직례(直隷) 고읍현(高邑縣) 출신이다. 자는 화백(華伯)이다. 만력 연간에 진사에 합격하여 출사하였다. 전쟁 초기에는 송응창의 경략 임명을 반대하였으며, 만력 22년(1594)에는 일본에 대한 봉공을 반대해서 축출되었다.

36 곽 어사가 …… 것: 곽실은 하남도어사(河南道御史)로 있던 만력 20년(1592) 9월 송응창이 경략의 임무를 처음 맡았을 무렵에 송응창이 적합하지 않은 이유 일곱 가지를 들어 그의 임명에 반대하였다. 그 결과 만력제의 분노를 사서 회인현(懷仁縣)의 전사(典史)로 쫓겨났다. 『명신종실록』 권252, 만력 20년 9월 15일.

11-24

분수요해도에 보내는 명령

檄分守道 | 권11, 23a-23b

날짜 만력 21년 10월 8일(1593. 10. 31.)

발신 송응창

수신 분수요해도

내용 요양(遼陽) 양제원(養濟院)[37]의 고아와 노인에게 1인당 은 1전씩을 지급할 것을 지시하는 명령이다.

외로운 이들을 구휼하는 것에 관한 일.

살피건대 나의 군사들이 요양으로 돌아가다가 길가에서 양제원의 고아와 노인들이 서로 부축하고 이끌면서 기어다니는 모습을 보았다. 그들이 몹시 가난하고 궁핍한 모습에 말할 것이 있는 듯하면서도 감히 하지 못하는 것을 보니 매우 측은하였다.

패문을 보내니, 바라건대 분수도의 관리들은 즉각 마가를 내어 요양 양제원의 고아와 노인들에게 남녀를 가리지 말고 1인당 은 1전씩을 지급하여 겨울옷으로 쓸 포와 솜을 사는 데 쓰게 하라. 모두에게 각각 별도의 꾸러미를 주어 관원에게 맡겨 이름을 불러가

───────

37 양제원(養濟院): 전근대 중국에서 의지할 데 없던 사람들, 빈민을 구제하던 기구이다.

며 하나씩 지급하여 실질적인 혜택이 두루 돌아갈 수 있게 함으로써 내가 고아와 노인들을 가련히 여기는 뜻이 드러날 수 있게 하라. 요양은 내가 오래 주둔하였던 곳으로 다른 곳과 같지 않으니, 이 밖에는 이를 전례로 끌어다 쓸 수 없다. 사안이 완료되면 사용한 은의 수효와 지급한 자들의 성명을 정문으로 갖추어 보고하여 검토할 수 있게 하라.

분수요해도에 보내는 명령

檄分守道 | 권11, 23b-24a

날짜 만력 21년 10월 8일(1593. 10. 31.)

발신 송응창

수신 분수요해도

내용 요양의 유학 교관에게 1인당 은 2냥, 생원에게 은 2전씩을 지급할 것을 지시하는 명령이다.

인재를 기르는 일.

살피건대 나의 군대가 요양에 머물면서 문묘(文廟)를 배알하여 살아 있는 것 같은 생생함을 우러러 바라보았고 여러 학생들이 많음을 볼 수 있었다. 어진 인재는 땅을 가려가면서 나오는 것이 아니고 뛰어난 호걸은 모두 때를 타고 나타나는 것임을 믿어서 그들에게 붓과 먹을 살 돈을 지급하여 분필과 칠판을 사는 데 조금 보탬이 되게 한 바 있다.

패문을 보내니, 바라건대 분수도의 관리들은 즉각 마가은을 내어 요양의 요동도사(遼東都司) 유학교관(儒學敎官) 1명에게 은 2냥, 생원에게는 각각 은 2전씩을 지급하여 종이와 붓을 살 밑천으로 삼게 하고, 각각에게 별도의 꾸러미로 나누어 지급하라. 요양은 내가 오래 주둔하였던 곳으로 다른 곳과 같지 않으니, 이와 같이 우대하는 뜻을 보이는 것이다. 또한 여러 선비들에게 알려 마음을 바로잡고 책을 끼고 다니면서 청운의 뜻을 품어 내가 오늘 기대하는 바에 부응하도록 하게 하라. 사안이 완료되면 사용한 은의 수효와 지급한 자들의 성명을 정문으로 갖추어 보고하여 검토할 수 있게 하라.

11-26

조선국왕에게 보내는 자문

移朝鮮國王咨 | 권11, 24a-24b

날짜 만력 21년 10월 9일(1593. 11. 1.)

발신 송응창

수신 조선국왕

내용 일본군에 투항한 조선 백성을 처벌하지 말고 받아들이라고 조선국왕에게 권유하는 자문이다. 이를 위해 면사첩 1만여 장을 발송하고 불러들이라는 명령을 널리 선포할 것을 제안하였다.

권11

위협받은 사람을 잘 처리함으로써 무리들을 분산시키고 분란을 중지시키는 일.

앞서 병부의 자문을 받았는데, 그 내용은 다음과 같았습니다. [운운(云云)] 이를 받고 자문을 보냈습니다. 그 후 지금 특별히 전담 관원이 황제의 성지(聖旨)를 받들고 와서 선유(宣諭)하였습니다. 살펴보건대 나라는 백성을 근본으로 하고 사직(社稷) 또한 백성을 근본으로 해서 세웁니다. 지금 부산 등에서 위협받은 사람들은 모두 예전에 왕국에서 명령과 가르침을 받던 백성[黔首]이었습니다. 그들이라고 어찌 부모와 처자에 매이지 않겠습니까. 그들이라고 어찌 농토와 거처에 묶이지 않겠습니까. 그들이라고 어찌 옛 임금을 그리워하지 않으며 조상의 유해가 고향 동산에 묻혀 있지 않겠습니까. 다만 머리를 깎아 겉모습이 섬 오랑캐 같고 귀향을 생각하지만 죽임을 당할까 두려워 숨만 쉬면서 혼이 떠도니 해상에 모여들어 간혹 밖으로 나가 약탈하면서 여생을 보내고 있는 것입니다. 진심으로 일단 불러들이면 양민(良民)으로 삼을 기회를 잃지 않을 것입니다. 만일 끝내 이들을 거부한다면 필시 적국에 이로움이 될 것입니다.

왕께서는 백성이 우리의 배신자가 된 것에 전적으로 죄를 묻지 마십시오. 왜가 경내로 들어오지 않았다면 저들에게 나라를 잃은 슬픔[禾黍之悲][38]과 머리를 깎는 참혹함이 있었겠습니까. 이는 나라가 지켜지지 못하여 백성이 사방으로 흩어지게 된 것입니다. 왕께서는 이러한 때를 당하여 즉시 일에 따라 자신을 반성하고 신경을 써서 백성을 불러서 위로하셔야지 국본(國本)이 서지 않을까 두려워 또다시 망령되이 살육을 행하시겠습니까. 신속히 밝은 성지를 준수하여 즉시 면사첩 1만여 장을 발송하고 배신에게 책임을 지워 부산 등으로 가서 용서한다는 문서를 크게 배포하고 불러들이라는 명령을 널리 포고해야 합니다. 투항하는 자가 있다면 즉시 나누어 보내 편안히 정착하도록 하여 아직 귀순하지 않은 사람들로 하여금 부러워하게 하십시오. 살육을 힘써 행하여 장차 귀순하려는 무리를 막아서는 안 됩니다. 왕께서는 이를 기억해주십시오. 자문을 보내니 살펴서 시행하시기를 청합니다.

....

38　나라를 잃은 슬픔[禾黍之悲]: 『사기(史記)』 「송미자세가(宋微子世家)」에 나오는 말이다. 기자(箕子)가 망한 은(殷)나라의 옛 도성을 지나다가 궁궐터가 모두 보리밭으로 변한 것을 보고 맥수가(麥秀歌)를 지어 서글퍼하기를, "보리가 자라 이삭이 패었거늘 벼와 기장이 무성하고 윤택하도다[麥秀漸漸兮, 禾黍油油]."라고 한 데서 나왔다.

조선 배신 권율에게 보내는 명령

檄朝鮮陪臣權慄 | 권11, 24b-25a

날짜 만력 21년 10월 17일(1593. 11. 9.)

발신 송응창

수신 권율

내용 명군을 남겨 조선을 방어할 것이므로 조선군을 선발하여 부총병 유정의 군영으로 보내 훈련할 수 있게 하라는 명령이다.

왜정에 관한 일.

살펴보건대 조선이 회복되었지만 왜노들이 다시 오지 않는다고 보장하기 어렵다. 나는 이 때문에 다시 부총병 유정 등의 군병을 남겨 그대 나라를 위해서 잠시 머무르며 지키도록 하였다. 그대 나라의 수비 시행에 체제가 생기면 즉시 철군을 논의할 것이다. 배신 권율은 홀로 외롭고 위태로이 강경한 적들과 여러 번 싸웠으니 진실로 조선의 충신이다. 응당 신속히 이번 겨울을 이용하여 군병의 선발과 훈련에 박차를 가하여 그대 나라를 보호하고 지키도록 하라.

패문을 보내니, 바라건대 그대는 신속히 전라·경상 등의 군병을 집결시켜 정련되고 건장한 자들을 일일이 선발한 후 서둘러 부총병 유정의 진영으로 보내고 각각 나누어 배치하여 훈련함으로써 대군을 꾸리도록 하라. 시각을 지체하지 말라. 우선 준행한 연유를 갖추어 보고하라.

병부에 보내는 자문

移本部咨 | 권11, 25a-26a

날짜 만력 21년 10월 21일(1593. 11. 13.)

발신 송응창

수신 병부

내용 민병(民兵)이 자비로 준비한 마필이 죽은 것에 대해 병부에 보상을
요청하는 자문이다. 전쟁 중에 죽은 민병의 말 400필에 대해 비왜(備倭)
마가은(馬價銀) 또는 보정순무(保定巡撫)의 예산 내에서 처리해줄 것을
요청하였다.

쓰러져 죽은 마필에 관한 일.

앞서 진정영유격(眞定營遊擊) 조문명(趙文明)[39]의 보고를 받았는
데, 그 내용은 다음과 같았습니다.

　　제가 통솔하는 민간인 기병(奇兵) 마순효(馬順孝) 등은 원래
진정(眞定)·순덕(順德)·광평(廣平)·대명(大名)·보정(保定)·하간

....

39　조문명(趙文明): ?~?. 명나라 사람이다. 만력 20년(1592) 흠차진정유격장군(欽差眞定遊
擊將軍)으로 마병 1000명을 이끌고 조선에 왔다가 만력 21년(1593)에 명나라로 돌아갔
다.

(河間) 6부(府) 주현(州縣)의 민간에서 선발되어 스스로 마필을 준비하였는데, 왜적을 정벌하는 중에 쓰러져 죽은 말이 400여 필입니다. 이 마필은 다른 군진의 각 군영 군사들이 태복시의 말을 지급받거나 관은(官銀)으로 구매한 사례와는 다릅니다. 정왜은 (征倭銀)[40] 내에서 지급하여 한꺼번에 구입하거나 태복시 말의 지급을 다시 논의하기를 청합니다.

이에 이미 지시를 내려 제독 이여송이 검토하고 논의하여 자세히 보고하였습니다. 지금 이여송의 보고를 받았는데, 그 내용은 다음과 같았습니다.

유격 조문명이 보고한 바, 원래 인솔한 민병은 대부분 빈곤하여 재산을 팔아 구매한 마필이 쓰러져 죽었으니, 각 진에서 태복시의 말을 받거나 관은으로 산 사례와 같지 않습니다. 또 외국으로 원정하러 와서 공격할 때 치달렸기에 넘어지고 손상을 입었으므로, 응당 논의해서 처리해주기를 청합니다. 다만 정왜은으로는 별진에 지급해서 말을 사기 어렵습니다. 마땅한 바에 따라 참작해서 처리해주시기를 청하니, 논의하여 태복시의 말을 지급하거나 혹은 각 부의 주현에 공문을 보내 별도 항목의 관은을 조사하여 지급해서 구매함으로써 가난한 군인들을 구휼하고 군영의 대오를 튼실하게 해주십시오.

살펴보건대 진정영의 군병 마순효 등은 원래 민간에서 소집되었으며 타는 전마(戰馬) 또한 스스로 준비하였습니다. 애초에 관은을

40　정왜은(征倭銀): 마가은(馬價銀)의 다른 표현이다.

지급해서 구매한 것이 아니고, 또한 관에서 받은 것도 아닙니다. 보고받은 내용 중 전쟁에서 상처를 입었거나 넘어져 죽은 말의 수에 대해서는 자문을 보내 논의하여 처리하기를 청해야 합니다.

이에 병부에 자문을 보내니, 번거롭겠지만 적절히 처리하여 위의 마필 400필에 대해서는 비왜 마가은에서 지급하여 별도로 구매하거나 혹은 보정순무에게 공문을 보내 소속 창고의 저축을 조사하여 쓸 수 있는 관은으로 메꿔줘야 합니다. 바라건대 시행한 연유를 자문으로 보내서 명령의 시행이 준수되었는지 증빙할 수 있게 해주십시오.

11-29

부총병 유정에게 보내는 서신

與副將劉綎書 | 권11, 26a-27a

날짜 만력 21년 10월 22일(1593. 11. 14.)

발신 송응창

수신 부총병 유정

내용 조선에 명나라 군사를 남겨야 하는 이유를 설명하고, 반간계(反間計)를 시행하기에는 너무 늦었으니 계획을 취소해달라는 내용의 서신이다.

중국에서 오랑캐를 통제할 때 신의(信義)를 법칙으로 반간계를 임시방편으로 삼아왔습니다. 지금 여러 왜적이 공경히 명령을 기다리고 있는데 조정에서는 최근 이미 성지를 내려 책봉을 허락하였으니, 집사(執事: 유정)께서는 응당 요해처를 정비하고 조선의 인마를 훈련시키는 것을 중요한 일로 삼아야 합니다. 지난번에 척자화(戚子和)의 병사를 요청하려 하였지만 결코 할 수 없었습니다. 1만 6000명으로는 수가 부족하지만 조선의 인마를 섞는다면 헤아려보건대 지킬 만합니다. 최근 호택을 파견해서 점검한 일은 병사의 실제 수를 얻으려 한 것에 불과할 따름이며, 결코 1명의 병사라도 다시 빌려 보충할 수 없을 것입니다. 대개 1만 6000명이라는 수에 대한 조정의 논의는 모두 너무 많다고 합니다. 본병(本兵: 병부)은 여러 차례 글을 써서 모두 철수하고자 하면서 집사의 부하 5000명을 남겨두면 충분할 것이라고 하였습니다. 제가 힘껏 주관하여 끝내 철수하는 데 이르지는 않았으니, 어떻게 추가 병력을 다시금 바라겠습니까.

또 듣건대 집사께서 병사를 보내 고니시 유키나가의 진영으로 가서 반간계를 시행해 가토 기요마사(加藤淸正)와 틈이 벌어지게 하려 한다고 합니다. 무릇 반간계는 진실로 병가의 묘책이지만 이번 일은 두 갈래로 나뉘어 팽팽한 상황이니 사안이 귀착되기 전에 시행하는 것이 마땅합니다. 그런데 이번에 왜적이 이미 약속을 준수하였고 주상께서 다시금 밝은 성지를 내렸으며 고니시 유키나가와 가토 기요마사는 또한 해외의 간웅이고 모두 관백이 관할하는 바이니, 이간을 계획할 수 없을 것입니다. 만일 시행하였다가 시기에 적중하지 않아 이로 인해 사달이라도 나게 된다면, 집사만 스스로 변명하기에 난처할 뿐 아니라 저 역시 무어라고 말하겠습니까. 그때는 후회해도 늦을 것입니다. 성심으로 저들을 통제하는 일을 묘책으로 삼는 것만 못합니다. 집사께서 저의 마음을 본받아 신속히 반간계를 중지시켜주시기를 바랍니다. 몹시 부탁하고 또 부탁드립니다. 이외에 보내주시는 글 아래에 모름지기 날짜를 적어주셔서 확인하기에 편하도록 해주십시오.

11-30

병부에 보내는 자문

移本部咨 | 권11, 27a-28b

날짜 만력 21년 10월 23일(1593. 11. 15.)

발신 송응창

수신 병부

내용 조선 방어에 관해 조선 군신들을 질책하는 황제의 명령을 받아달라고 병부에 요청하는 자문이다. 자신은 황제로부터 조선이 스스로 방어하게 하라는 명령을 받았지만 조선 군신들이 안일하여 일이 제대로 진행되지 않기 때문에, 황제가 직접 이들을 질책하고 감독 책임자로 자신을 명시하는 칙서가 필요하다는 내용이다.

관련자료 이 문서의 일부는 『선조실록』 권45, 선조 26년 윤11월 16일(병신) 기사에서 재인용되었다.

왜적의 무리가 도망쳐 돌아가 속국이 이미 회복되었다는 등의 일.

먼저 제가 위의 일로 제본을 갖추어 다음과 같이 논의하였습니다.

군사를 남겨 조선을 지키면서 그 나라의 설비가 다 자리 잡히기를 기다려서 차츰 철수할 것과, 아울러 천자의 말씀으로 국왕을 엄히 질책하여 지난 일을 통렬히 반성하고 뜻을 분발하여 개

462 • 명나라의 임진전쟁: 강화 논의

혁을 도모하도록 해주십시오. 이어서 빨리 광해군 이혼(李琿)을 재촉하여 전라도·경상도에 머무르면서 협력하여 방어하면서 일을 처리하게 해야 합니다.

이와 관련하여 이미 병부가 황제께 제본으로 답하고 이어 성지를 받들었는데, "칙서를 써서 조선왕에게 주어 스스로 경비하여 후일에 근심을 끼치지 말게 하라."라고 하셨습니다.

위의 내용이 담긴 자문을 저에게 보내왔습니다. 제가 보니, 조선은 동해(東海)의 외번인데 지금 회복되기는 하였으나 그 나라의 손상이 극심하여 지탱하지 못할 것입니다. 잠시 우리 군사를 머무르게 하여 방어하고 신속히 그들을 시켜 빨리 요충지를 정비하고 설치할 계획입니다.

다만 국왕은 본디 평소 안일한 군주로 최근 궁박(窮迫)한 일을 당하였으나, 제가 그 거동을 찬찬히 살펴보니 아직도 근심스레 생각하고 조심스레 반성하는 행동을 보지 못하였습니다. 그 국왕을 보좌하는 배신은 윤두수·윤근수·최흥원·류성룡인데, 모두 국정(國政)을 겸하여 총괄하고 있습니다. 하지만 그중에서도 왕에게 신임을 받아 일을 하는 자는 윤두수와 윤근수 두 사람뿐입니다. 그 밖에 군량과 급여로 말하면 호조판서 한준에게 맡기고, 군대는 병조판서 이항복에게 맡겼으며, 공사는 공조판서 김명원에게 맡겼습니다.

제가 국왕에게 자문을 보내 신속히 광해군에게 명하여 전라도·경상도로 나가서 머무르게 하고, 아울러 상신 1원(員)을 차례로 파견하여 총괄하여 거느리게 하며, 호(戶)·병(兵)·공(工) 세 판서가 나누어 맡아 부총병 유정과 회합하여 왜적이 물러간 이 겨울철에 신속히 시행하되 기한을 정하여 완성하도록 재촉하였습니다. 다시 차문을 갖추어 각 배신에게 보냈고, 또한 차관(差官) 호택 등이 지키고 서서 재촉하였습니다.

그러나 국왕으로부터 아직 회답 자문이 오는 것을 보지 못하였고 여러 배신도 다시 관망하기만 하니 책임을 지우기 어렵습니다. 또 저는 외국의 관원이므로 법으로 다스리기도 어렵습니다. 성지를 받들어 이름을 지목해서 엄격히 독촉하는 것이 아니라면 저들은 반드시 서로 미룰 것이니, 어떻게 일을 마무리하겠습니까.

이에 마땅히 병부에 자문을 보내니, 번거롭겠지만 제본으로 청하여 즉시 국왕에게 선유하는 칙서에 "전적으로 윤두수·윤근수가 협조하도록 독려하고, 광해군 이혼은 전라도·경상도로 가서 전체적으로 관리하며, 호조판서 한준, 병조판서 이항복, 공조판서 김명원과 전에 국왕이 차출한 최량관(催糧官) 이조판서 이산보(李山甫)는 모두 나눠 맡은 직무에 따라 신속히 군량을 나르고 군병을 선발하여 조련하며 장비를 제조하여 설치하고 요충지를 수축하되 겨울철 안으로 기한을 정하여 완성하는 데 힘쓰도록 한다. 윤두수·윤근수와 세 판서는 능히 마음을 다하여 나라를 위할 자이니, 일이 완료되면 송응창이 제본을 올려 표창하여 장려할 것이다. 만일 각 배신이 느슨하게 여기며 태만하여 수비를 갖추는 일을 그르치면 송응창이 탄핵하여 잡아다 심문하는 것을 허락한다."라고 써야 합니다.

이렇게 한다면 인심은 경계할 줄 알게 되고 일에는 전담하는 책임이 생겨 수비 시설을 설치하는 일이 쉽게 신속히 완성될 것입니다. 황제께서 내리는 칙서가 반포되어 버린다면 일은 손쓸 수 없게 될 것입니다. 아울러 청컨대 별도로 제본을 올려 성지를 받든 후 저에게 자문으로 보내주셔서 대신 조선 군신을 독촉하여 시행할 수 있도록 해주십시오.

철군 시 조선국왕이 감사하는 자문

班師朝鮮國王謝咨 | 권11, 28b-29a

날짜 만력 21년 10월 24일(1593. 11. 16.)

발신 조선국왕

수신 송응창

내용 송응창의 노고에 감사하면서 조선을 떠났다는 소식에 아쉬움과 안타까움을 전하는 서신이다.

보내준 자문을 받았는데, 고아(高雅: 조선국왕)에게 크게 감사한다는 내용이었습니다.

이를 받고 살펴보건대, 귀부(貴部: 송응창)께서는 세상을 다스리고 백성을 구하는 큰 바람을 지고 핵심적인 중임을 맡아 황량한 땅에 임하여 승리의 계책을 알려주셨습니다. 이에 탐욕스러운 무리를 해상으로 쫓아내고 백성을 영토에 정착하게 해주셨으니 재조(再造)의 은혜를 백세(百世)토록 잊을 수 있겠습니까. 매번 생각건대 관문과 강을 넘어온 지 오래되었고 풍토가 크게 달라 관사에서 시름이 더욱 깊어지셨을 텐데, 접대하는 의례에 허물이 많은 데도 진심을 아뢸 수 없으니, 항상 대군자(大君子)께 잘못한 일로 두려워하고 있습니다.

어제 듣건대 정절(旌節)[41]이 강을 건넜다고 하니 곧바로 매우 슬퍼졌습니다. 우러르고 사모하는 마음에 어찌 끝이 있겠습니까. 생각지 못하게 요양에 머무르면서도 동도(東道)에 아련한 마음을 남기고 멀리서 덕스러운 말씀을 베푸시니 앞뒤로 곡진하고 도타운 정이 언표(言表)[42]에 넘쳤습니다. 이에 저는 온 나라의 신민(臣民)들과 은혜에 감격하면서도 조심스러워하며 답할 바를 알지 못하겠습니다. 다만 우리나라는 고립되어 위태로움이 날로 심해지니, 처음부터 끝까지 온전히 굽어살펴주시는 일에 대해 오직 귀부를 우러러봅니다. 편지지를 마주하니 마음이 먹먹해 모두 쓰지는 못하였습니다. 이렇게 회답 자문을 보내니 자세히 살펴서 시행하시기 바랍니다.

권11

....

41 정절(旌節): 정은 군대의 깃발, 절은 군사권을 상징하는 말로 황제로부터 권한을 위임받은 송응창의 행차를 가리킨다.
42 언표(言表): 말 속에서 드러나는 감정이나 뜻을 가리킨다.

병부상서 석성에게 보내는 서신

報石司馬書 | 권11, 29a-30a

권11

날짜 만력 21년 10월 25일(1593. 11. 17.)

발신 송응창

수신 병부상서 석성

내용 조선에서 요청한 고명(誥命)[43]과 면복(冕服)[44] 등을 하사해줄 것, 유정의 병사들에게 안가은(安家銀) 2냥을 지급해줄 것, 일본군이 혹시 어떠한 일을 벌일지 알 수 없으므로 조선에 주둔할 병사를 늘릴 것, 일본군들이 부산에서 성을 쌓고 있다는 보고는 와전된 것이라는 내용을 전달하는 서신이다.

관련자료 조선에서는 전쟁 중에 고명과 면복을 모두 분실하였다. 이에 선조 25년(1592) 8월부터 고명 등을 요청하자는 논의가 여러 차례 있었으나 전쟁이 수습된 후에 청하기로 하였다. 선조 26년(1593) 11월 진주사(陳奏使) 정철(鄭澈) 등은 명 내부의 분위기를 살펴 독단적으로 고명 등의 하사를 요청하였지만 결국 수령하지 못하였다. 선조가 고명 등을 받게 된 것은 선조 34년(1601)에 가서야 이루어졌다. 이 내용은 『선조실록』 권29, 선조 25년 8월 19일(병오) 기사 및 『선조실록』 권45, 선조 26년 윤11월 13일(계사) 기사에 나와 있다.

43 고명(誥命): 명·청 시기 관직 임명 및 봉증(封贈)에 사용된 문서를 가리킨다. 조선 국왕과 같은 외국의 국왕을 책봉할 때도 지급하였다.

44 면복(冕服): 면류관과 곤룡포를 가리킨다. 중국에서는 조선국왕을 책봉할 때 면복을 지급하였다.

24일 받은 서신에서 말씀하시기를, "조선 배신들이 고명 및 잃어버린 명복(命服: 면복) 등을 보급해주기를 청하였습니다."라고 하였기에, 저는 즉시 배신 윤근수에게 전하여 조선 국왕에게 대신 알려서 상주를 갖추어 간청하도록 하였습니다. 이렇게 해야 일에 체모가 있게 됩니다. 그렇게 하지 않으면 중국에서 조선을 총애하여 내린 명령을 중시하는 것이 아니게 됩니다.

유정 부대 병사들의 안가은(安家銀)에 대해서는 오래전에 계(啓)를 올렸고 대하(석성)께서 그들을 위해 지급을 요청하셨으나 지금 조치된 것이 없습니다. 저들은 또한 오래도록 외국에서 부역하였지만 지급한 바는 전혀 없으니, 여러 사람의 마음을 위로하는 일이 아닙니다. 서신에서 가르침을 내려 저의 마가은 내에서 우선 1냥씩을 지급하는 것으로 처리하려고 하셨으나, 아마도 너무 적은 것 같습니다. 저는 우선 2냥씩을 지급해야 한다고 생각합니다. 나머지는 안정적으로 정착되면 다시 논의하겠습니다.

병사 1만 6000명을 남기는 것에 대해 대하께서는 여러 차례 모두 철군하고 유정의 병사 5000명만 남기자고 말씀하셨습니다. 제가 명령을 준수하지 않으려는 것은 아니지만, 지금 왜노의 형편이 어떻게 될지 알 수 없습니다. 갑자기 모두 철군하였다가 다른 우려가 생긴다면 관계된 바가 작지 않을 것이기에 감히 하지 못할 따름입니다. 기필코 철군해야 한다면 왜노들이 모두 소굴로 돌아가고 책봉 사안이 결정된 다음에 점차 행할 수 있을 것입니다.

여러 병사의 행량과 월량(月糧)에 대해 대하께서 미리 유념해주시기를 바랍니다. 어제 유정이 보고한 내용에서 유수군의 실제 숫자 또한 1만 6000명을 채우지 못할 듯하여 호택을 파견해서 조사하도록 하였습니다. 아마도 1만 3000~4000명이 있을 수 있는데, 지난번에 대하께서는 1만 2000명으로 생각하셨습니다. 지금 늘어난 바는 몇 만 명이 아니므로 굽어살펴주시기를 청합니다. 여러 왜적이 여전히 부산에서 성을 쌓고 있다는 이야기는 확실히 와전된 것이니 바라건대 믿지 마십시오. 열흘 안에 고니시 유키나가에게 전하러 갔던 사람이 필시 돌아와서 보고할 것이니 다시 아뢰겠습니다.

11-33

통판 왕군영에게 보내는 명령

檄通判王君榮 | 권11, 30a-30b

날짜 만력 21년 10월 26일(1593. 11. 18.)

발신 송응창

수신 통판(通判) 왕군영(王君榮)

내용 찬획 유황상 일행이 요양에 머물고 있는데, 요양에서 지급하는 경비가 부족하여 개인 비용을 쓰고 있으니 추가로 지급하라는 명령이다.

권11

성지에 따라 부신(송응창)에게 전적으로 책임을 맡긴 일.

살펴보건대 앞서 밀운도(密雲道)와 상세히 논의하여 찬획 원외랑(員外郞) 유황상에게 매일 늠은(廩銀: 수당) 5전을 지급하기로 하였다. 지금 살펴보니 유황상은 객(客)으로 요양에 머무르고 있는데 또한 시기가 겨울에 해당하며 이서(吏書)·복종(僕從) 등의 역인(役人)을 데리고 있어서 이로 인해 날마다 일체의 곡식·생필품·땔감 등을 모두 스스로 구매하여 마련한다. 그런데 위의 늠은으로는 부족하여 자기 돈을 써서 메우고 있다. 무릇 유황상은 국사(國事)를 바삐 수행하면서 특별한 공적을 세우는 데 힘썼는데 객지에 머무르는 동안 경비가 부족하도록 만들 수 있겠는가. 마땅히 논의해서 처리해야 한다.

패문을 보내니, 바라건대 그대는 즉시 찬획 유황상이 매일 쓰는 곡식·땔감·반찬 등의 비용으로 대략 은 얼마를 받을지 확인하고, 위의 늠은 5전을 지급하는 외에 마가은 내에서 헤아려서 매일 비용을 메꿔주어 충분히 사용하도록 하라. 풍족해서도 안 되며 검소해서도 안 된다. 논의가 정해지면 보고를 올려 결정하여 실행할 수 있도록 하라.

권11

11-34

통판 왕군영에게 보내는 명령

檄通判王君榮 | 권11, 30b-31a

날짜 만력 21년 10월 26일(1593. 11. 18.)

발신 송응창

수신 통판 왕군영

내용 경력 진훈(陳勳)이 많은 노고에도 불구하고 실직이 아니라 급여를 받지 못하고 있으므로 급여 및 경비를 지급하라는 명령이다.

성지에 따라 부신(송응창)에게 전적으로 책임을 맡긴 일.

살펴보건대 경력 진훈은 대령도사(大寧都司)로 승진한 현임 관원이다. 그런데 내가 진훈을 얻어서 표하(標下)에서 공적에 따라 상을 주는 업무를 맡김에 따라, 결국 대령도사에서 해임하고 요동도사(遼東都司)에서 겸직하게 하였는데, 애초에 실직이 아니고 급여가 없다. 때문에 매일의 생필품을 모두 진훈이 스스로 마련해야 하였다. 무릇 봉록을 주어 청렴한 품성을 키우는데 더구나 진훈은 현임이며 공을 세웠으니 마땅히 논의하여 처리해야 한다.

패문을 보내니, 바라건대 그대는 즉시 요동도사 경력의 매월 급여·땔감 등 항목 중 공적으로 들어가는 은량이 항목당 얼마인지 조사하고 낱낱이 첨부해서 나에게 보고함으로써 마가은을 지급할 근거로 삼을 수 있게 하라. 진훈이 승진을 통보 받은 날로 지급을 시작하라. 지체해서 그르치지 말라.

통판 왕군영에게 보내는 명령

又檄 | 권11, 31a-31b

날짜 만력 21년 10월 26일(1593. 11. 18.)

발신 송응창

수신 통판 왕군영

내용 통판 왕군영이 공무를 위해 수고하였음에도 봉급 등을 받지 못하였으므로 비용을 지급할 수 있게끔 관련 항목을 조사해서 보고하라는 명령이다.

성지에 따라 부신(송응창)에게 전적으로 책임을 맡긴 일.

살펴보건대 통판 왕군영은 원래 하간부(河間府)의 현임 관원이었다. 그대의 도량이 크고 재주가 숙련되고 통달하다는 것을 내가 물어서 알게 되고는 그대를 데려다 표하에서 경비 관리를 맡겼고 결국 하간부의 관직에서 해임하였다. 지금 살펴보건대 그대는 이역에서 일에 종사하며 분주히 뛰어다녔으나 일체의 곡식과 생필품 비용을 모두 스스로 마련하였고 도움이 될 은량을 받지 못하였다. 무릇 봉록을 주어 청렴한 품성을 닦도록 하는 것인데 더구나 그대는 현임이며 공을 세웠으니 마땅히 논의하여 처리해야 한다.

패문을 보내니, 바라건대 그대는 즉시 하간부 통판 정식 관원[員

缺]에게 매월 지급하는 급여·땔감 등 항목에 대해 공적으로 사용되는 은량이 각 항목당 얼마인지 조사해서 낱낱이 나에게 보고함으로써 참작하여 처리할 수 있도록 하라. 이것은 공적인 일이므로 그대는 피하거나 참아서 불편하게 하지 말라.

병부상서 석성에게 보고하는 서신

報石司馬書 | 권11, 31b-32a

날짜 만력 21년 10월 29일(1593. 11. 21.)

발신 송응창

수신 병부상서 석성

내용 일본의 조공 요청을 믿지 말고 침략을 대비할 것을 알리는 서신이다.

허의후(許儀後)가 밀서(密書)에서 말하기를, "관백은 명분으로는 조공을 요청하지만 실상은 내년에 중국을 침범하려고 엿보는 것이니, 각 변경 연해를 시급히 방비해야 합니다."라고 하였는데, 어찌 믿지 않을 수 있겠습니까. 무릇 왜노의 모략은 예측할 수 없으니, 전에 제가 짧게 아뢰는 글에서 누누이 이를 말씀드렸는데 매우 자세하였으며 모두 실제로 믿을 만한 것으로 감히 거짓말을 한 것이 아니었습니다. 또 일의 상황상 2~3년은 평화롭고 조용할 수 있습니다. 오늘날 임시로 봉호(封號)를 주는 것은 잠깐의 기미책에 지나지 않습니다. 중국의 연해 방어를 하루아침에 소홀히 할 수 있겠습니까. 겉으로는 타이르면서 속으로는 죽이는 것은 그 꾀가 실로 병가의 묘수이니, 즉시 차문 하나를 척금에게 보내서 보내온 편지에서 말한 것처럼 즉시 나이토 조안[小西飛]⁴⁵에게 알려 고니시 유키나가에게 전달하도록 하는 것도 문제를 해소하는 하나의 대책일 것입니다. 삼가 답합니다.

....

45 나이토 조안[小西飛]: '소서비'는 조선 및 명의 기록에 나오는 나이토 조안(內藤如安: 1550?-1626)을 지칭하는 말로, "고니시 히다노카미"가 와전된 것이다.

병부상서 석성에게 보고하는 서신

又 | 권11, 32a

날짜 만력 21년 10월 29일(1593. 11. 21.)

발신 송응창

수신 병부상서 석성

내용 명군이 조선에서 당장 모두 철수해서는 안 된다는 내용의 서신이다. 만일의 사태에 대비하여, 첫째 고니시 유키나가가 돌아갈 때까지 기다려야 한다는 것, 둘째 조선에서 병사를 모집하고 요충지를 수축할 때까지 명군을 주둔시킬 것을 건의하였다.

권11

보내주신 서신에서 말씀하시기를 왜적 무리는 즉시 올 리가 없다고 하셨는데, 진실로 옳습니다. 다만 지금 일의 틀이 아직 결정되지 않았는데 남긴 병사들을 일시에 모두 철수시켜서 왜노들이 혹시 우리가 텅 비었다는 것을 알고 이로 인해 미친 듯이 날뛴다면 유정의 5000명의 병사로 어떻게 전라도와 경상도에 나누어 방어할 수 있겠습니까. 거듭 생각해주십시오. 감히 높으신 가르침을 따르지 않으려는 것이 아닙니다. 다만 고니시 유키나가 부대가 모두 돌아가기를 기다렸다가 한편으로는 조선의 병마를 서둘러 모집하고 아울러 저들 나라의 근처에다가 논의하여 정한 요충지를 쌓고 모두 자리가 잡힌 연후에 철군하면 만전을 기할 수 있을 것입니다. 헤아려보건대 또한 시일이 오래 걸리지도 않을 것입니다. 행량과 월량은 대하(석성)께서 미리 신경을 써주시기를 바랍니다. 가령 이때 왜노가 돌아갈 기약이 없다면 바야흐로 전진하여 토벌할 일을 논의할 것입니다. 어찌 이를 중지할 수 있겠습니까. 바람을 이뤄주시기를 몹시 바라고 바랍니다. 간절히 기도합니다.

병부상서 석성에게 보고하는 서신

又 | 권11, 32b

날짜 만력 21년 10월 29일(1593. 11. 21.)
발신 송응창
수신 병부상서 석성
내용 혹시라도 조선에서 명군과 일본군이 격돌하는 일이 없도록 부하들에게 주의를 주었다는 서신이다.

권11

조선이 파괴된 이후 다시 병란(兵亂)이 생긴다면 실로 감당하기 어려울 것입니다. 저는 엄한 법으로 이를 금지하고자 하며, 심각한 변고가 여러 방면에서 생길 것을 우려하여 여러 장수에게 단단히 경계시켜 부하들을 단속하고 또 감히 제멋대로 거리낌 없는 짓을 하지 말도록 하였습니다. 지금 대군은 이미 철수하였고 유수군만 있으니, 다시금 유정에게 공문을 보내 단속하고 금지하는 데 힘을 다하고 터럭만큼이라도 망령된 행동을 하지 말도록 하였습니다. 조선 국왕과 그 나라 사람들에게 제 뜻을 제법 알렸으니, 대하(석성)께서는 괘념할 필요가 없으실 것입니다.

11-39

병사를 남겨 왕경을 수비하는 일에 대해 조선에서 감사하는 자문

朝鮮謝留兵守王京咨 | 권11, 32b-33a

날짜 만력 21년 10월 29일(1593. 11. 21.)

발신 조선국왕

수신 송응창

내용 명군을 남겨 조선을 방어하도록 한 일에 대해 감사를 전하는 자문이다.

보낸 자문을 받고 몇 명의 장관(將官)을 남겨 유민(遺民)들을 편안히 해달라고 간청하는 일.

"유격 척금이 병사 1000명을 인솔하여 왕경에 주둔하다가 일이 완결되면 유수하는 각 장수와 함께 철군할 것입니다."라는 자문을 받았습니다.

생각건대 귀부(송응창)는 황상(皇上)께서 조선을 걱정하는 뜻을 본받아 크고 원대한 지략을 최선을 다해 사용하지 않은 바가 없었습니다. 우리나라가 재조(再造)할 수 있도록 하고, 서쪽으로 귀향할 때에도 여전히 걱정해주는 마음을 멈추지 않으셨습니다. 심지어 현명한 장수를 이곳에 주둔시켜 천자의 병사를 통제하여 유민들을 편안하도록 하였습니다. 부하로부터 받은 연유를 자문으로 갖추어 알려주시니, 저는 다만 더욱더 은혜를 새기며 어떻게 감사드릴지 모르겠습니다. 이에 자문을 보내니 살펴서 시행하시기 바랍니다.

요충지를 설치하여 나라를 지키는 것에 대해 조선에서 감사하는 자문

朝鮮謝設險守國咨 | 권11, 33a-34a

날짜 만력 21년 10월 29일(1593. 11. 21.)

발신 조선국왕

수신 송응창

내용 명군이 조선에서 요새를 설치하도록 지휘하는 일에 대해 감사를 전하며, 아울러 전란의 피해로 인해 송응창이 요청한 병사 모집, 요새 수축 등이 제대로 이루어지지 못하고 있다는 것을 해명하는 자문이다.

관련자료 송응창이 보낸 자문[爲設險守國 以杜倭患事]의 전체 내용은 『선조실록』 권39, 선조 26년 6월 13일(병신) 기사에 수록되어 있다.

요충지를 설치해서 나라를 지킴으로써 왜로 인한 환란을 막는 일.

보내주신 자문을 받았는데 위의 일로, 그 내용은 "요충지를 설치하되 신속히 정승·판서에게 명령을 내려 기한을 정해 재촉해야 합니다."라는 것이었습니다.

살펴보건대 대군이 철수하여 위아래가 모두 걱정하면서 의지할 바가 없이 다시 상망(喪亡)한 지경에 빠질까 걱정하고 있었습니다. 그런데 귀부(송응창)께서 우리나라를 걱정하여 지금 다행히 가르침을 주어 요충지를 설치하고 나라를 단단히 하라는 중요한 임무를 알려주셨습니다. 지시는 적확하고 가르침은 명백하니, 마치 변경에 직접 오셔서 눈으로 보고 손으로 그려주시는 것과 같을 뿐이라 참으로 지극하다고 하겠습니다. 아마도 생각지 못하게 귀부의 힘을 얻어서 돼지가 달려드는 듯한[豨突][46] 환란에서 벗어나게 될 것입니다. 너무나도 감격스러운 마음을 가누지 못하겠습니다.

지난번 이미 여러 지역에 재촉하였고 별도로 단단히 경계시켰으나, 변란을 당한 이래 병사와 백성은 몰락하고 재력은 고갈된 데다가 기근까지 거듭되어 굶어 죽은 사람들이 널브러져 있습니다. 게다가 왜적의 출몰이 지금 더욱 심해져서 변경의 면과 읍들은 여러 차례 도살을 당하였습니다. 저 아픈 이들을 독려하여 이러한 공사를 시작한다면, 형세를 헤아려보건대 완료를 보고하기가 쉽지 않을 것 같습니다. 제가 밤낮으로 깊이 우려하는 바는 바로 여기에 있습니다.

그렇기는 해도 지금 상황에서 좋은 계책은 요충지를 설치하는 것 말고는 달리 없으니, 외양간을 보수하는 일은 일각이 시급한데 어느 집안의 일이라고 감히 소홀히 하면서 스스로 힘을 내지 않을 수 있겠습니까. 훌륭한 가르침을 준수하여 별도로 편리한 방법을 강구하고 신하들을 독려하여 신속히 공사를 시행하도록 하겠습니다. 속오(束伍)로서 부방(赴防)하는 외에 나머지 군대를 뽑아 보내 완급을 헤아려 차례로 시작하겠습니다. 호조와 공조의 관원들도 즉시 파

....

46 돼지가 달려드는 듯[豨突]: 사람이 좌우충돌하면서 소요를 일으키는 일을 비유하는 말이다.

견하였으니, 생각건대 지금 이미 부총병 유정의 영문(營門)에 도착하였을 터이므로 그의 지시를 받도록 하겠습니다. 병조의 임무는 도순찰사(都巡察使) 권율을 보내 전적으로 관리하도록 하고, 군사의 여러 일과 최근 조치들을 모두 권율에게 책임을 지웠습니다. 지금 다시금 일을 감독하는 신하들에게 협력하여 큰일을 함께 하도록 기약한다면 모두 귀부가 명한 바와 같을 것입니다.

그리고 우리나라는 피해가 이미 극에 달하였는데, 한편으로는 병사를 모집하여 방어하고 다른 한편으로는 어려운 형편 속에서 공급하며 또 다른 한편으로는 가난한 이들을 진휼해야 합니다. 시기상 어려워 일이 늦어져서 정성스러운 명령을 자주 욕되게 하니, 황송한 마음이 더욱 깊어져 어떻게 해야 할지를 알지 못하겠습니다. 이에 자문으로 회답하오니 살펴서 시행하시기 바랍니다.

인명록

가유약(賈惟鑰) ?~1630. 명나라 사람이다. 이름이 『상촌고』에는 賈維鑰, 『선조실록』에는 賈惟約 또는 賈維鑰으로 기록되어 있다. 자는 무경(無扃)이고 호는 지백(知白)이며 직례 순천부(順天府) 준화현(遵化縣) 출신이다. 만력 17년(1589) 진사가 되어 출사했다. 만력 21년(1593)에 흠차사험군공(欽差査驗軍功) 병부무선청리사주사(兵部武選淸吏司主事)로 조선에 와서 군공을 조사하고 돌아갔다. 만력 27년(1599) 병부직방사낭중(兵部職方司郎中)으로 다시 조선에 파견되었고 부산평왜비명(釜山平倭碑銘)을 작성한 일도 있다. 숭정 2년(1629) 홍타이지가 준화(遵化)를 침공하자 가유약은 식솔을 데리고 투항하여 준화순무(遵化巡撫)에 제수되었다. 이후 홍타이지의 후금군이 물러가고 명군이 다시 성을 함락시키자 가족들과 함께 피살되었다.

가토 기요마사(加藤淸正) 1562~1611. 일본 사람이다. 도요토미 히데요시(豊臣秀吉)와 같은 고향 출신으로 어려서부터 히데요시를 주군으로 섬기며 여러 전투에서 활약하였다. 1588년에 히고(肥後) 국의 영주가 되었다. 임진왜란이 발발하자 1만 명의 병사를 이끌고 출병하여 서울을 거쳐 함경도로 진격하여 조선의 왕자 임해군(臨海君)과 순화군(順和君)을 포로로 잡았다. 일본이 명과 강화 교섭을 시작하자 사로잡은 왕자를 돌려보냈다. 1596년에는 도요토미 히데요시로부터 귀환 명령을 받고 일본으로 돌아갔다가, 이듬해 정유재란 때 일본 병선 300여 척을 이끌고 조선으로 다시 들어왔다. 가토 기요마사가 이끄는 부대는 울산성 전투에서 조명연합군에게 포위되어 대다수의 병사가 싸우지도 못하고 죽었고, 가토 기요마사는 구사일생으로 일본에 귀국하였다. 히데요시가 사망한 이후 시치쇼(七將)의 일인으로 활동하였다. 1600년에 벌어진 세키가하라 전투에서 도쿠가와 이에야스(德川家康)의 동군(東軍)에 가담하여 전후에 히고 지역의 54만 석 영주가 되었다. 1611년에는 도요토미 히데요리(豊臣秀頼)를 설득하여 도쿠가와 이에야스와의 회담을 성사시켰다.

고니시 유키나가(小西行長) 1555~1600. 일본 사람이다. 사카이(堺) 출신의 약재 무역상인 고니시 류우사(小西隆佐)의 아들로 그 자신도 상인이었다. 본명은 고니시 야구로(彌九郎)였으며 1559년생이라고도 한다. 오다 노부나가(織田信長)가 사망한 혼노지(本能寺)의 변란 이후로 도요토미 히데요시를 섬기면서 아버지 류우사와 함께 세토나이카이(瀬戸內海)의 군수물자를 운반하는 총책임이 되었다. 1588년 히데요시의 신임을 얻어 히고 우토(宇土) 성의 영주가 되었으며, 1592년 임진왜란 때는 그의 사위인 대마도주(對馬島主) 소 요시토시(宗義智)와 함께 1만 8000명의 병력을 이끌고 제1진으로 부산진성을 공격하였다. 이후 일본군의 선봉장이 되어 대동강까지 진격하여 평양성을 함락하였다. 1597년 정유재란 때 다시 조선으로 쳐들어와 남원(南原)과 전주(全州) 일대를 장악하였다가 조명연합군의 반격을 받고 순천왜성에 주둔하였다. 이듬해 히데요시가 사망하고 철군 명령이 내려지자 노량해전이 벌어지는 틈을 이용해서 일본으로 돌아갔다. '기리시탄 다이묘(吉利支丹大名)'로서 대표적인 천주교도 다이묘였다.

고양겸(顧養謙) 1537~1604. 명나라 사람으로 남직례(南直隸) 통주(通州) 출신이다. 자는 익경(益卿)이다. 가정 44년(1565) 진사에 합격하여 공부주사(工部主事), 복건안찰첨사(福建按察僉事), 절강우참의(浙江右參議) 등을 거쳐 요동순무(遼東巡撫), 병부시랑(兵部侍郎), 계요총독(薊遼總督) 등을 역임하였다. 만력 21년(1593) 말에 송응창(宋應昌)이 탄핵되어 본국으로 소환되자 계요총독 겸 경략조선군무(薊遼總督兼經略朝鮮軍務)로 임명되어 그를 대신해 경략부를 지휘하였다. 송응창과 이여송(李如松) 등이 명 조정에 거짓 보고를 하고 일본과의 강화를 추진하였던 사실 때문에 탄핵되었음에도 불구하고 그 역시 전쟁의 강화를 위해 노력하였다. 그리고 조선 조정의 반대를 무시하고 명에 대한 일본의 조공과 일본군의 전면 철수를 지속적으로 요구하였다. 특히 이 과정에서 조선 조정에 일본의 봉공(封貢)을 허락해줄 것을 요청하는 주본을 올리도록 강요해 자신의 뜻을 관철시키는 데 성공하였다. 하지만 그 역시 강화 교섭을 추진하면서 일본군의 실상을 명 조정에 숨긴 일 등이 문제가 되어 탄핵을 받았고 관직에서 물러난 후 명나라로 돌아갔다.

곡수(谷燧) ?~?. 명나라 사람으로 대동위(大同衛) 출신이다. 만력 20년(1592)에 흠차제독표하통령대동영병유격장군(欽差提督標下統領大同營兵遊擊將軍)으로 마병 1000명을 이끌고 조선에 왔다가 만력 22년(1594)에 명나라로 돌아갔다.

곽실(郭實) 1552~?. 명나라 사람으로 직례(直隸) 고읍현(高邑縣) 출신이다. 자는 화백(華伯)이다. 만력 11년(1583)에 31살의 나이로 진사에 합격하였다. 조읍현(朝邑縣)의 지현(知縣)에 임명되었고 감찰어사(監察御史)에 선발되었다. 전쟁 초기에 송응창의 경략 임명을 반대하는 상주를 올렸다. 만력 22년(1594) 9월에는 일본에 대한 봉공을 반대해서 축출되었다. 축출된 지 15년이 지나 남경(南京) 형부주사(刑部主事)로 재기용되었고 대리우시승(大理右寺丞)으로 관직을 마쳤다.

광해군(光海君) 이혼(李琿) 1575~1641. 조선의 제15대 왕이다. 선조(宣祖)의 둘째 아들이며 어머니는 공빈(恭嬪) 김씨이다. 임진왜란이 발발하자 의주로 파천을 준비하는 가운데 세자로 서둘러 책봉되었다. 광해군은 강원도, 함경도 등지에서 분조(分朝) 활동을 하며 민심을 수습하고 의병을 모집하였으며 서울이 수복된 후에는 명나라의 요청에 따라 군무(軍務) 관련 업무를 주관하였다. 정유재란 때에는 전라도에서 모병, 군량 조달 등의 활약을 하였다. 만력 36년(1608) 왕위에 올랐으나 그 과정은 순탄하지 않았다. 명나라는 전쟁 중에는 광해군의 능력을 칭찬하였으나 장자가 아니라는 이유로 세자로 책봉해주지 않았고 만력 34년(1606) 인목왕후(仁穆王后)에게서 적자 영창대군(永昌大君)이 태어나자 계승권 분쟁으로 인한 붕쟁이 확대되었다. 광해군은 즉위 이후 왜란의 피해를 복구하고 국가 운영을 안정시키려 하였으나 국내적으로는 대북(大北)의 독재를 허용하였고, 광해군 5년(1613) 모후 인목대비(仁穆大妃)를 유폐하고 동생 영창대군(永昌大君)을 사사하는 계축옥사(癸丑獄事) 등으로 정국을 공포 분위기로 몰아갔으며, 대외적으로는 명과 후금의 전쟁에 개입하지 않으려는 중립외교를 폄으로써 양반 사대부 대부분의 지지를 잃었다. 천계 3년(1623) 서인 일파가 주도하여 일으킨 반정으로 폐위되어 강화도에 유배되었다가 제주도에 옮겨져 숭정 14년(1641)에 사망하였다.

권율(權慄) 1537~1599. 조선 사람으로 본관은 안동(安東)이다. 자는 언신(彦愼), 호는 만취당(晩翠堂), 모악(暮嶽)이다. 선조 15년(1582)에 문과에 급제하였다. 임진왜란이 발발하자 전라도관찰사 겸 순찰사(全羅道觀察使巡察使)로 발탁되어 전라도에서 군사를 모아 서울을 수복하기 위해 북상하다 고바야카와 다카카게(小早川隆景)의 군대와 접전을 벌인 끝에 일본군의 전라도 침입을 저지하였다. 선조 26년(1593) 행주산성(幸州山城)에서 일본군과 싸워 대승을 거두었다. 곧 3도도원수(三道都元帥)로 임명되어 영남지방에 주둔하면서 일본군과 싸웠다. 선조 37년(1604) 선무공신(宣武功臣) 1등

영가부원군(永嘉府院君)으로 추봉되었다.

김명원(金命元) 1534~1602. 조선의 문신으로 본관은 경주(慶州)이다. 자는 응순(應順), 호는 주은(酒隱)이다. 이황(李滉)의 문인으로 명종 16년(1561) 식년 문과에서 급제하였다. 선조 22년(1589) 정여립(鄭汝立)의 난을 수습한 공으로 이듬해 평난공신(平難功臣) 3등으로 책록되고 경림군(慶林君)에 봉해졌다. 임진왜란이 발발하자 팔도도원수(八道都元帥)로 임진강 방어선을 전개하였으나 적을 막지 못하고 후퇴하였고 평양이 함락된 이후에는 순안(順安)에 주둔해 행재소(行在所)를 경비하였다. 정유재란 때에는 병조판서로 유도대장(留都大將)을 겸하였다.

나이토 조안(小西飛驒守) ?~1626. 일본 사람이다. 본명은 나이토 다다토시(內藤忠俊)이나 가정 43년(1564) 가톨릭에 귀의하여 요한이라는 세례명을 받은 후 이름을 나이토 조안(內藤如安, João)이라고 하였다. 고니시 유키나가에게 등용된 후 고니시 히다노카미(小西飛驒守)라는 이름으로 불렸으며 중국과 조선 측 사료에서는 고니시 히(小西飛)라는 이름으로 자주 등장한다. 1565년 부친이 전사하자 나이토 가문의 당주가 되었다. 오다 노부나가(織田信長)와 대립한 쇼군 아시카가 요시아키(足利義昭)를 지지하였으나 패배하였고, 이후 근거지도 잃어버렸다. 1585년 고니시 유키나가의 가신이 되어 고니시 성을 칭하게 되었다. 유키나가에게 중신으로 대우받았으며 임진왜란 당시 명과의 강화 교섭을 담당하여 북경(北京)을 방문했다. 이후 세키가하라 전투에서 주군 유키나가와 함께 서군으로 참전하여 패배하고 피신하여 마에다가(前田家)를 섬기게 되었으나 에도 막부의 기독교인 추방령에 따라 1614년 필리핀 루손섬으로 추방되어 그곳에서 사망하였다.

낙상지(駱尙志) ?~?. 명나라 사람으로 절강(浙江) 소흥부(紹興府) 여요현(餘姚縣) 출신이다. 호는 운곡(雲谷)이다. 참장(參將), 경영부총병(京營副總兵)을 지냈다. 신장이 약 2미터(7척)에 이르고 무예가 뛰어났으며 "천 근의 무게를 들 수 있는 힘을 가졌다" 하여 "낙천근(駱千斤)"이라고 불리기도 하였다. 만력 20년(1592) 흠차통령절직조병신기영좌참장(欽差統領浙直調兵神機營左參將)으로 보병 3000명을 인솔하고 조선으로 들어왔다가 만력 22년(1594)에 명나라로 돌아갔다. 평양성 전투에 참가하였다. 낙상지는 용맹함으로 잘 알려져 있었을 뿐만 아니라 청렴함으로도 이름이 높았다. 또 조선에 협조적인 인물로 선조와 신료들의 관심을 받았다. 강화 교섭이 진행되면서 명군의 잔류와 철수가 논의되었고 송응창이 조선에 머물 장수를 스스로 택하라고 하자, 선조는 유정(劉綎)·오유충(吳惟忠)과 함께 낙상지를 잔류하게 해줄 것을 명 측에 요구하였다. 조선 정조(正祖) 연간에 평안도관찰사(平安道觀察使) 홍양호(洪良浩)의 주장으로 석성(石星), 이여송 등과 함께 무열사(武烈祠)에 제향되었다.

노직(盧稷) 1545~1618. 조선 사람이다. 임진왜란이 발발하자 선조를 행재소까지 호종하였고 정유재란 때에는 접반사(接伴使) 부사(副使)로 형개(邢玠)를 맞이하여 군사 문제를 논의하였다.

도요토미 히데요시(豊臣秀吉) 1536~1598. 일본 사람이다. 하급무사인 기노시타 야우에몬(木下彌右衛門)의 아들로 태어나 젊어서는 기노시타 도키치로(木下藤吉郎)라는 이름을 썼고, 29세 이후에는 하시바 히데요시(羽柴秀吉)라고 하였다. 1558년 이후 오다 노부나가의 휘하에서 점차 두각을 나타내어 중용되어오던 중 아케치 미쓰히데(明智光秀)의 모반으로 혼노지에서 죽은 오다 노부나가의 원수를 갚고 실권을 장악하였다. 이때부터 다이라(平)를 성씨로 사용하였으며, 1585년 간바쿠(關白)가 되자 후지와라(藤原)로 성씨를 다시 바꾸었다. 도요토미라는 성씨는 1586년부터 사용하였다. 도요토미 히데요시는 대마도주에게 명하여 조선에 명나라 정복을 위한 협조를 요청하였고, 교섭이 결렬되자 마침내 1592년 조선을 침공하여 임진왜란을

일으켰다. 그는 출정군을 9개 부대로 나누어 15만 여 명이 넘는 수군과 육
군을 선두로 부산포를 공격하였고, 서울에서 평양까지 파죽지세로 진공하
였다. 하지만 겨울이 되면서 전쟁의 어려움이 가중되어 고니시 유키나가로
하여금 명의 심유경과 평화 교섭을 추진하게 하였으나 실패하였다. 이듬해
1597년에 다시 군대를 동원하여 정유재란을 일으켰지만 고전을 거듭하여
국력만 소모하는 결과를 낳았다. 결국 그는 후시미(伏見) 성에서 질병으로
사망하였다.

동양정(佟養正) ?~1621. 명나라 사람으로 요동(遼東) 무순소(撫順所) 출신
이다. 임진왜란 때 관전부총병(寬奠副總兵)을 지냈다. 이후 천명 3년(1618)
에 일족을 이끌고 후금에 투항하였다. 훗날 손녀가 순치제(順治帝)의 비가
되고 그 아들이 강희제(康熙帝)로 즉위하여 효강장황후(孝康章皇后)로 추존
되었다.

류성룡(柳成龍) 1542~1607. 조선 사람이다. 본관은 풍산(豐山)으로 황해도
관찰사(黃海道觀察使) 류중영(柳仲郢)의 아들이다. 자는 이현(而見), 호는 서
애(西厓)이다. 이황의 문인으로 명종 21년(1566) 별시 문과에 급제해 예문
관검열(藝文館檢閱) 등 여러 관직을 거쳐 선조 23년(1590)에 우의정(右議政)
으로 승진, 광국공신(光國功臣) 3등에 녹훈되고 풍원부원군(豐原府院君)으
로 봉해졌다. 선조 25년(1592) 임진왜란이 발발하자 병조판서를 겸하고 도
체찰사(都體察使)로 군무를 총괄하였다. 이어 영의정이 되어 왕을 호종하였
으나 나라를 그르쳤다는 탄핵을 받고 면직되었다. 선조 26년(1593) 명군과
함께 진격하여 평양성을 수복했으며 다시 영의정에 오르고 4도의 도체찰
사를 겸하여 군사를 총지휘하였다. 이여송(李如松)이 일본과 화의하려 하자
글을 보내 이에 반대하고 군비 확충에 노력하였다. 10월, 선조를 호위하여
서울로 돌아왔고 선조 27년(1594) 훈련도감제조(訓鍊都監提調)를 겸하여 군
비 보완을 위해 노력했다. 선조 31년(1598) 정응태(丁應泰)의 무고사건이 일

어나자 이 사건의 진상을 변명하려 하지 않는다는 북인(北人)들의 탄핵을
받고 관직을 삭탈당했다. 이후 복관되었으나 거절하고 은거하였다. 호성공
신(扈聖功臣) 2등에 책록되었다. 안동(安東)의 병산서원(屛山書院) 등에 제향
되었고 시호는 문충(文忠)이다. 저서로 『서애집(西厓集)』, 『징비록(懲毖錄)』
등이 있다.

만력제(萬曆帝) 1563-1620(재위 1572-1620). 명나라 13대 황제로 묘호는 신
종(神宗)이다. 즉위 초에 장거정(張居正)을 등용하여 세금 징수의 효율성을
높이고 국방체계를 정비하여 국내외적으로 '만력중흥(萬曆中興)'이라고 불
리는 안정적인 상황을 형성했다. 만력 10년(1582) 장거정 사후 친정(親政)
이 시작되면서 후계자를 둘러싼 갈등이 생겼고, 신료들의 반대로 원하는
후계자를 정하지 못하자 30년 가까이 정사를 보지 않는 이른바 '태정(怠
政)'이 지속되었다. 또한 재위 기간에 대규모 반란들이 연이었다. 만력 20년
(1592) 영하(寧夏)에서 일어난 보바이(哱拜)의 난, 같은 해 조선에서 발발한
임진왜란, 만력 22년(1594) 사천(四川) 귀주(貴州)에서 발생한 양응룡(楊應
龍)의 난 등으로 인해 군사를 연이어 파견하여 명의 군력과 재정에 상당한
부담을 주었다. 이 와중에 부족한 군비의 조달 및 황실 재산의 확충을 위
해 은광(銀鑛)을 열고 환관을 징세관으로 파견하였다. 무거운 세금과 가혹
한 징수 과정에서 나타난 문제로 백성들의 원망이 매우 컸다. 『명사』 등 대
부분의 사서(史書)에서는 만력제를 명나라가 멸망한 원인을 제공한 황제로
평가한다.

무승선(毋承宣) ?~?. 명나라 사람이다. 초탐천총(哨探千總)으로 만력 21년
(1593)에 조선에 왔다가 바로 명나라로 돌아갔다.

범겸(范謙) 1534~1597. 명나라 사람으로 강서 풍성(豊城) 출신이다. 자는
여익(汝益), 호는 함허(涵虛)이다. 융경 2년(1568)에 진사가 되어 만력 20년

(1592)에 예부시랑(禮部侍郎)을 거쳐 만력 22년(1594)에 예부상서(禮部尙書)에 올랐다.

부정립(傅廷立) ?~?. 명나라 사람으로 요동 광녕위(廣寧衛) 출신이다. 만력 21년(1593)에 군량을 관리하러 와서 평양에 머물렀으며, 뒤에 의주를 수비하러 다시 조선에 왔다.

부호례(傅好禮) ?~1613. 중국 사람이다. 순천부(順天府) 고안현(固安縣) 출신이며 자는 백공(伯恭)이다. 만력 2년(1574) 과거에 합격하였다. 섬서 경양현(涇陽縣)의 지현(知縣)에 제수되어 여러 관직을 역임하였고 산동 순안어사[巡按山東]까지 승진하였다가 병으로 귀향하였다. 그 후 조정에서 다시 불러 태상시소경(太常寺少卿)을 제수하였다. 만력 26년(1598), '조선으로 출병한 이래 나라가 가난해졌다'는 내용의 상소를 올려 만력제에게 노여움을 사 폄직되었다.

사용재(謝用梓) ?~?. 명나라 사람으로 절강 출신이다. 만력 21년(1593) 심유경(沈惟敬)이 고니시 유키나가와 강화 협상을 진행할 때, 서일관(徐一貫)과 함께 일본에 사신으로 파견되었다. 나고야에서 도요토미 히데요시에게 융숭한 대접을 받고 일본에 잡혀 있던 임해군(臨海君), 순화군(順和君)과 함께 조선에 들어왔다. 후에 강화 협상에서 공문을 위조한 사실이 발각되어 서일관과 함께 유배되었다.

서일관(徐一貫) ?~?. 명나라 사람이다. 만력 20년(1592) 황응양(黃應陽), 하시(夏時)와 함께 조선에 사신으로 파견되었다. 윤근수(尹根壽)를 만나 조선과 일본이 서로 짜고 명나라를 침략하려 한다는 의심을 풀었다. 만력 21년(1593) 일본과 강화 협상이 진행될 때 사용재와 함께 일본에 사신으로 파견되었다.

석성(石星) 1538~1599. 명나라 사람으로 대명부(大名府) 동명현(東明縣) 출신이다. 자는 공진(拱辰), 호는 동천(東泉)이다. 가정 38년(1559)에 진사가되어 이과급사중(吏科給事中)으로 발탁되었다. 융경 연간에 직언을 올려 죄를 입었다가 만력제가 즉위한 이후 크게 기용되었고 누차 관직이 올라 병부상서(兵部尙書)가 되었다. 임진왜란이 발발하여 조선이 명에 원조를 요청하자 파병을 강력히 주장하였다. 송응창과 이여송의 대군이 출병하여 평양을 수복하고 우세한 전황에서 명나라 국내의 어려운 상황을 감안하여 일본측의 화의 요청을 받아들일 것을 건의하였다. 그러나 일본군이 재차 침입하자 조지고(趙志皋) 등이 강화 실패의 책임을 그에게 돌려 만력제에 의해옥사당하였다.

섭정국(葉靖國) ?~?. 명나라 사람이다. 천문과 지리에 능하여 송응창이 자신을 따라 종군하도록 하였다. 만력 22년(1594) 선조는 섭정국이 술수에 능통하다는 소문을 듣고 그에게 궁궐터를 비롯한 도성 안의 풍수를 물어보게하였다. 의인왕후(懿仁王后)가 사망하자 장지(葬地)를 결정하는 일에도 참여하였다.

송대빈(宋大斌) ?~?. 명나라 사람으로 광녕우위(廣寧右衛) 출신이다. 호는양허(養虛)이다. 만력 21년(1593) 정월에 흠차통령선대입위반병유격장군(欽差統領宣大入衛班兵遊擊將軍)으로 마병 2000명을 이끌고 조선으로 나왔다가 만력 22년(1594) 정월에 명나라로 돌아갔다.

송응창(宋應昌) 1536~1606. 명나라 사람으로 항주(杭州) 인화현(仁和縣) 출신이다. 호는 동강(桐岡)이다. 가정 44년(1565)에 진사가 되었다. 임진왜란 때 1차로 파병된 조승훈이 평양성 전투에서 패배하고 요동으로 돌아가자, 명나라 조정은 병부시랑 송응창을 경략군문(經略軍門)으로, 도독동지(都督同知) 이여송을 제독군무(提督軍務)로 삼아 4만 3000명의 명군을 인솔하게 하여 조선으로 출병시켰다. 벽제관 전투에서 이여송이 일본군에 패배한 뒤, 송응창은 요동으로 돌아가 선조로 하여금 평양에 머물면서 서울을 수복하도록 자문을 보냈다. 그는 조선에 군사를 파견하거나 부상병을 돌려보내거나 군수물자를 수송하는 등의 지원을 하였다. 송응창은 벽제관 전투 후 도요토미 히데요시를 일본 국왕으로 책봉하고 영파(寧波)를 통해 조공하도록 하는 봉공안(封貢案)을 주도하였다. 일본과의 강화 교섭이 진행되는 동안 일본의 무리한 강화 요구가 알려지는 것을 우려하여 조선 사신의 중국 입경을 가로막기도 했다. 명나라는 일본군의 조선 주둔 상황 등을 명백히 보고하지 않았다는 이유로 송응창을 대신하여 시랑(侍郎) 고양겸을 경략으로 삼았다.

순화군 이보(李珏) 1580~1607. 선조(宣祖)의 6남으로 어머니는 순빈(順嬪) 김씨이다. 임진왜란이 발발하자 근왕병(勤王兵) 모집을 위해 강원도로 파견되었다. 5월에 일본군이 북상하자 이를 피해 함경도로 들어가 임해군(臨海君)과 함께 회령(會寧)에 주둔하였다. 반적에 의해 임해군 및 여러 호종 관리들과 함께 붙잡혀 가토 기요마사에게 포로로 넘겨졌다. 오랜 협상을 거쳐 이듬해인 선조 26년(1593) 8월에 부산에서 석방되었다. 성격이 포악하여 양사(兩司)의 탄핵을 받아 군호가 박탈되는 지경에 이르렀으나 사후에 복구되었다.

심사현(沈思賢) ?~?. 명나라 사람으로 절강 소흥부(紹興府) 여요현(餘姚縣) 출신이다. 자는 방달(邦達), 호는 사천(沙川)이다. 원임(原任) 통판(通判)으로 송응창을 따라 나와서 심유경과 함께 일본군의 진영에 들어갔다. 만력 25년(1597)에 어사 진효(陳效)의 표하관(標下官)으로 따라와 군량 조달을 맡았다.

심유경(沈惟敬) ?~1597. 명나라 사람으로 절강 가흥현(嘉興縣) 출신이다. 명나라에서 상인으로 활동하다가 임진왜란 때 조승훈이 이끄는 명나라 군대를 따라 조선에 들어왔다. 평양성 전투 이후 일본과 화평을 꾀하는 역할을 하였다. 그러나 양측이 제시한 협상 조건은 타협이 불가능하였고, 심유경은 조건을 조작하여 명의 만력제로부터 협상을 허락받았다. 심유경은 정사 양방형(楊方亨)과 함께 도요토미 히데요시에게 보내는 일본 국왕 책봉 국서를 가지고 일본으로 건너가 만력 24년(1596) 9월 2~3일 오사카(大阪) 성에서 그를 만났다. 그러나 국서를 받은 히데요시는 격분하였고 명나라와 일본 양국 사이에 심각한 불신만 초래하는 결과를 낳았으며 이후 정유재란이 발발하였다. 심유경은 감금되었다가 석방되었고 또다시 일본과 평화 교섭을 시도하였으나 이것마저 실패로 돌아가자 일본으로 망명을 기도하였다가 경상남도 의령(宜寧) 부근에서 명나라 장수 양원(楊元)에게 붙잡혀 처형되었다.

애유신(艾維新) 1563~?. 명나라 사람으로 하남 개봉부(開封府) 난양현(蘭陽縣) 출신이다. 호는 시우(時宇)이다. 만력 14년(1586)에 진사가 되었고, 만력 21년(1593) 정월에 흠차경리정왜양향호부산동청리사주사(欽差經理征倭糧餉戶部山東淸吏司主事)가 되어 임진왜란에 종군하여 군대의 군량과 봉급을 관리하였다. 군량의 운송을 독촉하는 중에 조선의 관리들에게 곤장을 가해 지나가는 곳마다 무서워 떨었다고 한다. 이 해 7월에 귀국하였고, 다음 해 논공 때 원활한 군량 운송에 공이 있다 하여 포상을 받았다.

양심(梁心) ?~?. 명나라 사람이다. 만력 20년(1592) 흠차보정유격장군(欽差保定遊擊將軍)으로 마병 1000명을 이끌고 조선에 왔다가 만력 21년(1593)에 명나라로 돌아갔다.

양원(楊元) ?~1598. 명나라 사람으로 정요좌위(定遼左衛) 출신이다. 호는 국애(菊厓)이다. 명나라 조정은 병부시랑 송응창을 경략군문으로, 도독동지 이여송을 제독군무로 삼아 4만 3000명의 명군을 인솔하게 하여 조선으로 출병시켰다. 양원은 이때 좌협대장으로 임명되어, 왕유정(王維禎), 이여매(李如梅), 사대수, 갈봉하(葛逢夏) 등 여러 명의 부총병과 참장, 유격 등을 인솔했다. 양원은 정유재란 당시 남원성 전투에서 패배함으로써 탄핵되어 명나라로 송환되었고, 이후 참형되었다.

양호(楊鎬) ?~1629. 명나라 사람으로 하남 귀덕부(歸德府) 상구현(商丘縣) 출신이다. 자는 경보(京甫), 호는 풍균(風筠)이다. 만력 8년(1580)에 진사가 되었다. 만력 25년(1597) 6월에 흠차경리조선군무 도찰원우첨도어사(欽差經理朝鮮軍務都察院右僉都御史)로 조선에 왔다. 울산에서 벌어진 도산성(島山城) 전투에서 크게 패하였는데, 이를 승리로 보고하였다가 들통이 나서 파면되었다.

오유충(吳惟忠) ?~?. 명나라 사람으로 절강 금화부(金華府) 의오현(義烏縣) 출신이다. 호는 운봉(雲峯)이다. 척계광이 모집한 의오군으로 활동하며 왜구 토벌에 공을 세웠으며 몽골 방어를 위한 계주(薊州)의 성보(城堡) 수축에 참여하였다. 만력 20년(1592)에 흠차통령절병유격장군(欽差統領浙兵遊擊將軍)으로 보병 1500명을 이끌고 조선에 와서 평양성 전투에 참여하였고 만력 22년(1594)에 돌아갔다. 만력 25년(1597) 흠차비왜중익부총병 원임도독첨사(欽差備倭中翼副總兵原任都督僉事)로 보병 3990명을 이끌고 다시 조선에 와서 충주에 주둔하고 영남을 왕래하면서 일본군을 토벌하였다. 만력 27년(1599)에 명나라로 돌아갔다.

왕군영(王君榮) ?~?. 명나라 사람으로 산동 청주부(靑州府) 익도현(益都縣) 출신이다. 호는 혜천(惠泉)이다. 원임 통판으로 송응창을 따라 나와서 관향은(管餉銀)을 전담하다가 만력 21년(1593) 9월에 명나라로 돌아갔다.

왕문(王問) ?~?. 명나라 사람으로 의용위(義勇衛) 출신이다. 호는 의재(義齋)

이다. 만력 14년(1586)에 무진사(武進士)가 되었다. 만력 20년(1592)에 흠차 건창유격장군(欽差建昌遊擊將軍)으로 마병 1000명을 이끌고 조선에 왔다. 만력 21년(1593) 명나라로 돌아갔다.

왕석작(王錫爵) 1534-1611. 명나라 사람으로 남직례(南直隸) 태창주(太倉州) 출신이다. 자는 원어(元馭), 호는 형석(荊石)이다. 명망 있는 태원(太原) 왕씨 가문으로 가정 41년(1562)에 회시 1등, 전시 2등으로 급제하여 출사하였다. 한림원(翰林院)을 거쳐 국자좨주(國子祭酒), 예부우시랑(禮部右侍郎) 등 여러 관직을 역임하다가 만력 연간 초 장거정(張居正)과의 불화로 관직에서 물러 났다가 만력 12년(1584)에 예부상서 겸 문연각대학사(禮部尙書兼文淵閣大學士)에 제수되었다. 만력 21년(1593)에는 수보대학사(首輔大學士)가 되었으나 황태자의 지명을 둘러싼 정쟁에 애매한 태도를 취하였다가 조정의 탄핵을 받고 이듬해에 관직에서 물러났다. 시호는 문숙(文肅)이다.

왕승은(王承恩) ?~?. 명나라 사람으로 대녕전위(大寧前衛) 출신이다. 계진동 협부총병(薊鎭東協副總兵), 도독첨사(都督僉事)의 직책을 맡았다가 이후 중군 (中軍)이 되어 송응창을 따라 조선에 왔으나, 오래지 않아 관마(官馬)를 사 사로이 팔았다는 송응창의 탄핵을 받고 파직되어 돌아갔다.

우키타 히데이에(宇喜多秀家) 1573~1655. 일본 사람이다. 오다 노부나가의 명으로 가문을 상속하였고 이후 도요토미 히데요시의 군에 편입되었다. 노 부나가가 사망한 이후에는 히데요시의 신임을 얻어 유시(猶子)의 연을 맺 게 되었고, 1586년에는 히데요시의 양녀를 정실로 맞이하였다. 히데요시의 신임이 두터워 '오대로(五大老)'가 되었다. 임진왜란과 정유재란 때는 일본 군의 감군(監軍)으로 조선에 침입해왔다. 1592년에 일본군의 제8진 1만 명 을 이끌고 침입하여 서울에 입성하고 일본군이 북진한 뒤의 서울 수비를 담당하였다. 이듬해 행주성 전투에서 권율에게 패배하였을 때 부상을 당하고 철군하였다. 1597년 정유재란 때도 일본군의 제2진을 이끌고 내침하여 남원과 전주를 점령하였으나 소사평(素沙坪)·명량(鳴梁) 전투에서 일본군이 대패하자 퇴각하였다. 1600년의 세키가하라 전투에서 서군의 중심 전력으로 출전하였다가 대패하여 1606년 하치조섬(八丈島)에 약 50년간 유폐되었다가 사망하였다.

원황(袁黃) 1533~1606. 명나라 사람으로 절강 가흥부(嘉興府) 가선현(嘉善縣) 출신이다. 자는 곤의(坤儀)이다. 만력 연간에 진사가 되어 보저현(寶坻縣)의 지현(知縣)에 임명되었다가 선정을 펼쳐 병부주사(兵部主事)로 발탁되었다. 임진왜란 때 송응창을 보좌하여 원정에 나섰으며 계책을 세우는 데 많은 역할을 하였다. 원황이 임진왜란 당시 명에서 맡았던 정식 관직은 병부의 직방청리사주사(職方淸吏司主事)였다. 임진왜란 당시 명의 정규군이 조선에 파견될 때 병부원외랑(兵部員外郎) 유황상(劉黃裳)과 함께 찬획(贊畫)으로 파견되어 참모 역할 등을 수행하였다. 특히 병참과 관련된 업무를 많이 담당해서 군량 문제 등을 조선 조정과 논의하는 경우가 많았다.

유정(劉綎) 1553~1619. 명나라 사람으로 강서 남창부(南昌府) 홍도현(洪都縣) 출신이다. 자는 자신(子紳), 호는 성오(省吾)이다. 도독(都督) 유현(劉顯)의 아들로, 음서로 지휘사(指揮使)의 관직을 받았다. 이후 누차 전공을 세우면서 사천총병(四川總兵)까지 승진하였다. 임진왜란 때에는 어왜총병관(禦倭總兵官)으로 참전하였으며 나중에 후금과의 전쟁에서 사망하였다.

유홍(俞泓) 1524~1594. 조선 사람이다. 본관은 기계(杞溪), 자는 지숙(止叔), 호는 송당(松塘)이다. 명종 8년(1553) 별시 문과에 급제하여 여러 관직을 역임하였다. 선조 20년(1587) 명나라에 사신으로 파견되어 종계변무(宗系辨誣)하였고, 선조 22년(1589)에는 정여립(鄭汝立)의 역옥(逆獄)을 다스렸다. 이에 선조 23년(1590) 광국공신(光國功臣) 1등, 평난공신(平難功臣) 2등에 책록되고 기성부원군(杞城府院君)에 봉해졌다. 임진왜란이 발발하자 선조를 호종하였다. 광해군(光海君)을 세자로 책립하고 분조(分朝)하자 광해군을 따라 종묘사직의 신주를 받들었다. 이듬해 일본군이 서울에서 물러나자 왕명을 따라 먼저 서울로 들어와 도성을 정리하고 전재민을 구호하였다. 선조 27년(1594) 좌의정에 올랐으나 논핵을 받고 정승 자리에서 물러났다가 얼마 지나지 않아 사망하였다.

유황상(劉黃裳) 1529~1595. 명나라 사람으로 하남 광주(光州) 출신이다. 자는 현자(玄子)이다. 만력 14년(1586) 진사에 올랐고 문장으로 유명하였다고 한다. 병부원외랑, 찬획경략(贊畫經略)으로 임진왜란 때 송응창의 군무를 보조하는 임무를 맡았다. 압록강을 건너 평양에 도달하여 적병을 크게 물리쳤으며 퇴각하는 적을 쫓아 연승을 거두었다. 이 공을 인정받아 낭중(郞中)으로 승진하였다.

윤근수(尹根壽) 1537~1616. 조선 사람으로 본관은 해평(海平)이다. 자는 자고(子固), 호는 월정(月汀), 시호는 문정(文貞)이다. 임진왜란 때 명나라에 구원병 5만 명을 청하고 전쟁 물자를 얻는 데 결정적 역할을 한 외교관이다. 일본군이 서울 근교에 육박하자 선조는 평소 신뢰하였던 윤근수 형제를 조정으로 불러 피난길에 앞장세웠다. 우의정 윤두수(尹斗壽)가 중국어를 잘하는 동생 예조판서 윤근수를 사신으로 명나라에 보내 조선의 위급한 상황을 알리고 구원병을 요청하게 하였다. 윤근수는 명나라 요동도사(遼東都司)와 광녕부(廣寧府)에 가서 5만 명의 구원병을 조선에 보내달라고 교섭하였다. 이에 7월 명나라 장수 조승훈(祖承訓)이 요동 군사 5000여 명을 거느리고 먼저 조선으로 들어왔다. 이어 10월에 비변사에서 윤근수를 요동에 계속 보내어 구원병을 증파할 것을 교섭하게 하였으므로, 6개월 사이에 윤근수는 명나라 광녕부에 세 번, 요동도사에 여섯 번 왕래하면서 명나라 경략 송응창과 광녕총병관(廣寧總兵官) 양소훈 등과 교섭하였다. 그 결과 12월에는 명나라 제독 이여송이 요동 군사 4만 2000여 명을 거느리고 조선으로 들어왔다.

윤두수(尹斗壽) 1533~1601. 조선의 문신으로 본관은 해평(海平)이다. 자는 자앙(子仰)이고 호는 오음(梧陰)이다. 임진왜란 때 명나라 측과 소통하는 데 결정적인 역할을 한 윤근수의 형이다. 명종 13년(1558) 식년 문과에 급제하여 승문원(承文院)에 들어간 이후 여러 관직을 역임하였다. 선조 10년(1577) 명나라에 사신으로 다녀온 후 도승지(都承旨)로 승진하였으나 이종동생 이수(李銖)의 옥사에 연좌되어 윤근수와 함께 파직되었다가 복직되었다. 선조 22년(1589) 명나라에 사신으로 가서 종계변무(宗系辨誣)한 공으로 광국공신(光國功臣) 2등에 해원군(海原君)으로 책봉되었다. 선조 24년(1591) 세자 책봉 문제[建儲問題]로 화를 당하여 유배되었으나 임진왜란이 발발하자 복직되어 좌의정(左議政)에 이르렀다. 선조 27년(1594) 삼도체찰사(三道體察使)를 겸하여 세자를 시종하였다. 선조 32년(1599) 영의정에 올랐으나 곧 사직하였다. 이후 호성공신(扈聖功臣) 2등에 책록되었다.

이순신(李舜臣) 1545~1598. 조선 사람이다. 본관은 덕수(德水)이다. 자는 여해(汝諧), 시호는 충무(忠武)이다. 선조 9년(1576) 식년 무과에 급제해 훈련원참군(訓鍊院參軍) 등을 역임하였다. 선조 16년(1583) 부친상으로 관직에서 물러났다가 선조 19년(1586) 다시 관직에 들어섰다. 조산보만호(造山堡萬戶)로 임명되어 녹둔도(鹿屯島)의 둔전을 관리하던 중 여진족의 습격으로 피해를 입게 되었다. 이순신은 패전의 책임으로 문책당해 백의종군(白衣從軍)하게 되었다. 선조 22년(1589) 이산해(李山海)의 추천으로 다시 관직에 나섰고 선조 24년(1591)에는 전라좌도수군절도사(全羅左道水軍節度使)에 임명되었다. 이듬해 임진왜란이 발발하자 경상도 해역으로 출동하여 옥포해전(玉浦海戰), 한산도대첩(閑山島大捷) 등 여러 차례 승리를 거두었다. 이듬해 이순신은 한산도로 본영을 옮기고 9월에는 삼도수군통제사(三道水軍統

制使)로 임명되었다. 명나라와 일본 사이에 화의 교섭이 진행되어 전쟁이 소강상태로 접어들자 군사훈련에 힘썼다. 선조 30년(1597) 고니시 유키나가의 부하가 가토 기요마사가 어느날 바다를 건너올 것이라고 비밀히 알리자 조정에서는 이순신에게 출격을 명하였다. 이순신이 일본의 간계를 의심하여 출동을 지연하자 이순신을 파직하고 혹독하게 문초한 후 백의종군을 명하였다. 곧 정유재란이 발발하였고 원균(元均)이 칠천량(漆川梁)에서 대패하자 이순신은 다시 삼도수군통제사로 임명되었다. 이순신은 명량대첩(鳴梁大捷)에서 큰 승리를 거두어 제해권을 다시 장악하였다. 노량해전(露梁海戰)에서 철수하는 일본군을 추격하여 큰 승리를 거두었으나 유탄에 맞아 사망하였다. 선조 37년(1604) 선무공신(宣武功臣) 1등으로 녹훈되고 좌의정으로 추증, 덕풍부원군(德豊府院君)으로 추봉되었다.

이승훈(李承勛) ?~?. 명나라 사람이다. 왜구에 대한 방어가 긴요해지자 만력 23년(1595)에 북방의 중요 수비지역이었던 산동총병관 겸 도독첨사(山東總兵官兼都督僉事)에 추천되어 수륙의 관병을 제독하였다. 이승훈은 군령을 매우 엄격히 하여 부하들이 민간에서 함부로 물품을 징발하는 것을 금하였다. 정유재란이 마무리될 무렵 명군 제독 총병관(總兵官)으로 조선에 파견되어 서울에 머무르며 전쟁의 뒤처리를 담당하였다. 만력 28년(1600) 10월에 명나라로 돌아갔다.

이여매(李如梅) ?~1612. 명나라 사람으로 요동 철령위 출신이다. 자는 자청(子淸), 호는 방성(方城)이다. 이여송의 동생으로, 임진년에 흠차의주위진수참장(欽差義州衛鎭守參將)으로 마병 1000명을 이끌고 이여송을 따라 조선에 왔다가 만력 21년(1593)에 명나라로 돌아갔다. 일본과의 강화 교섭이 진행되고 전쟁이 고착화되자 이여송과 함께 요동으로 돌아갔다가 정유재란이 발발하자 다시 참전하였다. 울산성 전투에서 선봉으로 나서서 외성을 함락하는 등 큰 공헌을 하였다. 이여송이 광녕(廣寧)에서 죽자 형의 관직인 요동총병을 승계하여 요동을 방어하였다.

이여백(李如栢) 1553~1620. 명나라 사람으로 요동 철령위 출신이다. 이성량의 둘째 아들이자 이여송의 동생이다. 명나라 말기의 요동총병이다. 임진왜란 당시 총병으로 형인 제독 이여송과 함께 참전하여 평양성을 탈환하는 데 공을 세웠다. 서울을 수복한 이후 일본군을 추격하기도 하였으나 일본과의 강화 교섭이 진행되고 전쟁이 고착화되자 이여송과 함께 요동으로 돌아갔다. 평양의 무열사(武烈祠)에 석성·장세작(張世爵)·양원과 함께 배향되었다.

이여송(李如松) 1549~1598. 명나라 사람으로 요동 철령위 출신이다. 자는 자무(子茂), 호는 앙성(仰城)이다. 조선 출신인 이영(李英)의 후손이며 아버지는 이성량으로, 전공을 세워 광녕총병(廣寧總兵)이 되었다. 이여송의 동생은 이여백, 이여장, 이여매이며 모두 총병관에 임명되었다. 철령위 지휘동지(指揮同知)를 세습하다가 만력 11년(1583)에 산서총병관(山西總兵官)이 되었다. 만력 20년(1592) 감숙(甘肅) 영하(寧夏)에서 보바이(哱拜)의 난이 일어나자 제독으로 토벌군을 이끌고 참전하여 동생인 이여장과 함께 반란 진압에 큰 공을 세웠다. 그 공으로 도독(都督)으로 승진하였으며, 임진왜란이 일어나자 흠차제독계요보정산동등처방해어왜군무총병 중군도독부도독동지(欽差提督薊遼保定山東等處防海禦倭軍務總兵中軍都督府都督同知)로 임명되어 조선으로 파병되었다. 4만 명의 병력을 이끌고 압록강을 건넌 이여송은 만력 21년(1593) 1월 조선의 승군, 관군과 연합하여 평양성을 함락시키고 퇴각하는 일본군을 추격하며 평안도와 황해도, 개성 일대를 탈환하였지만, 서울 부근 벽제관에서 일본군에 패하여 개성으로 퇴각하였다. 그 뒤에는 전투에 적극적으로 나서지 않고 화의 교섭에 주력하다가 명으로 철군하였다. 조선 조정에서는 그의 공적을 기려 생사당(生祠堂)을 세웠다.

이영(李瑛) ?~1593. 조선 사람이다. 선조 24년(1591) 비변사의 천거를 받아 함경남도병마절도사(咸鏡南道兵馬節度使)에 임명되었다. 임진왜란이 발발하자 근왕병을 모집하고자 함경도에 체류하던 임해군과 순화군을 잡기 위해 북상한 가토 기요마사와 전투를 벌였다가 참패하고 반란 세력에 의해 두 왕자와 함께 일본군의 포로가 되었다. 석방된 이후에는 패전 및 적에게 붙었다는 죄명으로 주살되었다.

이정귀(李廷龜) 1564~1635. 조선의 문신이다. 본관은 연안(延安)이다. 자는 성징(聖徵)이고 호는 월사(月沙)·보만당(保晚堂)·치암(癡菴)·추애(秋崖)·습정(習靜)이며 시호는 문충(文忠)이다. 윤근수의 문인이다. 어려서부터 문장에 재능을 보여 14세 때 승보시(陞補試)에서 장원을 했으며 선조 23년(1590) 증광 문과에 급제했다. 중국어에 능하여 임진왜란 때 어전통관(御前通官)으로 중요한 역할을 하였다. 행재소(行在所)에서 설서(設書)로 임명되었고 선조 26년(1593)에는 송응창에게 『대학(大學)』을 강론하여 좋은 평가를 받은 일도 있었다. 선조 31년(1598) 정응태(丁應泰)가 무고사건을 일으키자 이를 변무하는 글을 작성하여 진주사(陳奏使) 부사(副使)로 명나라에 파견되었다. 이후에도 여러 차례 사신으로 명나라에 방문하였으며 중국 문인들의 요청에 따라 『조천기행록(朝天紀行錄)』을 간행하기도 했다. 관직은 좌의정에 이르렀다. 문집으로 『월사집(月沙集)』이 있다.

임자강(任自强) ?~?. 명나라 사람으로 대동(大同) 양화위(陽和衛) 출신이다. 자는 체원(體元), 호는 관산(冠山)이다. 만력 20년(1592)에 흠차통령요동조병 원임부총병 서도독동지(欽差統領遼東調兵原任副總兵署都督同知)로 선부(宣府)의 병력 1000명을 이끌고 압록강을 건너왔다가 만력 21년(1593)에 명나라로 돌아갔다. 만력 27년(1599)에 무원(撫院)의 청용관(聽用官)으로 다시 조선에 왔다가 명나라로 돌아갔다.

임해군(臨海君) 이진(李珒) 1572~1609. 선조의 서장자로 어머니는 공빈 김씨(恭嬪金氏)이다. 자는 진국(鎭國)이다. 임진왜란이 발발하자 근왕병 모집을 위해 함경도로 떠났다. 9월 함께 회령(會寧)에 주둔 중이었던 순화군과 함께 반란 세력에게 잡혔다가 가토 기요마사에게 포로로 넘겨졌다. 가토는 조선 정부와 오랫동안 석방 협상을 벌인 끝에 선조 26년(1593) 8월 부산에서 임해군 일행을 석방하였다. 임해군은 성질이 본래 포악하였는데 포로 경험으로 인해 더욱 심해졌다고 한다. 한편, 명나라는 광해군이 장자가 아니라는 이유로 세자 책봉을 미루었는데 광해군 즉위년(1608) 광해군 즉위 후 이 문제가 다시 거론되어 조선에 사신을 파견하였다. 일부 대신들과 명나라가 임해군을 왕으로 즉위시킬 것을 주장하자 임해군은 역모죄로 몰려 진도(珍島)로 유배되었고 이듬해 사사되었다. 인조 즉위년(1623) 인조(仁祖) 즉위 후 신원되었다.

장삼외(張三畏) ?~?. 명나라 사람으로 요동 삼만위(三萬衛) 출신이다. 만력 20년(1592)에 요동도지휘사사첨사(遼東都指揮使司僉事)로 의주에 와 머물면서 군량을 관리하였다.

장세작(張世爵) ?~?. 명나라 사람으로 광동우위(廣東右衛) 출신이다. 호는 진산(鎭山)이다. 만력 20년(1592) 도독 이여송 예하부대에서 흠차정왜우영부총병 도지휘사(欽差征倭右營副總兵都指揮使)로 군사 1500명을 거느리고 평양성 전투에 참전하였다. 평양성 전투에서 크게 활약해서 평양 수복에 주도적인 역할을 하였다. 만력 21년(1593)에 이여송과 함께 명나라로 돌아갔다.

장위(張位) 1534-1610. 명나라 사람으로 강서 남창(南昌) 신건(新建) 출신이다. 자는 명성(明成), 호는 홍양(洪陽)이다. 융경 2년(1568) 진사가 되었고, 만력 연간 초 수보대학사 장거정과의 불화로 좌천되었다. 장거정 사후 복권되어 여러 관직을 역임하다 만력 19년(1591)에 이부좌시랑 겸 동각대학사를 제수받았고, 곧 예부상서에 올랐다. 만력 26년(1598)에 탄핵을 당하여 관직이 삭탈되었다. 훗날 천계 연간에 복권되었고 태보(太保)로 추증되었다. 시호는 문장(文莊)이다.

장응충(張應种) ?~?. 명나라 사람이다. 만력 20년(1592) 12월에 흠차통령남북조병탁주참장(欽差統領南北調兵涿州參將)으로 마병 1500명을 이끌고 조선에 나왔다가 만력 21년(1593) 4월에 명나라로 돌아갔다.

전세정(錢世禎) 1561~1644. 명나라 사람으로 직례 가정현(嘉定縣) 출신이다. 자는 자손(子孫), 호는 삼지(三持)이다. 만력 17년(1589) 무과 진사에 급제하여 계진참장(薊鎭參將), 소주위진무(蘇州衛鎭撫), 절강총운(浙江總運), 동정유격장군(東征遊擊將軍), 금산진참장(金山鎭參將) 등의 관직을 역임하다가 나중에는 강서총병(江西總兵)으로 승진하였다. 임진왜란 때 유격장군으로 승진하였다. 오유충과 함께 명나라 군대를 선봉하여 압록강을 건널 수 있게 통솔하였다. 만력 21년(1593) 정월 1일 일본 정탐 군대와의 전투에서 승리하고, 제독 이여송과 함께 평양을 점령하고 대동강으로 가서 일본군을 개성으로 물리쳤으며, 일본군 장수 1명을 참수하였다. 참수 때 일본군 장수의 이름을 물었지만 답을 얻지 못하여 이 공로는 알려지지 않았다.

정문빈(鄭文彬) ?~?. 명나라 사람이다. 원임(原任) 하간부동지(河間府同知)로 군량을 관리하였는데, 만력 20년(1592)에 조선에 왔다가 만력 21년(1593)에 명나라로 돌아갔다. 만력 25년(1597)에 다시 조선에 왔다.

조문명(趙文明) ?~?. 명나라 사람이다. 만력 20년(1592) 흠차진정유격장군(欽差眞定遊擊將軍)으로 마병 1000명을 이끌고 조선에 왔다가 만력 21년(1593)에 명나라로 돌아갔다.

조여매(趙汝梅) ?~?. 명나라 사람으로 요동 철령위 출신이다. 호는 초암(肖菴)이다. 산서 노안부(潞安府) 호관현(壺關縣)의 지현으로 만력 20년(1592) 12월에 나와서 군량을 관리하였다. 적이 물러가자 이여송을 따라 서울로 들어왔다가 얼마 뒤에 송응창의 탄핵을 받고 만력 21년(1593) 9월에 명나라로 돌아갔다.

조요(趙燿) ?~1609. 명나라 사람으로 산동 액현(掖縣) 출신이다. 자는 문명(文明)이다. 융경 5년(1571) 진사가 되었다. 병부낭중(兵部郎中)에 발탁되어 산서안찰사(山西按察使)로 옮겼다. 일본군이 조선을 침략하였을 때 일본군을 방비할 열 가지 방책을 올려 화의의 해로움에 대해 주장하였다. 관직은 우첨도어사순무보정(右僉都御史巡撫保定)까지 올랐다. 임진왜란이 발발하였을 때 순무요동도어사(巡撫遼東都御史)를 맡고 있었다.

조지고(趙志皐) 1524-1601. 명나라 사람이다. 절강 금화부(金華府) 난계현(蘭溪縣) 출신으로 자는 여매(汝邁), 호는 곡양(濲陽)이다. 융경 2년(1568), 과거에 3등으로 급제한 후 한림원(翰林院)에서 여러 관직을 역임하였다. 만력 연간 초 실세였던 장거정을 탄핵한 일에 연루되어 좌천되었다가 장거정 사후인 만력 11년(1583)에 복권되었다. 만력 19년(1591)에는 동각대학사로 임명되었고 곧 수보대학사가 되었다. 시호는 문의(文懿)이다.

주유한(周維翰) ?~?. 명나라 사람으로 직례 하간부(河間府) 부성현(阜城縣) 출신이다. 호는 도우(韜宇)이다. 만력 8년(1580)에 진사가 되었다. 만력 21년(1593) 2월에 흠차순안요동 겸 관해방군무 감찰어사(欽差巡按遼東兼管海防軍務監察御史)로 조선으로 와서 감군(監軍)하며 평양에 도착하였고 6월에 돌아갔다. 파견 목적은 평양성 전투에서 명군의 사상자를 파악하고 이여송이 승전을 보고할 때 죽은 조선인을 일본인으로 속였다고 하는 탄핵 내용을 현지에서 조사하는 것이었다.

주홍모(周弘謨) ?~1594. 명나라 사람이다. 만력 20년(1592) 흠차통령선부
영병유격장군(欽差統領宣府營兵遊擊將軍)으로 마병 1000명을 이끌고 조선에
왔다가 만력 21년(1593) 명나라로 돌아갔다. 만력 22년(1594)에 적들을 선
유(宣諭)하기 위해 재차 와서 서울에 머물렀는데, 얼마 되지 않아 말에서 떨
어져 병으로 죽었다.

진린(陳璘) 1532~1607. 명나라 사람으로 광동 소주부(韶州府) 옹원현(翁源
縣) 사람이다. 자는 조작(朝爵), 호는 용애(龍厓)이다. 가정 연간 말에 지휘첨
사(指揮僉事)가 되었고, 영덕(英德)의 농민봉기를 진압한 공로로 광동수비
(廣東守備)가 되었다. 광동(廣東)의 군사를 이끌고 부총병으로 임진왜란에
참전하였으며, 정유재란 때 다시 파견되어 어왜총병관(禦倭總兵官)으로서
조선의 이순신과 함께 노량해전에서 전과를 올렸다. 이후에도 귀주(貴州)와
광동에서 무관으로 활동하였다.

진신(陳申) ?~?. 명나라 사람으로 복건 동안현(同安縣) 출신이다. 금문도(金
門島)에서 상인으로 활동하였다. 만력 16년(1588) 4월 복주(福州)에서 출항
하였으나 유구(琉球)에서 배가 좌초하였다. 진신은 유구에 잔류하던 중 도
요토미 히데요시의 명나라 공격 계획을 듣게 된다. 그는 유구의 협력을 받
아 유구의 조공 사절에 동행하여 만력 19년(1591) 윤3월에 복주로 귀국해
서 자신이 들은 정보를 보고하였다. 이후 만력 20년(1592) 11월에 송응창
에게 파견되거나 만력 22년(1594) 마닐라로 파견되는 등 일본에 대한 명의
모략 실행에 누차 동원된 것으로 보인다.

척금(戚金) 1556~1621. 명나라 사람으로 산동 등주위(登州衛) 출신이다. 만
력 21년(1593) 흠차통령가호계송조병유격장군(欽差統領嘉湖薊松調兵遊擊將
軍)이라는 직함으로 1000명의 보병을 거느리고 조선에 입국하여 평양성 전
투에 참가하였다. 이때 남병(南兵)이라고도 불린 절강성(浙江省) 군사들의

전법은 조선의 관심을 불러일으켰다. 이들의 전법체계인 절강병법(浙江兵法) 혹은 척가병법(戚家兵法)은 척계광이 창안한 '어왜법(禦倭法)'이었고, 척계광의 인척으로 알려진 척금에 대한 관심도 높았다. 척금은 용맹함뿐만 아니라 겸손함으로도 알려져 있었다. 척금은 부대의 규율을 엄격히 하여 주변에 폐를 끼치지 않았다. 정탁(鄭琢)은 그를 두고 "옛 장수의 풍모를 지닌 인물"이라고 평가하였다. 전라도 여산군(礪山郡)에는 척금의 군대가 주둔하면서 전혀 해를 끼치지 않았던 점을 칭송하는 청덕비(淸德碑)가 백성에 의해 세워지기도 하였다. 만력 22년(1594) 명나라로 돌아갔다.

최흥원(崔興源) 1529~1603. 조선의 문신으로 본관은 삭녕(朔寧)이다. 자는 복초(復初), 호는 송천(松泉), 시호 충정(忠貞)이다. 선조 1년(1568) 증광 문과에 급제하였다. 임진왜란이 발발하자 선조를 호종하여 의주에 이르렀으며 우의정, 좌의정을 거쳐 영의정에 임명되었다. 선조 26년(1593) 병을 이유로 사직하고 영평부원군(寧平府院君)에 봉해졌다. 후에 호성공신(扈聖功臣) 2등으로 추록되었다.

축이빈(祝以豳) 1564~1632. 명나라 사람이다. 절강 항주부(杭州府) 해녕현(海寧縣) 출신이며 자는 맹유(孟劉), 호는 성존(惺存)이다. 만력 14년(1586) 진사로 급제하여 관직이 병부낭중(兵部郎中)에 이르렀다. 만력 20년(1592) 일본이 조선을 침략하자 축이빈은 조선이 일본에 꺾이면 그 영향이 명나라에 미칠 것이라 강경하게 주장했다. 광동첨사(廣東僉事)로 나가 네덜란드의 공격으로부터 해안을 방어했고 대포를 획득하여 원리를 연구해냈다.

학걸(郝杰) 1530~1600. 명나라 사람으로 산서 울주위(蔚州衛) 출신이다. 자는 언보(彦輔), 호는 소천(少泉)이다. 학걸은 도찰원(都察院)의 감찰어사(監察御使)로서 평소 강직하고 일처리에 신중하였다고 한다. 만력 17년(1589)부터 만력 20년(1592)까지 요동순무(遼東巡撫)로 재임하면서 당시 이 지역에서 최고의 위세를 누리던 총병관 이성량을 조정에 직간함으로써 그를 사퇴하게 만들었다. 그 공적으로 계요총독(薊遼總督)으로 승진하였고 만력 21년 (1593) 정월까지 재임하였다. 그는 군무를 감독하는 과정에서 특히 일본의 위협에 대해 긴장을 늦추지 않았고, 당시 일본에 대한 자료를 수집하여 만력 21년에는 『일본고(日本考)』라는 책을 편찬하기도 하였다.

한응인(韓應寅) 1554~1614. 조선 사람으로 본관은 청주(淸州)이다. 자는 춘경(春卿), 호는 백졸재(百拙齋)·유촌(柳村)이다. 선조 24년(1591) 예조판서에 승진해서 진주사(陳奏使)로 명나라에 갔다. 거기에서 도요토미 히데요시가 명나라를 공격하기 위해 조선에 길을 빌려달라고 한 사실을 알려 명나라의 조선에 대한 의심을 풀었다. 의주의 행재소에서 공조판서에 임명된 뒤 요동으로 건너가 원병의 급속한 출병을 요구하였다. 그해 12월 이여송이 원군을 이끌고 압록강을 건너자 중국어에 능한 그가 접반관(接伴官)으로 이여송을 맞이하였다.

한취선(韓取善) 1546~?. 명나라 사람으로 산동 제남부(濟南府) 치천현(淄川縣) 출신이다. 자는 성암(惺菴)이다. 만력 5년(1577)에 진사가 되었다. 만력 21년(1593) 2월에 흠차분수요해동녕도 겸이둔전 산서포정사우포정(欽差分守遼海東寧道兼理屯田山西布政司右布政)으로 조선에 와서 감군하였다.

허의후(許儀後) ?~?. 명나라 사람으로 복건 출신이다. 왜구에게 잡혀 포로가 되어 일본 사쓰마주(薩摩州)에 끌려갔다. 허의후는 일본의 중국 침략에 대한 정보를 명나라 조정에 처음으로 제공한 인물로 알려져 있다. 그의 이후 행적에 관해서는 거의 알려져 있지 않지만, 『조선왕조실록』에 따르면 그는 행상과 의업에 종사하였다고 한다.

허홍강(許弘綱) 1554~1638. 명나라 사람으로 절강 황전판(黃田畈) 출신이다. 자는 장지(張之), 호는 소미(少薇)이다. 만력 8년(1580)에 진사가 되어 출사하여 순천부윤(順天府尹) 등을 거쳐 남경병부상서(南京兵部尙書)에 올랐다가 환관 위충현(魏忠賢)이 정권을 잡은 후 그와 충돌하여 낙향하였다. 임진왜란이 발발하여 조선이 명에 원군을 요청하자 간관들을 이끌고 전쟁 참여에 반대하였다. 이후 경략 송응창을 탄핵하여 송응창은 관직에서 물러나 고향으로 돌아갔다.

호택(胡澤) ?~?. 명나라 사람으로 절강 소흥부 여요현 출신이다. 호는 용산(龍山)이다. 원임관(原任官)으로 일본 진영에 왕래하였다. 만력 22년(1594)에 경략 고양겸의 표하관으로 다시 왔고, 만력 25년(1597)에도 조선에 왔다. 심유경과 함께 일본과의 강화를 위해 노력하였기 때문에 조선의 군신과는 수많은 외교적 갈등을 초래하였다. 호택은 조선 조정에 중국 황제에게 보내는 글을 올려 일본에 대한 책봉을 요청하도록 강요하기도 하였다.

황걸(黃杰) ?~?. 명나라 사람이다. 하남 여녕부(汝寧府) 광주식현(光州息縣) 출신이며 자는 식언(式彦)이다. 만력 17년(1589) 진사로 급제하여 병부무선사주사(兵部武選司主事)에 임명되었다. 어머니가 사망하자 어머니의 관을 가지고 귀향하였고 얼마 지나지 않아 38세의 나이로 사망하였다.

황신(黃愼) 1560~1617. 조선의 문신이다. 본관은 창원(昌原)이며 자는 사숙(思叔), 호는 추포(秋浦), 시호는 문민(文敏)이다. 선조 21년(1588) 알성 문과에 장원으로 급제하여 여러 관직을 역임하였다. 임진왜란 발발 후 송응창의 접반사가 되었고 이후 광해군의 속관이 되어 함께 남하했다. 명나라 사신이 도요토미 히데요시를 일본국왕으로 책봉하는 일로 일본에 갈 때 통신사(通信使)로 차출되어 따라갔다. 임진왜란 때의 공으로 호성선무원종공신(扈聖宣武原從功臣) 및 위성공신(衛聖功臣) 2등으로 책록되었다. 계축옥사(癸丑獄事) 때 유배되어 사망했다.

황혁(黃赫) 1551~1612. 조선 사람이다. 본관은 장수(長水)이며 자는 회지(晦之), 호는 독석(獨石)이다. 기대승(奇大升)의 문인으로 선조 13년(1580) 별시 문과에 장원으로 급제하여 우승지(右承旨)에 이르렀으나 선조 24년(1591) 세자 책봉 문제[建儲問題]로 삭직되었다. 이듬해 임진왜란이 발발하자 호군(護軍)으로 임명되어 아버지인 황정욱(黃廷彧), 사위인 순화군(淳化郡)과 함께 강원도를 거쳐 함경도에 이르렀다가 가토 기요마사의 포로가 되었다. 가토로부터 선조에게 보낼 항복 권유문을 쓰라는 협박을 받아 썼다. 선조 26년(1593) 8월 부산에서 두 왕자와 함께 석방되었다. 이후 항복 권유문을 쓴 것으로 탄핵을 받아 유배되었고 광해군 4년(1612) 순화군의 아들 진릉군(晉陵君)을 왕으로 추대하려 한다는 무고를 받고 고문을 받다 사망했다. 인조 즉위년(1623) 인조(仁祖) 즉위 후 복권되었다.

송응창의 《경략복국요편》 역주
명나라의 임진전쟁 3 강화 논의

2021년 10월 25일 초판 1쇄 인쇄
2021년 10월 30일 초판 1쇄 발행

지은이	송응창
역주	구범진·김슬기·김창수·박민수·서은혜·이재경·정동훈·薛戈

총괄	장상훈(국립진주박물관장)
북디자인	김진운

발행	국립진주박물관
	경상남도 진주시 남강로 626-35
	055-742-5952
출판	㈜사회평론아카데미
	서울특별시 마포구 월드컵북로6길 56
	02-326-1545
ISBN	979-11-6707-028-9 94910 / 979-11-89946-81-4(세트)